PAUL BUCHNER

Gast auf Ischia

PAUL BUCHNER

GAST AUF ISCHIA

Aus Briefen und Memoiren vergangener Jahrhunderte

PRESTEL VERLAG
MÜNCHEN

3. Auflage 1986
Passavia Druckerei GmbH Passau
ISBN 3791300199

Inhalt

Einleitung

Das vorliegende Buch handelt von Briefen und Memoiren der Ischia-Gäste vergangener Jahrhunderte, mit denen sich bisher niemand befaßt hat, und sucht an ihrer Hand ein Bild der Zeiten entstehen zu lassen, die von den heutigen so völlig verschieden waren. Es will also kein Führer durch die heutige Insel sein, aber der Leser wird trotzdem auch so manches in Bezug auf ihre Natur- und Kulturgeschichte lernen können. Auf Wunsch des Verlages soll jedoch außerdem ein Teil des umfangreichen Vorwortes, das der Verfasser im Jahre 1956 für das Kay Yvonne Trüb zu dankende schöne Bilderbuch ›Ischia und Procida‹ geschrieben hatte, als Einleitung dienen.

Sie handelt in erster Linie von den so mannigfachen vulkanologischen Geschehnissen, welche die heutige Gestalt der Insel verständlich machen, und von ihrer Siedlungsgeschichte, die durch den Umstand, daß Ischia das Ziel der ältesten griechischen Niederlassungen in Italien wurde, von besonderem Interesse ist. Neue, in den letzten zwanzig Jahren gewonnene Einblicke machten dabei mehrfache Änderungen des alten Textes und, was die Siedlungsgeschichte anlangt. eine völlig neue Fassung nötig.

Immer wieder werden uns im folgenden Worte der Entrückung begegnen, wie sie König Ludwig I. von Bayern über Rottmanns Fresko in den Arkaden des Münchner Hofgartens schreiben ließ.

> Hin nach Ischia flüchte du
> Aus dem Gewirre des Lebens,
> Ruhe findest du da,
> Welche dir längst entfloh.

MARE
DI TO
TERRA DI
LAVORO
Capo di Caballo
Arcola
Bagno di Succellario
S. Pangratio
Capo Ceffaliono
Capo d'Aco
Antro in mare borrendo
Capo Parata
Capo di Sciarillo
Pian di Lasiro
et Valle
Villa Cumana
Ischia oue nel 1493 Ferdinando Re' di Napoli si ritiro', priuato del Regno
Promontorio Miseno
Bagno di Piage Romana
Bagno del Nitroso
Scogli
S. Sebastiano
S. Dominico
S. Antonio
La Miglara
S. Anna
Belucdere monte
Acqua dotto unouo
Bagni de i sassi
S. Maria delle gratie
Procide
C. Socciaro
Isola di Viuara
Le Cremata
Capo dell'Arena
Arena Medicata
S. Pietro al Pantanello
Capo di S. Pietro
Bagno di Castiglione
Scoglio del Gigant
Capo della Scroffa
Scroffa
I. PROCIDE,
PROCHYTA Ptolomeo
credisi gia unita coll'
Isola d'Ischia
Lago
Cuma Citta rouinata

Karte der Insel Ischia
aus dem »Isolario . . . dell'Atlante Veneto« des Vincenzo Coronelli, gestochen 1696 nach Blaeu 1636.

Woran diese Entrückung liegt, entzieht sich einer nüchternen Analyse, gibt es doch auch anderwärts südliche Natur und lockende Strände, malerische Winkel und die Möglichkeit, ein der Hast der Großstadt entrücktes Leben zu führen. Sicherlich spielt dabei das Bewußtsein, auf einer Insel zu leben, eine wesentliche Rolle, und die seltene Mannigfaltigkeit der Landschaft, die sie immer wieder neu erscheinen läßt, mag das Ihre beitragen. Aber zu alledem gesellt sich eben noch etwas, was man nicht in Worte fassen und nicht in Bildern einfangen kann, was man erfahren muß.

Liebliches mischt sich hier mit Großartigem und Ernstem auf wunderbare Weise. Aus dem Gürtel weiter Kastanienwälder ragen oberhalb von Casamicciola und Foriowärts die fahlen gelblichen Steilwände des fast achthundert Meter hohen Epomeo empor. Wo das Gefälle sanfter wird, lösen die mit unendlicher Mühe terrassierten Weinberge die Wälder ab, und diese machen wieder vielfach in Meeresnähe fruchtbarem Gemüseland Platz, in dem die herrlichsten Tomaten, Melanzane und Peperoni gedeihen. Die Höhenzüge, die dem zentralen Massiv des Epomeo vorgelagert sind – die Rücken des Lenzuolo und des Monte Toppo, die stumpfe Kuppe des Rotaro und der weiter abgerückte Monte Campagnano –, haben allmählich verklingende Formen, an denen das Auge ausruht, und nur selten mischen sich mit ihnen wildere Szenerien wie die steil abbrechende Kuppe, welche heute das Kastell trägt, oder der düstere Felsenzirkus des Montagnone.

Die Südseite der Insel hingegen führt uns in eine völlig andere Welt! Hier stürzt der Berg nicht in steilen Wänden ab, sondern Gipfel und Grat setzen sich unmittelbar in einem riesigen, von zahlreichen Schluchten zerschnittenen Hang fort, der den Raum zwischen Barano und Serrara einnimmt und erst am Meer sein Ende findet. Schon dicht hinter dem Grat beginnen diese als seichte Furchen, aber rasch vereinigen sie sich zu immer tieferen Rinnen, aus denen alsbald Schluchten werden, deren Wände hundert und mehr Meter messen und die sich dann plötzlich am weiten Strand der Maronti öffnen. Fremde dringen nur selten in diese unwegsame, phantastische Welt ein; aber wer sich den abschüssigen Pfaden anvertraut, die sie erschließen, wird reich belohnt. Die winterlichen Regengüsse haben hier die weichen, weißen und gelblichen Wände kanneliert; wo ihnen ein härterer Gesteinsbrocken oder Buschwerk Widerstand leistete, sind Erdpyramiden entstanden. Wo irgend ein paar Reben Platz finden, haben die Bauern sie gepflanzt und die kleinen Parzellen mit mühseligen Steigen verbunden. Überall haben sie ihre Keller gegraben, benachbarte Schluchten, trennende Rücken haben sie durchbohrt, steile Abstürze durch viele Meter tiefe künstliche Hohlwege überwunden. So bringt hier jeder Schritt neue Überraschungen.

Wo aber der sonnendurchglühte Strand der Maronti sein Ende findet, schließen beiderseitig unheimliche Steilwände an, brandet das schwarzblaue Meer an das gottverlassene Kap von San Pancrazio, an die einsame Punta Chiarito, an die Pyramide des Capo di Sant' Angelo.

Wer alle diese seltene Mannigfaltigkeit nicht nur schauen, sondern auch begreifen und damit doppelt genießen will, muß sich notwendig mit ihrer dramatischen Entstehungsgeschichte vertraut machen. Auf wunderbare Weise werden dann all diese Höhen und Niederungen, die Schluchten und die Steilwände, die Vorgebirge und der kreisrunde Hafen zu sprechen beginnen. Dann wird aber nicht nur offenbar werden, daß all diese Formen sich im Laufe der Jahrtausende entwickelt haben wie die eines lebendigen Wesens, sondern daß darüber hinaus all das, was die Insel ausmacht, die von Capri so verschiedene Flora, der Wasserhaushalt, der Reichtum an Heilquellen wie der Schrecken der Erdbeben, die Siedlungsgeschichte und die einst so bedeutende Töpferindustrie, in ihrer Geologie wurzelt.

Ischia ist eine sehr junge, rein vulkanische Insel, deren Werdegang keinerlei engere Beziehungen zu den beiden übrigen vulkanischen Zentren des kampanischen Beckens, dem Vesuv und den Phlegräischen Feldern, aufweist. In der älteren Steinzeit, als in Unteritalien der Mensch noch zusammen mit Elefanten, Nashörnern und Flußpferden hauste, gab es die Insel noch nicht. So war er Zeuge, als die Kräfte der Tiefe eines Tages die harte Decke des tertiären Vulkanismus sprengten und es in dieser Gegend zu einer gewaltigen Eruption kam. Ihre Reichweite muß sehr groß gewesen sein, denn mit den jüngeren Tuffen der Insel Procida und des Posilipps wurden nicht selten Stücke des so charakteristischen spangrünen Tuffes ausgeworfen, der den heutigen Epomeogipfel aufbaut und den Mauern von Forio ihre Farbe verleiht. Aber in der Folge versank das ganze Gebiet wieder in den Fluten. An seiner Oberfläche lagerten sich nun feine, von den Resten der marinen Tierwelt durchsetzte Tone ab, bis der Druck der aus der Tiefe nachdrängenden Glut ein Fragment des ursprünglichen Vulkans mitsamt seiner tonigen Decke, nach Südosten gekippt, aus dem Meer hob.

Dies war die eigentliche Geburtsstunde Ischias. Der heutige Epomeo und die Grate, in die er sich oberhalb Casamicciola und Forio fortsetzt, entsprechen den Bruchrändern dieser emporgetragenen Scholle. Das zentrale Massiv der Insel stellt somit keineswegs, wie man früher annahm, einen erloschenen Krater dar, sondern ist das Produkt vulkanischer *und* tektonischer Kräfte. Daß dieses Auftauchen von längeren Ruhepausen unterbrochen war, beweisen die Strandgerölle und Ufersande, die sich mit aller Deutlichkeit in verschiedenen Höhen finden. Daß all dies aber erst im Quartär vor sich ging, ergibt das Studium der zahlreichen tierischen Reste in jenen jüngeren Uferablagerungen und den älteren gehobenen Tiefentonen, die man bis dicht unter den Gipfel verfolgen kann, denn sie entsprechen durchaus der heutigen Lebewelt des Mittelmeeres.

Wohl schon im Zusammenhang mit diesen den Inselkern erschütternden Hebungen stürzten beträchtliche Teile der alten Tuffe in sich zusammen und lieferten die ungeheuren Schuttmassen, welche heute südwärts vom Grat bis zum

Meer den Horst begraben. Darum hatten hier die winterlichen, oft an die Tropen mahnenden Regengüsse, welche auch heute noch alljährlich da und dort Erdrutsche auslösen und die Gegend verändern, leichtes Spiel und schufen allmählich das Reich der Schluchten. Einst suchte man in ihm das Zentrum des ›Epomeokraters‹, aber dank den tiefen Aufschlüssen, die so entstanden, wissen wir, daß dieses ganze weite Gebiet bis auf das Niveau des Meeres hinab nur aus grobem und feinem Zerreibsel der älteren Tuffe und Tone besteht.

Die Geburt der Insel war aber noch von weiteren, heftigen Wehen begleitet. Als das Magma diesen Teil des Urvulkans gen Himmel hob, zerbrach die mächtige Scholle in viele Bruchstücke und entstanden damit Wege für die drängende Glut. Rund um den neuen Berg kam es für lange Zeit immer wieder zu Ausbrüchen, und diese entsprechen so vielen Eruptionstypen, daß man die Insel geradezu als ein Kompendium der Vulkanologie bezeichnen könnte. Die Rotarokuppe stellt einen Stratovulkan vom Typ des Vesuv dar. Wer auf den schon wegen der hier allein auf Ischia zu findenden Macchia und der schönen Steineichenbestände lohnenden Berg steigt, steht plötzlich staunend vor dem mächtigen Schlund, der sich da auftut. Aus einem sichelförmigen Krater wälzt sich hingegen der Lavastrom des Arso oder jener, der den Kirchhof von Casamicciola trägt, zum Meer. Wieder anderer Natur ist die Kuppe des Kastells. Hier hat die Lava sich, ohne daß ein Krater gebildet worden wäre, zu einem brotlaibförmigen Hügel emporgewölbt, dessen eine Hälfte in diesem Fall wieder in der Tiefe versunken ist. Dabei ging der Bruch so genau durch seine Mitte, daß man von der See aus wundervoll die Erstarrungsstrukturen der Stein gewordenen Glutfontäne erkennen kann. Auch das Kap von Sant' Angelo stellt eine solche ›Staukuppe‹ dar. Erfolgten solche Ergüsse aus längeren Spalten, dann bildeten sich ›Staurücken‹ wie das Lenzuolo oder die langgestreckte Costa Sparaina. Manchmal sackte aber auch gegen Ende einer so gearteten Eruption ein Teil des Ausbruchsmaterials wieder in den Schlot zurück. Dann entstand ein Pseudo-Krater mit felsigen, in Treppen zerlegten Wänden. So ist die öde Felsenwildnis des Montagnone-Gipfels zu verstehen und der Kessel, den die Straße zwischen Lacco Ameno und Forio durchschneidet. Auf ähnliche Weise ist auch der See entstanden, der vor hundert Jahren dank der Initiative eines der letzten Bourbonenkönige in den heute nicht mehr wegzudenkenden Hafen gewandelt wurde.

Eine Bootsfahrt längs der Südküste, in deren Bereich weite Teile der Insel im Meer versanken und so großartige Einblicke in ihren verwickelten Aufbau entstehen ließen, führt an einem Spaltenerguß vorbei, so klar, wie wenn er für ein Lehrbuch geschaffen worden wäre. Er hat jener tief in den Berg reichenden Grotte den Ursprung gegeben, für die man neuerdings den Namen Grotta del Mago gefunden hat. Die Lava füllte hier, als die jüngeren Aschentuffe noch nicht vorhanden waren, eine bald weite, bald enge Kluft aus und breitete sich dann, die Unterlage ziegelrot röstend, schirmförmig über ihr aus. Die Wellen aber haben, soweit sie reichten, die weichere Füllung später wieder ausgewaschen und so die Grotte entstehen lassen.

Aus einer langen Kette derartiger Katastrophen ist all die Schönheit entstanden, die uns heute entzückt und die wir nun mit ganz anderen Augen betrachten. Wir können aber noch tiefer in den Werdegang des ischitanischen Landschaftsbildes eindringen und die zeitliche Folge so mancher Etappen auf diesem Wege festlegen. Dazu verhelfen uns nicht nur die gegenseitigen Lagebeziehungen der Aschen und Laven, sondern vor allem auch vorgeschichtliche und archäologische Zeugnisse, die nicht selten von diesen begraben wurden. Auf Grund solcher wissen wir, daß das heutige Bild der Gegend vom Kastell bis gegen Forio weitgehend erst im Lauf jener zweitausend Jahre geprägt wurde, die dem letzten Ausbruch, der 1301 den Arsostrom entstehen ließ, vorausgingen. Unter der Lava des Hafens liegen die Reste eines griechischen

Städtchens, das hier spätestens im 4. Jahrhundert v. Chr. von der Tiefe verschlungen wurde. Die Wurfschlacken einer zweiten Phase der Rotarogruppe hatten bereits im 8. Jahrhundert geometrische Scherben eines griechischen Gehöftes begraben. Unter den Lapillimassen, die der Montagnone zu Beginn ausgeworfen, findet sich allerorts die Keramik römischer Kaiserzeit. Der Cafieri-Spaltenerguß, der zwischen Porto d'Ischia und Castiglione vom Meer bis zum Belvedere der Fahrstraße emporquoll, hat dabei den eisenzeitlichen Strand eine Strecke weit gehoben und so die an ihm liegenden Scherben vor dem Vergehen bewahrt. Den Lavastrom, der oberhalb der Häuser von Castiglione dem Berg entquoll, können wir auf solche Weise der Zeit Diokletians zuweisen, während der größte derartige Erguß der Insel, der Zara-Strom, von dem man früher vermutete, daß er die griechischen Siedler zum Teil auf das Festland verscheuchte, auf seiner Oberfläche bronzezeitliche Scherben trägt.

Tausend Jahre brauchte es, bis nach dem letzten antiken Ausbruch unter Diokletian das immer noch unter der Insel glühende Becken sich in der Gegend von Fiaiano einen Ausweg schaffte und die Lava zwei Monate lang aus dem heute mit Pinien bepflanzten Schlund durch die fruchtbare Ebene zum Meer floß. So manches Bauernhaus fiel ihr dabei zum Opfer, und da und dort kamen unter ihr die Scherben des jetzt glasierten bunten Geschirrs der Zeit und einmal sogar Silbermünzen des damaligen Herrschers, Karls II. von Anjou, zum Vorschein.

Daß auch heute das unterirdische Feuer nicht erloschen ist, davon zeugen die zahlreichen, vor allem in Meeresnähe, aber auch fern von ihr entspringenden heißen Quellen und die Fumarolen, die an so vielen Stellen dem Boden entströmen. Es ist, wie wenn die Insel mit ihrer Heilkraft all das Unglück wieder gutmachen wollte, das sie ihren Bewohnern zugefügt hat. Wenn es auf Ischia, im Gegensatz zu Capri, wo der klüftereiche Kalk jegliches Regenwasser verschluckt, immerhin einige Trinkwasserquellen gibt, so ist auch dies ein im Werdegang der Insel begründetes Geschenk, denn es sind die undurchlässigen, tonigen Schichten, welche das hier ja besonders kostbare Naß am Versickern verhindern. Andererseits wird der Pflanzenfreund auf Ischia die vielen hübschen kalkliebenden Gewächse Capris vermissen, denen der kieselsäurereiche Boden der vulkanischen Schwester nicht zusagt. Entscheidend hat das auf der Nord- und Südseite so verschiedene Relief der Insel auch ihre Siedlungsgeschichte beeinflußt. Die dem offenen Meer zugewandte Küste bot keinen Raum für größere Niederlassungen. Einzig das kleine Fischerdörfchen von Sant' Angelo, einst wirklich weltentrückt, jetzt aber auch in aller Mund, liegt hier am Meer. Alle anderen Ortschaften – Testaccio, Barano, Fontana, Serrara – entstanden notgedrungen auf den Höhen über dem Bereich der unwirtlichen Schluchten, und die heute die Insel umziehende Fahrstraße muß sich in mühseligen Serpentinen zu dem höchstgelegenen Fontana emporwinden.

Ganz anders auf der dem Festlande zugewandten, ungleich wirtlicheren Seite! Hier reiht sich eine Ortschaft an die andere. Schon in der Bronzezeit lag auf der steil über dem Meer aufstrebenden Kuppe von Castiglione eine Siedlung und blühte in ihr die Töpferkunst, die sich wie in den kommenden Jahrtausenden des einst auf dem Meeresgrund gebildeten und später trockengelegten Tones bediente. Ohne Übergang wurde dann auf diesem Hügel die auch sonst in Mittel- und Unteritalien weitverbreitete ›apenninische‹ Kultur von der völlig anders gearteten eisenzeitlichen abgelöst.

In der ersten Hälfte des 8. Jahrhunderts v. Chr., kurz bevor das Eingeborenendorf auf dem Castiglione dem erwähnten Cafieri-Ausbruch zum Opfer fiel, wurde Ischia der Schauplatz eines Ereignisses von welthistorischer Bedeutung. Griechische Siedler aus den beiden benachbarten Städten Chalkis und Eretria auf Euböa faßten auf der Insel Fuß und gründeten auf dem heutigen Monte di Vico bei Lacco Ameno eine Stadt, der sie den Namen Pithekussai gaben. Einer antiken Tradition zufolge war Cuma, auf dem Ischia gegenüberliegenden Festland, die älteste griechische Kolonie Italiens und Siziliens. Livius überliefert jedoch, daß die Euböer, ehe sie es wagten, sich dort niederzulassen, die vorgelagerte Insel in Besitz nahmen. Die Grabungen, die seit 1952 in der Nekropole und auf der Akropolis ausgeführt wurden, haben die Angabe des Livius voll bestätigt: in keiner anderen griechischen Kolonie Unteritaliens und Siziliens kam bisher so alte griechische Keramik zu Tage, wie sie hier in Menge gefunden wurde. Die Beigaben aus den über tausend Gräbern, die man bereits im Tal von San Montano, zu Füßen des Stadtberges, geöffnet hat, bezeugen, daß Pithekussai im 8. Jahrhundert v. Chr. ein wichtiges Handelszentrum darstellte. Ein Teil der Töpferware ist damals auf der Insel selbst gefertigt worden, darunter auch Vasen mit figürlichen spätgeometrischen Darstellungen, wie etwa die eines Schiffbruches, auf der die Insassen zwischen den Fischen um das gekenterte Boot treiben. Zahlreich ist aber auch die aus den verschiedensten Herstellungszentren importierte Keramik: vom griechischen Festland, namentlich aus Korinth, aus der euböischen Heimat und von anderen griechischen Inseln, aber auch aus Phönizien und Syrien, aus Etrurien und Apulien. Sehr häufig sind ägyptische Skarabäen und Fayencestatuetten sowie geschnittene Siegelsteine aus Nordsyrien, die, namentlich von kleinen Kindern als Amulette getragen, ihnen in das Grab mitgegeben wurden. Von Ischia aus kam also die italische Bevölkerung zum erstenmal mit griechischer Kultur in engere Berührung und lernte Errungenschaften wie die Töpferscheibe und die Schrift kennen. Es ist daher besonders bedeutungsvoll, daß sich gerade auf Ischia eine Inschrift fand, welche das älteste Zeugnis griechischer Schrift in Italien darstellt. Es handelt sich dabei um drei auf einem Trinkgefäß eingeritzte Verse aus dem dritten Viertel des 8. Jahrhunderts v. Chr., welche auf den in der Ilias verherrlichten Becher des Nestor anspielen.

Was veranlaßte die Euböer, sich zuerst gerade auf Ischia niederzulassen, das auch in der Folge, zusammen mit dem benachbarten Cuma, die am weitesten nach Norden vorgeschobene, am weitesten vom Mutterland entfernte griechische Kolonie auf italischem Boden bleiben sollte? Jüngste auf dem Monte di Vico gemachte Funde haben darüber eindeutigen Aufschluß gegeben: in einem antiken Abfallplatz fanden sich zahlreiche Eisenschlacken, tönerne Mundstücke von Blasbälgen, der Boden eines tönernen Schmelztiegels, dem noch die Eisenschlacken anhaften, und ein Stück unverarbeiteten Eisenerzes, das von der Insel Elba stammt. Nicht Landhunger und Übervölkerung waren der Anlaß zu dem Auftakt der griechischen Kolonisationsbewegung nach Westen, sondern Handel, und in erster Linie die Erzlagerstätten Toskanas, vor allem die reichen, noch heute ausgebeuteten Eisenerze von Elba, von denen wenigstens ein Teil auf Ischia verhüttet wurde. Im Tausch dagegen lieferten die Griechen den Etruskern die wertvollen Luxusgüter des nahen Orients. Pithekussai war der Stützpunkt und Umschlaghafen am westlichen Ende der Handelsroute, an deren östlichem Ende, wie wir heute wissen, die Euböer ein Handelskontor an der Mündung des Orontes besaßen.

Das Gemeinwesen auf dem Monte di Vico bewahrte auch in den kommenden Jahrhunderten durchaus seinen griechischen Charakter und hatte auch in hellenistischer Zeit, dank der damals wieder aufblühenden Töpferindustrie, noch eine gewisse Bedeutung, bis es von Sulla als Strafe dafür, daß es im Bürgerkrieg treu zu Marius hielt, gegen 80 v. Chr. dem Boden gleichgemacht wurde. Seitdem sind auf dem heute Reben tragenden Berge fast alle Spuren der antiken Stadt verschwunden. Nur zu seinen Füßen blieb ein bescheidenes Städtchen, dort wo heute Lacco Ameno liegt, am Leben. Die Insel, die jetzt den Namen Aenaria trug, kam zwar im Anschluß an den Sieg Sullas in unmittelbare Abhängigkeit von Rom, fiel aber schon 29 v. Chr., als sie Augustus gegen Capri eintauschte, an Neapel zurück. Ansehnlichere römische Reste haben sich freilich nirgends auf der Insel erhalten, die begreiflicherweise von der vornehmen Welt, die es nach den

Modebädern in Baia und Pozzuoli zog, trotz ihrer landschaftlichen Schönheiten und ihrer vielen Heilquellen gemieden wurde. Gerade in jener Zeit wurde sie ja immer wieder von vulkanischen Katastrophen heimgesucht.

Auch auf dem Felseneiland des späteren Kastells fanden sich trotz seiner hervorragenden strategischen Lage keinerlei Spuren antiker Bauwerke, ja nicht einmal römische Scherben, wie sie sonst der Ackerboden der größeren Insel an so vielen Stellen bewahrt. Aber in der neapolitanischen Geschichte des Mittelalters und der Renaissance sollte es dafür eine um so bedeutendere Rolle spielen. Schon im 8. und 9. Jahrhundert lag auf ihm die Burg des Grafen, der im Namen der neapolitanischen Herzöge über die Insel herrschte, und ein Städtchen, das vor den sie immer wieder heimsuchenden Raubzügen nordafrikanischer Piraten Schutz bot. Unter den Normannen und wohl auch schon früher hatte bereits ein Bischof hier oben seinen Sitz. Hohenstaufen und die Anjous hielten den Platz fest in ihrer Hand, ja, unter den letzteren erlebte der Berg eine erste Blütezeit. In den ältesten, an Giotto mahnenden Fresken in der Krypta der ehemaligen Kathedrale und den Resten eines Grabmals, die sich in den heutigen Dom gerettet haben, spiegelt sich das damalige künstlerische Leben der Hauptstadt wider. In den wechselvollen Kämpfen zwischen den Franzosen und Aragonesen spielte das Kastell dann immer wieder eine wichtige Rolle, bis es endlich 1423 von Alfonso I. mit stürmender Hand genommen wurde. Eine dramatische Schilderung Bartolomeo Fazios, des Biographen Alfonsos, ist doppelt wertvoll, weil sie uns zugleich den damaligen Zustand des Kastells überliefert. Eine hölzerne Brücke führte zu ihm hinüber, auf einem engen, steilen Pfad ging es hinauf zu einer unbefestigten Vorstadt, die etwa dort lag, wo später der Waffenplatz und die ungeheuere Zisterne entstanden, und von ihr, dreimal durch Türme gesperrt, zur eigentlichen Stadt. Auch sie war nicht von Mauern umgeben, aber die randständigen Häuser mit ihren spärlichen Fenstern schlossen dicht aneinander und konnten solche ersetzen. Zuoberst thronte wie heute als stärkste Zufluchtsstätte der Herrensitz.

Später gab Alfonso dann dem Kastell im wesentlichen seine jetzige Gestalt. Er band es mit einem festen Damm an die Insel, ließ den prächtigen, wohlgeschützten Aufgang in den Fels brechen, legte die gewaltigen Schutz- und Stützmauern an und errichtete das alles überragende Schloß mit seinen Ecktürmen und dem tiefen Graben. Zur Herrin über Burg und Insel aber, und zur Königin seines Herzens, machte er Lucrezia d'Alagno, deren Charme zu rühmen die Zeitgenossen nicht müde werden. Mit ihr und mit den rauschenden Festen, die den häufigen Besuchen des Königs galten, erlebte das Kastell seine zweite Blütezeit.

Uns aber liegt die dritte mehr am Herzen. Schon bevor der letzte der Aragonesenkönige, Federigo II., sich vor dem König von Frankreich in letzter Stunde 1501 auf das Kastell gerettet hatte und von hier dann blutenden Herzens in das Exil ging, setzte er den treuen Marchese del Vasto, Innico d'Avalos, über die Insel. Über zweihundert Jahre blieb damit diese spanische Familie mit ihr verbunden. Als Innico bald darauf starb, folgte ihm die früh verwitwete Schwester Costanza als Kastellanin. Sie vermochte nicht nur während der erneuten dreijährigen Franzosenherrschaft das Kastell für Spanien zu halten, sondern war zugleich eine selten kultivierte, von allen hochgepriesene Frau, die es verstand, die bedeutendsten Poeten und Gelehrten Neapels um sich zu sammeln. Aber damit nicht genug. Als ihr älterer Bruder Alfonso, Marchese di Pescara, ein tragisches Ende fand, nahm sie dessen Sohn Ferrante zu sich, und diesem reichte dann am 27. Dezember 1509 in der Kathedrale des Kastells jene Vittoria Colonna die Hand, die Italiens größte Dichterin, die Freundin Michelangelos und der Stolz ihrer Zeitgenossen werden sollte. So manche ihrer Sonette sind auf der Burg entstanden und künden von der Sehnsucht nach dem nur allzuoft fernen Gatten, von den Freudenfeuern, die bei siegreicher Heimkehr loderten, von den kostbaren Beutestücken, die er nach Hause brachte, bis endlich die tragische Nachricht von seiner tödlichen Verwundung in der Schlacht bei Pavia kam.

Im Laufe des 16. Jahrhunderts entstand allmählich, als die Zeiten ruhiger geworden waren, zu Füßen des Kastells der ›Borgo del Celso‹. Adelige und Patrizier, denen es oben zu enge wurde, schufen sich hier, wo schon lange vorher Klöster der Franziskaner und Augustiner entstanden waren, stattliche Häuser.

Hielt an dem einen Ende der Insel also das Kastell die Wacht, so fiel am anderen Forio diese Aufgabe zu. In weiter, fruchtbarer Ebene gelegen, mußte man sich hier mit einem Kranz von Türmen begnügen. In ihrem Schutz sind die bedeutenden Kirchen und die Straßen und Gassen entstanden, die zu durchstreifen heute noch eine Freude ist. Hier überraschen wie nirgends sonst auf der Insel auf Schritt und Tritt malerische Winkel, Durchblicke in stille Höfe, bunte Heiligenbilder aus glasiertem Ton, vor denen ein Lämpchen brennt. Mit solchen hat man auch die hoch über dem Meer nach Sonnenuntergang blickende Fischerkirche Santa Maria del Soccorso besonders verschwenderisch geschmückt.

Über die späteren, oft wechselnden politschen Ereignisse, die das Leben auf der Insel und das Bild der Ortschaften veränderten, vor allem aber den Reiseverkehr bald förderten, bald lahmlegten, wird notwendigerweise im Text laufend berichtet werden; und im Nachwort wird von des Autors und seines Sohnes Beziehung zu Ischia die Rede sein.

KAPITEL 1

Gäste auf Ischia von 1550-1750

Die Zahl der fremden Reisenden des 16. und 17. Jahrhunderts, welche nach Ischia kamen und darüber berichten, ist begreiflicherweise gering. Die Insel bot für sie keine besonderen Anziehungspunkte. Die Bäder waren in einem denkbar traurigen Zustande, auf dem Meer und auf der Insel war man nie vor den Überfällen der Sarazenen sicher, eine Gefahr, die wegfiel, wenn man die Thermen von Pozzuoli oder Baia benutzte; antike Bauten, wie sie jeden Reisenden in die Phlegräischen Felder und nach Cuma lockten, gab es auf Ischia auch nicht und niemand dachte daran, nur wegen des Genusses landschaftlicher Schönheiten, für die man ohnehin in jenen Zeiten nicht viel übrig hatte, soviele Unbequemlichkeiten, ja sogar Gefahren auf sich zu nehmen.

So kann es nicht wundernehmen, daß die frühesten aus dem Auslande kommenden Gäste, von denen wir wissen, Ärzte und an der vulkanischen Natur Ischias Interessierte sind. Aber auch von ihnen dürfen wir keine langen Reisebeschreibungen, Briefe oder Tagebücher erwarten, wie sie im 18. Jahrhundert einsetzten und im 19. zu einer kaum zu übersehenden Flut anschwollen. *Reinhardt Gathmann*, ein vom Niederrhein stammender Arzt, der sich den Gelehrtennamen *Reiner Solenander* zulegte, eröffnet die lange Reihe der Gestalten, die an uns vorüberziehen werden. Er war einer von den vielen, welche zur Vervollständigung ihrer Ausbildung nach Italien kamen, wo im 16. und 17. Jahrhundert der anatomische und klinische Unterricht auf hoher Stufe stand. Er hatte in Löwen studiert und war dank seiner ungewöhnlichen Begabung seinem Landesvater, dem Herzog Wilhelm von Jülich, Cleve und Berg, aufgefallen, der daraufhin den Sechsundzwanzigjährigen auf die italienischen

Hochschulen schickte. Nicht weniger als sieben Jahre – von 1550 bis 1557 – sollte er in Italien bleiben! Die ersten drei Jahre studierte er in Bologna, Pisa, Rom und Neapel und nutzte seine Freizeit zu ausgedehnten Reisen, die nicht nur der Fühlungnahme mit vielen bedeutenden Ärzten, sondern auch dem Studium der Flora und der Geologie des Landes galten. Vor allem hatten es ihm die Probleme des Vulkanismus und die heißen Quellen angetan, so daß er sich schließlich nach Abschluß seiner Studien noch für fast vier Jahre in Lucca als Badearzt niederließ.

Kaum wieder zu Hause, entstand als Frucht seiner Erfahrungen ein Buch, das ihn in die Reihe der ersten wissenschaftlichen Balneologen des Jahrhunderts stellte und in dem er uns auch von seinem Besuch auf Ischia erzählt. ›De caloris fontium medicatorum causa, eorumque temperatione, libri duo, et Philosophis et Medicis perutiles‹ ist der Titel des 1558 erschienenen Buches. Eine vollständige Aufzählung der vielen heißen Quellen und Sudatorien Ischias, wie sie die einzige über diesen Stoff damals gedruckt vorliegende Schrift Elisios anstrebte, lag nicht im Rahmen des tiefer schürfenden Buches. Daß sein Verfasser aber trotzdem die Insel gründlich durchforscht hat und nicht einfach aus Elisio schöpfte, geht schon daraus hervor, daß nun auch erstmalig das Sudatorium von Testaccio, die Fumarolen auf dem Monte di Vico und ein am Strande gegenüber von Cuma gelegenes Sudatorium de Cottavo in der Literatur erscheinen. An manchen Stellen wird die Erinnerung an die Eindrücke seiner Streifzüge durch die Insel so lebendig, daß er dem strengen Latein zum Trotz in Plauderton verfällt. So, wenn er uns erzählt, daß er sich eines Tages im Boot die Insel entlang rudern ließ und dabei an eine Stelle kam, von der ihm die Fischer erzählten, daß hier sogar das Meerwasser heiß sei. Sogleich mußten sie halten, er entkleidete sich, stieg in das Wasser und hätte sich beinahe die Füße verbrannt. Es war die in nächster Nähe von Castiglione gelegene kleine Bucht, welche das Volk schlechthin ›il bagnitello‹ nennt.

Am Strand von Citara staunte er über die schier zahllosen als Badewannen dienenden Gruben, die man rund um einen von der Hitze geröteten Felsblock in den Sand gegraben hatte und die nun voll des heißen Grundwassers waren. Zwischen den Binsen blühte überall das reinste Salz aus, von dem die Bewohner der Insel Gebrauch machten. Heute liegt der schon damals Pietra rossa genannte Fels infolge des langsamen, aber kontinuierlichen Absinkens der Insel weit draußen im hier seichten Meer, und das auch später viel gepriesene Citarabad, das, wie wir hören werden, Elisa von der Recke im Jahre 1805 ob seiner Primitivität so entsetzte, lag an ganz anderer Stelle. Als Solenander das einst oberhalb der Gurgitello-Quelle gelegene Sudatorium Casae Mezulae (Casamicciola) aufsuchen wollte, von dem bereits Elisio berichtet, fand er es außer Gebrauch. Einer der vielen in dieser Gegend zur Zeit der winterlichen Regengüsse immer wieder drohenden Bergrutsche hatte die Quelle verschüttet, aber kaum hatte er einen auf die Mündung gefallenen Felsblock beiseite gewälzt, entströmte ihr zu seiner Freude erneut der heiße Dampf.

Schon ein Jahr nach dem Erscheinen seines Buches wurde Solenander von seinem Gönner als Leibarzt an den Düsseldorfer Hof berufen, wo er bis an sein Lebensende als weithin angesehener Arzt wirkte.

Etwa dreiunddreißig Jahre später führte das Interesse an den Bädern einen französischen Arzt namens *Charles Nepveu* nach Ischia, wo inzwischen der neapolitanische Arzt und Anatom *Giulio Jasolino* die allmählich von den Bädern des Festlandes immer mehr in den Hintergrund gedrängten Thermen und Sudatorien zu neuem Leben erweckt hatte. Alljährlich kam er selbst auf die Insel und verfolgte die Wirkung der Kuren an den Patienten, die er dorthin sandte. Auch die Primitivität der Einrichtungen suchte er, soweit dies in seinen Kräften lag, wenigstens etwas zu bessern. Als jener französische Kollege nach Ischia kam, lag bereits ein erster handschriftlicher Entwurf des Buches vor, in dem er seine vielfältigen Erfahrungen zusammenfasste und die Topographie der Insel und vor allem der einzelnen Quellen und Fumarolen behandelte. Ja, noch mehr, er hatte als künftige Illustration seines Werkes, das lange Zeit immer wieder aufgelegt wurde und *das* Ischia-Buch darstellte, von dem römischen Stecher Mario Cartaro eine für die damalige Zeit ausgezeichnete, seine laufende Mitarbeit verratende Karte herstellen lassen, welche zunächst als Einzelblatt mit eingehender Legende verbreitet wurde. Sie war Donna Isabella Feltria della Rovere gewidmet und trug das Datum des 15. August 1586.

Wir bilden das Titelblatt der ersten Auflage von Jasolinos Buch ab. Es stellt die ganze Insel dar, unter welcher Typhoeus, die antike Personifikation vulkanischer Kräfte, stöhnt. Nach dem Sturz der Titanen führte er als eine riesige, unheimliche Gestalt der Unterwelt den Kampf gegen die olympischen Götter fort, bis Zeus ihn bändigte und nach der Darstellung der einen unter den Ätna, nach anderen unter der Insel Ischia in Fesseln legte, wo seine Bewegungen Erdbeben erregen und sein Atem die heißen Dämpfe erzeugt.

Charles Nepveu, welcher auf Ischia die Wirkung der Bäder eingehend studiert haben will, sich monatelang in Neapel aufhielt und von dort aus in gleicher Weise die Thermen von Pozzuoli und Baia kennenlernte, hat zweifellos in dieser Zeit auch Jasolinos Bekanntschaft gemacht und von dem kommenden Buch und der Karte gewußt, doch hielt ihn dies keineswegs ab, ebenfalls ein Bäderbuch zu schreiben, das nun auch die Heilmittel des Festlandes umschloß und das mit je einer Karte von Ischia und der Umgebung von Baia und Pozzuoli ausgestattet werden sollte. Ja, er ging so weit, daß er Cartaro veranlaßte, eine Kopie seiner für Jasolino bestimmten Ischia-Karte herzustellen, auf der an Stelle der von diesem verfaßten Legende eine lange französische Widmung seines Buches an einen Monsieur de Bissus, »gentilhomme ordinaire de la chambre du Roy«, trat, in der Ischia als die immergrüne, sich eines idealen Klimas er-

DE RIMEDI NATVRALI CHE SONO NELL'ISOLA DI PITHECVSA; HOGGI DETTA ISCHIA.

LIBRI DVE.

DI GIVLIO IASOLINO *Filosofo, & Medico in Napoli.*

Nelli quali si dimostrano molti rimedi naturali, dal detto Autore nuouamente ritrouati, oltre quelli, che lasciarono scritti gli Antichi.

Con molte esperienze, & historie, dal medesimo osseruate; come nel Sommario della seguente faccia si legge.

Con due tauole copiose.

All' Illustriß. & Eccellentiß. Sig. D. GERONIMA Colonna, d'Aragona.

CON LICENZA, E PRIVILEGIO.

In Napoli Appresso Gioseppe Cacchij, M.D.LXXXVIII.

Titelblatt des Werkes über die Heilquellen der Insel Ischia
von Giulio Jasolino. Neapel 1588.

freuende, stets von ruhiger See umgebene Insel erscheint und die am Schluß das Datum des 20. August 1586 trägt! Die Ortsnamen wurden jetzt durch Nummern ersetzt, die ihre Erklärungen im Text finden sollten, und auch sonst manche nebensächliche Dinge geändert. Daß all dies mit Zustimmung Jasolinos geschah, kann man sich kaum vorstellen. In der Tat wird in dessen zwei Jahre später erschienenem Buch Nepveus Veröffentlichung mit keinem Wort erwähnt. Zur Illustration des zweiten Teiles von Nepveus Buch wurde eine bereits 1584 entstandene Karte Cartaros verwendet, auf der nun die Ortsnamen durch französische ersetzt wurden und in einer Ecke Charles Nepveu, der hier als »Chirurgien du Roy« erscheint, sich an die Leser seines Buches wendet. Am Rande liest man »Naples, 15. Septembre 1586«.

Warum das alles, statt davon zu erzählen, was der Autor über Ischia berichtet, wird der Leser fragen. Das Buch ist bisher allen Bemühungen zum Trotz nicht aufzufinden gewesen! Von den beiden Karten ist nur je ein Exemplar bekannt, die in der Nationalbibliothek in Paris und in der Bibliothek des Vatikans liegen. Man kennt wohl zwei andere Veröffentlichungen dieses Arztes, von denen eine ebenfalls äußerst selten ist. Aber daß auch diese dritte wirklich erschienen ist, kann nicht bezweifelt werden, denn in einem geographischen Lexikon, das von einem französischen Fachmann 1738 überarbeitet wurde, liest man unter dem Stichwort Aenaria – dem antiken Namen für Ischia – »Eam pluribus descripsit C. Nepos Gallus«.

Der zeitlich nächste, allerdings unfreiwillige Ischiabesucher, von dem wir wissen, ist der weitgereiste *Georges Sandys*, ein Engländer, der 1610 eine Reise durch das türkische Reich, das Heilige Land, Ägypten und Italien antrat und sie in einem vielgelesenen Buch beschrieb, das nicht weniger als sieben englische, eine deutsche und eine holländische Auflage erlebte. Auf der Rückreise kam er nach Neapel, besuchte, wie üblich, die Phlegräischen Felder, aber dachte nicht daran, etwa nach Sorrent, Ischia oder Capri zu gehen. Es trieb ihn endlich nach Hause. Nun waren aber gerade die schlimmsten Hundstage des August in Neapel und man hatte ihm erzählt, daß sie für die Fremden, welche die große Hitze nicht gewohnt sind, besonders gefährlich seien; erst kürzlich seien von vierundzwanzig Franzosen nur vier heil nach Florenz gekommen. So zog er es vor, den Weg zu Wasser zu wählen und belegte für sich und einen englischen Reisebegleiter, der nach Livorno wollte, auf einer genuesischen Feluke, einem Schiff mit ein oder zwei Masten und quadratischen Segeln, welches für längere Fahrten, wie sie zum Beispiel auch die Korallenfischer machten, geeignet war, Plätze. Sein Gefährte ließ aber so lange auf sich warten, daß die Feluke ohne die beiden abfuhr. Mit einem anderen Boot hofften sie, sie noch einzuholen, aber als sie den Golf von Pozzuoli überkreuzten, erhob sich ein solcher Sturm, daß sie sich bereits verloren glaubten. In letzter Stunde kam ihnen ein anderes Boot zu Hilfe und brachte sie nach Procida, wohin sich inzwischen auch die Feluke geflüchtet hatte. Da der Sturm noch länger andauerte, benutzte Sandys die Gelegenheit zu einem Besuch Ischias. Viel Besonderes hat er freilich nicht davon zu erzählen. Der zum Kastell führende Damm schaffe zwei Häfen, von denen je nach der Windrichtung immer einer geschützt sei; den Zugang zum Kastell wehren eiserne Tore, es gäbe zwar fünfundzwanzig heiße Quellen, aber nur wenige mit frischem Wasser, die Bevölkerung neige zu Gewalttätigkeiten und Totschlag.

Von weiteren Fremden, die im 17. Jahrhundert nach Ischia kamen, ist uns nur *Athanasius Kircher* bekanntgeworden. Er kam, wie aus seinem einst berühmten ›Mundus subterraneus‹ hervorgeht, im Jahre 1638 nach Ischia und staunte auch hier nicht weniger als drüben in den Phlegräischen Feldern über die Fülle der heißen Quellen, die so zahlreich seien, daß es kaum eine Stelle gäbe, wo sie fehlten – »ut vix sit locus qui hisce non abundet«. Weitere Einzelheiten teilt er uns aber nicht mit, wenn wir von der natürlich irrigen Vorstellung absehen, daß das heiße Wasser durch unterirdische Kanäle vom Festland auf die Insel käme, verweist vielmehr im übrigen auf Mazzella, ohne Jasolino zu nennen, der mit fünfunddreißig heißen Quellen, neunzehn Sudatorien und fünf Stellen mit heißem Sand bei weitem die vollständigste Liste dieser Äußerungen des ischitanischen Vulkanismus gegeben hatte. Wenn auch Kircher somit unsere Kenntnis der Insel im 17. Jahrhundert in keiner Weise bereichert, so freuen wir uns doch, daß wir diesen einzigartigen Polyhistor, der, bevor er den Ruf an das Collegio Romano erhielt, in Würzburg Philosophie und Mathematik gelehrt hatte und zahllose, wenn auch oft anfechtbare Schriften über die koptische Sprache, über die ägyptischen Hieroglyphen, über chinesische Monumente, über mathematische, physikalische und geologische Fragen veröffentlichte, in unser Gästebuch eintragen dürfen. Seine Sammlungen von europäischen, orientalischen und südamerikanischen Altertümern bildeten den Grundstock zu dem Museo Kircheriano, dem heutigen Museo Preistorico e Etnografico im Collegio Romano.

Wir müssen schon froh sein, wenn wir immerhin drei aus dem Ausland kommende Reisende anführen können, deren Ischia-Besuche vor dem Jahre 1632 liegen, das heißt vor dem Jahr, in dem zum ersten Mal auch Capri in der Reiseliteratur erscheint. Bei dem dritten handelt es sich um einen gewissen *J. J. Bouchard*, der damals mehrere Tage auf Ischia und Capri verbrachte und in einem Manuskript, welches ein Bibliophile im Jahre 1850 auf einem Bücherstand in Paris entdeckte, auf sechzehn Seiten darüber berichtet hat. Aus einem zweiten, schon vorher bekannt gewesenen Manuskript wissen wir, daß er offenbar unter unerfreulichen Verhältnissen in Paris aufwuchs und 1630 als junger Mann nach Rom geschickt wurde. Dank mehrfacher Empfehlungen wurde er dort schließlich Sekretär des Kardinals Barberini und verblieb sein ganzes weiteres Leben, wenn auch unter bescheidenen Verhältnissen, in Rom, von wo aus er auch die Reise nach Neapel, Ischia, Capri und Amalfi machte.

Von weitem gefiel ihm die Ortschaft Capri mit ihren Türmen und der Stadtmauer recht gut, aber als er sie betrat, staunte er nicht wenig darüber, daß es in ihr lediglich Gassen gab, die so eng waren, daß nur mit Mühe zwei Personen aneinander vorbeigehen konnten. Von den Häusern sagt Bouchard, daß sie klein und niedrig seien, nur aus einem Stockwerk bestünden, und alle ein rundes Gewölbe trügen. Anacapri – oder, wie er sagt, Anna crapa – schildert er als ein offenes Dorf mit weitverstreuten Häusern. Die Mitteilung, daß auf der Insel niemand einen Stock tragen durfte, der dicker als ein Finger war und die vorgeschriebene Länge nicht überschritt, wirft kein gutes Licht auf die damaligen Capresen. In der Tat heißt es dann weiterhin, daß die Bewohner beider Ortschaften sich bis zum äußersten hassen, und daß sie hier wie dort »über die Maßen bösartig, streitsüchtig, widerspenstig, diebisch und hochmütig« sind. Dabei stürben sie vor Hunger. Doch sind sie alle tüchtige Seeleute, wissen ihre Boote in vorzüglicher Weise selbst zu bauen und werden daher vielfach in Neapel im Arsenal beschäftigt. Die Frauen hingegen geben sich mit der Zucht von Seidenraupen ab und die Seide aus Capri gelte in ganz Italien als die beste. Auch versteht man es auf der Insel, ausgezeichnete Käse aus Ziegenmilch herzustellen, die so geschätzt sind, daß sie allgemein als Präsent für hochgestellte Personen in Neapel dienen. Bouchard hatte sie in der Kartause kennengelernt, in der er wohnte und von den Mönchen großartig bewirtet wurde.

Die Ischia-Besucher des 18. Jahrhunderts leitet *John Dryden* ein, welcher als Begleiter eines Mr. Cecill einen fünftägigen Ausflug nach Capri, Ischia und Procida machte. Er war ein Sohn des berühmten englischen Dramatikers und Satirikers John Dryden, der im gleichen Jahre 1700, in dem die Reise nach Neapel, Malta und Sizilien angetreten wurde, gestorben war. In seinem Tagebuch notiert John Dryden jr., daß er Neapel nicht behandeln wolle, da es darüber ja hinreichend Literatur gäbe, woraus man schließen muß, daß es im Gedanken an eine spätere Veröffentlichung geschrieben wurde. Über die drei so wenig besuchten Inseln zu berichten, schien ihm aber doch der Mühe wert. Am 27. Oktober bestiegen die beiden die übliche Feluke und fuhren zunächst nach Capri. Der Rest des Tages wurde einem Besuch der Kartause gewidmet, deren Lage Dryden offenbar entzückte. Das Reich der Mönche umfasse etwa drei Meilen, sie besäßen eine sehr ordentliche Apotheke, dürften aber ohne eine ausdrückliche Dispens des Bischofs kein Fleisch essen. Das hat Dryden offenbar sehr beeindruckt; in der Tat erscheint er in seinen Aufzeichnungen als ein etwas bequemer Herr, der viel Wert auf gutes Essen und Trinken legte.

Am 30. Oktober ging es dann nach Ischia. Hier beginnen die spärlichen Notizen mit der Mitteilung, daß es im ganzen Mittelländischen Meer keine Insel gäbe, die im Verhältnis zu ihrer Kleinheit so viel und so starken Wein produziere. Dann erst wird von den Bädern gesprochen, die ihre Existenz einem schwefelhaltigen Strom verdanken sollen, der von dem Gipfel des Epomeo herabkomme. Die vielen Badeanstalten dienten teils dem einfacheren Publikum, teils seien sie für vornehme Gäste bestimmt, welche alljährlich im Juni zum Vergnügen und zur Kur kämen. Als man das Kastell besuchen wollte, gab es Schwierigkeiten; es ging das Gerücht, daß Karl II. von Spanien gestorben sei. Da er kinderlos war, sollte entsprechend seinem Testament ein französischer Prinz sein Nachfolger und damit auch König von Neapel werden. Herr der Inseln Ischia und Procida war damals Cesare Michelangelo d'Avalos, Marchese del Vasto, welcher, wie die Mehrheit des neapolitanischen Adels, lieber einen Sohn des österreichischen Kaisers Leopold als König von Neapel sehen wollte. Deshalb hatte der Kommandant, dem die roten Mäntel der Besucher verdächtig erschienen, Angst, es könne sich um Franzosen handeln, und verwehrte ihnen den Zutritt. Nur ein Dominikanermönch, der sich ihnen angeschlossen hatte, durfte mit seinem Brevier hinaufkommen.

Ohne auf Ischia zu übernachten, fuhren Dryden und sein Begleiter gegen Abend nach Procida. Hier imponierte ihnen vor allem der hochgelegene Palast des Marchese del Vasto, von dem sie hörten, daß in ihm soviel Zimmer seien, als das Jahr Tage zähle. Aus ihm ist bekanntlich später das nüchterne, jedes architektonischen Reizes bare Zuchthaus geworden. Außerdem weist Dryden noch auf die günstige Lage hin, welche die Insel zwischen dem Festland und Ischia hätte, zumal sie zwei Häfen – die sogenannte Marina S. Cattolico und die Corricella – besitze, an denen man bei schlechtem Wetter je nach der Windrichtung anlegen könne. Offenbar pflegte man schon damals, wie in der Folge bis zu der Eröffnung der Dampferlinien, gerne die Seefahrt nach Kräften abzukürzen und den Weg ›per terra‹, das heißt über Baia oder Miniscola nach Procida und von der Chiaiolella nach dem Borgo d'Ischia zu benützen.

Der anschließende Besuch von Sizilien spielte sich im wesentlichen zur See ab. Man fuhr von Messina über Catania, Syrakus, Marsala, Trapani nach Palermo, legte jeweils kürzere oder längere Zeit an, interessierte sich aber aus Bequemlichkeit kaum für das Innere.

Kurz nach Dryden erscheint der bekannte Dichter und Staatsmann *Joseph Addison* auf Ischia, der von 1701 bis 1703 Italien bereiste. Seine ›Remarks on several parts of Italy‹ wurden ähnlich wie Sandys Reisebeschreibung immer wieder aufgelegt. Gibt es doch zehn Auflagen von ihnen, unter denen sich abermals eine deutsche und eine französische befindet. Schudt, ein hervorragender Kenner der fraglichen Literatur, bezeichnet seine Veröffentlichung als eines der liebenswürdigsten Italienbücher der englischen Literatur; jedenfalls zählte es zu den meistgelesenen. Addison besuchte ebenfalls zuerst Capri, wohin ihn vor allem die von Dryden so wenig gewürdigten Ruinen der Tiberius-Villen zogen. Ihn interessierten in erster Linie die Zeugnisse der antiken Geschichte und die klassischen Autoren, aber in der allmählich erwachenden Würdigung landschaftlicher Schönheiten harmonierte er mit Dryden. Begeistert schildert er den Blick von Capris Höhen auf Neapel und macht eine Rundfahrt um die Insel.

Von Capri ließ er sich nach Procida rudern, übernachtete dort und setzte am anderen Morgen nach Ischia über. Was er uns aber über diesen Besuch erzählt, ist sehr kümmerlich. Wenn man erfährt, daß auf der Südseite der Insel ein See liege, so erklärt sich das wohl durch die ungewöhnliche Orientierung der Karte des Cartaro, die inzwischen in viele Atlanten übergegangen war und auf der der Süden der Insel oben liegt; daß er ihn aber gleichzeitig zu einem römischen Hafen machte, also mit dem Kriegshafen verwechselte, welcher hinter dem Kap Misen und der von diesem zum Monte di Procida sich ziehenden Spiaggia di Miniscola lag, und das Kastell an das nördliche Ende der Insel verlegt, geht doch ein bißchen weit!

Versöhnen könnte mit solcher Leichtfertigkeit – wenigstens einen Botaniker – die Bemerkung, daß er inmitten der heißen Dämpfe eines Fumarolenfeldes einen Myrtenbusch habe wurzeln sehen, der mit den glitzernden Tropfen des Kondenswassers bedeckt war. In der Tat zählen die Myrten zu den wenigen Gewächsen, welche noch in unmittelbarer Nachbarschaft der ein fast tropisches Klima erzeugenden Fumarolen gedeihen können, weil sie dann ihre Wurzeln nicht in die Tiefe senden, sondern sie horizontal oberhalb der allzuheißen Erde ausbreiten. Von dieser Anpassung haben auch die Bauern der Insel Kenntnis, denn sie wissen sehr wohl, daß die Myrtenbüsche in Nähe der Fumarolen dem an den Hängen Kletternden nicht den gleichen Halt bieten, wie anderweitig.

Noch schlechter kommt leider Ischia in einem anderen Reisewerk weg, welches, wie das Addisons, zu den bedeutendsten, das Italien des beginnenden 18. Jahrhunderts schildernden Veröffentlichungen zählt. Sein Verfasser *J. B. Labat* war französischer Dominikanermönch, weitgereist, wie wenige, der die intimsten Beobachtungen aus dem Alltagsleben köstlich zu schildern wußte und uns so viele Erlebnisse, wie sie anderen Autoren nicht der Veröffentlichung wert schienen, aber um so bezeichnender für die Zeit sind, überlieferte. Dabei verstand es Labat, tiefe Religiosität mit Humor, Freude am Leben und viel Sinn für gutes Essen und Trinken zu vereinen. Ein gut Teil seiner Tätigkeit entfaltete er auf den französischen Antillen, wo er schließlich Generalvikar und apostolischer Präfekt der dominikanischen Mission wurde und eines Tages sogar die Hauptstadt von Guadeloupe gegen die Engländer verteidigte. 1705 nach Europa zurückgekehrt, verbrachte er eine Reihe von Jahren in Italien. Außer zwei umfangreichen Beschreibungen der französischen Kolonien in Westindien hinterließ er seine ›Voyages en Espagne et en Italie‹, die nicht weniger als acht Bände umfassen – man hat ihm oft seine Weitschweifigkeit zum Vorwurf gemacht – und von denen es auch eine deutsche Ausgabe gibt.

Was hätte uns dieser Mann alles von Ischia erzählt, wenn er länger auf der Insel geweilt hätte! Aber er hat sie leider gar nicht betreten! Er passierte sie im Juni 1711. Bei dieser Gelegenheit blieb seine Feluke eine Nacht vor Forio liegen, und Labat ließ sich lediglich von den Leuten, welche auf das Schiff kamen, allerlei erzählen. Bezeichnenderweise spielen der Wein und das Essen selbst in den wenigen Zeilen, die über diesen Aufenthalt berichten, die Hauptrolle, und eine kleine Probe seines Humors fehlt auch nicht. Man erzählte ihm, daß der gute Wein, den er zu trinken bekam, sich lange halte und den Transport gut vertrage. Vor allem in Civitavecchia sei er sehr beliebt. In einem normalen Jahr gewinne man 24000 Botte. Man brachte ihm eine Fülle von Früchten an Bord, vor allem herrliche Feigen. Bei dieser Gelegenheit bekam er zu hören, daß es auf der Insel einen Almosenpfleger gäbe, der hundertfünfzig der größten Feigen essen könne, ohne daß darunter sein Frühstück litte oder sein Appetit beim Mittagessen auch nur im geringsten beeinträchtigt würde. Einschließlich der Kanoniker an der Kathedrale gäbe es vierundzwanzig Priester auf Ischia.

Endlich sind wir nun aber bei einem Engländer angelangt, der mit Addison befreundet war und über den wir uns nicht nur nicht zu beklagen brauchen, sondern dem wir sogar zu großem Dank verpflichtet sind. Handelt es sich doch um den ersten fremden Gast, der monatelang auf Ischia weilte, von dem ein ausführliches, auf der Insel geschriebenes Tagebuch erhalten ist und der zum ersten begeisterten Verkünder von Ischias Zauber wurde. *George Berkeley* (1685-1753) begann schon als ungewöhnlich frühreifer Knabe im Trinity College in Dublin seine theologischen Studien und entwickelte sich in diesem heute noch blühenden Zentrum irischen Geisteslebens zu einem der bedeutendsten englischen Philosophen. Auf seiner ersten Italienreise (1713-14) lernte er nur Oberitalien und die Toskana kennen, aber im Verlaufe einer zweiten (1714-18) weilte er zunächst lange in Neapel und durchstreifte Kalabrien so gründlich wie kaum einer seiner Zeitgenossen. 1717 verbrachte er dann fast den ganzen Sommer auf Ischia und wohnte hier in dem abgelegenen Testaccio, hoch über dem herrlichen Marontistrand. Warum er sich gerade hier niedergelassen hat, verrät uns ein Brief, den er am 1. September an seinen Freund Lord Percival schrieb und in dem steht, daß, Gott sei es gedankt, der Ausfluß, an dem er gelitten, nach ungefähr sechs Wochen völlig geheilt sei. Es war also offensichtlich das von Solenander erstmalig erwähnte, heute aber völlig verwahrloste Sudatorium, das ihn nach Testaccio zog.

Das Tagebuch, das nur für die Jahre 1717 und 1718 auf uns gekommen ist, entstand nicht etwa, wie so viele Aufzeichnungen anderer Reisender, in der Absicht, es dereinst zu veröffentlichen, sondern enthält in buntem Durcheinander Notizen über alles, was Berkeley gesehen und erlebt hat und was ihm die Leute über ihre Gebräuche, über die Art der Verwaltung, über kirchliche Einrichtungen und so weiter erzählt haben. Dazwischen stehen aber auch alle möglichen Exzerpte und Notizen aus den zahlreichen Büchern, die er bei sich hatte, aus antiken Autoren, aus Pontano, Solenander, Jasolino, Borelli und vielen anderen.

Die Zeit, in der Berkeley nach Ischia kam, war wenig gemütlich. Sieben Einheimische hatten einen Polizisten erschlagen und nun tyrannisierte ein Kommissar mit hundertfünfzig Sbirren schon seit einem Monat die Insel. Etwa hundert Personen, darunter viele arme alte Frauen, deren Männer in die Wälder geflohen waren, saßen als Gefangene auf dem Kastell. Niemand durfte mehr in den über das Land verstreuten Häusern bleiben, sondern alle mußten mit ihrer Habe in die größeren Ortschaften ziehen. Wer im Freien angetroffen wurde, wurde erbarmungslos verprügelt. Die Weinkeller mußten stets offen stehen und waren damit den Sbirren preisgegeben. Zu alledem kam noch, daß schon in der zweiten Nacht vor der Türe Berkeleys ein achtzehnjähriger Bursche erschlagen wurde. Aber dergleichen regte die Behörde wenig auf. Untereinander konnten sich die Ischitaner umbringen, ohne Bestrafung fürchten zu müssen.

Der Philosoph ließ sich durch all das nicht beunruhigen, ging still seinen Interessen nach und verlebte herrliche, ungestörte Monate auf der Insel. Im Grunde fand er die Bevölkerung gutmütig, obwohl die Männer so leicht erregbar sind und bei jedem Anlaß nach dem breiten, krummen Winzermesser greifen, das sie stets an ihrer Seite tragen. Einheimische Bettler gäbe es auf der Insel überhaupt nicht, wenn man ja einmal einem solchen begegne, handle es sich stets nur um einen armen, vom Festland kommenden Badegast.

Immer wieder spricht aus dem Tagebuch der tiefe Eindruck, den Ischias Landschaft und Ursprünglichkeit auf Berkeley gemacht haben, aber am schönsten gibt er seiner Begeisterung in einem langen Brief Ausdruck, den er, wieder in Neapel, am 22. Oktober an seinen Freund Pope richtete, der damals bereits ein geschätzter Autor war und an seiner Übersetzung der Ilias arbeitete, die einen so großen Erfolg haben sollte. Man wird an eine Stelle Jasolinos erinnert, der Ischia einmal eine Musterkarte alles dessen nannte, was ein gütiger Schöpfer an Wunderbarem hervorgebracht hat, wenn wir in diesem Brief lesen:

Die Insel Inarime (Aenaria) ist ein Abriß der ganzen Welt, der im Umkreis von achtzehn Meilen eine wunderbare Vielfalt von Hügeln, Tälern, zerklüfteten Felsen, fruchtbaren Ebenen und kahlen Bergen aufweist, alles in einem höchst romantischen Durcheinander. Die Luft wirkt selbst in der heißesten Jahreszeit durch kühle Seebrisen immer frisch.

Dann spricht er von der Fülle der Obstbäume und Weinberge, von den Wäldern und Macchien der Höhen und fährt fort:

Mehrere Quellen und Bäche bereichern die Schönheit der Landschaft, die sich ebenso abwechselnd durch Wildnis und nacktes Gestein auszeichnet. Die Krönung der ganzen Szenerie ist ein hoher Berg, der mitten aus der Insel aufsteigt – ehedem ein furchterregender Vulkan, den die Alten Mons Epomeus nannten. Seine Ausläufer zieren Weinberge und Obstgärten; die Mittellagen bieten den Ziegen- und Schafherden Weideflächen; und der Gipfel ist ein schroffer Felsen, von dem Du die schönste Aussicht der Welt genießest. Mit einem Blick übersiehst Du – neben einigen reizenden Inseln zu Deinen Füßen – das italienische Festland auf hundert Meilen vom Vorgebirge Antium bis hin zum Kap des Palinurus: der größte Teil davon wurde bereits von Homer und Virgil besungen, da er bei den Reisen und Abenteuern ihrer beiden Helden eine ansehnliche Rolle spielt. Die Inseln Capri und Procida machen zusammen mit Neapel, Gaeta, Cumae, dem Kap Misen, den Stätten der Circe, der Sirenen und Lästrigonen, dann der Bucht von Neapel, dem Vorgebirge der Minerva und der ganzen Campagnia felice nur einen Teil dieser erhabenen Landschaft aus, die zu beschreiben eine solch lebhafte Vorstellungskraft und Erzählergabe, wie sie Dir zur Verfügung stehen, erforderte. Die Bewohner dieser herrlichen Insel sind so ganz ohne Reichtümer und Ehren und besitzen damit auch nicht die Fehler und Torheiten, die jene mit sich zu bringen pflegen. Und wäre ihnen die Rache so unbekannt wie Neid und Ehrgeiz, dann möchten sie wirklich die fabelhaften Vorstellungen vom Goldenen Zeitalter rechtfertigen. Aber sie haben zur Trübung ihres Glücks einen krankhaften Hang, einander auf die geringste Beleidigung hin umzubringen.

Einige Proben aus dem Tagebuch des Mannes, der sich für alles interessierte, mögen den Beschluß bilden: Am Hochzeitstag begleiten die Brüder und Schwestern der Braut und andere Verwandte diese in das Haus des Bräutigams, aber die Eltern bleiben stets zu Hause. Während die Verwandten des Bräutigams dann mit dem jungen Paar speisen, kehren die der Braut zurück und essen bei deren Eltern zu Abend. Erst am anderen Morgen bringen dann die beiderseitigen Verwandten, hübsch in Körben verwahrt, ihre Geschenke, Hanf zum Weben, Hemden, Tischwäsche, Geräte für den Haushalt und dergleichen, in das neue Heim und werden dort bewirtet. Die Frauen tragen große Ohrringe und, wenn verheiratet, viele breite goldne Ringe mit falschen Steinen. Aber ihr Hauptschmuck besteht an Feiertagen in ihren bunten, mit Spitzen gesäumten Schürzen. Die später so typischen, kunstvoll gefalteten Kopftücher aber werden nicht erwähnt, auch von N'drizzata, dem alten Waffentanz im nahen Barano, spricht Berkeley merkwürdigerweise nicht, wohl aber notiert er, daß die Männer blaue Wollmützen tragen, daß eine fette Wachtel $^3/_4$ Penny koste, daß man getrocknete Blätter von Lentiscus und Myrten an die Gerber in Neapel verkaufe, daß getrocknete Feigen und Rosinen eine nicht unwesentliche Einnahmequelle seien und daß ein lebhafter alter Mann schon an die zweitausend lebende Schlangen verzehrt habe – »I have seen him eat them raw and moving«. Darauf folgt eine Notiz, daß drei- bis vierhundert Dukaten die auf Ischia übliche Mitgift seien, und eine weitere, daß die nächsten Verwandten nach einem Todesfall zwei Tage lang höchstens ein Glas Wasser zu sich nehmen.

Im September beeindruckten ihn dann die üblichen ersten, den Herbst einleitenden Gewitter. Eine Stunde lang stand der südliche Himmel ununterbrochen in Flammen und dröhnten die Donnerschläge. Das war auch für ihn das Signal zum Aufbruch. Zunächst blieb er noch eine Weile in Neapel, dann ging er nach Sizilien, das er bis zum Februar des nächsten Jahres großenteils zu Fuß durchstreifte. Doch sollten damit die Wanderjahre des Philosophen noch lange kein Ende finden. Erst gegen Ende 1721 trat er wieder in sein College in Dublin ein. Aber nun reifte in ihm der Plan, in Westindien, auf den Bermuda-Inseln, eine Art Universität ins Leben zu rufen, in der die Jugend Neuenglands vor der Verwilderung bewahrt und eine Generation erlesener Geistlicher herangezogen werden sollte, ja an der sogar Eingeborene mit dem kulturellen und religiösen Leben des Westens vertraut gemacht werden sollten. Erst nach dreijährigem Aufenthalt in Amerika sah er ein, daß sein edler Gedanke, für den sich anfangs die Regierung ernstlich interessierte, niemals verwirklicht werden würde und kehrte enttäuscht in die Heimat zurück, wo nun nach langer Pause eine Reihe seiner bedeutendsten Werke entstand, bis die Ernennung zum Bischof von Cloyne, einer kleinen irischen Stadt, seinen sehnsüchtigen Wunsch nach stiller Zurückgezogenheit erfüllte.

Daß durch jenen Brief, den Berkeley seinerzeit an Pope geschrieben hatte, weite Kreise erstmalig etwas von den Reizen Ischias erfahren würden, hat er sich nicht träumen lassen können. Nicht nur, daß 1758 in einer ›Sammlung vermischter Briefe‹ eine Übersetzung desselben erschien, ein gewisser Georg August von Breitenbach, der niemals in Italien war, veröffentlichte 1765 ein fünf Seiten langes Gedicht ›Die Insul Inarime‹, das sich vom Anfang bis zum Ende eng an Berkeleys Brief anlehnt. Dieser ›Dichter‹, den Herder streng kritisierte und Lessing, zu dessen Kreis er zählte, verspottete, schwelgt hier in einer unechten Empfindsamkeit, die weit über die eines Rousseau oder Gessner hinausgeht und sicher auch Berkeley mißfallen hätte, von der wir aber doch eine Kostprobe bringen möchten, nicht nur, weil es sich um die erste Schilderung Ischias in deutscher Sprache handelt, sondern weil der in ihr angeschlagene Ton bei Reisenden der nächsten Jahrzehnte mehrfach weiterklingt:

Verschwendung wurde nie von diesem Volk gekannt.
Noch führt es sorgenfrey in schlechten Schäferhütten
Ein Leben voller Lust in unschuldsvollen Sitten:
Hier fließt ein jeder Tag in stolzer Ruhe hin,
Und Schmerz und Kümmernis muß weit von hier entfliehn.
So hat der Götter Huld dem Volk das zugewogen,
Was sie dem Überrest der Sterblichen entzogen:
Die schönste Zeit der Welt, der ersten Menschen Glück,
Blieb unter ihnen nur auf dieser Flur zurück.

In die erste Hälfte des 18. Jahrhunderts fällt auch ein Ereignis, das für Ischia in mehrfacher Hinsicht bedeutungsvoll werden sollte. Auf einer Anhöhe über dem Lago del bagno, dem heutigen Hafen, entstand an aussichtsreicher Stelle ein stattlicher Palazzo, der von vornherein nicht nur als ländlicher Ruhesitz, sondern zugleich als ein vornehmes Sanatorium gedacht war. Der Bauherr war ein ischitanischer Arzt, *Francesco Buonocore*, der, nachdem er kaum fünfunddreißigjährig als Leibarzt des Prinzen Karl an den spanischen Hof berufen worden war, mit diesem 1731 nach Italien zurückkehrte, als es galt, sich in den Besitz des Königreiches beider Sizilien zu setzen. In den Jahren, in denen der Prinz zunächst in Parma weilte, kam Buonocore offenbar schon für längere Zeit auf die heimatliche Insel und begann auf väterlichem Grund mit dem Bau seines Casinos. Nur so ist es verständlich, daß die marmorne Inschrift über dem Eingangstor bereits die Jahreszahl 1735 trug, obwohl Neapel erst 1735 in den Besitz des sich jetzt Karl III. nennenden Königs kam. Auf ihr erscheint Francesco Buonocore bereits als Protomedico (Leibarzt) des Reiches.

»Sibi et musis et musarum alumnis« hatte dieser das im Laufe der Jahre prunkvoll eingerichtete Gebäude bestimmt, aber tatsächlich dachte Buonocore, der begreiflicherweise alsbald auch der Arzt der neapolitanischen Hofgesellschaft wurde, wohl von Anfang an daran, seine Schöpfung auch hochgestellten Patienten zur Kur oder zur Erholung zur Verfügung zu stellen. D'Aloisio, der gesuchteste ischitanische Badearzt des 18. Jahrhunderts, spricht in seinem ›Infermo istruito nel vero salutevole uso de'remedi minerali dell'Isola d'Ischia‹ (1757) von dem »delizioso Albergo di Campagna del celebratissimo Protomedico«, und Giuseppe D'Ascia sagt in seiner ›Storia del Isola d'Ischia‹, daß Francesco Buonocore seine Villa in den Sommermonaten an fremde und italienische Fürsten und sonstige Adelige »a modo di albergo« vermietete. Schon die Weitläufigkeit des Gebäudes, dessen Erbauer zeitlebens Junggeselle blieb und in Neapel ebenfalls ein eigenes Haus und eine Wohnung im Palazzo Reale besaß, und nicht zuletzt die zweihundert Matrazen, welche sich laut einem bei seinem Tode aufgenommenen Inventar in seinem Landsitz fanden, sprechen deutlich dafür.

Leider wissen wir nur sehr wenig über solche fremden Gäste des Casinos. Bereits 1738 hatte es die Ehre, den *Erbprinzen Friedrich Christian*, den Sohn Augusts III., Kurfürsten von Sachsen und Königs von Polen, viele Wochen lang zu beherbergen. Er war schwerkrank mit seiner Schwester Maria Amalia, der jungen Braut Karls III., nach Neapel gekommen. Der erst sechzehnjährige Prinz litt seit seiner Kindheit an schwersten Lähmungen und konnte sich nur auf zwei Diener gestützt bewegen. Buonocore vertraute die Kur dem ebengenannten D'Aloisio an, welcher ihn zweiunddreißig Bäder im Gurgitello-Wasser nehmen ließ und in seinem Buch ausführlich über die Kur berichtete, die damit endete, daß der Prinz nur noch einen Stock benötigte. Die verkrampften Finger lösten sich wieder, und drei verlagerte Wirbel traten wieder an ihre Stelle. Der Protomedico aber war so stolz auf seinen Gast und die glückliche Kur, daß er sie auf einer Marmortafel verewigte. Wie eine Reihe weiterer, zum Teil sehr origineller Inschriften, die er alle von dem berühmten neapolitanischen Philologen Mazocchi erbat und über den Ställen seiner Hühner und Ochsen, sowie am Taubenschlag, in dem er auch Brieftauben hielt, anbringen ließ, ist auch diese verloren gegangen, aber die Texte sind uns erfreulicherweise alle überliefert worden.

Man sollte annehmen, daß Francesco Buonocore auch eine Verbesserung der beiden zu Füßen seines Palazzos am Ufer des Sees liegenden Bäder veranlaßte, aber daran dachte er in keiner Weise; über den beiden Quellen Fornello und Fontana stand nach wie vor je ein kleines, verwahrlostes Gebäude mit unsauberen, aus rohem Mauerwerk bestehenden Wannen, deren Wasser keineswegs nach jedem Bad gewechselt wurde. So ist es begreiflich, daß wohlhabende Badegäste sich schon damals das Mineralwasser in den kleinen, ›barile‹ genannten Fäßchen in die Wohnung bringen ließen und daß man sich wohl auch nicht selten eine eigene Wanne aus Neapel mitbrachte.

Drei Gemälden verdanken wir unsere klare Vorstellung von dem Zustande des Sees und seiner Umgebung vor und während seinem Durchbruch. Sie stammen von Hackert, Schettini und Giacinto Gigante. Der letztere gibt die Situation in der später so bedeutungsvollen Gegend am besten wieder, weil bei ihm der gesamte See, gesehen von der Höhe von S. Alessandro, erscheint. Nahezu kreisrund, trennt ihn nur eine schmale niedrige Strecke vom Meer. Das Studium der höheren Begrenzungen – der Collina di S. Pietro und der von S. Alessandro – klärt Art und Zeit seiner Entstehung auf. Der Vulkan, der zwischen beiden ausbrach und diese mit seiner Lava bedeckte, sank, wie das ja nicht selten vorkommt, wieder zurück in die Tiefe und ließ dabei seine Produkte auf den älteren Erhebungen zurück. Die Zeit der Eruption aber verraten, wie in so manchen ähnlichen Fällen, unter dem Ausbruch gefundene Scherben, die hier dem 6. und 5. Jahrhundert v. Chr., also der späteren griechischen Zeit auf der Insel, angehören.

Das kleine felsige Inselchen, das auf dem Bilde erscheint, stellt einen Magma-Rest dar, der nicht völlig verschluckt wurde und damals ein der Fischerei dienendes Häuschen trug. Jasolino hingegen berichtet, daß sich zu seiner Zeit auf ihm eine Kapelle des S. Nicola befand. Ja, noch mehr, wir wissen sogar, daß bereits in römischer Zeit auf ihm ein Gebäude stand! Gibt es doch einen Brief des Prinzen Marc Aurel an seinen Lehrer Fronto, in dem er ihm mitteilt, daß es auf der damals Aenaria genannten Insel einen See gäbe und daß sich in diesem ein zweites bewohntes Inselchen befinde. Er wollte gerne wissen, wie man das rhetorisch auswerten könnte. Wer die Insel liebt, muß von dem Gemälde Giacinto Gigantes ergriffen werden. Welch stiller Friede herrscht in ihm! Am Ufer des Sees liegen dort, wo heute die Autos rasen, nur wenige Häuser, die Collina di S. Pietro, an deren Fuß sich heute ein Nachtlokal an das andere reiht, stellt einen grünen Hügel dar.

Hackerts Bild, das einen etwas kleineren Ausschnitt bringt, ist hingegen wertvoll, weil es uns das Sanatorium Buonocores – freilich bereits mit den zusätzlichen Neuerungen, welche der Erwerb durch den König nach sich zog – sehr deutlich vor Augen stellt. In aller Ruhe konnten damals die Fischer ihre Netze zusammenziehen!

Schließlich müssen wir an dieser Stelle noch eines deutschen, 1740 erschienenen Reisewerkes gedenken, das insofern bedeutungsvoll ist, als es für Jahrzehnte für alle an Italien Interessierten das maßgebende Buch wurde. Sein weitschweifiger Titel ›*Johann Georg Keysslers* Neueste Reisen durch Teutschland, Böhmen, Ungarn, die Schweitz, Italien, und Lothringen, worin der Zustand und das Merkwürdigste dieser Länder beschrieben und vermittelst der Natürl. Gelehrten, und politischen Geschichte, der Mechanik, Mahler-, Bau- und Bildhauerkunst, Müntzen und Alterthümer, erläutert wird‹ bereitet schon auf den Inhalt vor, denn es enthält zwar ein ungewönliches Tatsachenmaterial, ist aber keineswegs sehr amüsant zu lesen. Der Verfasser war ein studierter Mann, der zunächst Hofmeister in adeligen Familien war und als solcher die Söhne auf ihren Bildungsreisen zu begleiten hatte, bis er bei einem derselben als Bibliothekar Verwendung fand. Was in den zwei dicken Quart-Bänden über Ischia steht, mag wohl reichlich trocken sein, ist aber bezeichnend für die unpersönliche, sachliche Art der Zeit und möge, da sicher so mancher der folgenden Ischia-Gäste sich in Keysslers Werk orientierte, im Wortlaut mitgeteilt werden.

Ischia führte voralters den Namen von Enaria und Pitecusa. Ihr Umfang hält mit den Ausschweifungen der kleinen Vorgebirge 18 italien. Meilen, und ist sie von Procida noch zwei Meilen entfernet. Sie litte ehemals vielen Schaden von etlichen Hügeln oder Vulcanis, die nach Art des Vesuvs auf derselben brannten und war ihr sonderlich das 1301ste Jahr desfalls sehr unglücklich. Seit zweyhundert bis dreyhundert Jahren aber ist die unterirdische Hitze niemals mehr in Feuer und Flammen ausgebrochen, sondern der Rauch, welchen man hier und da noch zwischen den Felsen hervorklimmen sieht, hat seinen Ursprung von den warmen Wässern und Bädern, deren noch etliche dreissig auf dieser Insel im Rufe sind, ohne der vielen Sudatoriorum (da man in trockenen Gewölben schwitzet) zu gedenken.

KAPITEL 2

Fremdenverkehr in der zweiten Hälfte des 18. Jahrhunderts

An die Spitze der Gäste, die nun in immer mehr steigendem Maße in der zweiten Hälfte des 18. Jahrhunderts nach Ischia kommen, müssen wir *Johann Winckelmann* stellen. Aber leider können wir nur die nackte Tatsache mitteilen, daß der bedeutende Archäologe bei seinem Aufenthalt in Neapel im Frühjahr 1764 die Insel besuchte. Er verrät uns dies in einem Brief an Franke, den er am 7. April in Rom geschrieben. In ihm heißt es:

In Neapel war ich einen Monat, und dennoch haben die vielen Reisen in der Nähe umher: nach Pozzuoli, Baia, Cuma, Pompeji, Stabia, nach der Insel Ischia etc. mir kaum die Zeit gelassen, dasjenige, was ich anzumerken fand, in Ordnung zu bringen.

Kurz nach diesem Besuch Winckelmanns erschienen zwei umfangreiche, im Gegensatz zu Keyssler ausschließlich Italien behandelnde Reisewerke, welche für den allmählich einsetzenden Auftakt des internationalen Fremdenverkehrs bezeichnend sind. *Abbé Jérôme Richard* veröffentlichte 1766 seine sechsbändige ›Description historique et critique de l'Italie‹, und 1769 erschien, ohne den Autor zu nennen, des Astronomen *Joseph Jérôme Lalandes* ›Voyage d'un Français en Italie, fait dans les années 1765 et 1766‹. Daß solche Veröffentlichungen einem wachsenden Bedürfnis entgegenkamen, bezeugt der Umstand, daß Richards Buch drei, das Lalandes sogar vier Auflagen erlebte, in denen es durch zahlreiche Zusätze bereichert wurde.

Wer sich freilich über die Inseln des Golfes in ihnen informieren wollte, müßte feststellen, daß bei Richard Ischia und Capri überhaupt nicht erwähnt werden und daß auch Lalandes Angaben sehr kümmerlich sind. In der in Yverdon 1769, also im gleichen Jahr wie die Erstausgabe erschienenen, bereits beträchtlich vermehrten zweiten Auflage liest man bei ihm bezüglich Ischia lediglich:

Die Inseln Nisida, Procida und Ischia, die man von Baia und Misen sehen kann, verdienen einen Besuch, besonders Ischia, wo man viele Mineralquellen und Spuren früherer Vulkanausbrüche findet.

Von Procida hingegen wird lediglich ausführlich über die furchtbaren Folgen berichtet, welche der Umstand mit sich brachte, daß Karl III. seiner dortigen Fasanenjagd zuliebe vor etwa zwölf Jahren jegliches Halten von Katzen streng verbot. Die Ratten vermehrten sich daraufhin derart, daß nichts mehr vor ihnen sicher war.

Die Gärten, die Wohnungen, die Kirchen, die Sakristeien, die Schränke, selbst die Orgelpfeifen, nichts war vor ihnen sicher; die Vorräte der Leute, die Leichen vor der Bestattung, selbst die Kinder in der Wiege fielen diesen gräßlichen Tieren zum Opfer. Die ganze Insel drohte unbewohnbar zu werden. Die verzweifelten Procidaner warfen sich vor dem König auf die Erde und baten um Abhilfe, streuten aber gleichzeitig auch sechs- bis siebenhundert tote Ratten auf seinen Weg, was die Aufhebung des Verbots zur Folge hatte.

In der dritten, 1770 erschienenen Auflage kommt zu dieser Erzählung noch eine kurze Charakteristik der Insel, wenn mitgeteilt wird, daß die sie bewohnenden Fischer für ausgezeichnete Seeleute gelten, daß die Erde sehr fruchtbar und intensiv bebaut sei und viele Trauben sowie köstliche Feigen liefere. Auch gäbe es einladende Landhäuser. Die wenigen Zeilen über Ischia werden lediglich durch einen Satz vermehrt, der von dem zwei Monate dauernden Ausbruch des Arsostromes handelt.

Auch gelegentlich der vierten, 1790 in Genf erschienenen Auflage von Lalandes Reisewerk hat man es nicht für nötig gefunden, Ischia wenigstens etwas ausführlicher zu behandeln, während in ihr auf die Campi Flegrei etwa sechzig Seiten fallen, doch wäre es verfehlt, daraus etwa den Schluß zu ziehen, daß die Insel von der steigenden Entfaltung des internationalen Fremdenverkehrs unberührt geblieben wäre.

Landschaft bei Porto d'Ischia
Gemälde von Jakob Philipp Hackert
Reggio di Caserta, Museo di Castello

Mit aller Deutlichkeit geht dies aus einem Bericht hervor, den ein *anonymer Engländer* in Form eines langen Briefes 1777 im ›Universal Magazine of knowledge and pleasure‹ über seinen Aufenthalt auf Ischia veröffentlichte und der vier Jahre später auch in deutscher Sprache verbreitet wurde, denn in ihm erscheint Ischia erstmalig als ein Mode gewordenes Reiseziel. Nun kommen keineswegs nur auf der Insel Heilungsuchende oder gelegentlich einmal mehr oder weniger berühmte Reisende zu einem kurzen Besuch, sondern viele bleiben für längere Zeit zu ihrem Vergnügen, um die Ruhe und die Natur zu genießen.

Unser Engländer kam zunächst in Begleitung seines neapolitanischen Arztes, um das ihm zusagende Bad zu wählen und eine geeignete Wohnung zu suchen. Er entschloß sich trotz ihres traurigen Zustandes zu den am See gelegenen Thermen und mietete für zwei Monate in einem Haus nicht weit von dem Casino des Protomedico, von dem aus er die weite Aussicht auf Procida, den Vesuv und das ganze übrige Festland genießen konnte. Bald lernte der Neuangekommene einige Herren aus Toskana und Neapel, sowie die Witwe des holländischen Konsuls kennen, die unweit von ihm wohnten, alles sehr sympathische Leute, mit denen er nun jeden Abend teils in seiner, teils in deren Wohnung zusammenkam und tagsüber die Insel durchstreifte. Als erster schildert er uns diese damals schon allgemein üblichen Partien, die man meist in größerer Gesellschaft, mit dem nötigen Proviant wohlversehen, unternahm.

So zogen sie auch eines Tages zu neunt auf ihren Eseln, jeder mit seinem Treiber, einer hinter dem anderen »wie die Gänse oder die Indianer in Amerika« auf den Epomeo. Wie alle nach ihm Kommenden, ist der Autor des Lobes voll ob der Sicherheit, mit der die Tiere selbst auf den steilsten und schlechtesten Wegen ihre Hufe setzen. Jedermann bediente sich dieses einzigen Transportmittels, das stets in beliebiger Zahl zur Verfügung stand, wenn man die Tiere nur fünf

Minuten vorher bestellte, und die Forderungen der Treiber waren sehr bescheiden. Der Bericht über diesen Ausflug, der ja in der Folge fast für jeden Ischiabesucher zum Höhepunkt seines Aufenthaltes wurde, muß uns besonders interessieren, denn er ist der älteste, den wir kennen.

Da wir noch so manchen Gast auf diese einzigartige, 789 m hohe Warte und ihre romantische Einsiedelei zu begleiten haben, sei an dieser Stelle zunächst einiges über die Geschichte der letzteren mitgeteilt. Wir wissen zwar nicht, wann sich zum ersten Mal dort oben Eremiten in den aus dem weichen Tuff gehauenen Grotten von der Welt zurückgezogen haben, aber aus Pontanos ›De bello Neapolitano‹ geht hervor, daß im Jahre 1459 bereits ein S. Nicola geweihtes Kirchlein vorhanden war. Eine marmorne Statue des Heiligen in ihm trägt die Jahreszahl 1500, und auf dem Stein, der die Grabstätte der Mönche verschließt, steht zu lesen »Sepoltura fratrum 1671«. Wahrscheinlich hat schon in sehr früher Zeit der freistehende Gipfelfelsen, wie so viele andere Felsblöcke auf der Insel, dazu verführt, die eine oder andere Kammer auszuhauen, welche als Unterkunft für die dort oben Arbeitenden und wohl auch als Zufluchtsort bei feindlichen Überfällen dienen konnte.

Als unser Engländer die Einsiedelei betrat, fand er alles in ausnehmend gutem Zustand und war nicht wenig überrascht, in einer der Zellen einen alten flämischen Offizier namens Joseph d'Argout zu treffen, der schon seit etwa fünfundzwanzig Jahren hier oben lebte und seit vielen Jahren an das Bett gefesselt war. Man plauderte lange mit dem liebenswürdigen, lebhaften Mann, der von der Bevölkerung wie ein Heiliger verehrt wurde. Bevor er der Welt Lebewohl gesagt hatte, war er Kommandant des Kastells gewesen. Eines Tages soll er persönlich zwei Deserteure seiner Garnison, die sich in den Wäldern des Berges versteckt hielten, gesucht haben, aber als er sie endlich in dem unwegsamen Gelände gefunden hatte, strauchelte das Pferd und warf den Reiter zu Boden, der damit hilflos zum Ziele der Geschosse der beiden Kerle wurde. In solch verzweifelter Lage rief d'Argout S. Nicola an und gelobte, sich ihm, wenn er ihm beistehen würde, für den Rest seines Lebens zu weihen. Wie durch ein Wunder blieb er unversehrt und zog sich daraufhin mit einer Reihe weiterer Mitglieder der Garnison des Kastells auf den Epomeo zurück. Ohne einem geistlichen Orden anzugehören, legten sie Kutten an und lebten wie Mönche in der Einsiedelei.

Wir werden in Bälde hören, daß man unter den Offizieren des Kastells noch nach Jahren von einem Ereignis sprach, das nicht, wie jene Legende, in die Ischia-Literatur einging und den Entschluß d'Argouts in einem ganz anderen Licht erscheinen läßt. Welcher Art auch immer das Motiv war, jedenfalls war es dieser Offizier, der die Zellen wesentlich vermehren ließ, die ebenfalls in den Fels getriebene Kirche vergrößerte und mit einer gemauerten Fassade versah, sowie einige nahegelegene Grundstücke erwarb, deren Ertrag freilich sehr bescheiden war. Erst als ein wohlhabender Bürger Serraras noch weitere stiftete, durfte die Zukunft der frommen Gemeinschaft gesichert erscheinen und konnte in dem Kirchlein regelmäßig die Messe gelesen werden. Im Volke nannte man den Berg bis vor kurzem allgemein nur S. Nicola. Der Name Epomeo taucht erst im Jahre 1588 in Giulio Jasolinos Buch über die Bäder der Insel auf und geht auf antike Autoren zurück, die ihn unter dem Namen Epomeus (Strabon) oder Epopon (Plinius) kannten. Allmählich aber wurde die volkstümliche Bezeichnung durch den Tourismus immer mehr verdrängt.

Aus allem, was uns der Engländer erzählt, gewinnt man den Eindruck, daß zu seiner Zeit der zunehmende Fremdenverkehr die Bevölkerung noch wenig verdorben hatte. Die Bemittelteren seien sehr freundlich und gastfrei, das Volk scheine mit seinem Los zufriedener zu sein als in anderen Ländern, selbst von Kindern würde man nur selten angebettelt. Wenn man zu Land oder zur See etwas von den Leuten wollte, machten sie sich stets munter an ihre Arbeit und seien leicht zu befriedigen. Was die Badekur anlangte, so verlief sie freilich nicht nach Wunsch. Wie die meisten, holte er sich bei Gian-Andrea D'Aloisio Rat, aber dieser verstand es nicht, sein Vertrauen zu gewinnen. Er befolgte wohl seine Vorschriften und nahm täglich sein Bad – ob in den unappetitlichen Wannen am See oder zu Hause, sagt er nicht –, aber er wurde dabei immer schwächer, so daß er schließlich vorzog, jeden Morgen im Meer zu baden, was zur Folge hatte, daß er sich bald besser fühlte als bei seiner Ankunft.

Als dieser Engländer nach Ischia kam, war der Protomedico Francesco Buonocore bereits seit einer Reihe von Jahren nicht mehr am Leben, aber hinsichtlich seines Sanatoriums hatte sich kaum etwas geändert. Er hatte es an seinen Neffen Crescenzo Buonocore vererbt, einen Mann, der von allen geschätzt wurde und unter dem sich die Schöpfung seines Onkels allgemeiner Beliebtheit erfreute. Ein zeitgenössischer Geistlicher versichert uns ausdrücklich, daß alle Kreise der Hofgesellschaft, wenn sie zum Gebrauch der Bäder nach Ischia kamen, von ihm in der entgegenkommendsten Weise bedient wurden und daß jedermann bestrebt war, ihn kennenzulernen und freundschaftliche Beziehungen anzuknüpfen.

Im Juli und August 1783 weilte der damalige russische Botschafter am neapolitanischen Hof, *Graf André Razoumowski*, zur Kur in dem Casino Buonocores, ein Mann, der nicht nur beim König sehr gut angeschrieben war, sondern auch ein intimer Freund der Königin Maria Carolina war, welche mit allen Mitteln die Beziehungen zwischen Neapel und Petersburg zu festigen suchte. Da *Ferdinand* IV. seltsamerweise in den sechzehn Jahren, die seit seinem Regierungsantritt verstrichen waren, noch nie nach Ischia gekommen war, lag der Gedanke nahe, in Begleitung des Ministers Tanucci den Grafen einmal dort zu besuchen. »Um eine freudige Überraschung zu improvisieren«, schreibt der Parroco Antonio Moraldi, dem wir eine überaus amüsante Schilderung dieses und eines folgenden Besuches der Insel verdanken. Die beiden kurzen Aufenthalte sollten von entscheidender Bedeutung für das weitere Schicksal des Sanatoriums werden und sind schon deshalb für unser Thema von Wichtigkeit. Aber darüber hinaus ersteht aus jenen schlichten, dem unmittelbaren Erleben entspringenden Aufzeichnungen ein so köstliches Bild von der sympathischen Primitivität der Bevölkerung, der Aufregung der Spitzen der Gemeinde und dem alles andere als königlichen Benehmen des Re Pescatore, der diese Tage fern von jeder Etikette genoß, daß es schwerfällt, nicht wenigstens einiges davon zu erzählen.

Das ›Pacbotto‹ des Königs und die vier ›Mezzegalere‹, die es begleiteten, gingen erst so spät am Abend bei dem Kastell vor Anker, daß die ›Eletti del Popolo‹ noch Zeit hatten, die ganze Nacht hindurch die Straßen des Borgo di Celso (heute Ischia Ponte) und der Villa de' Bagni kehren zu lassen, die Altäre zu schmücken, die schönsten Fische und ›frutti di mare‹ herbeizuschaffen und für erlesenes Obst zu sorgen. Boten mußten vor allem auch in die hochgelegene Falanga hinauf, um aus den dortigen Reservoiren mächtige Ballen festgewordenen Schnees zu holen, damit in der Augusthitze auch an kühlem Wasser und Speiseeis kein Mangel sei. Am anderen Morgen begrüßten die Spitzen der Gemeinde und der Kommandant des Kastells den König auf seinem Schiff und überreichten ihm eine Fülle herrlicher Fische, Krebse, Muscheln und Seeigel.

Razoumowski war vom König zum Essen auf das Schiff eingeladen worden, aber er ließ so lange auf sich warten, daß dieser schließlich ungeduldig wurde und sich entschloß, ihm in einer Lancia entgegen zu fahren. Als er dann an der Landestelle hinter dem Rücken von S. Pietro noch eine Weile gewartet hatte, kam der Graf endlich in aller Ruhe in der einfachen Kleidung der Sommerfrischler auf einem Esel geritten und wirkte so komisch, daß der Ärger vergessen war und der König über ihn lachte und Witze machte. Wieder auf dem Schiff, brachten die ›Eletti‹ noch Obst und vor allem die schönsten Feigen, so daß der König zu seiner Umgebung sagte: »Diesen Morgen wollen wir uns aber den Bauch mit Feigen füllen!« Während des Essens näherte sich dem Schiff ein Boot mit Loblieder auf ihren König singenden Frauen und Mädchen. Sie wurden eingeladen, heraufzukommen, bekamen allerlei von den Speisen, und als ihnen der Monarch am Ende sogar persönlich noch Eis in Form von Früchten gab, hielten sie diese für wirkliches Obst und wickelten sie in ihre Schürzen und Brusttücher, um sie erst zu Hause zu verzehren. Das machte dem König nicht wenig Spaß, aber er riet ihnen dann doch, sie lieber sogleich in den Mund zu stecken.

Gegen Abend wollte er endlich das Casino Don Crescenzos sehen. In schnellem Tempo ging es von der Chiesa dello Spirito Santo, wo zum Dank für die Geburt eines Prinzen ein feierliches Tedeum angestimmt worden war, über den Arsostrom nach dem See. Der Bischof und der Kastellan wurden alsbald entlassen, weil sie nicht Schritt halten konnten, aber nach einiger Zeit meinte auch einer der beiden ›Eletti‹: »Majestät, ich schaff's nicht mehr.« »Ruht Euch aus und zieht Euch um«, erwiderte der König. Der andere, viel ältere ›Eletto‹ aber war tapferer. Als ihn der König fragte, ob er es denn schaffen könne, meinte er: »Majestät – ich trau mir's zu!« Wie sie dann endlich den holperigen Weg hinter sich hatten und vor dem Casino standen, da rief der König entzückt aus: »Oh, che bella situazione! Evviva il Buonocore!« Auf der Terrasse des ersten Stockes, auf der Razoumowski den Sorbett offerierte, bewunderte er die Aussicht, und beim Blick auf den zu seinen Füßen liegenden See sagte er zu seinen Kavalieren: »Da wollen wir aber tüchtig fischen!« Dann spielte er, der ›Re Pescatore‹, begleitet von drei Violinisten, die er bei sich hatte, auf der Leier und sang ein Arie.

Der Gedanke an die herrschaftliche Villa und den See ließ Ferdinand nicht mehr los. Als Razoumowski im nächsten Jahr wieder zur Kur dort weilte, kündigte er abermals einen Besuch an. Diesmal wollte er im Casino wohnen und fischen und jagen. Alles wurde von den Vätern der Gemeinde aufs beste vorbereitet. Die Fische im See wurden künstlich vermehrt, vom Kastell holte man zahlreiche Kaninchen und schloß sie in ein nahes Gehege ein. Nun brachte der König gar zehn Musikanten mit. Abends gab es ein regelrechtes Konzert, am nächsten Tag mußten zahlreiche Cefali und Kaninchen ihr Leben lassen, abends wurde wieder musiziert und der König schlug den Takt dazu. Diesmal hatte er sein Herz endgültig an das Casino und den See verloren. Bald nach der Abreise pachtete er die Fischerei, und ein oder zwei Jahre später – ein diesbezügliches Dokument hat sich bis jetzt nicht finden lassen – mußte Crescenzo Buonocore, wohl sicher schweren Herzens, den herrlichen Besitz an den König abtreten. Als Don Crescenzo 1787 starb, zählte er jedenfalls bereits unter die ›Reali Delizie‹, die königlichen Sommersitze.

Bald nach diesen beiden Besuchen Ferdinands IV., im Jahre 1785, kam noch ein anderer regierender Fürst nach Ischia. Es war dies *Peter*, der letzte, aus der bürgerlichen Familie der Biron stammende *Herzog von Kurland*, den seine Gattin *Dorothea* und *Wilhelmine*, ein dreijähriges Töchterchen, begleiteten. Die Herzogin Dorothea war eine geborene Reichsgräfin von Medem, welche mit achtzehn Jahren den schon zweimal geschiedenen, unerfreulichen, rauhen Fünfundfünfzigjährigen heiraten mußte. Mit ihnen lernen wir eine Familie kennen, von der in der Folge noch mehrere Glieder auf Ischia erscheinen werden; eine Schwester der Herzogin hat sogar sehr ausführlich über Ischia geschrieben, und die kleine Wilhelmine sollte in reifen Jahren als Herzogin von Sagan dort mehrmals Erholung suchen.

Das wenige, was wir über den Aufenthalt des Herzogs von Kurland wissen, danken wir einer kurzen Biographie der Herzogin von der Hand des Dichters Christoph August Tiedge (1752-1841). Zum ersten Mal erscheint nun Lacco, das auch schon jener Engländer als besonders beliebt bezeichnete, als Wohnort. Man hatte in dem ›Palazzo di San Montano‹ gemietet, jenem stattlichen rosaroten Gebäude mit der Jahreszahl 1742, das heute noch das gleichnamige Tal gegen die Ortschaft abgrenzt, aber damals wesentlich isolierter lag, da ja das anschließende Barackenviertel erst nach dem Erdbeben von 1883 entstand. Der Herzog hoffte, durch den Gebrauch der Bäder seine Gesundheit zu stärken, die junge Herzogin aber war entzückt von der Insel und der Liebenswürdigkeit ihrer Bewohner, denen sie einmal ein fröhliches Fest gab. »Wie eine zurückgebliebene Erscheinung aus den Tagen der griechischen Götterwelt«, schreibt der überschwengliche Tiedge, »durchwanderte die holde Fürstin unermüdet die reichen Blumenthäler und Myrthenhügel der Insel.« »Vor allen Italienern«, liest man weiter, »liebte und rühmte sie in ihren Erinnerungen die Einwohner von Ischia, wie sie denn auch einmal in der Tracht dieser guten Kinder der Natur auf einem Maskenball erschien.«

Der Herzog wurde auf seiner Reise von einem gewissen *C. M. Plümicke* begleitet, der wohl die Rolle eines Sekretärs spielte. Jedenfalls war er literarisch tätig, schrieb auf der Reise ein Tagebuch und spendete seinem Herrn reichlichen Weihrauch. Wer aber hofft, in den im Druck erschienenen Proben aus seinen Aufzeichnungen Angaben über die Zeit auf Ischia zu finden, wird enttäuscht werden. Ein Jahr nach der Reise erschien wohl ein ›Auszug aus dem Tagebuch der Reisen Sr. Hochfürstl. Durchlaucht des regierenden Herzogs von Curland durch Italien in den Jahren 1784 und 1785‹, der gelegentlich des Stiftungstages der vom Herzog errichteten Akademie zu Mitau »dem besten der Fürsten zum Opfer der Dankbarkeit und Treue geheiligt« war, aber die zwölf Quartseiten des seltenen Heftes stellen nur einen kurzen poetischen Abriß der ganzen Reise dar, welche über München, Verona, Bologna, Florenz und Rom nach Neapel ging. Nur dann, heißt es in ihm, dürfe ein guter, weiser Fürst sein Land verlassen, wenn er die Reise zum Besten seines Landes ausnützt:

> ... So sahest Du Nationen
> Von deren jeder Du was gut und werth
> Der Nachahmung, wär's auch auf Klippen Ischias

Gefunden, – zum einheim'schen Boden übertrugst,
Um einst noch spät der fernen Reise Frucht
Mit andern Dich zu freuen. Selbst der Gesundheit Sorge
Stand – dieses zeigtest Du, dem edlen Endzweck nach.

Welche auf unserer Insel gemachten Erfahrungen Kurland zugute kamen, verrät Plümicke leider nicht.

Da man den Karneval in Neapel erleben wollte, blieb man auf der Hinreise nur zwei Tage in Rom. Der Hof veranstaltete zu Ehren der hohen Gäste im Teatro San Carlo in Neapel ein großes Fest mit viertausend Masken. Es wurde die Rückkehr Jasons mit dem glücklich dank Medeas Hilfe gewonnenen Goldenen Vlies dargestellt. Als dieses dann schließlich Jupiter geopfert werden sollte, zeigten die Priester vielmehr auf die Königin, worauf Jason aus den Waffen und Schilden seines Gefolges eine Brücke bildete, auf der er zur Loge Maria Carolinas gelangte und es ihr zu Füßen legte.

Nachdem man die Phlegräischen Felder, Pompeji und Portici besucht hatte, ging die Fahrt nach Ischia, »wo Euch Natur zuletzt die reinsten Freuden zollte«, schreibt der Chronist.

In einer zweiten Schrift Plümickes, aus dem Jahre 1795, die sich ›Fragmente, Skizzen und Situationen auf einer Reise durch Italien‹ nennt und abermals »seinem gnädigsten Fürsten und Herrn« gewidmet ist, wird Ischia überhaupt nicht erwähnt. Unter anderem ist in ihr von einer Audienz beim Papst die Rede – auf der Rückreise blieb man längere Zeit in Rom –, wobei dieser die Herzogin eine halbe Stunde bei sich behielt, während welcher der Herzog außen warten mußte. Aber es liegen vielleicht doch noch gedruckte Einzelheiten über den Ischia-Aufenthalt vor, denn in der Vorrede zu dieser Veröffentlichung heißt es, daß bereits einige Proben »in einem unserer vaterländischen Journale veröffentlicht wurden« und daß der Verfasser bei günstiger Aufnahme des Büchleins an eine Fortsetzung denke. Vielleicht handelt es sich dabei um sein ›Niederschlesisches Magazin, Lesebuch für alle Stände‹ (Leipzig 1789-95), das wir bis jetzt nicht konsultieren konnten. Auch ›Unterhaltungen an der Weichsel und Ostsee‹ (Danzig 1805) tragen seinen Namen.

Herzog Peter und seine Gattin hatten das Glück, bei ihren Ausflügen auf Ischia in dem Maler *Philipp Hackert* einen ausgezeichneten Führer zu haben. Man wird wohl nicht fehlgehen, wenn man vermutet, daß sie bereits der König in Neapel auf diese Möglichkeit aufmerksam machte. Stand dieser aus Prenzlau in der Uckermark stammende Künstler doch von dem Tage an, an dem er vor drei Jahren dem König eine Reihe seiner Bilder vorführen durfte, bei diesem und nicht minder bei Maria Carolina in besonderer Gunst. Für uns ist er von Bedeutung, weil er, der zahllose Ansichten aus allen Teilen des Königreiches in seiner überaus getreuen, freilich zumeist auch reichlich nüchternen Art hinterlassen hat, auch viel auf Ischia weilte und malte. Hackert hat wohl umfangreiche biographische Aufzeichnungen hinterlassen, welche Goethe, seinem schon bei Lebzeiten gegebenen Versprechen gemäß, in eine lesbare Form brachte und 1811 veröffentlichte, aber Ischia wird darin nur flüchtig erwähnt.

Hackert war auch schon bald nach seiner Ankunft in Neapel mit dem Grafen Razoumowski in freundschaftliche Beziehung getreten und dieser war es auch, der ihn eines Tages dem König vorstellte. Aus seiner Biographie geht hervor, daß der Graf, als er wieder einmal zur Kur auf Ischia weilte, den Maler bat, doch auch zu kommen und ihm Gesellschaft zu leisten. Um seinen Wunsch zu erfüllen, mußte er wohl oder übel eines der vier großen Gemälde, welche der König für das in Lago Fusaro errichtete Casino bestellt hatte, nach Ischia schaffen, um dort die Arbeit fortzusetzen. In seinen Aufzeichnungen steht zu lesen, daß bei dieser Gelegenheit der König Razoumowski besuchte und in den heißen Stunden des Tages bei Hackert weilte und ihm beim Malen zusah. Ob es sich schon um den zweiten Besuch im Jahr 1784 handelt oder einen späteren, wissen wir nicht, denn sowohl der König wie Hackert kamen auch in der Folge des öfteren nach Ischia, der eine zum Fischen, der andere zum Malen. 1786 wurde Hackert zum ›Ersten Königlichen Landschafts-, See- und Jagdmaler‹ mit einem Gehalt von 1200 Dukaten ernannt und bekam in Neapel einen Flügel des Palazzo Francavilla an der Via Chiaia und in Caserta, wo er häufig zu tun hatte, eine entzückende Arbeitsstätte im alten Schloß zugewiesen. Auf Ischia aber war er Gast in der königlichen Villa.

Das in topographischer Hinsicht wertvollste seiner Ischiabilder ist zweifellos jenes, welches wir schon beschrieben haben und das uns den Zustand des Sees und seiner Ufer mit dem die Gegend beherrschenden Palazzo Reale im Jahre 1792 überliefert. Die gerade Auffahrt entspricht nicht der heutigen weniger steilen, doch sind von ihr noch Teile erhalten. All die Gebäude, welche nötig wurden, als im 19. Jahrhundert die königliche Familie monatelang hier weilte, fehlen natürlich noch – ein Bild idyllischen Friedens, das man nicht ohne Wehmut betrachten kann. Es befindet sich heute im Schloß in Caserta. Ein Jahr vorher dürfte das große Bild des Kastells entstanden sein, denn im Februar 1792 sah es Graf Stolberg, von dem wir bald mehr hören werden, in Neapel in Hackerts Atelier. War es doch zur Gewohnheit geworden, daß alle bedeutenden Reisenden, die nach Neapel kamen, Hackert aufsuchten. Wie so manches andere seiner Gemälde, ist es leider in den unruhigen Jahren, die damals vor der Tür standen, verloren gegangen, aber es ist uns immerhin als Stich erhalten geblieben. Ein Bruder des Malers, Georg Hackert, war Stecher und als solcher ebenfalls fest angestellt. Ihm oblag es, viele von den Gemälden alsbald zu reproduzieren. Ein großes Bild, Forio aus weiter Ferne gesehen, befindet sich ebenfalls in Caserta; ein Aquarell, das den Blick auf die Häuser und Kirchen des Borgo von den rebenbedeckten Hügeln festhält, wurde vor längerer Zeit in Neapel versteigert, und so manches sonstige Ischia-Motiv liegt sicher noch in privaten und öffentlichen Sammlungen.

Wie sich die Marina von Lacco präsentierte, als Herzog Peter und die Seinen dort ausstiegen und Hackert auf der

Insel malte, führt uns erfreulicherweise ein Ölbild der Zeit vor Augen. Es stellt die Ankunft eines Herrn dar, der eben die Barke verlassen hat und nun in einer Sänfte über den sehr breiten Sandstrand getragen wird. Zwei Diener mit dem in weiße Tücher gehüllten Gepäck folgen ihm, einige andere ebensolche Ballen liegen noch bei den Booten. Leider ließ sich jedoch bis heute nicht mit Sicherheit feststellen, wer dieser Gast war. Von alter Hand stand auf der Rückseite geschrieben: »Arrivo del Lord Broodeneck a Lacco diretto alla Pannella 1783.« Da der englische Name sehr wohl verstümmelt sein konnte, denkt man zunächst an den britischen Vize-Admiral der Mittelmeerflotte Thomas Broderick, aber dieser starb bereits 1769. Außer ihm gibt es noch einen zweiten gleichnamigen Engländer, den Traveller Thomas Broderick, von dem ein zweibändiges Werk ›The travels through several parts of Europe‹ 1754 in London erschienen ist, in dem jedoch Ischia nicht vorkommen soll. Für die Geschichte der ischitanischen Gaststätten wäre die Angabe, daß der Reisende im Begriff war, sich auf die Pannella tragen zu lassen – vorausgesetzt, daß sie richtig ist – von Bedeutung, denn der erste sichere Gast, von dem wir wissen, erschien erst 1805 in der hoch über Lacco gelegenen, Pannella genannten Häusergruppe, welche sich zu einer der bedeutendsten Gaststätten der Insel entwickeln sollte.

Im Jahre 1785 kam noch ein weiterer Landschaftsmaler nach Ischia. Es war dies *Pierre Louis De la Rive*, ein heute ziemlich vergessener französischer Schweizer, der um die Wende des 18. und 19. Jahrhunderts vor allem in Genf arbeitete und insofern eine gewisse Bedeutung besitzt, als er zu den ersten zählt, die Bilder schufen, auf denen die Landschaft ohne Staffagen als selbständiges Motiv erscheint. Seine Arbeiten finden sich weithin verstreut, nicht nur in der Schweiz, sondern auch in Deutschland, England und Rußland. Ein Kenner seines Werkes und seines Lebens schildert ihn als »eine etwas weibliche Natur, sehr empfindlich und höchst liebenswert, ganz hilflos, wenn er menschliche Herzenswärme vermissen mußte. Während seiner Italienreise ging seine Stimmung immer auf und ab und wechselte größte Begeisterung mit tiefster Melancholie«. Der Brief, den er am 26. September 1785 an seine in Dresden weilende Gattin richtete, ist für die lokale Geschichte Ischias von einem besonderen Interesse. Er weilte damals schon vier Tage auf der Insel, »die man wirklich den Garten der Hesperiden nennen kann«. Nach einer allgemeinen Schilderung der vulkanischen Natur, der heißen Bäder, der Produkte fährt er fort:

Du kannst Dir nicht vorstellen, wie fruchtbar alles in diesem Land ist. Ich bin wahrhaftig im schönsten Moment des Jahres hierher gekommen. Die von der heißen Sonne des Sommers und dem inneren Feuer der Insel gereiften Früchte erreichen einen Grad der Vollkommenheit, wie wir ihn in unserem Land nicht kennen. Du siehst hier mitten im Feld Orangenbäume, gebeugt gleichzeitig von dem Gewicht ihrer goldenen, zum Verzehr bereiten Apfelsinen, wie von demjenigen noch grüner Früchte, die man erst in einem Jahr essen kann; die nämlichen Bäume voller Blüten und Früchte. Du siehst die Aloe, den indischen Feigenbaum und eine Menge bei uns unbekannte Gewächse, die den Schmuck dieses schönsten Landes Europas bilden.

Ich bin mit der Empfehlung eines Prinzen d'Aliano an eine Familie Buonocore – gutes Herz – hierher gekommen, die den Namen, den sie trägt, in des Wortes vollster Bedeutung verdient. Bei diesen guten Leuten habe ich eine Gastfreundschaft, eine Natürlichkeit gefunden, die mich lebhaft an die alten Patriarchen der Schrift erinnern. Sie wollten absolut, daß ich bei ihnen wohne, und ich habe es gern angenommen, um sie besser kennenzulernen. Es sind äußerst reiche Leute, die wie gute Bauern leben. Sie scheinen mit mir zufrieden, so wie ich es mit ihnen bin. Der Ehemann, fünfundsiebzig Jahre alt, kann keinen Schritt machen, ohne mich an Deinen guten Vater zu erinnern. Wenn er auch nicht dessen Gesichtszüge hat, so hat er zum mindesten ganz seine Art und besonders seinen erstaunlichen Blick. Madame Marie Josèphe, seine Frau, ist eine große Klatschbase, gut, bigott, lustig, unwissend. Dies alles vermischt sie auf eine sehr amüsante Art und Weise. Mich liebt sie sehr, sie nennt mich nur ›armer junger Mann‹ und ist aufs tiefste betrübt darüber, daß ich verdammt werden muß. Zwei- oder dreimal am Tag geht sie in die Kirche, um Gott zu bitten, mich zu bekehren. Sie wollte absolut, daß ich ihr verspreche, Dich für einige Tage hierher mitzubringen, wenn Du nach Neapel kommst. Es wären einige interessante und amüsante Tage für Dich, denn hier erinnert nichts an all das, was Du kennst.

Sie haben einen Sohn und eine Tochter, diese ist neunzehn, der Junge sechzehn Jahre alt. Er ist eine Null, obschon riesengroß von Gestalt – aber stelle Dir meine Überraschung vor, als ich inmitten dieser Familie, und ich könnte sagen dieses Landes, wo mit Ausnahme des Klerus niemand weiß, was ein Buch ist, dieses junge Mädchen von erlesener Bildung fand, eine Frau, die sehr gut französisch spricht und alle unsere guten Schriftsteller kennt, Virgil und Horaz im Original liest, ihr Leben, gelangweilt von dem Gerede ihrer Umgebung, in ihrem Zimmer verbringt und der es anscheinend bestimmt ist, inmitten ihrer Familie zu leben wie etwa ein Kriegsheld in der Académie française. Ihre Kenntnisse hindern sie nicht im geringsten daran, sich um die häuslichen Angelegenheiten zu kümmern, als ob sie nichts anderes verstünde. Alles das bietet sehr sonderbare Gegensätze.

Ich rechne damit, übermorgen nach Capri zu fahren, auf die durch die dort begangenen Ausschweifungen des Kaisers Tiberius berüchtigte Insel, die aber sicher nicht so interessant ist wie diese hier ...

Ich habe hier einige schöne Landschaften gefunden, von denen ich in der kurzen Zeit, die ich hier bin, so gut wie möglich profitiert habe.

Der sympathische Alte, der De la Rive an seinen Schwiegervater erinnert, ist niemand anderes als Crescenzo Buonocore, der Neffe des Protomedico, von dem wir hörten, daß er 1768 dessen Palazzo am Lago del bagno geerbt hatte. Don Crescenzo wohnte damals nicht etwa in diesem, sondern blieb in seinem schönen, hart am Ufer des Meeres, dicht neben der ehemaligen Torre del Tuttavilla gelegenen Haus im Borgo, und hier war es, wo der Maler die so treffend geschilderte Familie kennenlernte. Die ungewöhnlich begabte Tochter, welche Marianne hieß, hatte ihre seltenen Anlagen offenbar von der väterlichen Linie geerbt, in der es außer dem Protomedico Geistliche und einen Notar gab. Sie heiratete später einen Nicola Onorato, verlor aber frühzeitig ihre beiden Kinder. Der sechzehnjährige Sohn, der so gar nichts mit seiner Schwester gemein hatte, sollte vierzehn Jahre später seine Sympathien für Frankreich und die Französische Revolution am Galgen büßen. Die Mutter verlor darüber vollends den Verstand, das luxuriös eingerichtete Haus, in dem De la Rive sich so wohl fühlte, wurde geplündert und das große Vermögen der Familie konfisziert.

In dem Verzeichnis, das De la Rive von seinen Bildern anlegte, sucht man vergeblich nach einem auf Ischia entstandenen, aber er nennt darin eine Landschaft von Genzano in Abendstimmung, auf der in der Ferne ein Teil der Insel Ischia erscheint.

Ein anderer Brief, den er von Sorrent aus am 3. Oktober wieder an »Madame de la Rive dans la Kreutz Gasse à Dresden« geschrieben hatte, berichtet über seinen Aufenthalt in Capri. Wer sich mit Ischia als Reiseziel vergangener Jahrhunderte befaßt, muß ja notwendig hie und da auch einen Blick auf die Nachbarinsel werfen, auf der die Entwicklung des Fremdenverkehrs keineswegs von vornherein gleichen Schritt hielt. Aus diesem Grunde mögen auch die Erfahrungen zu Wort kommen, welche De la Rive auf Capri machte. Zugleich läßt dieser Brief aber auch sein weiches Gemüt erkennen und ist bezeichnend für die Sorgen, welche die langsame und unsichere Postverbindung den Reisenden jener Zeiten immer wieder machte.

Ich verbrachte, meine Liebe, meine vortreffliche Freundin, eine traurige Woche. In sie fiel der Jahrestag einer der Handlungen meines Lebens, die ich grausam zu bereuen hatte. Gebe der Himmel, daß diese Zeit in der Fremde sich ihrem Ende nähere, denn ich kann nicht länger fern von denen sein, die ich liebe. Meine Trauer, meine Melancholie haben sich seit einigen Tagen vertieft, und ich kann Dir nicht beschreiben, bis zu welchem Grad mir das Leben, das ich führe, zur Last geworden ist. Ich habe diese Woche keine Briefe von Dir erhalten, obwohl ich doch alle erdenklichen Vorsichtsmaßregeln getroffen habe, daß sie mir durch meine Ausflüge nicht verloren gingen. Ich bin beunruhigt, traurig, mutlos, ich weiß absolut nicht, was aus mir werden soll. Ich kann nichts anderes denken, ich habe nur die eine Hoffnung auf eine Wiedervereinigung mit Dir. Es kann in der Welt für mich keinen anderen Wunsch mehr geben als diesen. Ich bin einigermaßen besorgt um das Schicksal meines vorigen Briefes Nr. 53, geschrieben aus Ischia, in dem ich Dir die Insel und die Familie Buonocore, bei der ich wohnte, ausführlich beschrieb. Nachdem er abgeschickt war, wurden in mir Sorge und Zweifel geweckt an der Zuverlässigkeit dessen, der ihn zu befördern übernommen hatte. Aber es war zu spät, um Abhilfe zu schaffen. Nachdem ich sechs Tage mit dieser achtbaren und vortrefflichen Familie auf der Insel verbracht habe, bin ich nach Caprée, jetzt Capri, aufgebrochen.

Nach einer kurzen allgemeinen Schilderung der Insel und einem Hinweis auf die Ruinen der Villa des Tiberius, die ihn wenig beeindruckten, fährt er fort:

Im großen und ganzen ist es gegenwärtig ein trauriger Aufenthalt. Die Bevölkerung der Insel, dreitausend Seelen, ist auf zwei Marktflecken und ein elendes Dorf verteilt. Dem Gouverneur, für den ich ein Empfehlungsschreiben hatte, war es nicht möglich, ein passables Zimmer für mich zu finden. Ich logierte in einem elenden Loch ohne mir zum essen anderes als Brot und Feigen beschaffen zu können, alles ziemlich teuer.

Als De la Rive nach Sorrent übersetzen wollte, herrschte zu allem Überfluß auch noch ein solcher Sturm, daß nicht daran zu denken war. Erst am übernächsten Tag konnte man es wagen; sein erster Gedanke war, bei Bekannten, deren Adresse er angegeben hatte, nach Post zu fragen, aber es war keine gekommen und kam auch die nächsten Tage keine.

Mit solchen Erfahrungen De la Rives harmoniert durchaus, was *Norbert Hadrawa* 1793 in seinen an einen Wiener Freund gerichteten Briefen über die damaligen Zustände schreibt. Hadrawa war Legationsrat bei der österreichischen Botschaft in Neapel und nicht nur ein geschätzter Virtuose auf der Laute, sondern auch ein begeisterter Archäologe und ein hervorragender Kenner Capris. 1786 lud ihn König Ferdinand ein, an seiner alljährlichen Wachteljagd teilzunehmen und erteilte ihm bei dieser Gelegenheit die Erlaubnis, auf Capri – allerdings auf eigene Kosten – zu graben, eine Vergünstigung, von der er jahrelang Gebrauch machte. Hören wir, was er bezüglich der Wohnmöglichkeiten schrieb:

An der Küste ist noch eine elende Hütte, die den Namen eines Wirtshauses hat, wo nichts, auch nicht einmal ein Bett zu bekommen ist. Ein Reisender, der die Insel besehen und alle Unbequemlichkeiten vermeiden will, muß sich wenigstens auf drei Tage mit Lebensmitteln versorgen und geradezu beim Gouverneur wohnen, der jeden Fremden mit Vergnügen aufnimmt, und, wenn sein Haus schon besetzt wäre, eine bequeme Wohnung im Canaleschen Hause verschaffen wird.

Auch der König wohnte, wenn er zur Wachteljagd kam, in diesem Palazzo Canale, den sich der englische Adelige Thorold gebaut hatte.

Was den damaligen Markt anlangt, so war er recht kümmerlich, Hadrawa sagt, daß es nur ›fave‹, einiges Obst, manchmal Makkaroni auf ihm gäbe, aber niemals Fleisch. Wenn eine der Kühe, die es in ziemlicher Menge gab, von den Felsen stürzte und starb, verkündete eine Trompete auf der ganzen Insel, daß Fleisch zu haben sei.

Im Februar 1786 kommt wieder einmal ein am Badewesen interessierter Arzt nach Ischia. *Heinrich Matthias Marcard* war Leibmedicus in Hannover, hatte bereits eine Reihe medizinischer Schriften veröffentlicht und war vor allem auch viel in Bad Pyrmont tätig gewesen. Man hatte ihm eine Empfehlung an den Principe Zurlo mitgegeben, einen in Lacco lebenden, völlig gelähmten, unförmlich dicken Herrn, der sich nur in einem kleinen Wägelchen fortbewegte – dem einzigen vierrädrigen Vehikel auf der ganzen Insel, versichert Marcard. Zurlo machte ihn sogleich mit dem Dottore Fisico Francesco De Siano bekannt, einem Geistlichen, der zugleich Amtsarzt der Gemeinde Lacco war. Marcard hätte keinen besseren Führer haben können als diesen vielseitig interessierten Mann, der nicht nur ungewöhnliche naturwissenschaftliche Interessen besaß, sondern zugleich die französische Sprache beherrschte, sein Griechisch nicht vergessen hatte und, wie sein Nachfolger Marone berichtet, Latein mit einer unvergleichlichen Eleganz sprach.

Er nahm sich des Gastes in den vier Tagen, die er auf der Insel weilte, in rührender Weise an und führte ihn noch am gleichen Nachmittag, um die Zeit auszunützen, zu den Sehenswürdigkeiten der unmittelbaren Umgebung, zu dem bescheidenen, seit kurzem entstandenen Thermalbad, dem man nach der nahen Kirche den Namen der Santa Restituta gegeben hatte, zu dem heißen Sand am dicht dabei gelegenen Strand, der ja in alter Zeit in Lacco das vor allem benutzte Heilmittel war, und zu den ›Stufe‹ – den Dampfbädern von San Lorenzo. Ja, noch mehr, von dort stiegen sie wieder ins Tal, passierten den Palazzo di S. Montano, wobei De Siano von dem kurländischen Herzogspaar erzählte, das auch er in angenehmer Erinnerung hatte, und Marcard fand, daß das Haus, obwohl es einem Weinbauern gehörte, »von Wohlstand, vorzüglicher Reinlichkeit und guter Ordnung zeuge«. Dann stiegen sie noch auf den Monte di Vico. Auf diesem Weg hat De Siano sicher seinem Gast von den Gräbern, die im Tal von S. Montano und in der Nachbarschaft der Kirche immer wieder zum Vorschein kämen, und von den spärlichen Resten der alten, auf dem Berg gelegenen Griechenstadt erzählt. War er doch der erste und bis vor etwa dreißig Jahren der einzige, der sich auch lebhaft für Ischias Archäologie interessierte, die heute dank systematischer Grabungen in der griechischen Nekropole im Mittelpunkt des Interesses der Fachleute steht; ja, er hatte sogar eine diesbezügliche, leider nie erschienene Veröffentlichung vorbereitet.

Man hatte Marcard in Neapel empfohlen, bei einer alten, ehrlichen Jungfer Maria, genannt ›la riccia‹, Quartier zu nehmen; das Haus war in der Tat recht ordentlich und reinlich, der Preis mäßig, so daß er sein Gepäck bei ihr abgestellt hatte. Aber nun war er müde und hungrig. Hatte doch die Seefahrt fünf Stunden gedauert, und den ganzen Nachmittag war er auf den Beinen gewesen, aber seine Hausfrau hatte sich in keiner Weise um ein Abendessen gekümmert! Man war gewohnt, daß sich die Fremden selbst versorgten, und irgendeine Gaststätte gab es damals in Lacco nicht. Schließlich kam doch allerlei zusammen, nur keine Fische waren aufzutreiben, da Sonntag war. Da brachte ein freundlicher Mönch des neben der Kirche gelegenen Karmeliterklosters, das inzwischen Municipio geworden ist, zu guter Letzt doch noch Aguglie, Fische, die unserem Hannoveraner sogar sehr mundeten.

In der Zeit, in der das Essen bereitet wurde, saß er an seinem Tisch und schrieb in sein Tagebuch, aus dem die schon 1787 erschienene ›Reise nach der Insel Ischia, ohnweit Neapel‹ werden sollte. Unterdessen trat die zutrauliche und köstlich unbefangene Riccia an sein Gepäck, das in einer Ecke lag, öffnete alles, nahm ein Stück nach dem anderen heraus, beguckte es und legte es dann ordentlich an seine Stelle. Dabei stieß sie auch auf ein Stück Hutzucker, wie er in Italien wenig bekannt war. Die Frau hatte dergleichen nie gesehen, untersuchte es von allen Seiten, leckte schließlich vorsichtig daran und legte es nach befriedigter Neugier auch wieder in den Koffer. Der gute Doktor aber, der tat, als sähe er nichts, versichert uns, er würde sie auch nicht gehindert haben, wenn sie noch mehr angestellt hätte, denn die Vorstellung von völliger Unbefangenheit und dem wechselseitigen Vertrauen der Menschen untereinander in früheren Zeiten hätte etwas zu angenehmes für sein Gefühl.

Während Marcard aß, versammelte sich dann das ganze Hausgesinde in seiner Stube, um ihm Gesellschaft zu leisten und sich zugleich an dem großen Kohlenbecken zu wärmen – es war ja Januar! –, das mitten im Zimmer stand. Aber auch dafür hatte er Verständnis. »In mancher Hinsicht leben die Menschen hier noch ziemlich in der ersten Unschuld und machen daher mit den hierherkommenden Fremden keine Umstände«, schreibt er an anderer Stelle.

Am nächsten Tag ritten die beiden Ärzte nach dem Borgo d'Ischia, auch De Siano »in abito corto«, obwohl der König dies den Priestern vor einiger Zeit verboten hatte und die Kurie ihn deshalb verwarnen mußte. Erst ging es an dem See vorbei, den man jetzt auch Lago del Re nannte, dann durchquerten sie den Arso. »Es ist ein sehr schmaler Weg, der durch den noch immer völlig vegetationslosen Lavastrom von 1301 führt, und man fühlt bei jedem Fußtritt, auf was für einer scharfen Materie man geht.« So waren damals die heutige Via Roma und der Corso Vittoria Colonna beschaffen! Erst im Borgo trafen sie auf eine Straße, die ebenso schön mit Lavasteinen gepflastert war wie die Straßen Neapels.

Marcard interessierte sich für den Zustand der Apotheken und besuchte eine der drei, die es damals dort gab. Er fand sie ziemlich leidlich – »freilich viele alte Kompositionen und unsäglich viel Theriak, aber auch manche gute Dinge«. Bei dieser Gelegenheit rühmt er die allgemein in Italien herrschende große Ordnung und Reinlichkeit der Apotheken.

Obwohl das Wetter inzwischen stürmisch geworden war und Regen drohte, stiegen sie auf das Kastell, wo sich die alte Stadt in dieser Zeit bereits in Auflösung befand. Der Bischof hatte schon 1741 das neue Priesterseminar und seinen Sitz in den stattlichen Palast verlegt, der heute noch der Kurie dient; adelige Familien, wie die D'Avalos und Lanfreschi, sowie viele bürgerliche waren ihm in steigendem Maße gefolgt und wohnten jetzt, nachdem die Gefahr der Sarazenen-Überfälle geschwunden war, ebenfalls in bequemeren, geräumigeren Häusern im Borgo, in dem ja auch die einzige größere, vom Buceto kommende Wasserleitung endete. Marcard schätzte, daß doch immer noch sechzig bis siebzig Häuser von Privatpersonen, terrassenförmig angeordnet und zum Teil mit kleinen Gärten versehen, vorhanden waren, und die zeitgenössischen Wiedergaben des Kastells zeigen in der Tat den heute Reben tragenden Teil weitgehend mit Wohnhäusern bedeckt.

Bei dieser allmählichen Verödung spielt gewiß auch der Umstand eine Rolle, daß schon seit längerer Zeit das Wasser der bedeutendsten Quelle der Insel, das in cirka 450 m Höhe im Rione Buceto entspringt, einen im Zentrum des Borgo del Celso gelegenen Brunnen speist. Da man immer wieder erlebt, daß die Fremden in ihren Memoiren die auf Bögen liegende Leitung für eine römische halten, müssen wir an dieser Stelle in Kürze über sie berichten. Auf der Jasolino-Karte des Jahres 1588 bricht sie etwa dort, wo sie heute dem Fremden auf der Straße nach Barano begegnet, unvermittelt ab und besteht nur aus einer einzigen Reihe von Bögen, weil man damals feststellen mußte, daß eine zweite Reihe nötig gewesen wäre, damit das Wasser, das ja in einer offenen Rinne lief, die im Wege stehenden Höhen überwinden könne, ein Ziel, das vermutlich aus Geldmangel erst nahezu hundert Jahre später mit Hilfe einer zweiten Kette von Bögen erreicht wurde.

Doch wir wollen zu Marcard und seinen Begleitern zurückkehren. Die Zitadelle, in der einst Vittoria Colonna wohnte und jetzt der jeweilige Kommandant, durften sie nur in Begleitung eines Soldaten besichtigen. Die früher so wichtige Festung hatte nur noch eine kleine Besatzung und diente lediglich als Gefängnis für Staatsgefangene, zumeist Personen von Stande, die hier oft recht harmlose Vergehen büßen mußten. So lernten die beiden einen neapolitanischen Kavalier kennen, der im Karneval statt mit Konfetti mit verzuckerten Bleikugeln geworfen hatte, und als sie sich vor dem Regen in den ehemaligen Bischofssitz flüchteten, in dem heute der Pächter der Weinberge wohnt, stießen sie in dem großen, wüsten, höchst baufälligen Gebäude auf eine junge Frau, die hier während der Haft ihres Gatten bei einem Geistlichen weilte und bester Laune war, weil sie eben gehört hatte, daß er am gleichen Tag freigelassen würde.

Indessen war es Mittag geworden und Marcard und De Siano hätten gern vor dem Rückweg etwas zu sich genommen, aber im ganzen Städtchen gab es damals noch keine Trattoria und sie mußten sich mit Äpfeln und Kastanien begnügen. Mit dem Abendessen aber konnte Marcard diesmal zufrieden sein, denn der Bruder Koch des Klosters hatte für einen Cefalo gesorgt und aus Forio war zu seiner Freude herrlicher Blumenkohl gekommen.

Am nächsten Tag mußte Marcard das Zimmer hüten, denn er hatte sich auf dem Kastell erkältet. Aber De Siano leistete ihm auch hier Gesellschaft. Die gemeinsamen medizinischen Interessen werden ja genug Gesprächsstoff gegeben haben, aber De Siano wird dem Kollegen sicher auch von seinem ungewöhnlichen Werdegang erzählt haben: wie er erst nach der Priesterweihe Medizin zu studieren begann und die Genehmigung des Papstes und des Königs nötig war, um als Geistlicher Praxis ausüben zu dürfen, und daß er einen Führer zu schreiben gedenke, der sich zum ersten Mal vor allem an die ja immer zahlreicher kommenden Vergnügungsreisenden wenden und daher vor allem von der Topographie der Insel, vom Vulkanismus und der historischen Vergangenheit handeln würde. Verwirklicht wurde sein Vorhaben freilich erst nach einer Reihe von Jahren. Als dann De Siano aber auch auf konfessionelle Dinge zu sprechen kam und viel von der Gewissenangst redete, welche Luther an seinem Lebensabend ob seines Abfalles gequält habe, bemühte sich Marcard nicht, ihn eines Besseren zu belehren, sondern lenkte das Gespräch wieder auf Dinge, die ihn mehr interessierten.

Am vierten Tag war das Wetter besser, so daß man einen Ausflug auf den Epomeo unternehmen konnte. De Siano war zumindest im Winter sichtlich wenig beschäftigt, denn abermals begleitete er seinen Kollegen und wählte den Weg über Forio, Panza, Serrara und Fontana, wo sie in einer Schenke, in der zugleich Gewürze, Stoffe und Galanteriewaren verkauft wurden, recht gut zu Mittag aßen. Die Esel wurden mit in Wein eingeweichtem Brot gestärkt und trugen die beiden daraufhin in mutwilligen Sprüngen auf den Gipfel, wo Marcard natürlich, wie alle anderen, von der weiten Aussicht und den Blicken auf das so mannigfaltig zu ihren Füßen liegende Land hell begeistert war. Fühlte er sich doch dort oben »so wohl, so leicht, so heiter, so ruhig, als ein Mensch nur fähig ist zu sein«. In der Einsiedelei hatte sich seit dem Besuch des anonymen Engländers manches geändert. Als jener wie ein Heiliger verehrte ehemalige Kommandant des Kastells noch lebte – er war bereits vor acht Jahren gestorben –, sandte die Bevölkerung mit Lebensmitteln beladene Esel hinauf, aber jetzt mußte jeden Tag einer der Leute drunten auf Bettel gehen, es war Schmalhans Küchenmeister geworden. Das Haupt der zusammengeschmolzenen Gesellschaft war nun ein kümmerlicher Alter aus Mainz, namens Oberle, der seiner Zeit nach Loreto gepilgert war, ohne wieder in die Heimat zurückzukehren, und nun schon seit mehr als dreißig Jahren hier oben lebte, aber immer noch leidlich deutsch sprach. Im Volk nannte man ihn nur Padre Michele. Unter ihm war die Einsiedelei heruntergekommen, die Räume verwahrlosten, an Stelle der neun Personen, welche der Engländer antraf, waren es einschließlich eines Kaplans, der täglich die Messe lesen mußte, nur noch vier. Nach Marcard galt der an Podagra leidende Oberle allgemein für einen Säufer – man wird nicht fehlgehen, wenn man annimmt, daß De Siano ihm dies erzählte. Sechs Jahre später traf ihn auch Graf Stolberg wieder, bei dieser Gelegenheit wird auch über sein Ende berichtet werden. Bevor die beiden aufbrachen, um über die Ostseite zum Lago del Re zu gelangen, nahm sich Marcard aus dem kleinen Gärtchen, das hier die Mönche zwischen den Felsblöcken unterhalb des Gipfels angelegt hatten und in dem allerlei Gemüse wuchs, als Andenken ein Sträußchen Rosmarin mit.

Am Abend – es war der letzte auf Ischia – besuchte er noch De Siano in seiner Wohnung. Durch einen Garten gelangte man in das kleine Häuschen, in dem der Arzt in aller Stille mit seiner Mutter lebte. Sein Wohn- und Schlafzimmer war »von größter Simplizität, aber äußerst reinlich und ordentlich«. Seine Sammlung medizinischer Bücher war wohl klein, aber es gab auch manches Gute darin, vor allem einige Werke von Tissot, mit dem De Siano in Verbindung stand.

Ankunft eines Engländers am Strande von Lacco Ameno
im Jahre 1783
Gemälde eines anonymen Meisters
Porto d'Ischia, Privatbesitz

Blick auf Lacco Ameno und die Pannella
Entwurf für das Fresko, das Carl Rottmann im Auftrag
König Ludwigs I. für die Arkaden des Münchener Hofgartens schuf
Darmstadt, Hessisches Landesmuseum

Ansicht von Forio
Zeichnung von Ernst Haeckel
Jena, Ernst Haeckel-Archiv

Die Pannella und der Epomeo
Aquarell von Johann Georg v. Dillis
Mailand, Privatbesitz

Die Häusergruppe der Pannella von Osten gesehen; im Hintergrund der Monte di Vico
Gemälde von Johann Georg v. Dillis, 1832
München, Neue Pinakothek

Der Gipfel des Epomeo mit einem Eremiten
Ausschnitt aus einem Aquarell eines anonymen Meisters
Porto d'Ischia, Privatbesitz

Die Kirche del Soccorso in Forio
Lithographie von Auguste Louis Charles Ledoux
Porto d'Ischia, Privatbesitz

Aufbruch der Herzogin von Sagan zum Epomeo, 1823
Aquarell von Ernst Welker, im Krieg zerstört

In einer Nische aber erblickte Marcard, mit großen Buchstaben auf die weiße Wand gemalt, jene griechische Inschrift, welche sich einst auf dem Monte di Vico unter dem heutigen Friedhof an schwerzugänglicher Stelle in einen großen Felsblock gemeißelt fand. Neapolitanische und fremde Gelehrte bemühten sich um ihre Deutung. Schon um die Mitte des 17. Jahrhunderts suchten einige englische Touristen, sie möglichst getreu zu kopieren, 1840 veröffentlichte der französische Archäologe Raoul Rochette seine an Ort und Stelle kontrollierte Lesart, 1846 kam Theodor Mommsen eigens nach Ischia, um womöglich einen einwandfreien Text zu gewinnen. Nachdem man die längste Zeit der Meinung war, daß er sich auf die Errichtung einer Stadtmauer beziehe, führte eine kritische Studie Amedeo Maiuris zu einer anderen Deutung. Aber Endgültiges wird man darüber nie erfahren können, denn 1857 sprengte bedauerlicher Unverstand den Felsblock und verwendete die Trümmer zur Verankerung der Netze der Tonnara, die bis 1960 dort gelegen war.

Über den Zustand der Bäder enthält die Schrift Marcards nur wenig. Man kann ja nicht erwarten, daß sie ihn sonderlich begeisterten. »Von ihrer Sauberkeit und Schönheit läßt sich nicht viel sagen; man denkt darüber nicht wie in Deutschland. Manches hiesige Bad sieht einem Keller und zuweilen einem Stalle oder einer Scheune ähnlicher als einem Bade.« Der Reiz seiner Erinnerungen beruht vielmehr in den kleinen, so unmittelbaren Erlebnissen, die uns in jene noch unverdorbene Zeit versetzen. Darüber hinaus müssen wir ihm dankbar sein, weil er uns gleichzeitig die Gestalt De Sianos näher rückt, der bis zu seinem Tode 1813 von den meisten nach Lacco kommenden Fremden konsultiert wurde.

Im darauffolgenden Jahr 1787 weilte Goethe mehr als einen Monat in Neapel, ohne Ischia einen Besuch abzustatten. Wohl zogen ihn die Phlegräischen Felder, Pompeji, Caserta, Capua und Paestum an, ja er bestieg den Vesuv sogar dreimal, aber er betrat weder Sorrent noch Capri oder Ischia. Gerade unsere Insel hätte ihn eigentlich locken sollen, denn die Phänomene des Vulkanismus und die Mineralogie hatten es ihm während seines Aufenthaltes in Neapel in besonderem Maße angetan.

Eine weitere Enttäuschung bedeutet es, daß auch Herder, der am 4. Januar 1789 zusammen mit der Herzogin Anna Amalia von Sachsen-Weimar nach Neapel kam, Ischia nur von weitem hat liegen sehen. Wohl schrieb er schon am 12. Januar an seine Frau nach Weimar: »Wenn Ihr alle hier wäret, gingen wir auf den Sommer auf die Insel Ischia, und lebten hier, von der Welt abgeschlossen und als ob uns alle Welt gehörte.« Das klingt, als ob persönliche Eindrücke den Satz ausgelöst hätten, aber wenn man die Briefe jener Tage durchmustert, ergibt sich, daß er nur auf die Erzählungen anderer zurückgehen konnte. Schreibt er doch am gleichen Tag, daß das Wetter schlecht sei und daß er bisher wenig gesehen habe, und erst am 2. Februar lernte er wenigstens die Phlegräischen Felder kennen.

Desto mehr freuen wir uns, daß die *Herzogin Anna Amalia* von Sachsen-Weimar auf ihrer langen, vom August 1788 bis zum Juni 1790 dauernden Reise für etliche Tage nach Ischia kam und ihre Eindrücke überliefert hat. Diese lange Reise war für die hohe Frau eine ununterbrochene Quelle reiner Freude. Wenn man bedenkt, wieviel das kulturelle Leben Deutschlands ihr dankt und vor welche Aufgaben sie in früher Jugend gestellt wurde, muß man sich mit ihr freuen, wenn man ihren Aufzeichnungen entnimmt, wie glücklich sie war, endlich Italien und seine Kunstschätze kennenzulernen, die südliche Landschaft zu genießen und in den Kreisen der Künstler leben zu können. Die nun Fünfzigjährige hatte nach kurzer Ehe ihren Gatten verloren, mußte mit neunzehn Jahren die Regierung des armen, unentwickelten Landes übernehmen und verstand es trotzdem, Weimar zu dem aus dem europäischen Geistesleben nicht wegzudenkenden Musenhof zu machen.

Die Herzogin trat ihre Reise in Begleitung ihres Kammerherrn, des Freiherrn Friedrich von Einsiedel, ihrer Hofdame Luise von Göchhausen und ihres Leibarztes Dr. Huschke an. Außerdem war noch der Sohn von Goethes römischen Hausleuten dabei, den dieser nach Weimar geschickt hatte und der nun als Kurier und Unterhändler dienen sollte. Goethe war gerade noch zur rechten Zeit zurückgekehrt, um allerlei Ratschläge geben zu können. Ihr Kammerherr und die kleine, etwas verwachsene, aber kluge Hofdame zählten in Weimar zum engsten Kreis der Herzogin, in dem gelesen und diskutiert, gezeichnet und Theater gespielt und gedichtet wurde. Zweierlei Quellen geben uns Auskunft über die zwölf Monate, die sie allein in Neapel weilte, wobei allerdings drei Wochen auf eine Reise nach Apulien und eine Woche auf den Ausflug nach Ischia fallen. Die eine besteht in einem umfangreichen, bisher nicht publizierten Diarium, in dem die täglichen Ereignisse zumeist sehr kurz eingetragen wurden, die andere in langen, erst nach einer Reihe von Jahren endgültig formulierten Erinnerungen in Briefform, welche Rom, Neapel, Ischia und Apulien behandeln. Die letzteren sind 1939 veröffentlicht worden. Man nimmt an, daß sie an ihre Schwester Auguste Dorothea, Äbtissin von Gandersheim, gerichtet sind, aber keineswegs für den Druck bestimmt waren. So trocken im allgemeinen das neapolitanische Tagebuch ist, dessen hundertfünfundzwanzig Seiten uns in Photokopien zur Verfügung standen, so gibt es doch ein lebendiges Bild vom gesellschaftlichen Leben der Herzogin, bei der kaum ein Tag vorüberging, ohne daß sie mehrere Besuche des neapolitanischen Adels und der ausländischen Diplomaten oder von Malern, wie Tischbein und den beiden Hackert, und Musikern, wie Paisiello, erhielt und erwiderte. Oft blieben ihre Bekannten mittags oder abends zum Essen bei ihr; kaum ein Tag verging ohne Musik, sei es, daß Konzerte und Theater besucht wurden oder daß bei ihr musiziert und gesungen wurde.

Die Herzogin war noch keine Woche in Neapel, da besuchte sie eines Tages Giuseppe Capecelatro, der von allen hochgeschätzte Erzbischof von Tarent, welcher ein Gutteil des Jahres in Neapel zu verbringen pflegte. Aus der gegenseitigen Sympathie, die vom ersten Tage an zwischen beiden bestand, wurde eine Freundschaft, deren Entwicklung sich in den Notizen über die bald nahezu täglichen Besuche widerspiegelt. Aber dieses häufige Beisammensein war von allzu kurzer Dauer. Nachdem Anna Amalia eineinhalb Monate in Neapel verbracht hatte, ging sie, ohne einen Grund anzugeben, für drei Monate zurück nach Rom. »Mein ganzer Aufenthalt zu Neapel ist der glücklichste Zeitpunkt meines Lebens gewesen«, schrieb sie damals in ihr Tagebuch. Daß sie aber von vornherein die Absicht hatte, wieder nach Neapel zurückzukehren, geht aus der Tatsache hervor, daß sie vor ihrer Abreise noch eine Villa in Portici gemietet hatte. Während der zehneinhalb Monate, die sie nun erneut in Neapel war, weilte der Erzbischof in Tarent. Der Wunsch, ihn trotzdem noch einmal zu sehen, löste eine Reise nach Apulien aus. Die beiden trafen sich in einer Benediktinerabtei in der Nähe von Andria und verlebten hier und in der Umgebung sechs glückliche Tage. Von diesem Treffen an nennt die Herzogin den Erzbischof nur noch ihren Freund, und als die Stunde der Trennung geschlagen hatte, stürzten ihr die Tränen aus den Augen. Sie sollten sich nie wieder sehen, doch schrieben sie sich Briefe, und des Erzbischofs Bild hing in Weimar in dem Wittumspalais der Herzogin.

Den Ausflug nach Ischia, der vom 31. Juli bis zum 7. August 1789 dauerte, machte die Herzogin in Begleitung des Bankiers und dänischen Konsuls Heigelin, eines liebenswürdigen Württembergers, der auf dem Posillip ein schöngelegenes Casino mit ausgewählten Bildern Hackerts und anderer Zeitgenossen besaß und mit dem die Herzogin während ihres zweiten neapolitanischen Aufenthaltes auch fast jeden Tag zusammenkam. Außerdem schloß sich auch noch der Architekt Maximilian Verschaffelt, ein Sohn des verdienstvollen Mannheimer Galeriedirektors, an, den die Herzogin bereits in Rom kennengelernt hatte. In ihrem Reisebrief erzählt sie uns, daß sie in Casamicciola in einem hochgelegenen, zwar reinlichen, aber alles andere als komfortablen Hause wohnte, so daß sie sich selbst erst die nötigsten Dinge wie Tische und Stühle beschaffen mußte. Ihr Bett hatte sie sich zum Glück mitgebracht. Von der umfassenden Aussicht ist sie jedoch entzückt. Es kann kein Zweifel darüber bestehen, daß es sich dabei um die ›Sentinella‹ handelt, eine Gaststätte, von der wir noch oft hören werden. Das Haus gehörte einer Familie Monti und dankte seinen Namen einem französischen Gast, der es wegen der beherrschenden Lage ›la sentinelle‹ zu nennen pflegte. Das überliefert uns Barbara Bansi, eine Schweizerin, die 1805 hier wohnte und der es die Hausleute selbst erzählt haben. Als sich später eine tiefer gelegene Gaststätte den gleichen Namen aneignete, das zunächst bescheidenere ältere Haus aber wesentlich vergrößert wurde, nannte man es allgemein ›La grande Sentinella‹. Immerhin muß es auch damals schon in gutem Ruf gestanden sein. Der erste Gast, von dem wir Kunde haben, ist, wie wir noch hören werden, kein geringerer als Angelika Kauffmann, die schon um 1773 hier wohnte und malte.

Anna Amalia fühlte sich nicht sehr wohl auf Ischia. Schon am ersten Tag notierte sie in ihrem Tagebuch: »Den Morgen ging ich ein wenig spazieren, es wurde aber zu warm, ich ging wieder nach Hause und spielte.« Das Kartenspielen war sehr beliebt. Immer wieder wird im Tagebuch mitgeteilt, daß sie mit diesen und jenen Gästen vornehmlich abends gespielt habe. »Die Luft konnte ich nicht recht ertragen. Sie war für mich zu sulfurisch. Ich war immer wie betrunken.« Aber am Nachmittag ritt sie mit ihren Begleitern doch aus, besuchte die Bäder an der Piazza Bagni und den Borgo d'Ischia. Der zweite Nachmittag galt Forio, wo sie, von dem Ritt müde, in einem Hause abstieg, um sich auszuruhen. Nach Lacco ließ sie sich dann lieber in einer Sänfte tragen. Hier beeindruckte sie das Nebeneinander der wüsten

Felsen des Zarastroms und des Monte di Vico und der freundlichen Gärten und Weinberge in besonderem Maße. »Lacco halte ich für die schönste Gegend, die wohl auf der Insel ist«, liest man im Tagebuch. Da am 3. August Heigelin in Neapel zu tun hatte, ließ sie sich nochmals hintragen, um die Villa des Duca di Atri aus der Familie der Acquaviva zu besichtigen, von der wir noch öfter hören werden, weil sie nicht selten fremde Gäste aufnahm, und zeichnete dort ein wenig.

Den 4. August ging ich wieder nach Ischia und setzte mich an dem Meere und sah fischen zu. Den 5ten kam Heigelin wieder, vormittag wurde gespielt, nachmittag ritte ich nach Furia, besah eine capelle, die ein Particulier gestiftet hat und eine Art von Kloster ist, wo zwei Nonnen darinnen sind, aber kein Gelübde thun, von da ritt ich zum Lacco. Den 6ten August, den Nachmittag ritten wir auf die andere Seite der Insel, diese war die lieblichste, man war wie in einem englischen Garten.

Diese Worte können sich nicht etwa auf die Südseite, sondern nur auf die an Obstbäumen, Pappeln und Agrumi reiche Gegend um Piedimonte beziehen.

Den 7ten ging ich von Ischia weg, wie ich vor Procida kam, stieg ich aus und wollte mich darin umsehen, es war aber zu warm, ich stieg also wieder ins Schiff und fuhr nach Neapel, wo ich um halb 3 Uhr ankam. Ich legte mich sogleich zubette, ich konnte das Meer nicht mehr vertragen. Den Abend ging ich noch zu Douglas und spielte eine Partie Whist. Den 8ten ruhte ich den ganzen Morgen, den Abend ging ich in das teatro fiorentino. Die Musik war nichts besonderes. Nach dem Theater bekam ich Visiten, der General Salis, sein Neveu, der Cte. Hamilton und die Harte [die spätere Lady Hamilton].

So war die Herzogin aus der Ruhe Ischias wieder mitten in das neapolitanische Gesellschaftsleben versetzt, in dem sie sich sichtlich sehr wohl fühlte. Wenn wir diese kleine Probe aus dem Tagebuch gebracht haben, wobei ihre flüchtige Schreibweise ohne Interpunktion und mit gelegentlichen Fehlern ein wenig der heutigen angeglichen wurde, so geschah dies nicht zuletzt, um den großen Unterschied darzutun, der zwischen jenen kärglichen Notizen und den später ausgearbeiteten ›Reisebriefen‹ besteht, aus denen wir nun einige Proben geben. Von der Landschaft, den Gebräuchen, der Tracht und dergleichen ist in ihnen nur wenig die Rede, desto mehr aber von dem Benehmen der Bevölkerung.

Die Bewohner dieser Zauberinsel sind reizbar, lebhafter und noch kindlicher als die Neapolitaner. Ihr Hang zur Schwatzhaftigkeit geht so weit, daß sie einen Fremden bald ermüden; man glaubt sich unter Elstern und Krähen zu finden. Wenn man sich von ihnen von einem Ort zum anderen tragen läßt, so fragen sie, ob man von ihnen stumm oder sprechend bedient sein will; antwortet man ihnen: »Stumm«, so muß man ihnen mehr zahlen. Ich habe selbst einen Versuch von dieser ihrer Leidenschaft gemacht. Ich ließ mich tragen und verlangte von ihnen, daß sie sich stille dabei verhalten sollten; dafür versprach ich ihnen nach meiner Rückkehr ein gutes Trinkgeld. Sie versprachen alles Gute. Aber ihre Lebhaftigkeit erlaubte ihnen nicht, mich lange in Ruhe zu lassen. Da sie nicht sprechen durften, nahmen sie ihre Zuflucht zur pantomimischen Gebärdensprache, um ihr Mitleiden über meine vermeintliche Unpäßlichkeit zu bezeugen; dabei wiesen sie mit dem Finger auf den Mund, um zu zeigen, daß ihnen das Sprechen verboten wäre. Dieser Spaß dauerte eine ganze Weile, bis ich bei einer kleinen Hütte ihnen befahl, innezuhalten, um auszuruhen, weil es sehr heiß und der Weg sehr beschwerlich war. Die Träger setzten sich auf die Stangen der Sänfte und wiederholten mit vielen Grimassen ihre vorige Gebärdensprache. Endlich erlaubte ich ihnen zu sprechen. Auf einmal entstand ein solches Geschnatter und Geschrei, daß mir die Ohren gellten; und nun war auch kein Mittel mehr, sie zum Schweigen zu bringen.

Von ihrer großen Reizbarkeit, wodurch sie, wenn sie in Zorn geraten, wahre Furien werden, bin ich selbst Zeuge gewesen. Unter meinen Fenstern hatte die Neugierde, die ihnen in hohem Grade eigen ist, eine Menge Volk versammelt. Sie machten Musik und tanzten ihre Tarantella. Zwei Weibern, die sich durch ihren Tanz auszeichneten, warf ich etwas hinab. Kaum war das unglückliche Geld geworfen, so verschwanden augenblicklich die Grazien: Neid und Zwietracht nahmen ihre Stelle ein. Die Tänzerinnen fielen sich einander in die Haare und schäumten vor Wut. Es floß Blut von ihren zerkratzten Wangen und zerrissenen Ohren; Fetzen von ihren Kleidungen flogen als Trophäen ihres Kampfes.

Starke Männer wollten sie auseinanderbringen, wurden aber mit solcher Wut abgewiesen, daß sie es nicht mehr wagten, ihnen nahezukommen. Ebensowenig konnte der Richter, welcher herbeigerufen wurde, diese Furien besänftigen. Endlich konnte ein alter Mann insmitteln [sic!] *und schlichtete den Streit, vielleicht weniger durch seine Beredsamkeit, als weil die Streitenden an Kräften erschöpft waren.*

Man erzählte der Herzogin eines Tages auch von dem alten Francesco Buonocore und sie besuchte daraufhin die königliche Villa:

Daß die Luft hier sehr gesund sein müsse, hievon zeugt ein Mann von beinah neunzig Jahren, der hier auf seiner Villa lebte, an Leib und Seele von jugendlichen Kräften, aus dessen Anblick froher Mut und Gesundheit strahlten. Er war ein Medicus und machte seiner Kunst Ehre. Seine Villa lag sehr hoch und vereinte alles, was man schön und reizend nennen kann. Die reinste Luft, welche man hier atmet, die schönste Aussicht, welche die Seele erheitert und einen balsamischen Geruch von Blumen und Kräutern herbeiführt, sind wohl die kräftigsten Mittel, die Seelen- und Leibeskräfte bis zum spätsten Ziel des menschlichen Lebens erhalten.

Unter dem weiblichen Geschlecht gibt es schöne Bildungen mit griechischen Profilen; nur schade, daß ihre Zähne meistens schwarz sind.

Dieser Schönheitsfehler ist auch anderen Reisenden aufgefallen; so notiert zum Beispiel auch Elisa von der Recke, daß schöne Zähne auf der Insel eine große Seltenheit seien. Die moderne Stomatologie hat sich damit befaßt und erblickt die Ursache dieser ›Schmelzfleckenkrankheit‹ in dem zum Teil ungewöhnlich hohen Fluorgehalt der von der Bevölkerung Ischias getrunkenen Wässer.

Die Kinder sind sehr schön; man sollte sie für Raffaels Modelle ansehen: große schwarze Augen, schönes dichtes Haar, welches die Natur selbst gekräuselt hat. Es gibt gewiß kein schöneres Bild der Natur, als wenn Gruppen dieser kleinen Genies am Gestade des Meeres ihre kindlichen Spiele treiben und nackt in ihrer Unschuld herumhüpfen. Naht man sich ihnen freundlich, so reichen sie mit Zutrauen ihre Händchen. Die Mütter, die sich in der Nähe mit ihrer Arbeit beschäftigen, eilen herbei und freuen sich, daß man an ihren Kindern Gefallen findet. Jede nimmt ihr Kind auf den Arm und schreit mit einer Art Wetteifer »è il mio«, und jede will ihr Kind für das schönste gehalten wissen. Nichts ist ihnen angenehmer, als das Lob ihres Landes. Wer es lobt, dem antworten sie, daß er »di buongusto« sei, und wissen nicht, was sie aus Dankbarkeit gegen ihn tun sollen.

Habt euch wohl, ihr glücklichen Naturkinder! Dank sei euch für die vergnügten Stunden, die ich unter euch genossen habe!

Ein Jahr nach der Herzogin Anna Amalia kommt im September wieder ein Engländer nach Ischia, dessen Begeisterung an die eines Berkeley erinnert. *Sir Richard Colt Hoares* Reisebeschreibung durch Italien und Sizilien wurde freilich erst neunundzwanzig Jahre später gedruckt. Anlaß dazu gab offensichtlich das Erscheinen eines weiteren Reisebuches, welches ein Reverend John Chetwode Eustace, von dem noch die Rede sein wird, 1813 herausbrachte. Beiden ist das schon in den Titeln zum Ausdruck gebrachte Interesse an den jeweiligen Zeugnissen der antiken Schriftsteller eigen, und Hoare betont, daß seine Veröffentlichung nur eine Ergänzung der ›Classical Tour through Italy‹ des Eustace darstellen will. Uns interessieren natürlich nicht so sehr die vielen Zitate der alten Autoren – über Ischia in der antiken Literatur könnte man ein eigenes Buch schreiben –, sondern was ihm die damalige Insel bedeutete. Vielsagend für das Aufleben des Fremdenverkehrs im letzten Viertel des 18. Jahrhunderts ist die Mitteilung, daß er in der sogenannten ›Casa degli Inglesi‹ ein gutes Unterkommen gefunden habe. Sie grenze an das Casino, in dem der König wohne, wenn er im Sommer nach Ischia käme, und habe den Vorzug einer prächtigen, weiten Aussicht. Offensichtlich handelte es sich um das gleiche Gebäude, in dem schon um 1777 jener anonyme Landsmann wohnte, von dem wir bereits erzählten.

Hoare durchwanderte die Insel in den sechs Tagen, die er auf ihr weilte, nach allen Seiten. Was Wagen und Pferde anlange, so könne man sie freilich mit Venedig vergleichen, aber man sei eben dabei, eine ausgezeichnete Straße zwischen Ischia und Forio zu bauen, die auch für Pferdefuhrwerke geeignet sein würde. Die Ortschaft Ischia ist für ihn noch identisch mit der Siedlung auf dem Kastell: »Der Felsen mit seinen Gebäuden, die eines über dem anderen in pyramidaler Form seine ganze Oberfläche bedecken, bietet einen ungewöhnlichen und eindrucksvollen Anblick.« Der öde Arsostrom mit seinen wenigen Unkräutern beeindruckt ihn, wie alle anderen, aber wenn er daraus auf das ungeheure Alter der heute Weinberge und Wälder tragenden Vulkane der Insel schließt, ohne die ganz ungewöhnliche Härte der Lava dieses Ausbruches zu bedenken, ist er natürlich im Irrtum. Testacciowärts ziehe man die Reben an hohen Pappeln, aber der Wein von dort schmecke fast wie Essig, doch sei der von Forio besser. Aber das Beste für ihn ist die Luft; sie sei so rein und elastisch, erzeuge Appetit und mache den Körper beweglich und unternehmungslustig. Natürlich treffen wir Hoare auch auf dem Epomeo, aber von all den vielen schönen Aussichten ist ihm doch die von den Höhen des Monte Campagnano die liebste. Die letzten drei Seiten des Ischia behandelnden Abschnittes stellen einen einzigen Hymnus auf sie dar. Hier gleitet das Auge vom Capo di Minerva bis Cuma über die ganze Küste des Golfes, und der Genuß der landschaftlichen Schönheiten vereint sich mit all den lebendig werdenden historischen und literarischen Erinnerungen, so daß ein einzigartiges Wonnegefühl ersteht. Mit einem warmen Appell an alle Künstler und Gelehrten, die ausgetretenen Wege der Reisehandbücher und Ciceroni zu verlassen und lieber seinen Fußstapfen zu folgen, schließt er. Dem Maler böten sich auf Ischia zahllose Motive der verschiedensten Art, und der Büchermensch fände hier nicht nur die erholsame Ruhe und Sammlung, sondern es würden so viele historische Ereignisse, die ihn schon in seiner Jugend beeindruckt hatten, erst in dieser Umgebung wirklich lebendig werden.

Ob Hoare von Capri ebenso begeistert war? Wohl widmet er der Nachbarin sogar mehr Seiten als unserer Insel, aber das beruht auf der Fülle der hier zu zitierenden antiken Zeugnisse, und man begegnet auf ihnen keinem einzigen Satz, der an die Begeisterung erinnern könnte, in die ihn Ischia versetzte.

Der Gast, den wir nun vorzustellen haben, dürfte für die vielen lateinischen Zitate Hoares wenig Interesse gehabt haben. Er kommt in angenehmer Gesellschaft, um ein paar fröhliche Tage auf der Insel zu verbringen und sich von anstrengender Arbeit in Neapel zu erholen. Es handelt sich um die berühmte Malerin *Elisabeth Louise Vigée-Lebrun*, die 1789, tief beeindruckt von den ersten Schrecken der Revolution, mit ihrem Töchterchen Paris mit knapper Not, in den Kleidern einer Frau aus dem Volke, nicht im eigenen Wagen, sondern in der sichereren Postkutsche, entflohen war. Obwohl erst vierunddreißig Jahre alt, war ihr Ruf als hervorragende Porträtistin bereits wohlbegründet. In ihren ›Souvenirs‹, aus denen wir im folgenden schöpfen, gab sie am Ende eine Liste ihrer Arbeiten, aus der hervorgeht, daß sie bis zum Augenblick der Flucht etwa vierhundertfünfzig Porträts gemacht hatte, unter denen sich mehrfach die ihr sehr gewogene Königin Marie Antoinette findet und zahllose Mitglieder des französischen und fremden Adels vertreten sind. Trotzdem mußte sie ihre Reise mit nur achtzig Louis antreten, denn ihr Gatte, der Kunsthändler Lebrun, den sie geheiratet hatte, obwohl alle ihre Freunde dringend davon abgeraten hatten, nahm ihr regelmäßig ihre Honorare bis auf eine Kleinigkeit ab, und sie verfügte über diese Summe nur, weil sie ihm ihre letzte Einnahme verheimlicht hatte. Daß er in Paris blieb, dürfte sie nicht betrübt haben. Erst als es über den Mont Cenis ging, begann sie aufzuatmen. Wo sie Station machte, in Turin, in Parma, in Modena, Bologna und Florenz, wurde sie freundlich aufgenommen. In Bologna sollte sie als Französin nur eine Nacht bleiben dürfen, aber in Bälde erschien ein Bote des päpstlichen Gouverneurs mit der Botschaft, sie könne sich aufhalten, so lange sie wolle, und einige Tage später wurde sie zum Mitglied der Akademie ernannt. In Florenz, wo sie sich nicht von den Galerien und Kirchen trennen konnte, bat man sie um ihr Bild für die Galerie der modernen Maler, in Rom bekam sie bereits eine Reihe von Aufträgen, wurde Mitglied der Akademie S. Luca und der Arcadia und speiste beim französischen Konsul, dem Kardinal de Bernis, zusammen mit Angelika Kauffmann – die beiden bedeutendsten Malerinnen der Zeit, eine zur Rechten, die andere zur Linken des hohen Würdenträgers. Als auch der Papst den Wunsch aussprach, von ihr gemalt zu werden, wagte sie es nicht, den Auftrag anzunehmen, denn die Etikette verlangte, daß sie dabei verschleiert sei, sie aber fürchtete, daß darunter die Güte ihrer Arbeit leiden könnte. Acht Monate hatte sie so in der besten Gesellschaft in Rom geweilt, da reifte endlich im Herbst des Jahres 1790 der Wunsch, Neapel zu sehen.

Wie überall, bemühte man sich auch hier vom ersten Tag an um sie. Kaum war sie im Hotel de Maroc an der Chiaia abgestiegen, da kam schon ein Diener des daneben wohnenden russischen Botschafters, des Grafen Skowronsky, um sich nach ihr zu erkundigen und brachte ein köstliches Abendessen. Madame Vigée-Lebrun mußte versprechen, daß sie seine Frau als erste malen würde, aber schon während der ersten Sitzung erschien Lord Hamilton und wollte durchaus, daß Madame Emma Harte, die immer noch seine Mätresse war, aber in Bälde Lady Hamilton werden sollte, den Reigen eröffne. Nicht weniger als vier Bilder dieser schönen Frau, bald als Bacchantin, tanzend oder liegend, bald als Sibylle, entstanden damals. Die Porträts von drei Töchtern des Königs und von Franz, dem Thronfolger, finden sich heute im Museo di Capodimonte, während ein Bild von dessen Gattin Maria Clementina von Österreich im Palazzo Reale hängt und eines von Paisiello im Louvre landete. Natürlich wurde nicht nur gearbeitet, sondern die Freunde und Bekannten

Madame Vigée-Lebruns organisierten auch mancherlei Ausflüge. Mit dem ältesten Sohn Talleyrands – eines Onkels des berühmten Staatsmannes –, der damals französischer Gesandter war, einem Grafen de la Roche-Aymon, einer portugiesischen Freundin namens Silva sowie zwei Musikanten fuhren sie zum Beispiel in einer Mondscheinnacht in einer kleinen Barke nach Capri, gerieten aber in Bälde in einen furchtbaren Sturm, so daß nicht nur den Musikanten das Singen und Spielen verging, sondern auch allen anderen mehr oder weniger übel wurde und Madame Vigée-Lebrun um ihr Leben bangte. Aber nachdem sie schließlich kurz vor Sonnenaufgang landeten, war all das rasch vergessen, nur wurde dem jungen Talleyrand, der den Ausflug arrangiert hatte, ob seines Leichtsinns vom Vater hinterher der Kopf gewaschen. Ausführlich schildert die Malerin auch ihre Ausflüge auf den Vesuv, der damals in voller Tätigkeit war und den sie im dichten Nebel, bei heftigem Gewitter und bei strahlender Sonne kennenlernte und malte. Dabei hatte sie einmal das Essen zum Eremiten tragen lassen und ihn dann eingeladen, teilzunehmen. Bevor man noch fertig war, stand dieser vom Tisch auf und verschwand hinter einem alten Vorhang. Als er nach einer Viertelstunde erschien und gefragt wurde, warum er sie denn verlassen habe, da erzählte er, daß hinter dem Vorhang die Leiche seines Genossen liege, der in der Nacht gestorben sei und daß er bei ihr gebetet habe. Daß Madame Vigée-Lebrun daraufhin vom Tisch aufstand und in die freie Luft ging, wird man verstehen.

Endlich fuhr man eines Tages auch nach Ischia. Diesmal war es Hamilton, der die fünftägige Tour organisierte. Um fünf Uhr morgens trat man sie an. In der Feluke waren Hamilton, Madame Harte, deren Mutter und wieder einige Musikanten. Bei spiegelglatter See kam die Gesellschaft um $^1/_2$10 Uhr in Procida an, wo man bei dem Gouverneur der Insel auf der Terrasse des Kastells speiste und die herrliche Aussicht bewunderte. Daß die Malerin von der phantastischen Tracht der Procidanerinnen beeindruckt war, brauchen wir kaum zu sagen. Ischia entzückte sie schon bei der Ankunft: »Einer der hübschesten Eindrücke, die ich bei der Ankunft hatte, war der Anblick einer Menge, verstreut auf den Bergen liegender, hell erleuchteter Häuser, die sich den Augen wie ein zweiter Sternenhimmel darboten.« Auf der Insel weilte bereits Madame Silva, mit der sie schon in Neapel manche Ausflüge gemacht hatte und die ihr nun auch hier als Führerin diente. Auch sonst fand man die beste Gesellschaft, darunter den Schweizer Baron Hubert Rudolf von Salis, einen der häufigsten Gäste der Herzogin Anna Amalia, welcher General-Inspektor der Truppen des Königreiches beider Sizilien war. Aber wo sie alle wohnten, erfahren wir nicht. Am nächsten Morgen brach um sechs Uhr eine Karawane von zwanzig Personen auf, alle natürlich auf Eseln reitend, um auf dem Epomeo zu Mittag zu speisen. Die lange Beschreibung des Weges ist freilich nicht genau genug, um ihn im einzelnen wiederzuerkennen.

Man kann sich keine Vorstellung machen von den Wegen, die wir gehen mußten! Die Pfade waren tiefe Hohlwege, voll von enormen, vom Feuer geschwärzten Steinen, die Höhen dieser Schluchten kultiviert – diese fruchtbare Erde neben dieser verwüsteten bot einen eigenartigen Kontrast. Wir folgten unter anderem einem steilen Weg voll Lavagestein, groß wie Häuser, der ganz einem Höllenweg glich. Diese erhabene, schauerliche Szenerie führte uns zu einem Ort des Entzückens unter sehr gepflegte Weinlauben und nahe an ein sehr schönes Kastanienwäldchen. Dort bemerkte ich eine einsame kleine Behausung, von der mein Führer mir sagte, sie gehöre einem Eremiten. Der Eremit war abwesend, ich setzte mich auf seine Bank und entdeckte – durch eine Waldschneise den Blicken sichtbar – das Meer und die Inseln der Sirenen, die der Morgendunst mit einem bläulichen Schimmer umgab. Ich glaubte verzaubert zu träumen und sagte mir: wahrlich, die Poesie muß dort geboren sein. Doch ich mußte mich von diesem wunderbaren Anblick losreißen, da uns noch ganz anderes zu erklimmen blieb.

Wir gelangten in eine Art Wüste, von so tiefen Schluchten gesäumt, daß ich nicht wagte hinein zu blicken. Mein verdammter Esel bestand darauf, immer am Rande zu laufen. Da ich nicht nach unten sehen konnte, wandte ich meinen Blick nach oben und sah den Berg, den wir zu erklimmen hatten, ganz eingehüllt in abscheuliche schwarze Wolken. Man mußte dennoch, auf die Gefahr hundertmal zu ersticken, durch diese Wetterwolke hindurch. Bedenken Sie außerdem, daß dieser Weg senkrecht über dem Meer lag und es auf ihm keine einzige Behausung gab. Noch klopft mein Herz, wenn ich daran denke. Ich setzte den Weg fort, aber nicht ohne meine Seele Gott zu befehlen. Wir brauchten anderthalb Stunden, um diese Wolken zu durchqueren. So groß war die Feuchtigkeit, daß unsere Kleider vollkommen durchnäßt waren; man sah keine vier Schritte weit, so daß ich schließlich meine Begleitung aus den Augen verlor. Man kann sich meinen Schrecken denken. Als ich den Ton einer kleinen Glocke hörte, stieß ich einen Freudenschrei aus in der Annahme, es sei diejenige des Eremiten, bei dem wir zu Mittag essen sollten. Sie war es in der Tat; man erkannte meine Stimme und kam mir zu Hilfe.

Nun war alles gut. Die ganze Gesellschaft saß in der Eremitage, bald zerteilten sich die Wolken, der Himmel wurde frei und schließlich auch der Blick auf das Meer und die Siedlungen zu ihren Füßen. Da kam aber auch schon General Salis und meldete, daß das Mittagessen bereit sei.

Diese Aussicht war uns nach so vielen Strapazen und Drangsalen nicht gleichgültig. Das Diner, das er uns gab, konnte sich mit denjenigen des Lucullus vergleichen. Alles war erlesen, sogar das Eis am Schluß fehlte nicht. Man mußte das Staunen der drei Mönche sehen, die diesen Felsen bewohnen und die von dieser ausgezeichneten Mahlzeit profitierten. Sie behielten die Reste, worüber sie sehr erfreut schienen.

Nach Tisch hielt Madame Vigée-Lebrun mit ihrer portugiesischen Freundin auf ein paar Säcken unter freiem Himmel ihre wohlverdiente Siesta, eingehüllt in den Duft des Ginsters und all der anderen aromatischen Gewächse. Für den Rückweg wählte man, wie üblich, die andere Seite der Insel.

Wir werden nicht fehlgehen, wenn wir uns vorstellen, daß Hamilton auf diesem Ausflug nicht nur den Kavalier spielte, sondern auch den Führer, der hier und dort auf die geologischen Gegebenheiten aufmerksam machte. War er ja nicht nur Diplomat, sowie Sammler und Händler von Altertümern, sondern befaßte sich auch ernsthaft mit Vulkanologie. Außer seinem berühmten Tafelwerk über den Vesuv und die Campi Flegrei liegen vor allem auch laufende Berichte vor, die er an die Royal Society in London sandte, aus denen unter anderem sein lebhaftes Interesse für Ischia hervorgeht. Schreibt er doch zum Beispiel 1770:

Es gibt, glaube ich, keinen Ort, der für ungewöhnliche Beobachtungen größere Möglichkeiten bieten könnte als die Insel Ischia ... Ich habe sie dreimal besucht und verbrachte auch diesen Sommer drei Wochen dort, in denen ich sie überall aufmerksam durchforscht habe.

Im gleichen Brief handelt er dann von den Bädern, von der ›venteruola‹ in der Nähe der Fundera und von anderen geologischen Beobachtungen. Unter einer Venteruola versteht man eine Grotte, aus deren Spalten derart kühle Luft strömt, daß man sie wenigstens bis vor kurzem zur Aufbewahrung verderblicher Vorräte verwandte.

Vigée-Lebrun hatte die Absicht, sechs Wochen in Neapel zu verbringen, aber es waren inzwischen sechs Monate geworden. Als sie schließlich die Stadt verlassen hatte, traf sie zufällig auf der Straße in Rom die hochbefriedigt von Wien zurückkommende Königin, die auch noch gemalt werden wollte. So mußte sie wohl oder übel noch einmal nach Neapel zurückkehren. Über Venedig und Turin ging ihre Jahre dauernde Reise dann nach Wien, Berlin und Petersburg. Überall wurde sie gefeiert und in Akademien aufgenommen, überall mußte sie die hohen Herrschaften porträtieren. Als sie endlich nach Paris zurückkehrte, empfing sie Monsieur Lebrun mit Tränen in den Augen und führte sie in ihre Gemächer, die er auf das komfortabelste eingerichtet hatte.

Aber im Frühjahr 1802 treffen wir Madame Vigée-Lebrun schon wieder in London. Bei dieser Gelegenheit besuchte sie auch die Isle of Wight, die sie nicht weniger entzückte als Ischia: »Die Landschaft war so bezaubernd, daß ich gern mein ganzes Leben in dieser schönen Gegend verbracht hätte.

Allein die Insel Wight und die Insel Ischia bei Neapel konnten diesen Wunsch in mir erwecken«, sagte die Frau, welche einen großen Teil Europas bereist hat.

Der Leser wird sich vielleicht gewundert haben, daß es auf dem Gipfel des Epomeo im Sommer am Ende des Mahles sogar Gefrorenes gab; sicher waren auch die Getränke eisgekühlt. Woher nahm man das Eis in einer Zeit, die noch kein künstliches kannte, in einem Gebiet, in dem man ja auch nicht etwa, wie im Norden, das Eis der Seen im Winter im Keller hätte verwahren können? Man war lediglich auf den Schnee angewiesen, der ja auch auf Ischia wenigstens in den hohen Lagen alljährlich, wenn auch oft nur in geringen Mengen, fiel. Man sammelte ihn in tiefe Schächte, in denen er sich, festgepreßt und mit dürrem Laub bedeckt, selbst bis in die heißeste Zeit erhielt. Auf Ischia kann man solche ausgemauerte Schneegruben heute noch in der sogenannten Falanga oberhalb Forio finden, wo sie im Schatten einer hohen Felswand des Epomeogratest weitgehend vor den Sonnenstrahlen geschützt waren. Fiel in der Nacht Schnee, so gab ein Wächter, dem eine große Meeresschnecke als Trompete diente, das Signal, auf das hin die Arbeiter bei Morgengrauen herauf kamen, um das kostbare Gut in die Schächte zu sammeln. Auf der Südseite Ischias befand sich nur eine einzige solche ›fossa di neve‹ oberhalb Fontana. Sie war im Gegensatz zu den geschützter gelegenen überwölbt, aber die Kuppel ist leider schon vor einer Reihe von Jahren in den Schacht gestürzt.

Das Recht, Schnee in den Ortschaften zu verkaufen, wurde von den Gemeinden verpachtet. Um ihn zu wiegen, gab es eigene Waagen mit siebartigen Schalen, damit das Schmelzwasser abfließen könne; die Händler waren verpflichtet, stets Schnee bereit zu haben, und mußten ihn, wenn der Vorrat auf der Insel erschöpft war, aus Castellammare beziehen, wo der Vesuv und die Berge des Apennins natürlich ein viel ergiebigeres Hinterland darstellten. Der Bedarf an Schnee war in Neapel außerordentlich groß. Es gab dort eine eigene ›dogana della neve‹, wo er an die Händler verteilt wurde. War wenig gefallen, so waren die Lieferanten verpflichtet, ihn selbst vom Ätna kommen zu lassen. Auch auf Ischia reichte er, als später die Zahl der Fremden anstieg, meist nicht aus. Mayer, von dem noch die Rede sein wird, erzählt, daß er sah, wie im Sommer 1834 täglich ungeheure, in Matten eingenähte Ballen von der Marina nach Casamicciola hinaufgeschleppt wurden. Die gesetzliche Organisation des Schneehandels ist verhältnismäßig jungen Datums. Sie wurde durch sanitäre Überlegungen ausgelöst und soll vor allem bei von hohem Fieber begleiteten Krankheiten zu einem beträchtlichen Sinken der Todesfälle geführt haben. Erst durch diese Neuerung wurde das Verlangen nach Eiswasser in allen Kreisen wach. Erzählt uns doch Balthasar Pisanelli, Autor eines Buches ›De natura ciborum‹, fünfundzwanzig Jahre nach der Einführung des Schneehandels, daß erst seitdem die Bedürfnisse des ärmsten Taglöhners in Brot, Wein und Schnee bestünden.

Im Juni 1791 tritt *Friedrich Leopold Graf zu Stolberg* in Begleitung seiner Frau, seines achtjährigen Sohnes und *Georg Heinrich Nicolovius'* eine langdauernde Italienreise an. Schon der Vater des Grafen stand, wie mancher deutsche Adelige der Zeit, in dänischen Diensten, und Friedrich Leopold war damals dänischer Gesandter in Berlin. Mit ihm und seinem Bruder Christian hatte Goethe 1775 die Reise in die Schweiz angetreten, sich dann aber in Einsiedeln von beiden getrennt. Die in der Sturm- und Drang-Zeit mit dem streng religiösen, in reifen Jahren zum Katholizismus übergetretenen schwärmerischen Grafen geschlossene Freundschaft mußte zwangsläufig mit den Jahren erkalten. Nicolovius hatte in Königsberg Theologie studiert, war dort zu Füßen Kants gesessen und in enge Beziehung zu Hamann getreten. Von letzterem war er dem Philosophen Jacobi empfohlen worden und dieser machte wieder seinen Freund, den Grafen Stolberg, auf ihn aufmerksam. So kam es, daß der Kandidat der Theologie Erzieher der Kinder des Grafen wurde. Als solcher nahm er nun an jener Reise teil, die durch Deutschland, die Schweiz und Italien bis nach Sizilien führte. Für Nicolovius sollte der Umstand bedeutungsvoll werden, daß man sich einige Tage in Frankfurt bei Johann Georg Schlosser, der Cornelia, Goethes Schwester, zur Frau hatte, aufhielt, denn Lulu, die damals siebzehnjährige Tochter, wurde später seine Frau.

Von der Hand des Grafen liegt eine vierbändige Beschreibung der ganzen Reise vor, während Nicolovius einen reizenden Aufsatz über Ischia, betitelt ›Die Ischiesen‹, geschrieben hat, der mit Recht allgemeinen Beifall fand und, nachdem er im ›Taschenbuch von J. G. Jacobi und seinen Freunden für 1796‹ erschienen war, noch zweimal in Frankreich übersetzt erschien. In mancher Hinsicht decken sich natürlich die beiden Darstellungen des Ischia-Aufenthaltes, zum Teil ergänzen sie sich auch in willkommener Weise. Da aber die Schilderungen Nicolovius' besonderen Charme besitzen, werden wir in erster Linie aus ihnen einige längere Proben bringen.

Am 14. April 1792 machte der Graf zunächst mit seinem Sohn und Nicolovius nur einen zweitägigen Ausflug nach Ischia. Seine Frau mußte wohl oder übel in Neapel bleiben, wo sie vor noch nicht zwei Wochen ein Mädchen geboren hatte. Sie übernachteten im Borgo d'Ischia. Nachdem sie sich vergeblich nach einem Gasthaus umgesehen hatten, waren sie schließlich in einem sehr bescheidenen Quartier gelandet. Nicolovius erzählt:

Ein altes Mütterchen, eine Frau mittleren Alters und ein kleines Mädchen waren die Wirte. Zwei enge Stuben hatten wir mit ihnen gemeinschaftlich. Sie verließen uns keinen Augenblick, standen um uns herum, fragten theilnehmend nach unseren Zurückgelassenen, riefen beim Niesen ihr freundliches »Mill'anni!«, und als ich gegen Morgen aufwachte, stand das alte Mütterchen neben meinem Bett und bedeckte mir streichelnd die linke Schulter.

Das Ziel des Tages war der Epomeogipfel. Über Casamicciola ging es zunächst nach Lacco, wo es dem Grafen auffiel, daß man die Fahrzeuge nicht verankerte, sondern an Pfeilern anband, welche rund um den hier im Meer liegenden Tuff-Felsen, den sogenannten ›fungo‹, aus dem gleichen Material ausgehauen waren, inzwischen aber von den Wellen des Meeres bis auf wenig auffällige Reste abgenagt worden sind. Der so abwechslungsreiche Ritt von Forio bis auf den Gipfel dauerte fünfeinhalb Stunden.

Ihr Wunsch, dort oben die Sonne im Meer versinken zu sehen, ging leider nicht in Erfüllung. Es waren Wolken aufgekommen, und im Osten zeichnete sich der Schatten des Gipfels auf ihnen ab. Der alte Oberle war immer noch da und saß fast stets teilnahmslos bald vor der Kirchentüre, bald vor dem Altar. Nur, wenn man ihn anredete, gab er freundlich Bescheid, aber seine Muttersprache hatte er offenbar inzwischen fast ganz vergessen. Er sei im Jahre 1706 geboren, sagte er zu Nicolovius, und fragte, welches Jahr man denn jetzt schreibe. So stellte er fest, daß er jetzt sechsundachtzig Jahre alt war. Trotzdem sollte er nicht hier oben seine letzte Ruhestätte finden! Unterstützt von der Gemeinde Forio schuf er sich später noch am Strand von S. Francesco nahe am Zarastrom eine andere Einsiedelei und starb in ihr erst 1811 im Alter von hundertfünf Jahren. In der nahen Chiesa di S. Francesco di Paola wurde er begraben. Ein Bildnis von ihm, das dort verwahrt war, ist leider abhanden gekommen.

Dieser Mainzer ist keineswegs der einzige deutsche Eremit auf dem Epomeo, von dem wir Kunde haben. So gab es in der ersten Hälfte des 18. Jahrhunderts einen Fra Giorgio il Bavaro, und im Jahre 1763 wurde ein anderer Deutscher, der neunzigjährige Fra Gasparo, in der Gruft des S. Nicola-Kirchleins beigesetzt. In der Folge war es zumeist nur ein einziger Eremit, der Sommer und Winter dort oben verbrachte. In der Regenzeit, wenn die Grotten feucht wurden oder der Nebel tagelang den Gipfel nicht frei gab und nicht einmal das Kreuz auf ihm zu sehen war, wenn die Tramontana um ihn tobte, war es nicht leicht, auszuhalten.

C. Haller, über den im nächsten Kapitel berichtet wird, erzählt uns, daß er 1821 in dem Gemüsegarten des Eremiten auch etliche Tabakpflanzen angetroffen und der Eremit, als er von den furchtbaren Nebeln erzählte, seine Tabaksdose aus Buxbaum gezeigt habe, die an solchen Tagen der einzige Trost sei.

Auch am anderen Morgen ging die Sonne hinter Wolken auf, aber diese lösten sich bald, so daß die entzückten Augen der Reisenden von den Ponza-Inseln bis zu den salernitanischen Bergen schweiften und man sich befriedigt auf den viel kürzeren Rückweg nach dem Borgo d'Ischia machen konnte. Wie sie aber die Nacht dort oben verbracht haben, davon erzählt uns merkwürdigerweise keiner der beiden.

Nach zwei Stunden waren sie schon an ihrem Ziel, und am Mittag schifften sie sich bereits nach Capri ein. Auf der viereinhalbstündigen Fahrt harrte ihrer noch ein besonderes Erlebnis. Mitten auf der See zogen die Schiffer plötzlich die Ruder ein und begannen zu pfeifen. Sie wollten ihre nordischen Gäste mit einem unerwarteten Anblick überraschen und es gelang ihnen. Eine Menge Delphine kamen herbeigeschwommen und umspielten die Feluke mit ihren Sprüngen über das Wasser, ja manche hoben sich wenige Schritte entfernt mit dem Vorderteil des Leibes neugierig aus den Wellen. Schon kamen noch viele von weiter her, da plätscherte einer der Seeleute mit den Rudern und dies war allem Pfeifen zum Trotz das Signal zu allgemeiner Flucht.

Dieser kurze Besuch auf der Insel weckte in Stolberg den Wunsch, nach der Reise, die ihn jetzt nach Apulien, Kalabrien und Sizilien führen sollte, noch eine Weile mit den Seinen fern von der »geräuschvollsten aller Städte« in diesem Paradies zu leben, welches lieblicher und schöner sei als alles, was er bisher gesehen. So treffen wir ihn mit seiner Frau und den beiden Kindern, die er ja auf solch anstrengender Fahrt nicht hatte mitnehmen können, in der Tat die zweite Hälfte August und die erste Septemberwoche wieder auf Ischia. Diesmal wohnten sie in Casamicciola oberhalb der Gurgitello-Quelle bei einem aus Sorrent zugezogenen Weinbauern, den man allgemein nur ›il Sorrentino‹ nannte, und fühlten sich bei ihm ausnehmend wohl. Wir wollen Nicolovius das Wort geben:

Das Gesellschaftszimmer des von uns bewohnten Hauses war der Hof. Ein Rebendach schützte einen Theil desselben vor der Sonne. Auf einem großen Tisch unter diesem Dach wurden die Mahlzeiten gehalten... Des Abends wurden Tische und Stühle bei seite geschafft, der Hof wurde zum Tanzsaal und die Stufen vor den Stubenthüren zum Sitz. Nirgends haben wir den neapolitanischen Tanz, die Tarantella, schöner tanzen sehen. Gewöhnlich tanzen ihn zwei Mädchen, die dritte schlägt das Tamburin und singt. Klagen eines getrennten Liebespaares oder unglücklichen Liebhabers, auch wohl Trotz eines verschmähten, sind der Inhalt der meisten dieser Lieder... Die Tänzerinnen stellen sich einander gegenüber, ergreifen mit beiden Händen die Zipfel ihrer breiten Schürzen und hüpfen links und rechts. Bald setzen sie die linke Hand in die Seite und halten die Schürze mit der rechten hoch in die Höhe, bald ziehen sie die Schürze eng um die Kniee. Jeden Augenblick verändern sie ihre Stellung und ihr Spiel mit der Schürze. Bald schweben sie bei einander vorbei, bald geben sie mit sanfter Beugung des Knies und Hervorschleifen des Fußes sich das Zeichen, in der Mitte zusammen zu kommen, lassen die Schürzen fallen, schweben im Kreis umeinander und schlagen mit emporgehaltenen Händen die Castagnetten zusammen, oder ahmen ihren Schall mit den Fingern nach.

Ein hübscher Stich, welcher dem Aufsatz des Nicolovius beigegeben ist, zeigt uns den Hof mit den Tänzerinnen und ihren Zuschauern, der gräflichen Familie und den Wirtsleuten. Fortunata, eine vierzehnjährige Verwandte, übertraf die anderen an Grazie und heiterer Laune. Da sie nur ärmlich gekleidet war, schenkte man ihr Rock, Schürze, Schleier und ein schwarzsamtnes Wämschen, alles nach Sitte der Insel. »Seitdem war sie tiefsinnig, und wir forschten vergebens nach der Ursache«, berichtet Nicolovius. Eines Abends während des Tanzes setzte er sich neben sie auf die Schwelle

›Tarantella‹ auf Ischia

Radierung von J. Penzel, 1795, aus dem Tagebuch von J. G. Jacobi und seinen Freunden für 1796, Königsberg und Leipzig.

und wiederholte die oft gestellte Frage: »Was fehlt dir?« »Ciuguaglie« – Ohrringe – lispelte sie ihm ins Ohr. Er aber sah sie an, als hielte sie ihn zum besten, doch war es ihr tiefer Ernst. Die großen goldenen Ohrringe, die oft die Form eines Schiffchens oder Körbchens hatten, waren freilich der Traum eines jeden Mädchens.

In die Zeit ihres Aufenthaltes fiel auch das Fest des ischitanischen Lokalheiligen S. Giovann Giuseppe, der damals erst seliggesprochen war. Da waren abends alle Häuser auf der Insel illuminiert. Die flachen Dächer waren rings mit Leuchten aus Ölpapier besteckt.

Auch wir saßen mit unseren Hausgenossen auf dem Dach, freuten uns der erleuchteten Häuser unter uns und immer höher am Berg hinauf und des Jauchzens, das überall erscholl. Mit Ehrfurcht zeigten sie uns hie und da Häuser, die glänzender geschmückt waren. Es waren solche, in denen Verwandte des Heiligen wohnten. Schließlich holte der Hauswirt eine alte Tonne aus dem Keller; er wollte dem Heiligen auch etwas darbringen. Sie wurde angezündet, man stand umher und freute sich der lodernden Flammen, rollte sie, eh sie einstürzte, den Hohlweg hinunter und folgte ihr jauchzend. Der Tag endete mit Spiel und Tanz.

Die ersten acht Tage, die der Graf und die Seinen auf Ischia verlebten, waren die frohesten ihrer ganzen Reise. Es war ihnen, als sollten sie immer bei diesen freundlichen Leuten bleiben. Aber auf die nächsten Wochen fiel düsterer Schatten. Die kleine in Neapel zur Welt gekommene Sibylle wurde schwer krank. Die ganze Bevölkerung war voll Teilnahme und suchte die Mutter zu trösten und ihr Hoffnung zu machen. Immer wieder klang es aus dem Hohlweg vor ihrem Fenster herauf »Che fa la bambina?«, und als das Kind endlich starb und in einer nahen Kirche beigesetzt wurde, tröstete ein alter Winzer die Eltern damit, daß ihr Kind nun im Paradies sei und für sie bete. Auf ihrer Reise würde es über ihnen schweben und Gefahren von ihnen abwenden.

In den Tagen bevor die Kleine erkrankte, hatte Stolberg einen neunzehn Seiten langen, ›Die Hesperiden‹ betitelten Hymnus verfaßt, in dem er auszudrücken suchte, was ihm diese Italienreise und nicht zuletzt Ischia bedeutete. Wie sehr er die Insel lieben gelernt hat, sagt er uns nochmals am Schluß seines 97. Reisebriefes, den auch zwei Stiche nach von Nicolovius gemachten Zeichnungen schmücken:

Glückliches Inselvölkchen! Das Meer trennet dich von der Feste. Bleib' auch in deinen Sitten, in deiner Frömmigkeit ein Inselvölkchen! so wird deine Freude nicht von dir weichen, und Geschlecht auf Geschlecht zu seinen Vätern versammelt, wird höheren Freuden entgegen reifen!

Stolbergs Schilderungen ließen in Jean Paul, der niemals Italien betreten hat, ein Traumbild der Insel entstehen, wie es phantastischer nie geträumt wurde. In seinem ›Titan‹ führt er Albano nach Ischia, um ihn hier die Schwester und die Geliebte finden zu lassen. Schon als er die Insel betrat, war ihm, »als sei das lästige Gepäck des Lebens in die Wellen entfallen und die aufrechte Brust sauge weit den kühlen, vom Elysium herwehenden Äther ein«. Wie in einer anderen Welt bewegen sich edlere Menschen auf Jean Pauls Insel, wandeln des Nachts über die Höhen der Berge, während »liebesdurstige Sterne wie Himmelsschmetterlinge ins Meer fliegen«.

Es ist der gleiche Ton, der nun schon fast ein Jahrhundert lang, seit Berkeley ihn in seinem Brief an Pope angeschlagen hatte, aus den Erinnerungen der Reisenden klingt und bei Stolberg einen Höhepunkt erreicht. Waren diese ›Ischiesen‹ denn wirklich ein so unschuldiges, braves Völkchen, oder war es nur die ländliche Stille, die eigene Entrücktheit, welche den Fremden alles in so rosigem Licht erscheinen ließ? Wir müssen notwendig etwas Wasser in den Wein gießen und tun dies wohl am besten, indem wir solchen sentimentalen Ergüssen die Meinung gegenüberstellen, die sich De Siano, also ein Einheimischer, der als Geistlicher und Arzt seine Landsleute wirklich kennen mußte, über sie gebildet hat.

Er hat sie in einem ersten unveröffentlichten Entwurf seines bereits erwähnten Ischia-Führers im Jahre 1791 sehr unverblümt dargelegt, aber dann doch begreiflicherweise nicht in die endgültige Fassung aufgenommen. Nachdem er davon gesprochen hatte, daß die Bevölkerung in den letzten hundert Jahren über die Maßen angewachsen sei und daher auch die meisten Gebäude neuen Datums sind, fährt er fort:

Mit der Vermehrung der Bevölkerung nahm auch ihr schlechtes Benehmen zu; daran ist vor allem der Mangel einer guten Erziehung zu Hause und in der Schule schuld, umsomehr, als die Eingeborenen stürmisch, frech, stolz, eingebildet und neidisch sind. Üble Nachrede und Verleumdung sind bei ihnen gang und gäbe. Zu alledem kommt noch der heftige Gemütszustand und ihr feuriges Temperament, das man nur mit Gewalt unterdrücken kann. Kam es doch vor dem Verbot jeglicher Waffen häufig zu Mord und Totschlag. Heute streiten sie sich untereinander wie die Hunde; gegenüber den zur Kur kommenden Fremden sind sie zwar höflich, leeren ihnen aber dann zum Schluß mit Schmeicheleien und falschen Hoffnungen die Börse. Ihre Anlagen wären nicht schlecht, aber die angeborene Faulheit hemmt ihre Entwicklung und der Begabung fehlt der Geist. Deshalb fällt es ihnen auch schwer, sich mit literarischen Studien zu befassen, aber Einbildung und Kühnheit lassen sie oft über Dinge reden, von denen sie nichts wissen.

Wenn *Friederike Brun*, mit deren Ischia-Aufenthalt im Jahre 1796 wir uns jetzt befassen müssen, diese wohl auch ihrerseits etwas über das Ziel hinausschießenden Zeilen gelesen hätte, wäre sie sicher durchaus mit ihnen einverstanden gewesen, denn für sie gab es auch kein »seeliges Inselvölkchen«. Sie stammte aus Thüringen, wo sie 1765 in Gräfentonna bei Gotha das Licht der Welt erblickte. Ihr Vater, Friedrich Balthasar Münter, dem ihre Erziehung besonders am Herzen lag, nahm aber bald darauf das Amt eines Geistlichen an der deutschen St. Petri-Kirche in Kopenhagen an, so daß Friederike in Dänemark aufwuchs. Schon mit achtzehn Jahren heiratete sie dort den wohlhabenden Bankier und Etatsrat Brun. Trotz ihrer zarten Gesundheit treffen wir sie in den Jahren 1791 bis 1810 fast ununterbrochen auf Reisen. Erst die letzten fünfundzwanzig Jahre ihres Lebens verbrachte sie wieder im wesentlichen in Kopenhagen, wo sie 1835 starb.

In erster Linie hatte es ihr Italien angetan, aber nicht weniger innige Bande knüpften sie an die Schweiz. War sie doch mit dem Schweizer Dichter Matthison aufs engste befreundet, und mit Bonstetten, den sie mit dreiunddreißig Jahren in Dänemark kennenlernte, als eben ein Band ihrer sentimentalen Gedichte erschienen war, stand sie in regem Briefwechsel. Die überaus belesene, gebildete Frau kam auf ihren Reisen mit zahllosen bedeutenden Zeitgenossen in Fühlung und wurde nicht müde, über sie und all das, was sie erlebt und gesehen, ausführlich zu berichten. Ihre Erinnerungen an die in Rom verbrachten Jahre – ›Tagebuch über Rom‹, ›Briefe aus Rom‹ und vor allem die zwei Bände ›Römisches Leben‹ – stellen für die Zeit von 1795 bis 1816 eine wertvolle Quelle dar. Ihre ›Prosaischen Schriften‹ enthalten auf fünfundsechzig Seiten die Schilderungen ihres Aufenthaltes auf Ischia, der vierte Band der ›Episoden aus Reisen durch das untere Italien in den Jahren 1809-1810‹ gewinnt durch den Vergleich Neapels unter Murat und unter Ferdinand IV. besonderes Interesse.

Die Zeit, welche Friederike Brun für ihren ersten Aufenthalt in Neapel und die anschließende Fahrt nach Ischia gewählt hatte, war eine denkbar unglückliche. Die Schläge, welche der kaum fünfundzwanzigjährige General Bonaparte den österreichischen Truppen in Oberitalien beigebracht hatte, und der Friede, den der König von Sardinien infolgedessen notgedrungen mit Frankreich schließen mußte, hatten energische Rüstungen des um seinen Thron bangenden Königs beider Sizilien ausgelöst. Friederike erzählt uns selbst in dem ihren Neapelaufenthalt betreffenden Teil ihres Tagebuchs unter dem 22. Mai 1796, daß die Stadt voll aufmarschierender Regimenter sei, daß vom frühen Morgen bis in die sinkende Nacht auf dem Platz vor dem Palazzo Reale exerziert würde und wie sich Scharen von Freiwilligen zu den Waffen meldeten. Schon wurden beträchtliche Truppen an der Nordgrenze des Reiches zusammengezogen, und Pius VI. war nicht minder bereit, den erst kürzlich beschworenen Freundschaftsvertrag mit den Franzosen zu brechen.

Zwei Monate hatte Friederike Brun nun schon in Neapel geweilt, hatte die nähere und fernere Umgebung gründlich kennengelernt, war auch längere Zeit in Cava dei Tirreni gewesen und wollte nun endlich nach Ischia gehen, in der Hoffnung, daß eine Thermalkur ihre Leiden mildern würde. Inzwischen hatte aber die drohende Kriegsgefahr eine strenge Überwachung des Verkehrs nach den Inseln des Golfes ausgelöst, und der nötige Paß ließ ewig auf sich warten. Wenn sie ihn endlich doch erhielt, so dankte sie es nur der Witwe Filangeris, mit der sie inzwischen eine Freundschaft erneuert hatte, welche ihr Bruder Friedrich Münter schon vor zehn Jahren mit der Familie geschlossen hatte. Dieser hatte Theologie studiert und stand bei den dänischen Freimaurern in so hohem Ansehen, daß er beauftragt wurde, eine engere Verbindung mit der italienischen Freimaurerei herzustellen. In der Zeit, in der er dann in vielfältige Beziehung zur neapolitanischen Geisteswelt trat, segelte auch er eines Tages nach Ischia und hätte gerne auch den Epomeo bestiegen, aber es fehlte ihm hierzu, wie auch zu einem Besuch Capris, die Zeit, und als er dann nach einer Reise durch Sizilien abermals in Neapel weilte, erfüllten ihn andere Aufgaben. Erst als die Contessa Filangeri sich an die Königin wandte, erhielt Friederike schließlich die Erlaubnis, nach Ischia zu fahren.

Es war der 18. Juli geworden, als sie in aller Frühe mit ihrer Tochter, ihrem Sohn Karl und der Dienerschaft die Barke bestieg, welche sie nach Ischia bringen sollte. Zu ihrer Freude begleitete sie auch Domeyer, der treffliche Leibarzt des Prinzen August von England, ein treuer Freund von ihr, der sich an Ort und Stelle über die Bäder informieren und dann die zu wählende Kur bestimmen wollte. Man landete an der Marina von Casamicciola, wo für die Dame ein

Tragsessel, für die anderen die üblichen Esel bereitstanden; dann ging es einen steilen Weg zwischen Weinbergen und vereinzelten Häusern hinauf zu einem Haus, das »hoch, weiß und ferngesehen in einem sonnendurchglühten Weinberg lag, mit unbeschränkter Aussicht nach Osten, Norden und Westen«. Es ist die Aussicht der ›Sentinella‹, die von allen, die dort wohnten, gerühmt wird, und in der ja auch bereits die Herzogin Anna Amalia gewohnt hatte. Anfangs lebte Friederike hier oben »in holder, naturumfangener Einsamkeit«, verbrachte viele Stunden in einer Laube am westlichen Hang des Hügels, von der der Blick über die Fundera nach Lacco schweifte, unter Johannisbrotbäumen, Granatäpfeln und Feigenbäumen, las Tasso oder versenkte sich in die Bücher ihrer Schweizer Freunde; gelegentlich strickte sie auch, bis ihr die Bücher oder die Nadeln entsanken und sie sich im Anschaun all der Herrlichkeiten verlor. Wenn die Stunde des Sonnenunterganges nahte und die Steilwände des Epomeo von den letzten Strahlen durchleuchtet wurden, stieg sie auf das flache Dach ihres Hauses und konnte sich an dem Schauspiel der im Meer versinkenden Feuerkugel nicht satt sehen.

Aber in Bälde klingen ihre täglichen Aufzeichnungen anders. Schon am 25. Juli schreibt sie: »Ich lebe vollkommen einsam, physisch und moralisch verinselt! Da niemand Pässe bekommt, sind, außer den Armen des Hospitals (des Monte della Misericordia in Casamicciola) keine Kurgäste hier.« Woche um Woche geht dahin, ohne daß Nachricht von den Ihren kommt. Am 19. August notiert sie:

Ich fange an sehr traurig zu werden; denn alles verstummt mir! Kein Ton der Freundschaft und Liebe erschallt zu mir herüber, und jenseits der Alpen ist Alles für mich versunken. Seit sechs Wochen vernahm ich nichts von all den Meinen, nichts von den Freunden in der Schweiz und Deutschland; alle Posten gehen unsicher, und die Briefe, welche die Armeen glücklich passieren, werden in Rom und Neapel auf den Postbureau's geöffnet, und dann oft verworfen.

Dazu kommt, daß die Augusthitze immer unerträglicher wird.

Scirocco! Schwitzbad! Dampfbad! Sonnenglut! Dürre! Nur wir werden zu Wasser! Jetzt sind es bald vier Monate, daß auf dieser Feuerinsel kein Regen fiel; auch des Taues wird täglich weniger. Selbst das Rebenlaub fängt an, sich zu entfärben und zu verkrümmen... Kein Gräschen ist zu sehen, und die durstige Puzzolan- und Tufferde ist eitel Asche und Staub. Die Zisternen fangen an, zu versiegen. Kein Vogel singt, keine Blume duftet und auch der Cikade heiseres Lied verstummt...Nur die heißen Quellen der Insel sprudeln dampfend aus dem inneren Erdbrand hervor.

Was sie anfangs entzückte, ist ihr nun verleidet und die Sehnsucht nach ihrer geliebten Schweiz übertönt alles andere.

Pracht vielmehr, als Anmut, Größe in den Umrissen, ohne frischen Reiz der Nähe! Viel für den betrachtenden forschenden Geist, wenig für das sehnende Herz, bietest du dar, o sonnenbeglühte Insel!... O Helvetien! Du gebenedeites Land meiner Seele, wo im Schoß der erhabenen Größe Schönheit, Anmut und Ruhe wohnen – ich gedenke deiner kühlen Schatten, deiner stürzenden Gewässer und deiner Schneegipfel, wo ewig frische Lüfte bereitet werden.

Zum Glück bekommt Friederike wenigstens die Kur gut! Sie badet jeden Abend vor dem Schlafengehen im Gurgitello-Wasser und verrät uns, daß sie daraufhin so heftig schwitze, daß sie bis zum nächsten Bad oft acht- bis neunmal die Wäsche wechseln müsse. Die Wirkung ist ausgezeichnet, denn sie fühlt sich zwar angegriffen, aber frei von Schmerzen und »der Puls hebt sich im freieren, krampflosen Umlaufe des Blutes«. Auch die lokale Behandlung der Ohren mit dem heißen Dampf hat den gewünschten Erfolg.

Mancherlei Ausflüge, die sie des öfteren auch, um ihre Kräfte zu sparen, im Boot macht, bringen Zerstreuung und lassen sie für eine Weile ihre Sorgen und ihre Sehnsucht nach kühler Gebirgsluft vergessen. Eines Tages ritt sie mit ihren Kindern zu den Leuten, bei denen vor vier Jahren der ihr befreundete Graf Stolberg gewohnt hatte. Da wähnten die Kinder der benachbarten Häuser, als sie ihren blonden Sohn Karl erblickten, den goldlockigen Sohn des Grafen zu sehen und riefen: »É ritornato il Conte Ernesto!« Voll Herzlichkeit empfingen sie die einfachen Bewohner des Häuschens, fragten teilnahmsvoll nach jedem Glied der Familie, zeigten die Stelle, wo jedes gewohnt und geschlafen hatte und erquickten ihre Gäste mit Wasser und Zitronensaft. Von allen Leuten, die Friederike Brun auf der Insel gesehen hat, gefielen ihr diese Wirte des Grafen Stolberg am besten. Auch das Grab, in dem die kleine Sibylla ruhte, wurde nicht vergessen.

Als sie nach Lacco kam, versäumte sie nicht, auch der Villa des Duca di Atri einen Besuch abzustatten. Wie die Herzogin Anna Amalia, ist auch sie von der Aussicht entzückt, aber nicht minder auch von dem herrlichen Obst, vor allem den Pfirsichen, die in der Erde gedeihen, die man vom Festland herbeigeschafft hatte, um den felsigen, Arbusto genannten Hügel fruchtbar zu machen. Ein anderes Mal ließ Friederike sich nach dem Borgo d'Ischia rudern und gelangte dabei durch die ›foce‹ auch in den Lago del Re. So nennt man heute noch den jetzt zwar trockengelegten, aber deutlich zu erkennenden Kanal, den man auf dem Weg zur ›Pagoda‹ überquert und den man schon 1670 durch die Lava brach, in der Hoffnung, daß sich auf diese Weise das im See stagnierende Wasser erneuern würde. Nichtsdestoweniger moderten aber nach wie vor in der Sommerhitze die von den Winterstürmen an das versumpfte Ufer geworfenen Algen und verdarben die Luft. Immerhin konnte jetzt wenigstens die Fischbrut durch einen engen Zaun aus Schilfrohr in den See schlüpfen und, in ihm gefangen, zu stattlicher Größe heranwachsen. Deshalb durfte man auch in einem gewissen Umkreis vor der Mündung des Kanals nicht fischen. Es war somit etwas Ungewöhnliches, daß die Gesellschaft auf diesem Wege in den See gelangte. Auch die empfindsame Frau Brun fand die Luft drückend und suchte eiligst wieder das Meer auf, um frei atmen zu können. Sie war nicht die erste und nicht die letzte, die sich über diesen Mißstand beklagte.

Auch einen Ausflug nach Forio machte sie zu Wasser, aber eines Tages ritt sie doch sogar auf den Rotaro über Casamicciola, von dem uns bisher noch keiner der Reisenden berichtet hat, obwohl dieser eindrucksvollste der ischitanischen Krater zum Schönsten zählt, was die Insel zu bieten vermag. Friederike war entzückt von all den Gewächsen der Macchia, der Fülle der Myrten, der Erdbeerbäume, der hier mannshoch werdenden Erika, der Ginster- und Lentiscusbüsche, die seitdem leider großenteils der ausgedehnten Anpflanzung von Pinien haben weichen müssen; aber in den Krater hinabzusteigen wagte sie doch nicht. Die Führer warnten sie vor den Schlangen – zu Unrecht, denn die einzige auf der Insel vorkommende Art kann wohl fauchen, ist aber nicht giftig –, und außerdem stand auch die Sonne schon tief. Der westliche Kraterrand warf bereits einen dunklen Schatten auf die östliche Wand, die oben noch im vollen Sonnenlicht lag, und so ritt die Gesellschaft hochbefriedigt wieder zurück nach der Piazza Bagni und von dort hinauf zu ihrer Wohnung.

Größere Touren, wie etwa auf den Epomeo, konnte Friederike freilich ihrer schwachen Gesundheit und der Kur wegen nicht machen, aber ihren Sohn sah man fast jeden Tag schon vor Sonnenaufgang mit Hammer und Meißel ausreiten. Ihm hatten es die Gesteine der Insel angetan! Schon in Neapel hatte er Gelegenheit, sich im Kabinett des jungen englischen Arztes und Mineralogen William Thompson an den hier ausgestellten Proben zu begeistern. Thompson hat sich in seinen Veröffentlichungen vor allem mit dem Vesuv befaßt, aber doch auch mit Ischia beschäftigt, wo er 1795 weilte. Es waren unter anderem die Schwefel enthaltenden Inkrustationen der Fumarolen von Montecito oberhalb Casamicciola, welche ihn interessierten. Auf Ischia wollte es der Zufall, daß Friederikes Sohn in dem Geologen Breislak einen idealen Lehrer fand, der ihm die interessantesten Fundstellen wies. Breislak, der Verfasser bedeutender Werke über die Geologie und Mineralogie Kampaniens, der aus politischen Gründen seine russische Heimat verlassen und in Frankreich und Italien eine zweite gefunden hatte, wohnte nämlich damals eine Weile mit seinem Freunde Antonio Acquaviva in der Villa des Duca di Atri in Lacco. Schwer beladen kam der junge Sammler, den die Einheimischen ›Don rumpeprete – Herr Steinbrecher‹ nannten, jedesmal nach Hause. Kein Wunder, daß er immer wieder von den Leuten gefragt wurde, was er denn mit all den Steinen mache, bis er einmal die Geduld verlor und zur Antwort gab: »per far colazione!« Seitdem riefen ihm die Weiber nicht selten nach: »Ah, Don Carlo rumpeprete va far colazione! – Herr Steinbrecher geht frühstücken!«

Eingehendere Angaben über die einzelnen Ortschaften, über den Charakter der Landschaft, über Gebräuche der Inselbewohner sucht man vergeblich auf den vielen Seiten, die Friederike Brun über ihren Ischia-Aufenthalt geschrieben hat. Für sie beruhte der Reiz der Insel in erster Linie in dem, was das Auge außerhalb derselben an nahen und fernen Inseln und an den reichgegliederten Höhenzügen des Festlandes entdeckte. All das wohlgeordnet und mit genauer Angabe der Himmelsrichtung aufzuzählen wird sie weder auf Ischia müde noch in Neapel, Sorrent und wo immer sie weilt. An solchen Aussichtspunkten pflegte sie dann ihren »treuen, sie nie verlassenden Kompaß« heraus zu ziehen und begnügte sich oft keineswegs mit einem einfachen »im Süden«, »im Osten« und so weiter. Dem Leser aber wird solche Pedanterie manchmal etwas zu viel!

Daß sie, die Stolbergs vierbändige Reisebeschreibung stets mit sich führte, dessen romantische Verherrlichung der unverdorbenen Bevölkerung nicht zu teilen vermochte, haben wir bereits angedeutet. In der Tat stößt man in ihrem Tagebuch auf Schritt und Tritt auf abfällige Bemerkungen über die Ischiesen, wie auch sie die Inselbewohner nennt. Wir wollen sie selbst erzählen lassen, was sie erlebte, als sie mit ihren Kindern das Fest der Sta. Maddalena, der Schutzpatronin von Casamicciola, besuchte.

Das lustige Völkchen war auf dem Platz vor der Kirche und in derselben versammelt. Drinnen ward Messe gelesen, geräuchert und am Rosenkranz gebetet, draußen nach der Tamburina getanzt, gejauchzt und Früchte, Eis und Pfefferkuchen verzehrt. Ich forderte einige junge Mädchen auf zum Tanz, aber keine wollte sich dazu verstehen und ich sah nachher, daß sie recht hatten. Ein paar junge Schiffer begannen einen Tanz, und ein Mädchen schlug die Handtrommel dazu; aber Gebärdungen und Stellungen waren so unsittlich, so frech, daß ich schnell, voll inneren Ekels und zitternd für die unschuldigen Blicke meiner Kinder mich aus dem engen Kreise der Zuschauer entfernte, und meinem Bedienten auftrug, die Zeche zu bezahlen ... Das Volk dieser Insel ist doch kindischer, als ich je erwachsene Menschen gesehen habe, aber, ich wiederhole es, kindisch, ohne Kindlichkeit ... Das Betteln ist hier allgemeiner, als ich es an irgend einem Orte, selbst in Italien, fand.

Wohlgekleidete Leute der Nachbarschaft redeten sie oft an, begannen mit einer Schmeichelei über ihre Erscheinung oder über das Gute, was sie von ihr gehört hätten, und endeten dann mit einer Bettelei, sei es um Geld oder Näschereien oder irgendwelche besondere Lebensmittel, von denen sie wußten, daß sie in ihrer Küche vorrätig waren. Auch an der Art, wie die Leute grüßen, hat sie etwas auszusetzen. Sie seien wohl freundlich, aber es sei »die Güte der Schwäche, nicht jener freie Aufblick und herzige Gruß des Schweitzers«! Der Dialekt wird ebenfalls kritisiert. Daß sie sich mit der damals noch weitverbreiteten Gewohnheit ungewöhnlich früher Eheschließungen nicht abfinden konnte, kann man schon eher verstehen. Hatte doch die Schwiegertochter ihrer Wirtin im zwölften Jahr ihr erstes Kind geboren.

Keine Jugend, keine Blüte der Unschuld! Aus der Kindheit gleich ins harte Lebensjoch gespannt! O, wie danke ich Gott, daß ich im Norden geboren bin!!!

Zum Teil mag die kritische Einstellung dieser Frau von der immer schlimmer werdenden seelischen Verfassung beeinflußt gewesen sein. Gegen Ende August war sie immer noch ohne jegliche Nachricht, und die »Feuerinsel« wurde ihr immer unerträglicher. Wie gerne hätte sie sie mit dem kühleren Sorrent vertauscht. Aber dafür brauchte man wieder eine Reiseerlaubnis, und diesmal waren die Bemühungen der Witwe Filangeris erfolglos. Die Königin hatte sich wohl deshalb an die entscheidenden Stellen gewandt, aber diese wollten trotzdem keine Ausnahme gestatten.

So blieb ihr nichts anderes übrig, als in den Lärm und Staub Neapels zurückzukehren und dort auf den Augenblick zu warten, in dem sich der Weg in die gelobte Schweiz wieder öffnen würde. Am 28. August sagte sie endlich der Insel Lebewohl. Unterwegs stattete man Procida einen kurzen Besuch ab, wo ihr alles besser gefiel als auf Ischia. Das Volk sei schöner und stärker, die reiche, malerische Tracht der Frauen, die sie auch an türkische Kostüme erinnerte, entzückte sie, mit Vergnügen schaute sie den gewandten, fröhlichen Seeleuten in ihrer bunten Schiffstracht zu. Es war, wie wenn sie von einem Alpdruck befreit worden wäre, und in der Tat, noch bevor sie in Neapel ihre Wohnung erreicht hatte, brachte man ihr zwei Briefe aus der Lombardei mit genauen, beruhigenden Nachrichten, wie sie sicher durch die von den Franzosen eroberten Länder in die Schweiz gelangen könne.

Scipion Breislak, auf den wir eben kurz zu sprechen kamen, zählt zwar nicht unter die Ischia besuchenden Reisenden, denn er war Professor der Mineralogie des Corpo Reale d'Artiglieria in Neapel, aber doch immerhin ein Ausländer, und sein zweibändiges Werk über die ›Topografia fisica della Campania‹ (1798) enthält eine so eingehende Darstellung Ischias, wie sie vor ihm nicht existierte, daß wir auch ihm einige Worte widmen möchten. Er war zweifellos um die Wende des Jahrhunderts der beste Kenner der Geologie und Mineralogie der Insel und mußte sie auf vielen Exkursionen bis in ihre abgelegensten Teile mit offenen Augen durchwandert haben. Vor ihm gab es keine so vollständige Liste der vielen noch deutlich erkennbaren Vulkane der

Insel, die er nicht nur beschreibt, sondern deren Tiefe er mißt und mit deren Produkten er sich eingehend befaßt. Er war es, der als erster die submarine Herkunft des ischitanischen, einst so bedeutungsvollen Töpfertones erkannte, er erforschte das spärliche Vorkommen von Schwefel, interessierte sich für die von Fumarolen zersetzten Gesteine und die sie verwertende alte Alaunindustrie auf Ischia. Auf dem hoch über Casamicciola gelegenen kleinen Plateau der Pera, wo sie ihren Sitz hatte, stieß er auf die Reste eines der großen gemauerten Kessel, in denen das Rohmaterial gesotten wurde. Er liegt heute noch, etwa fünf Meter Durchmesser betragend, dort oben zwischen den Kastanienbäumen. Bevor auf Ischia diese Industrie im Jahre 1460 begründet wurde, mußte Alaun aus Kleinasien bezogen werden. Nun sprach man von ›Allume d'Ischia‹, und den Strand von Casamicciola, auf dem er verladen wurde, bezeichnete man allgemein als ›Marina delle allumiere‹. Breislaks Vorstellung bezüglich der Entstehung des Magneteisens, das die Sandstrände Ischias stellenweise schwarz färbt und zeitweise zur Verhüttung nach Castellammare gesandt oder auch als Streusand im Tintenzeug verwandt wurde, entspricht völlig der heutigen.

Etwa zur gleichen Zeit, in der Friederike Brun nach Ischia kam, erschien auch ein junger Deutscher namens *Hagmann*, der zu denen zählt, welchen der Zauber der Insel verschlossen blieb. Wir wollen ihn trotzdem der Vergessenheit entreißen. Wenn jemand in Zweifel sei, ob er Ischia oder Capri besuchen soll, schreibt er in seinem zweibändigen bei Cotta erschienenen Tagebuch, solle er sich unbedingt für Capri entscheiden. Ischias dürrer, vulkanischer Boden habe höchstens für einen Naturforscher Interesse. Auch antiquarische Merkwürdigkeiten böte die Insel nicht und der Rundblick von S. Maria del Soccorso sei unvergleichlich schöner als der vom Epomeo. Schon Augustus sei dieser Meinung gewesen und habe die viel größere Insel an Neapel abgetreten, um in den Besitz Capris zu gelangen.

KAPITEL 3

Von 1799 bis zur Flucht Murats

Vorübergehend schien es nun, als wenn wieder ruhigere, eine größere Beweglichkeit garantierende Zeiten kommen würden, denn dem König beider Sizilien, der bereits nahe daran war, seine Truppen marschieren zu lassen, sank angesichts der neuen Erfolge Napoleons in Oberitalien, der Siege über die Armeen Wurmsers, der Einnahme Mantuas und der Besetzung der päpstlichen Legationen der Mut. Seine Bitte, den in Brescia geschlossenen Waffenstillstand in einen endgültigen Frieden zu verwandeln, wurde im Oktober 1796, wenn auch unter schweren Bedingungen, erfüllt. Damit öffneten sich zwar die Straßen über die Alpen wieder, aber Neapel sollte trotzdem für eine Reihe von Jahren ein wenig verlockendes Reiseziel bleiben. Für seinen König bedeutete dieser ›Friedensvertrag‹ von vornherein nur ein Manöver, das weitere Rüstungen gegen Frankreich ermöglichen sollte, und der Friede, der im folgenden Jahr auch mit dem Kirchenstaat geschlossen wurde, war von noch kürzerer Dauer. Schwere, vom Vatikan begünstigte Unruhen, die sich gegen die italienischen Anhänger der Commune und die französische Botschaft in Rom richteten und bei denen General Duphot den Tod fand, veranlaßten eine Strafexpedition, die im Februar 1798 mit der Besetzung Roms, der Ausrufung der Republik und dem Exil des achtzigjährigen Pius VI. endete.

Nun stand der Feind an den Grenzen des Königreiches, und Ferdinand IV. hatte allen Grund, um seinen Thron zu bangen. Sah doch die römische Republik in ihm sogar ihren Lehensmann und suchte den herkömmlichen, dem Papst zukommenden Tribut einzutreiben! Erneute Rüstungen, der Eintritt in das Bündnis, welches Österreich, Rußland und England gegen den gemeinsamen Feind schlossen, und unerbittlicher Kampf gegen alle, die mit den neuen Ideen sympathisierten, sollten die Rettung bringen. Schon als Friederike Brun 1796 die neapolitanischen Freunde aufsuchen wollte, an die sie ihr Bruder Friedrich Münter verwiesen hatte, saßen diese zum guten Teil im Gefängnis oder waren des Landes verwiesen worden. Jetzt genügte es, daß jemand die Haare nicht puderte, den Zopf abschnitt, lange Hosen oder gar den dreispitzigen Hut mit hochgeschlagener Krempe trug, um unfehlbar mit den überfüllten Gefängnissen Bekanntschaft zu machen, in denen trostlose Zustände herrschten und sogar die Tortur wieder eingeführt wurde.

Gegen Ende November setzte sich die neapolitanische Armee unter dem österreichischen General Mack in Bewegung und drängte die wesentlich schwächeren französischen Streitkräfte zurück, so daß Ferdinand IV. noch im gleichen Monat im Triumph in Rom einziehen konnte. Aber im Laufe des Dezember wandte sich das Blatt; der des Landes unkundige General war der französischen Strategie nicht gewachsen. Verkleidet eilte der König zurück in seine Hauptstadt und gab für diesmal das Spiel auf. Am 21. Dezember schiffte er sich mit der Königin und Lord Hamilton auf einer von Nelson, dem Sieger von Abukir, geführten Flotte samt den Geldern des Staates, den wertvollsten Kunstschätzen der Museen und den Kostbarkeiten der Krone nach Sizilien ein und überließ Stadt und Land ihrem Schicksal. Einen Monat lang vermochten die beträchtlichen regulären Truppen und die streitbaren, königstreuen Scharen der Lazzaroni noch Widerstand zu leisten, aber am 23. Januar 1799 zog Championnet unter dem Jubel der Bourbonengegner in Neapel ein und rief die Parthenopeische Republik aus.

Wie im ganzen Land, so wurden jetzt auch auf Ischia und Procida die Freiheitsbäume errichtet, alle Bürger trugen die rot-gelb-blaue Kokarde, Reden wurden gehalten, die alles in rosigem Licht sahen; entsprechend den von Neapel kommenden Anordnungen schritt man zur Wahl der neuen Gemeindebeamten und zur Aufstellung der Guardie Nazionali.

Die nächsten Monate lehrten, daß der Entschluß des Königs, keine militärische Entscheidung zu riskieren, sondern nach Sizilien auszuweichen und von dort aus, gestützt auf die englische Flotte und die ihm in den Provinzen treu gebliebenen Kreise seine Rückkehr zu betreiben, das Richtige war. Schon am 3. April konnte Troubridge, der Kommandant der in die Gewässer des Golfes gesandten Flotte, an Nelson die Besetzung von Ischia und Procida melden. Der Freiheitstaumel auf den beiden Inseln fand damit ein jähes Ende und alle diejenigen, welche ihre Sympathie für die neuen Ideen auch in die Tat umgesetzt hatten, mußten schwer büßen. Zum Kommandanten des Kastells hatten die Franzosen Francesco Buonocore gemacht, der zwar keinerlei militärische Ausbildung genossen hatte, aber schon seit längerem zu den Patrioten Beziehungen pflegte und kürzlich schiffbrüchige französische Offiziere bei sich aufgenommen hatte. In jenem Brief De la Rives ist er uns bereits als Sohn Crescenzo Buonocores begegnet, der seinen herrschaftlichen Palast am Lago del bagno an den König abgetreten hatte. Aber weder dies noch der Umstand, daß der mit der Familie befreundete König Francescos Taufpate war, retteten ihn vor einem tragischen Ende. Als er sich in der Uniform eines bourbonischen Offiziers auf dem Schiff Troubridges vorstellte, riß ihm dieser Achselstücke und Kokarde ab und ließ ihn auf dem Kastell in Ketten legen. Am 1. Juni 1799 starb er mit anderen Opfern, unter denen sich auch der Sindaco der Gemeinde Ischia befand, auf Procida am Galgen. Die vor kurzem noch die Freiheitsbäume errichtet und gejubelt hatten, rissen sie jetzt nieder und plünderten die Häuser der Unglücklichen. So manchem gelang es, sich an den unmöglichsten Orten zu verstecken, andere retteten sich mit einem Fischerboot in den Kirchenstaat und von dort in die Lombardei oder nach Frankreich, wenn sie nicht doch noch unterwegs gefaßt und gehängt wurden, wie dies mit zwei Forianern geschah.

Unterdessen entwickelte sich zunächst vor allem im Süden

des Reiches, wo große Gebiete von vornherein mehr oder weniger weit der französischen Herrschaft entzogen geblieben waren, die Lage immer mehr zugunsten des Bourbonen. Schließlich waren dank dem Geschick des Kardinals Fabrizio Ruffo, den der König zum Haupt des Widerstandes gemacht hatte, Apulien und Kalabrien nahezu gänzlich in Händen der Königstreuen; die Städte der Basilicata hatte der kühne Sciarpa zur Übergabe gezwungen, und in den Abruzzen waren ebenfalls in den meisten Ortschaften die Freiheitsbäume verschwunden. In der Terra di lavoro waren die Franzosen und ihre Anhänger dank den ständigen Überfällen eines Fra Diavolo und anderer Brigantenführer ihres Lebens nicht mehr sicher. Die Parthenopeische Republik bestand so allmählich fast nur noch aus der Stadt Neapel und ihrer näheren Umgebung.

Ein ernstlicher Widerstand schien dem Führer der republikanischen Truppen, General Macdonald, angesichts der kritischen Lage in Oberitalien, wo die siegreichen österreichischen und russischen Armeen immer mehr Boden gewannen, Mailand besetzt und den Po überschritten hatten, allzu riskant. Als schließlich englische und sizilianische Schiffe bereits in Castellammare Truppen landeten und andere bourbonentreue Kontingente bei Salerno ausgebootet wurden, überließ er am 7. Mai die Stadt ihrem Schicksal und zog mit seiner Armee nordwärts. Nur die Festung S. Elmo, Gaeta und Capua blieben noch in den Händen der Franzosen.

Die Republikaner taten das Menschenmögliche, um sich der Übermacht der englischen, sizilianischen, russischen, portugiesischen und türkischen Flotten, welche die Gewässer erfüllten, und der Landtruppen, die die Stadt immer enger umschlossen, zu erwehren. Ja, der Admiral Caracciolo, den der König später hängen ließ, erhielt sogar den Auftrag, Procida und Ischia, die ja schon seit Anfang April in Händen der Engländer waren, zu befreien. Obwohl die neapolitanischen Schiffe bei weitem in der Minderzahl waren und der Wind höchst ungünstig war, kämpften sie unentwegt den ganzen Tag und waren bereits im Begriff, auf Procida Fuß zu fassen, als sie der allzu heftig werdende Sturm zwang, unverrichteter Dinge, aber immerhin unbesiegt, in den Hafen zurückzukehren.

Mitte Juni einigte man sich endlich auf einen zwischen den Republikanern einerseits und den Vertretern des Königs, Englands, Rußlands und der Türkei andererseits geschlossenen Friedensvertrag, in dem den Gegnern der Monarchie und ihren Familien Immunität und, soweit erwünscht, unbehinderte Ausreise zugebilligt wurde. Daß Nelson am nächsten Abend in Neapel erschien, um im Auftrage des Königs jene Vereinbarungen für hinfällig zu erklären und die Emigranten, welche im Begriff waren, auf den ihnen zur Verfügung gestellten Schiffen den Golf zu verlassen, in Ketten legen ließ, und daß Ferdinand IV., als er endlich am 30. Juni persönlich erschien, in unmenschlicher Weise an den Patrioten, von denen schließlich allein in den Gefängnissen und Kellern Neapels an dreißigtausend schmachteten, Rache nahm, wird für alle Zeiten ein Schandfleck der Bourbonenherrschaft bleiben.

Daß auch in den fünfeinhalb Jahren, in denen der König zunächst wieder in seiner Hauptstadt residierte, der Fremdenverkehr nur in bescheidenem Maße zunahm, ist begreiflich. Schon das Jahr 1800 brachte ja den überraschenden Vorstoß des ersten Konsuls über den großen Sankt Bernhard, über den Gotthard und Mont Cenis und die Niederlage der Österreicher in der Schlacht bei Marengo, im Jahre 1804 wird Napoleon zum Kaiser gekrönt, 1805 hält der Koalitionskrieg und die Niederlage der Österreicher und Russen bei Austerlitz die Welt nördlich der Alpen in Atem.

Der erste ausländische Gast, der, soweit unsere Kenntnisse reichen, nach der Rückkehr König Ferdinands von Ischia berichtete, war ein Schlesier namens *Carl Friedrich Benkowitz.* Im Mai 1802 bestieg er das Boot, das damals gewöhnlich abends um 8 Uhr vom Molo piccolo nach Ischia ging.

Einige Bäuerinnen und Männer des Volkes waren die einzigen Passagiere. Als es dunkel wurde, erfreute er sich wohl anfangs an dem Meerleuchten, aber bald wurde die See bewegter und er begann zu leiden. Schließlich mußte er sich übergeben, aber, welch ein Wunder! Als der Inhalt seines Magens in das Meer fiel, flammte er auf. »Wer das Vergnügen haben will, Feuer zu speien, der fahre in der Nacht nach Ischia«, hier sei die ganze Natur schwanger von Feuer, und es fehlte selbst im Magen nicht. Der Gute ahnte nicht, daß er mit seinem Mageninhalt nur die winzigen, auf Reize hin aufleuchtenden Krebse des Planktons irritiert hatte, die genau so aufblitzen, wenn die Ruder das Wasser bewegen. Wie beneidete er da die Fischer, die indessen unbekümmert rohe Finocchi und Käse verzehrten und ihren Wein aus der Flasche tranken!

Taumelnd betrat er zu Füßen des Kastells das Land und ließ seine Sachen in ein Wirtshaus tragen, in dem er »eine gute Aufnahme und ein erträgliches Nachtlager« fand. Am anderen Morgen stieß er im Borgo auf einen kleinen Platz, wo Weißkraut, das mit seinem Schiff angekommen war, Brot, Finocchi, Orangen, Nüsse und sehr schönes Fleisch, das es freilich nicht alle Tage gäbe, verkauft wurde. Auch ein Acquajolo fehlte nicht, der eisgekühltes Wasser feilbot. Es hatte sich also, seit Marcard und Stolbergs hier waren, im Borgo immerhin einiges gebessert.

Benkowitz kam nach Ischia, um einen befreundeten Landsmann zu besuchen, der damals wachhabender Offizier auf dem Kastell war. So kommt es, daß wir ihm, ähnlich wie Dr. Marcard, allerlei Angaben über Gefangene verdanken, die augenblicklich dort oben saßen. Es waren nicht die gemeinen Übeltäter, die interessierten, aber die jungen Söhne des neapolitanischen Adels, die man offenbar mit Vorliebe auf das Kastell verbannte, damit sie in sich gingen. Nicht weniger als fünf befanden sich damals auf Wunsch der eigenen Väter in Haft. Einer hatte gegen den Willen des Vaters geheiratet, ein anderer hatte es vor. Ein dritter hatte eine

Liebschaft mit der Frau eines Franzosen, es war ein Marchese, der nach dem Tode seines Vaters Principe werden sollte. Der Achtzehnjährige sympathisierte obendrein mit der Französischen Revolution und legte dies ostentativ an den Tag, indem er sich ganz nach der neuen Pariser Mode kleidete. Wieder ein anderer hatte in die Kasse seines Vaters gegriffen. Aber selbst der augenblickliche Kommandant saß schon einmal als Gefangener hier oben! Auch er wollte sich eines Tages gegen den Willen seines Erzeugers verheiraten und sollte durch eine dreijährige Haft davon abgebracht werden. Als es ihm aber schließlich doch gelang, seinen Wunsch zu verwirklichen und er im Dienst befördert werden sollte, sagte der König eines Tages zu ihm: »Sie müssen ja nun das Kastell recht genau kennen, so sollen Sie jetzt als sein Kommandant wieder dort einziehen!«

Amüsant war, was ihm die Offiziere bezüglich der wahren Ursache erzählten, welche seinerzeit d'Argout zum Eremiten auf dem Epomeo gemacht habe. Er habe nämlich als Kommandant mit einer Frau in wilder Ehe gelebt. Da sei in einer Gewitternacht der Blitz in sein Schlafzimmer gefahren und hätte ihr Bett umkreist. Diese Warnung des Himmels habe ihn so erschüttert, daß er beschlossen habe, sein sündiges Leben von Grund auf zu ändern! Die andere Legende, über die wir schon im vorangehenden Kapitel berichtet haben, geht auf das gründliche Buch C. Hallers zurück, von dem noch die Rede sein wird. Alle späteren lokalen Publikationen erzählen die Anekdote von den geflohenen Soldaten in dieser Form, ohne daß sich jemand gefragt hätte, warum wohl der zuverlässige Autor die ganze Erzählung ohne Begründung in Anführungszeichen gesetzt hat. Wahrscheinlich kannte auch er die andere Lesart und wollte dies auf solche Weise andeuten.

Als Benkowitz auf den höchsten Terrassen des Kastells stand und sein Blick über Tal und Höhen schweifte, da fiel er auch auf »einen Strich Landes, der sich an Farbe und Gestalt gänzlich von dem anderen Boden unterschied...

Die Farbe war braun und die Gestalt so rauh, wie ich noch keine Gegend gesehen habe, ein Bild fürchterlichster Verwüstung«, schreibt er. Es war natürlich der Lavastrom des Arso, der seinen Namen mit soviel Recht trug. Als Benkowitz den Weg zum Lago del bagno einschlug, der sich noch vor wenigen Jahren »als ein schmaler Fußsteig durch die Breite der Lava schlängelte«, traf er nun »eine ebene, geraume Fahrstraße«, die man dem Umstand verdankte, daß jetzt der König jedes Jahr für vierzehn Tage zum Fischen kam. Auch die ersten schüchternen Versuche, das öde Land zu nutzen, stellte er dabei fest, denn man hatte immerhin »hie und da in den Strom Häuser gebaut und hinter diesen ganz kleine Gärten angelegt«.

Über den See ist er in den drei Tagen seines Aufenthaltes nicht hinausgekommen. Vor der Rückfahrt hatte er begreiflicherweise wieder Angst, mußte auch in der Tat wieder leiden und hatte so keine Augen für die Landschaft. Froh, sie überstanden zu haben, betrat er nach fünfstündiger Fahrt mit einer Anzahl Wachteln, einem Fisch und einem Barile Wein bei S. Lucia wieder festen Boden.

In dem gleichen Jahr kam *Reverend John Chetwode Eustace* mit einigen Begleitern nach Ischia. Die Frucht seiner Italienreise war ein Buch, das insofern einen besonderen Charakter hat, als es, wie wir ja schon hörten, die Beziehungen zur antiken Literatur in den Vordergrund rückt und die entsprechenden Zitate bringt. Daß er damit einem Bedürfnis entgegenkam, belegen die vielen Auflagen, welche das zweibändige Werk erlebte. Was Ischia anlangt, so würdigt er vollauf die landschaftlichen Schönheiten wie die Bedeutung der Bäder und faßt seine Eindrücke in die Worte zusammen:

Da seine Schönheit, seine Heilbäder, die frische und gesunde Luft im Sommer eine beträchtliche Schar Besucher anlocken, kann es als sehr blühend und wohlhabend angesehen werden ... So unterscheidet sich Inarime heute als Inbegriff landschaftlicher Schönheit und Fruchtbarkeit wie auch als Ort der Gesundheit und des

Vergnügens sehr von dem zerklüfteten Berg, den Jupiter in alten Zeiten über den Giganten getürmt hat.

Der Ritt Eustaces auf den Epomeo war nicht von Glück begleitet. Man hatte sich so viel von der berühmten Aussicht erwartet, die »fast die Hälfte der unteritalienischen Küste« umfasse, aber der Gipfel war völlig in Wolken gehüllt. Als einziger berichtet Eustace, daß außer zwei Eremiten auch ein Soldat in den Felsenkammern wohne. Es kann sich dabei nur um einen Wächter des optischen Telegrafen handeln, der in jenen Zeiten auf dem nahen, etwas niedrigeren Gipfel der Bastia stationiert war. Daß man überall den Wein in kühlen Felsenkellern, fern von den Wohnungen, aufbewahre, hat unserem Gewährsmann besonders imponiert. Zeuge es doch von einem hohen Grad von Ehrlichkeit und wechselseitigem Vertrauen!

Das ›Tagebuch einer Reise durch einen Theil Deutschlands und durch Italien, in den Jahren 1804 bis 1806‹ von *Elisa von der Recke*, in dem sie neunundsiebzig Seiten ihrem Aufenthalt auf Ischia widmete und mit dem wir uns nun befassen wollen, ist der längste derartige Bericht über die Insel. Für die vielfältig mit dem Geistesleben des ausgehenden 18. Jahrhunderts und der ersten Jahrzehnte des 19. Jahrhunderts verbundene Frau war Ischia schon lange ein vertrauter Begriff. War doch die letzte Herzogin von Kurland, die 1785 mit ihrem Gatten und der kleinen Wilhelmine in Lacco weilte, ihre Stiefschwester. Auch Elisa, wie sie allgemein nur von ihren zahlreichen Freunden und Verehrern genannt wurde, war eine geborene von Medem und gehörte damit jener niedersächsischen uradligen Familie an, die im 13. Jahrhundert mit dem Deutschen Orden nach Kurland kam und dort Mitau, die spätere Hauptstadt, gründete. Erst siebzehnjährig, gab das romantisch veranlagte Mädchen dem Drängen der Eltern nach und heiratete den Freiherrn von der Recke, einen alten, reichen Offizier, der nur für Landwirtschaft und Jagd Interesse hatte. Sein altes Ritterschloß wurde ihr zum

Gefängnis, aus dem sie nur selten zu den Ihren flüchten durfte, um ihr armes Herz ausschütten zu können. Als sie schließlich auch noch alltäglich mißhandelt wurde, kam es endlich nach siebenjähriger Ehe zur Scheidung.

Bald darauf erschien der sich Graf Cagliostro nennende Alchemist und Geisterbeschwörer auf einer Reise nach Rußland in Mitau, wo die junge Frau seit der Trennung von ihrem Mann wohnte, und fand bei dem kurländischen Adel einen so günstigen Boden, daß er drei Monate blieb. Auch Elisa geriet anfänglich in seinen Bann, da er ihr Hoffnung auf einen Verkehr mit den Geistern ihres einzigen, frühverstorbenen Kindes und ihres geliebten Bruders machte, durchschaute aber bald seine Betrügereien und befreite sich damit für immer von allen mystischen Neigungen. Tiefe Religiosität und Empfindsamkeit, gepaart mit der neuen Geisteswelt eines Lessing, Mendelssohn, Nicolai und all der anderen Vertreter der ›Aufklärung‹, bestimmten von da an ihr Wesen. Diese Berührung mit Cagliostro sollte aber noch andere bedeutsame Folgen haben. Schon als sie aus Anlaß der berüchtigten Pariser Halsbandaffäre zwei Zeitungsartikel über ihre Erfahrungen mit diesem verkappten Sizilianer schrieb, lösten diese eine literarische Fehde aus, die sie schließlich veranlaßte, 1787 eine ausführliche ›Nachricht von des berüchtigten Cagliostros Aufenthalt in Mitau‹ zu veröffentlichen. Stürmische Begeisterung, aber auch mancherlei Angriffe waren die Folge und machten Elisa von der Recke, von der bis dahin nur ›Geistliche Lieder‹ erschienen waren, mit einem Schlag zu einer berühmten Frau.

Ihre lange Reise in die Schweiz und nach Italien bedeutete den Höhepunkt eines Jahrzehnte dauernden Wanderlebens, das sich in ihren Briefen und den stets geführten, aber nur zum Teil erhaltenen Tagebüchern widerspiegelt. Eine seltsame Unruhe und nicht zuletzt ein schier unersättlicher Trieb, mit den führenden Männern der damaligen Geisteswelt Deutschlands in Kontakt zu kommen, ließ sie nirgends eine Bleibe finden. Bald waren es Fürstenhöfe, bald die Besitzungen adliger Freunde und Freundinnen oder die bürgerlichen Wohnungen von Literaten und Gelehrten, in denen sie zu Gast war. Dazwischen begegnen wir aber Elisa auch immer wieder in Karlsbad, wo sie Linderung ihrer sie schon seit langem nicht verlassenden körperlichen Beschwerden suchte. Es hat der Frau, deren mit Charme gepaarte würdevolle Erscheinung allgemein gerühmt wurde, in diesen Jahren nicht an Bewerbern gefehlt, aber sie vermochte keinem von ihnen das Jawort zu geben. Dafür fand sie aber in ihren reifen Jahren in Tiedge, dem Verfasser der seinerzeit so bewunderten sentimental-elegischen ›Urania‹, einen Seelenfreund, den sie bis an ihr Lebensende in rührender Weise betreute. Schon als schüchterner junger Hauslehrer war er einmal Elisa begegnet und wurde tief von ihr beeindruckt. Damals, es war im Jahre 1786, schrieb er an einen Freund:

Als dieser Blick mich berührte, sah ich nichts weiter, so zeichnete sie sich vor allen weiblichen Gestalten aus, welche sie umgaben ... Ein wahrhaft fürstliches Wesen ist ihr Schmuck. Denke Dir eine erhabene, junonische Gestalt, vereint mit der Lieblichkeit und Anmuth einer Psyche oder Hebe.

Erst sechzehn Jahre später kam Tiedge in immer engere Berührung mit der Frau, deren Bild er stets im Herzen getragen, und als nun die Ärzte zu einer Kur auf Ischia rieten, fragte Elisa bei ihm an, ob er ihr Reisebegleiter werden wolle. Begeistert sagte er zu: »Ach, theure Freundin, welche Aussicht eröffnen Sie mir da! Mit Elisa durch das Paradies von Europa zu wandern – welch' ein Genuß!«

Im August 1804 wurde die Reise angetreten. Außer Tiedge begleiteten Elisa von der Recke eine Pflegetochter, Fräulein von Anselm, welche später die Gattin des Kanzlers von Griesheim in Koburg wurde, und zwei Dienerinnen. Elisa hatte es keineswegs sehr eilig, nach Ischia zu kommen. Blieb sie doch in Rom mehr als fünf Monate, in denen sie die Stadt in jeder Hinsicht kennenlernte und sich vor allem auch in ihren Künstlerkreisen bewegte. Ein ganzer Band ihrer Reisebeschreibung ist Rom gewidmet. Aber am 19. Mai schreibt sie doch endlich nach Mitternacht in ihr Tagebuch:

Heute ist der letzte Tag, den ich für diesmal in Rom zubrachte: in Rom, wo mein Geist und mein Körper in gleichem Maße gewonnen haben, wo ich mich so heimisch, so angesiedelt fühlte! Aber meine Gesundheit, zwar um vieles besser geworden, bedarf noch der warmen Bäder in Ischia, und der stärkenden Meerbäder zu Neapel.

Als endlich die Reise nach Neapel angetreten wurde, schloß sich auch noch der Landschaftsmaler Johann Christian Reinhart an. Man pflegte damals in Velletri zu übernachten und sich dort womöglich mit anderen Reisenden zusammenzutun, um dann am nächsten Tag die Pontinischen Sümpfe zu durchqueren, vor denen allen Reisenden ob der fiebergeschwängerten Luft und der häufigen Überfälle gleich bange war. Alles ging gut, aber auf halbem Weg brach die Achse des Wagens, in dem die beiden Dienerinnen saßen. Sie durften sich zwar in einen anderen zu zwei Geistlichen setzen, aber der notdürftig geflickte Wagen hielt es nur noch bis Mola, dem heutigen Formia, aus. Dort mußte man wohl oder übel haltmachen und ihn gründlich reparieren lassen. Wider Erwarten trug diese Unterbrechung aber gute Früchte. Reinhart war nämlich nach dem nahen Gaeta gegangen, um den Kommandanten der Festung, Prinz Ludwig von Hessen-Philippsthal, zu begrüßen, der seit Jahren im Dienste des Königs von Neapel stand. Als dieser von dem Malheur hörte, ließ er den Wagen unter persönlicher Aufsicht reparieren und sollte sich auch später, als Elisa nach Ischia fahren wollte, als hilfsbereiter Kavalier bewähren.

Zunächst blieb sie freilich wieder drei Wochen in Neapel und machte nicht nur die üblichen Ausflüge in die Umgebung, sondern bewegte sich, ihrer Gewohnheit gemäß, ebenfalls viel in der dortigen Gesellschaft. Einen Nachmittag verbrachte sie bei der Königin in Portici; der Duca della Torre, dessen Vater erst 1799 auf gräßliche Weise in siedendem Öl sein Leben hatte aushauchen müssen, zeigte ihr seine bedeutende Sammlung vulkanischer Gesteine; mit der Gräfin Elisabeth Razoumowski-Thun, der Gattin des russischen Gesandten, den wir ja schon kennengelernt haben, saß sie in der Oper in San Carlo. Einen besonders tiefen Eindruck machte auch auf sie Capecelatro, der Erzbischof von Tarent, in dessen Sommerwohnung sie einmal zu Mittag speiste. Dabei wunderte sie sich nicht wenig, daß die Bedienung großenteils aus Deutschen bestand. Der liebenswürdige Gastgeber aber versicherte ihr, daß in keiner Nation mehr Rechtlichkeit, Treue und gründlicher Verstand sei, der bei mäßigem Glück heiter und zufrieden zu sein wisse, und daß sein Hauswesen schon seit dreißig Jahren von einem Deutschen geführt würde. Nach Tisch kam das Gespräch auch auf den seidenähnlichen Byssus, mit dem sich jene großen Pinna genannten Muscheln senkrecht auf dem Meeresboden verankern. Es war dies ein Steckenpferd des vielinteressierten Mannes, der in Tarent eine kleine Industrie ins Leben gerufen hatte, welche aus diesem Sekret ein zartes Gewebe herstellte. Der Erzbischof schenkte Elisa ein Paar aus ihm gemachter Handschuhe, und sie hängte dem 3. Band ihrer Reiseerinnerungen einen längeren Aufsatz an, den Capecelatro über die Tarentinische Steckmuschel verfaßt hatte. Freundschaftliche Bande knüpften sich auch zwischen Elisa und der Gattin des portugiesischen Gesandten Grafen Saa an. Sie war die fünfzig Jahre jüngere Enkelin einer Schwester des Grafen; Am Tage vor der Abreise schenkte sie ihr zum Andenken ein Halsband, das sie aus ihrem Haar geflochten hatte. Am gleichen Tage wollte es der Zufall, daß Elisa den Prinzen von Hessen-Philippsthal persönlich kennenlernte. Obwohl man bereits ein Boot bestellt hatte, ruhte er nicht, bis Elisa sich seiner eigenen Feluke bediente und mit dem anderen Fahrzeug nur das Gepäck befördert wurde. Es war der 12. Juni 1805, als der Prinz schon bei Morgengrauen in der Wohnung Elisas erschien und dann bei der Einschiffung noch behilflich war.

Nachdem die Gesellschaft zunächst Procida einen kurzen Besuch abgestattet hatte, landete sie in der Bucht von Lacco.

Der Blick auf die Insel entzückte Elisa und ihre Begleiter schon vom Schiff aus, aber der Willkomm ihrer Bewohner war weniger erfreulich. Wie schon vorher in Procida, tönte ihnen deren Geschrei schon über das Wasser entgegen. Wir lassen Elisa selbst erzählen:

Unsere kräftigen Seemänner vermochten kaum den ungestümen Haufen abzuwehren. Wir bestiegen die für uns in Bereitschaft gehaltenen Esel, um uns zu unserer Wohnung hinauftragen zu lassen. Der Weg ist sehr schmal, und windet sich steil aufwärts zwischen Gartengemäuer. Von diesem hing wucherndes Rosengesträuch mit weiß und rothen Blüthen herab; die Mauern selbst waren dicht mit Aloe-Kronen – eigentlich Agaven – besetzt, über welche aus den Gärten der feurig blühende Granatbaum hervorragte. – Unsere Wohnung liegt auf einer beträchtlichen Höhe an der westlichen Seite der Insel, ziemlich abgesondert, in dem Örtchen Pannella, das nur aus drei Häusern und einer Kapelle besteht. Der ganze Ort samt der Kapelle ist das Eigenthum unseres Wirtes, des Abbate Don Tomaso. Unsere Zimmer sind sämtlich klein, aber wohlgeordnet und reinlich. Die Aussicht nach allen Seiten hin ist über alle Beschreibung reich.

Damit begegnet uns zum ersten Mal die Gaststätte, welche in der ersten Hälfte des 19. Jahrhunderts lange Zeit als einzige höheren Ansprüchen gerecht wurde und daher zunächst fast ausschließlich alle Reisenden, die sich durch ihre Geburt oder ihre Stellung im Geistesleben auszeichneten, beherbergte. Wann dieses erste richtige Hotel der Insel, von dem noch oft die Rede sein wird, eröffnet wurde, konnten wir nicht feststellen. Das Gebäude war schon 1616 von einem anderen geistlichen Mitglied der in Lacco verbreiteten Familie De Siano, einem Don Francesco, errichtet worden und diente diesem als Sommersitz. Die Jahreszahl war bis vor kurzem noch über dem Tor, das aus einem großen Vorhof zu dem eigentlichen Gebäude führt, unter einer verwitterten, inzwischen verschwundenen Pietà zu lesen.

Im großen und ganzen war Elisa zufrieden. Für ihre fünf Zimmer und eine Bedientenstube mußte sie wöchentlich zwanzig Scudi zahlen. Das Essen war freilich nicht nach ihrem Geschmack. Das stellte sie schon am Abend ihrer Ankunft fest und fügte sich daher dem damals allgemeinen Brauch der Fremden, die sich ihre Lebensmittel aus Neapel kommen ließen und so viel billiger lebten, als wenn sie sich bei ihren Wirten in Kost gaben.

Der gesteigerte Zustrom der Fremden war begreiflicherweise nicht ohne Einfluß auf die Bevölkerung geblieben. Das hatte ja schon Friederike Brun zu spüren bekommen.

Im Ganzen ist das Volk gutmütig, kindisch neugierig und furchtsam. Von groben Verbrechen, Mord und Diebstahl hört man auf der Insel nichts. Kleine Betrügereien und Übertheuerungen sind desto gewöhnlicher ... Unbefleckte Gutmütigkeit und selbst Uneigennützigkeit habe ich nur bei denen gefunden, die in keinem unmittelbaren Geldverkehr mit Fremden standen. So sind die beiden Schwestern meines Hauswirthes, welche die ganze Hausarbeit verrichten, dienstfertig, gefällig, unverdrossen, uneigennützig, wahr und treu: mit einem Worte der vollkommenste Gegensatz ihres geistlichen Bruders. Sie sind aber auch so wenig gewohnt, außer ihrem Putze ein Eigenthum zu haben, daß sie mich bei kleinen Geldgeschenken immer fragten, ob sie solche dem Bruder abzugeben hätten.

Mit diesem, dem Canonico Tommaso De Siano, hatte Elisa hingegen allerlei schlechte Erfahrungen machen müssen. Als er einmal in Gegenwart des Apothekers von ihr für einen Barile Wein zwanzig Dukaten verlangte, gab dieser ihr durch Zeichen zu verstehen, daß er ihr denselben Wein für die Hälfte verschaffen könne. Am gleichen Nachmittag begegnete sie dann auf einem ihrer Spazierritte einigen Eseltreibern, welche Wein zur Marina schafften. Als sie diese fragte, wie teuer man ihn verkaufe – sie fand ihn ebenso gut, wie den anderen –, da verlangten sie dreieinhalb Dukaten für den Barile! Noch peinlicher berührte sie ein anderes Erlebnis. Es war ihr lästig, daß ihre Wohnung immer von Bettlern belagert war, und sie händigte daher dem Kanonikus eine Summe aus, die er allwöchentlich unter sie verteilen sollte. Die Belagerung hörte aber trotzdem nicht auf und es stellte sich heraus, daß er das Geld für sich behalten hatte.

Das Gesindel sei des Almosens nicht wert, er habe mit dem Gelde lieber der Madonna ein Geschenk gemacht, indem er Öl für ihre Lampe gekauft habe. Ein anderes Mal erlebte sie, daß man von ihr für ein einziges Thermalbad einen holländischen Dukaten forderte, schließlich aber mit etwa sechs Groschen deutschen Geldes zufrieden war.

Dergleichen Erfahrungen waren jedoch rasch wieder vergessen und konnten die tiefen Eindrücke ihres Inselerlebnisses nicht trüben. »Im Grunde läßt es sich doch«, schreibt sie einmal, »unter diesem Völkchen, welches so heiter wie sein Himmel ist, recht angenehm leben.« Schon die Lage der Pannella war ja einzigartig. Hinter der Herberge stieg der Epomeo mit seinen Kastanienwäldern steil in die Höhe, meerwärts glitt das Auge über die Weingärten und die in ihr Grün gebetteten freundlichen Bauernhäuser und Villen und haftete auf dem Arbusto und seinem schönen Casino. Den Monte di Vico nennt Elisa einen der schönsten Punkte auf der ganzen Insel. Wenn dann die Sonne dem Untergang nahe war und ihre schrägen Strahlen die Insel und die ferne neapolitanische Küste anleuchteten, stieg auch sie, wie Friederike Brun, auf das flache Dach ihres Hauses, das ja schon so hoch lag, daß man am Horizont sogar die von der scheidenden Sonne scharf konturierten Ponza-Inseln und Ventotene sehen konnte, und glaubte sich in einem irdischen Paradies. Nur die Aussicht vom Epomeo-Gipfel vermochte sich nach ihrer Meinung mit der von der Pannella zu messen.

Einen besonders tiefen Eindruck auf das empfängliche Gemüt Elisas machte am Abend des 11. Juli eine totale Mondfinsternis. Sie bemerkte sie erst, als bereits die völlige Verdunkelung der Scheibe eingetreten war.

Auf der ganzen Insel ruhte eine tiefe Stille: die Luft atmete leise, selbst das Wellengeräusch vom Ufer her schien ein sanftes Säuseln geworden zu seyn, welches durch die Weinranken schlüpfte; ein bewegtes Schauern rieselte durch die ganze Natur. Der verhüllte Mondglanz warf ein wunderbares gleichsam bezaubertes Licht auf die Gegenstände, unter denen der finstere Epomeo als eine ungeheure Nachtgestalt magisch hervorragte. Der verschattete Mond schwebte wie eine dunkelroth glühende Kugel mitten in dem Gefunkel der helleren Sterne. Auf uns alle machte das fremde Wesen, welches die Gegenstände umher angenommen zu haben schienen, einen tiefen schauerlichen Eindruck.

Von regem gesellschaftlichem Leben, an das Elisa so gewöhnt war, war freilich in diesen sechs Wochen keine Rede. Gelegenheit zu näheren Familienbekanntschaften fand sie weder unter den Einwohnern noch unter den Badegästen.

Da es an einem öffentlichen Versammlungsorte fehlt, so bleiben sich die Fremden immer fremd. Jede Familie lebt zurückgezogen; und die Badegäste begegnen sich, auf Eseln mit Sonnenschirmen reitend, ohne Notiz voneinander zu nehmen.

Immerhin kam für eine Weile in dem kenntnisreichen Marchese Jakob Joseph Haus, den Elisa schon in Neapel kennen und schätzen gelernt hatte, ein willkommener Gesellschafter auf die Pannella. Er war bereits Professor für Staatsrecht an der Würzburger Universität, als Graf Metternich ihn der Königin Carolina als einen idealen Erzieher des jungen Kronprinzen empfahl. Schweren Herzens war der stille, bescheidene Mann dem Rufe an den neapolitanischen Hof gefolgt. Nachdem der künftige Franz I. seines Lehrers nicht mehr bedurfte, ernannte ihn der König zum Marchese und Kammerherrn und übergab ihm die Aufsicht über seine Kunstsammlungen, ein Amt, zu dem er dank seiner gründlichen Kenntnisse des Altertums vorzüglich geeignet war. In dieser Eigenschaft hatte er auch in Portici bereits Elisa die pompejanischen Funde gezeigt.

Daß gleichzeitig mit ihr noch zwei hervorragende Gelehrte bei Don Tommaso wohnten, hat sie offenbar weniger beeindruckt. Es waren dies der deutsche Geologe *Leopold von Buch* und der französische Physiker und geniale Experimentator *Louis Gay-Lussac*, dessen Name durch das schon mit vierundzwanzig Jahren formulierte Gay-Lussac'sche Gesetz über die Beziehungen von Gasraum, Gasdruck und Temperatur in jedem Lehrbuch weiterlebt. Vor zwei Jahren hatte der jetzt Achtundzwanzigjährige im Auftrag des Institut de France zu physikalischen und chemischen Studien zwei, eine Höhe von siebentausend Metern erreichende Ballonfahrten unternommen. Die beiden befaßten sich mit der Geologie der Insel, maßen zum ersten Mal mit Hilfe des Barometers die Höhe des Epomeo, und Leopold von Buch gebührt das Verdienst, daß er bei diesem Aufenthalt, über den er in einer eigenen Schrift berichtet, erkannte, daß man den Epomeo nicht, wie es bisher und noch lange nach ihm allgemein geschah, als einen erloschenen Vulkan bezeichnen dürfe.

Aber Elisa hatte ja ihren Freund Tiedge bei sich, und wir müssen uns, obwohl sie es niemals ausdrücklich sagt, vorstellen, daß er sie, obwohl er zeitlebens hinkte, auch bei all den Ausflügen begleitete, von denen sie in ihrem Tagebuch erzählt. Einer ihrer ersten Gänge galt dem Palazzo di S. Montano, in dem vor zwanzig Jahren ihre geliebte Schwester mit dem inzwischen verstorbenen Gatten gewohnt hatte. Er gleiche, »prangend mit den Kränzen des Überflusses einer südlichen Flora, einem festlichen Feensitz«. Mit feuchten Augen durchwanderte sie all die »Myrtengänge und Rebengewölbe«, in denen die Ferne sich einst ergangen hatte. Von alledem ist freilich heute nichts mehr zu sehen, und das Gebäude, das auf so vielen Zeichnungen, Stichen und Malereien wesentlich stattlicher erscheint, läßt heute nicht mehr erkennen, daß es einst vornehme Gäste beherbergte. Von der Villa des Duca di Atri sagt sie:

Hier scheinen Natur und Kunst sich aufs innigste vereint zu haben, um aus diesem Raume den reizendsten Punkt der ganzen Insel zu bilden. Dichte duftige Haine von Kastanien-, Mandel- und Obstbäumen wechseln mit Rebenpflanzungen und sonnigen Blumenstellen ab; selbst die hervorragenden Lavaspitzen sind zu Verschönerungen des Ganzen benutzt.

Auch das heute noch dort vorhandene kleine Sudatorium, dessen Gebrauch jedoch den Fremden nicht gestattet war, erwähnt die gewissenhafte Berichterstatterin. Eines Tages sehen wir Elisa auch, wie Frau Brun, auf den Rotaro reiten.

Als sie dann das einsame Kirchlein des Crocifisso del Rotaro und den nahen Kastanienwald hinter sich gelassen und sich plötzlich der Blick nach Osten auf das Kastell, die Insel Procida und das Festland mit dem alles überragenden Vesuv auftat, da brach sie mit Recht in helles Entzücken aus.

Es war eine Aussicht, die alle bisherige bei weitem übertraf, und mich plötzlich in ein nie gefühltes Entzücken versetzte. Es war, als öffne sich ein lichtes, stilles Leben.

Ein andermal war der Strand von Citara und das vielgerühmte dortige Bad das Ziel. Auch sie hatte gehört, daß der Name von der Insel Kythera, einer der hauptsächlichsten Kultstätten Aphrodites, stamme und erwartete eine idyllische, von duftenden Myrten überschattete Quelle. Die rauhe Wirklichkeit zerstörte schon beim ersten Anblick alles, was sich ihre Phantasie ausgemalt hatte:

Das Wasser steigt aus einem unfruchtbaren Sandboden herauf und ist mit der halbeingefallenen Mauer einer ehemaligen Einfassung umgeben. Nahe dabei steht eine Hütte, wahrscheinlich eine der elendesten auf der Insel; auch da hinein war das Wasser zum Behuf des Badens geleitet. Die Bewohnerin des Hauses ist zugleich die Eigentümerin der Bäder, und so arm, daß sie selbst der nothwendigen Geräte entbehrt. Keine Thür, kein Fenster, kein Tisch, kein Stuhl ist in dieser traurigen Wohnung; die Lumpen, welche die alte häßliche Frau des Tages auf ihrem Leibe trägt, tragen wiederum sie des Nachts statt eines Bettlagers.

Begreiflicherweise verging Elisa die Lust hier zu baden und sie fertigte mit Mühe die zudringliche Alte mit einem Geldgeschenk ab. Ob sie wußte, daß die Königin Carolina, die sie kürzlich in Portici so freundlich empfangen hatte, hier gebadet hat und dieser Kur vielleicht ihre neun Kinder verdankte?

Auch heute liest man immer noch in den Reklame machenden Artikeln, daß Cetara von Kythera komme und möchte dem Strande, von dem es heißt, daß er in besonderem Grade Fruchtbarkeit fördere, damit einen besonderen Nimbus verleihen. In Wirklichkeit liegt der Bezeichnung Citara und

Cetara der gleiche Stamm zugrunde wie dem Worte το κητος für Thunfisch und bezeichnet nicht nur auf Ischia, sondern auch sonst an der Küste Kalabriens Orte, an denen eine Tonnara zum Fang der Thunfische war. An der Küste der Insel gab es einst drei Tonnaren, eine, die größte, vor der heutigen Hafeneinfahrt, eine zweite in Lacco, eine dritte am Citarastrand. Ihre Lage entsprach dem Zuge der von Cuma kommenden, das Innere des Golfes umgehenden Schwärme.

Unermüdlich notierte Elisa jeden Abend, was sie tagsüber erlebt und gehört hatte und sammelte so das Material, aus dem dann erst in Deutschland das zehn Jahre später erschienene ›Tagebuch‹ entstand. Was sie über die anderen Bäder und die Topographie der Insel berichtet, beruht vielfach auf jenem ersten kleinen Fremdenführer des Dottore Francesco De Siano, von dem schon die Rede war. Uns interessiert heute mehr, was sie aus eigenem Erleben über die Bevölkerung erzählt. So danken wir ihr die erste eingehende Beschreibung der damaligen Tracht, die sie mit echt weiblichem Interesse und mit Sachkenntnis schildert. Die ›Galant'uomini‹ der Insel kleiden sich wie die entsprechenden Kreise des ganzen Landes, aber bei dem Volk, insbesondere bei den Frauen, hat sich die ursprüngliche Tracht erhalten.

Sie tragen ein Leibchen (für den höchsten Putz aus Sammet), welches uber einen steifen Vorderlatz zugeschnürt wird. Das Hemde ist unter dem Halse zugebunden, und über der Brust in Falten gelegt. Der Rock ist kurz und faltenreich. Über das Leibchen wird noch, wenn die Weiber außer dem Hause im Freien sind, eine seidene Jacke gezogen. Ihr Kopfputz besteht aus einer kleinen mit Gold besetzten Mütze, über die beim Ausgehen ein Schleier herabhängt. Von der Größe einer gewöhnlichen Serviette, wird er länglich, drei Hände breit, zusammengeschlagen und auf dem Kopfe dergestalt befestigt, daß er acht bis zehn Zoll, wie ein Schirm, über das Gesicht vortritt und bis über die Hälfte des Rückens herabhängt. Man trägt ihn nur im Freien und in der Kirche.

Spätere Reisende berichten, daß zu dieser so charakteristischen Kopfbedeckung Leinwand benutzt wurde, aber von

Elisa und von der im folgenden auftretenden Barbara Bansi hören wir, daß es sich um ein steifes Gewebe handelte, welches die erstere an das zum Sticken verwendete Haartuch erinnert und das von ärmlichen Frauen der Insel aus dem Bast der sich ja überall bietenden Agavenblätter gefertigt und innerhalb der Insel verkauft wurde. In der Tat erscheint auf einem Trachtenbild des Jahres 1793 das steife Gewebe so weitmaschig, daß Gesicht und Haare durchscheinen. Daß ein solches Gewebe für die Kopftücher auch 1834 noch aus Agavenblättern hergestellt wurde, geht aus Karl August Mayers Aufzeichnungen hervor, auf die wir noch zu sprechen kommen.

Einen für unseren Geschmack wohl etwas großen Raum nehmen in den Memoiren der strenggläubigen Protestantin ihre kritischen Betrachtungen über das religiöse Leben des Volkes ein, dem sie stets ihre besondere Aufmerksamkeit widmet. Das Bild ihres Ischia-Aufenthaltes würde unvollständig bleiben, wenn wir nicht auch hiervon einige Proben geben würden. Daß es auch für sie, wie für Frau Brun, allerlei zu rügen gab, war nicht anders zu erwarten. Sie ist überrascht über die hohe Zahl der Weltgeistlichen, die zumeist ungebildete Müßiggänger seien, aber doch einen Segen für die Jugend darstellen könnten, wenn sie im Stande wären, sie zu unterrichten. Aber von Erziehung und Unterricht sei auf Ischia gar nicht die Rede. Auch die religiösen Unterweisungen, welche die Pfarrer den kaum siebenjährigen Kindern vor der ersten Kommunion erteilen, fallen bei ihrer Unwissenheit sehr dürftig aus. Wohl sind ihr auch würdige, von der Bevölkerung verehrte Geistliche begegnet, aber im allgemeinen empfinde man die Priester nur vor dem Altar und im Beichtstuhl als die Vertreter Gottes. Außerhalb der Kirche mischten sie sich unter Umständen allzu würdelos unter das Volk. Führte ihr doch zum Beispiel eines Tages der Priester einer benachbarten Kapelle eine Schar junger Burschen und Mädchen zu und eröffnete selbst, die Violine spielend, den Reigen, den er ihr zeigen wollte. Dabei ging es nicht ohne gegenseitige Neckereien ab und das lebhafte Gebärdenspiel beleidigte nicht selten ihr Anstandsgefühl.

Wie so manchem anderen aus dem Norden kommenden Reisenden, blieben auch Elisa und ihrem Freunde Bekehrungsversuche nicht erspart. Besonders taktlos benahm sich eines Tages ein junger Arzt, dessen Haß gegen die ungläubige Moskowitin, wie er Elisa nannte, beinahe sehr unangenehme Folgen gehabt hätte. Schon des öfteren war ihr auf ihren Ausflügen einer jener Bettelmönche begegnet, die – »meist rüstige und verschmitzte Tagediebe« –, Almosen sammelnd und oft auch geweihte Lotterienummern verkaufend, durch das Land zogen. Er wurde Fra Ciro genannt und galt für einen Wundertäter. Jedesmal eilten ihm die Eseltreiber entgegen und küßten den Saum seiner Kutte. Als sie am Nachmittag des gleichen Tages, an dem sich jener Arzt so schlecht benommen hatte, mit ihrem Vincenzo nach Casamicciola ritt, erzählte ihr dieser, daß sein Esel lahme, daß er aber überzeugt sei, daß Fra Ciro, wenn sie, die hohe Frau, darum bäte, ihn durch seine Fürsprache alsbald gesund machen würde. Der Zufall wollte, daß man kurz darauf an einem Garten vorbeiritt, in dem dieser im Kreise seiner Verehrer saß. Die gutmütige Elisa übermittelte ihm die Bitte und er versprach, in seinem Gebet an die Madonna auch des Esels zu gedenken. Inzwischen hatte sich eine Menge neugierigen Volkes um sie eingefunden. Ohne daß Elisa verstehen konnte, um was es sich handelte, setzte ein unwilliges Gemurmel ein und sie sah zornige Gesichter rundum, bis ein Bekannter aus Neapel ihr den Arzt zeigte, der die Leute in seinem ihr unverständlichen Dialekt gegen die Ketzerin aufhetzte, die in Fra Ciro ihre Religion verspotte. Nur ihm war es zu danken, daß die Leute sich beruhigten und sie unbelästigt weiterziehen konnte.

Man wird sich vielleicht wundern, daß die Kurländerin all ihre Spazierritte mit der Thermalkur vereinen konnte, die sie ja eigentlich nach Ischia führte. Ihr Arzt war Francesco De Siano, der liebenswürdige Begleiter Marcards. Zunächst war sie mit diesem »alten, sanften Mann, der sich fern von jeder Zudringlichkeit hielt«, recht zufrieden. Er empfahl ihr, sich erst eine Woche lang an die neue Umgebung zu gewöhnen und dann die Bäder der Gurgitello-Quelle zu nehmen. Als diese sich aber als unzuträglich erwiesen, entschloß sie sich zu einem Versuch mit den Stufe di S. Lorenzo in Lacco, welche die einzigen, etwas besser eingerichteten waren und allgemein sehr geschätzt wurden. Wir wollen uns von Elisa selbst über sie berichten lassen, nicht zuletzt, weil keine ähnliche Schilderung aus so früher Zeit vorliegt.

Unter den Badezimmern sind einige so eingerichtet, daß man einzelne kranke Glieder in angemessene Öffnungen bringen und von dem aufsteigenden Dampfe durchdringen lassen kann. Alle Zimmer sind geräumig, reinlich und hell. Schon wenn man sich einem solchen Badegemach nahet, wehet sogleich eine warme, aber durchaus nicht beschwerliche, vielmehr wohlthätige Luft entgegen. Sie wird noch mehr gleichsam gewürzt durch den kräftigen Geruch des Myrtengesträuches, welches den Boden und die Stufen überdeckt. Die Vorrichtung ist ein Gemäuer, welches eine Vertiefung in der Erde von ovaler Form umgiebt. Man steigt durch eine Thür zwei Stufen hinab, läßt sich entkleiden, mit einem großen Tuche bis an den Hals bedecken, und öffnet von den teils an der Seite der Vertiefung, teils im Boden angebrachten Dampfmündungen so viele, als man zu bedürfen glaubt, oder vom Arzte angewiesen ist. Mir genügte die Ausströmung von sechs solchen Öffnungen. In der ersten Minute fühlte ich mich von dem Dampfe so durchdrungen, daß die heftigste Ausdünstung sogleich erfolgte, wobei ich dennoch in der Haut ein Gefühl von Kühlung hatte. Ich fing mit zehn Minuten meine Badesitzungen an, und werde in der Folge bis zu zwölf steigen. Nach dem Bade muß man sich sehr sorgfältig bekleiden, und in einem Tragsessel zurücktragen lassen. Weil das Bad angreifend ist, werden nach jedem Badetag vier Ruhetage gehalten. Die Wirkung auf eingewurzelte rheumatische Übel ist außerordentlich. Schon gestern nach dem zweiten Bade fühlte ich mich sehr erleichtert; und ein Freund aus meiner Gesellschaft, der von einem heftigen Podagra befallen wurde, war nach dem vierten Bade des kranken Fußes vollkommen geheilt.

Mehr als fünf, höchstens sechs, dieser Stufe pflegt man überhaupt nicht zu nehmen. Alle Mitglieder der Familie des Besitzers der S. Lorenzo-Stufe sind gutmütige Menschen, dienstfertig, neugierig, etwas zudringlich und kindisch habsüchtig, welches zusammengenommen fast durchgängig den Charakter der hiesigen Einwohner darstellt.

Am 26. Juli notierte Elisa, daß die Badekur nun abgeschlossen sei, daß sie aber noch einige Tage auf der Insel bleiben müsse, bevor sie die durch die Schwitzkur empfindlich gewordene Haut der Seeluft aussetzen durfte. Der so liebenswürdige Prinz von Hessen-Philippsthal hatte von der bevorstehenden Abreise gehört und kam von Gaeta herüber, um zu vereinbaren, wann er mit seinem Schiff erscheinen solle, um diesmal Elisa und die Ihren persönlich nach Neapel zu bringen. Aber es war bestimmt, daß sie nicht nur alle Herrlichkeiten der Insel, sondern vorher auch noch ihre Schrecken kennenlernen sollte. Kaum hatte sie sich am gleichen Abend zu Bett gelegt, da erschütterte ein Erdbeben die Pannella! Ihr Betthimmel schwankte hin und her, die Türen rüttelten, eine öffnete sich krachend, im Nebenzimmer zerbrach eine Flasche voll Öl, allerlei Zierat fiel von den Schränken, und im Hofe erhob sich furchtbares Angstgeschrei. Schlaflos verbrachte die Gesellschaft in Elisas Zimmer die Nacht und wurde dabei noch durch einige weitere Stöße erschreckt. Am anderen Morgen ritt man an den Hafen von Lacco, wo die Badegäste die Nacht zumeist im Freien zugebracht hatten, und dann nach Casamicciola und überzeugte sich, daß der Schrecken größer war als der Schaden. Es war nur hier und dort einmal eine alte Weinbergsmauer eingestürzt. Handelte es sich ja nicht etwa um ein lokales Beben, sondern um die letzten Ausläufer eines Bebens im Samnium, das dort schwere Schäden anrichtete und viele Tote forderte.

Trotz heftigen Sturmes erschien am 1. August schon früh um 7 Uhr, wie ausgemacht, der Prinz von Hessen in Elisas Zimmer. Nach Tisch flaute dann das Unwetter so weit ab, daß man die Fahrt nach Neapel wagen konnte. Erst im Golf wurde es wieder schlimmer, so daß die Segel eingezogen werden mußten und man rudernd noch vor Sonnenuntergang den Hafen erreichte. Wenige Tage später erschien der aufmerksame Kavalier zu Elisas Freude schon wieder. Er hatte bezeichnenderweise seine Diener und einen Koch nach Capri vorausgeschickt, um dort einen Aufenthalt von drei bis vier Tagen zu ermöglichen, und seine Feluke lag zur Fahrt bereit. Voll Erwartung stieg die kleine Gesellschaft ein, aber ein überaus heftiger Sturm, unter dem die meisten schwer zu leiden hatten, zwang sie unweit der Insel wieder umzukehren.

In Neapel harrte bald darauf auf Elisa ein noch viel eindrucksvolleres Naturereignis als das schwache Erdbeben auf Ischia. Schon seit einigen Tagen waren beunruhigende Nachrichten aus Portici gekommen, da stürzte, als sie am 12. August mit Alexander von Humboldt am Teetisch saß, ein Diener in das Zimmer und rief: »Der Berg wirft Feuer aus und steht schon in vollen Flammen!« Die ganze Gesellschaft flog auf den Balkon, und siehe da, das größte Schauspiel der Natur stand in seiner ganzen Herrlichkeit vor Elisas Augen. Humboldt und andere Herren der Gesellschaft eilten sogleich nach Torre del Greco. Wie gerne wäre Elisa mit ihnen gegangen! Nun stand sie wenigstens bis gegen vier Uhr morgens auf ihrem Balkon und staunte die Glutmassen an, welche sich auf Torre del Greco zu wälzten. Einige Tage später schloß sie sich aber ebenfalls einer größeren Gesellschaft an, in der sich auch Leopold von Buch befand, um den Lavastrom aus der Nähe zu sehen und in den Krater hinabzublicken, aus dem ihm immer noch neue Nahrung zufloß.

Auch Tiedge hatte an der Exkursion teilgenommen, aber bald darauf wurde er ernstlich krank. Bei dieser Gelegenheit erscheint merkwürdigerweise zum ersten Mal sein Name in Elisas Memoiren! Achtzehn Tage lang bangte sie um das Leben ihres Freundes und wich nicht von seinem Bett, aber erst Mitte November brach man endlich nach Rom auf. Wer hofft, in Tiedges ›Briefen aus Italien und aus der Schweiz‹ etwas von den Eindrücken zu finden, die Ischia auf ihn gemacht hat, wird ebenfalls enttäuscht werden.

Wieder in Deutschland, wohnte Elisa mit Tiedge zunächst ein Jahr lang im Hause Friedrich Partheys. Sohn biederer Leineweber des Erzgebirges und selbst bereits in die Zunft aufgenommen, hatte es den Vierundzwanzigjährigen getrieben, in Leipzig Musik und Sprachen zu studieren. Im Jahre 1774 empfahl ihn dann sein Lehrer dem Grafen Medem in Mitau als Musik- und Hauslehrer, und daraus entsprangen innige freundschaftliche Beziehungen zwischen der Familie Parthey und dem kurländischen Adel. Auch über dem weiteren Leben Friedrich Partheys waltete ein günstiger Stern. Als er später wieder in Berlin war, führte ihn der Dichter und Geheime Oberfinanzrat Günther von Göcking im Hause des ebenfalls musikbegeisterten, hochkultivierten Buchhändlers Friedrich Nicolai ein, wo er sich alsbald in die älteste Tochter verliebte. Nachdem ihm Göcking eine Anstellung im Finanzministerium und den Titel eines Hofrates verschafft hatte, konnte er es wagen, um ihre Hand zu bitten. Was haben diese Einzelheiten mit Ischia zu tun, wird sich der Leser fragen. Aber sie machen nicht nur verständlich, wie es kam, daß Elisa nun so lange bei Partheys wohnte, daß Göcking ihr in dieser Zeit bei der Herausgabe ihrer Memoiren beistand und daß Nicolai sie verlegte, sondern wir werden noch hören, daß eines Tages Gustav und Lili, die beiden Kinder, welche der Ehe Friedrich Partheys mit Wilhelmine Nicolai entsprangen, auf ihrer gemeinsam unternommenen Hochzeitsreise nach Ischia kamen. Auch sie waren mit Elisa und der Herzogin von Kurland und nicht zuletzt auch mit den Töchtern der letzteren eng befreundet, und ihre Tagebücher geben uns nicht nur einen lebendigen Einblick in das gesellschaftliche und musikalische Leben Berlins in der Biedermeierzeit, sondern enthalten auch so manche Einzelheiten über die Herzogin von Sagan, die uns in drei folgenden Jahren noch auf Ischia begegnen wird.

Gustav Parthey erzählt in seinen Jugenderinnerungen, wie Tiedge, dem jene glücklichen Wochen auf Ischia unvergeßlich blieben, bei den abendlichen Zusammenkünften im elterlichen Hause in der Sofaecke saß und mit Vorliebe in drolliger Weise von Ischia erzählte, von den dortigen Sitten oder etwa von dem Abenteuer einer Epomeobesteigung, die er ohne Wissen Elisas mit einem Eseltreiber unternommen hatte. Wie er endlich nach dem langen, mühseligen Reiten in der ärgsten Hitze oben angelangt sei, habe er vor Durst die herrliche Aussicht gar nicht genießen können. Durch Zeichen habe er dem Treiber verständlich gemacht, daß er irgend eine Erfrischung wünsche. Da sei auch sogleich der schmutzige Mönch mit einer Flasche Wein und Brot gekommen und hätte bald darauf sogar einen Eierkuchen gebracht, vor dem es ihm aber so grauste, daß er ihn dem Eseltreiber abgetreten habe. Als es an das Bezahlen ging, habe er mit Schrecken gemerkt, daß er gar kein Geld bei sich hatte, so daß es sein Begleiter auslegen mußte. Dieses Erlebnis ist das einzige, was uns Tiedge auf dem Umweg über Parthey von seinem Ischia-Aufenthalt verraten hat.

Ganz anderer Art sind die kürzeren Ischia-Erinnerungen, welche wir der Malerin *Barbara Bansi* verdanken. Sie wurde 1777 in Fläsch in Graubünden als Tochter eines Geistlichen und späteren französischen Hauptmanns Heinrich Bansi geboren, aber schon in jungen Jahren von dem mit dem Vater befreundeten kinderlosen Züricher Ehepaar Johann Caspar Schweizer-Hess an Kindesstatt angenommen. Mit diesen sehr wohlhabenden Pflegeeltern siedelte sie, erst acht Jahre alt, nach Paris über, erlebte dort die Schrecken der Revolution und entwickelte sich unter der Leitung des Akademieprofessors Suvée frühzeitig zur Malerin. Bereits die erste Ausstellung ihrer Bilder in Paris soll lebhaften Beifall gefunden haben. 1802 ging ihr Wunsch, Italien kennenzulernen, in Erfüllung. Suvée weilte jetzt in Rom als Direktor der Akademie der Schönen Künste, und sie hatte das Glück, bei ihm in der Villa Medici wohnen und arbeiten zu können. Damals besuchte sie des öfteren Wilhelm von Humboldt, der preußische Botschafter am Vatikan, um sich, dem Wunsche ihres Vaters entsprechend, ihrer Fortschritte zu vergewissern und berichtete dann nur Günstiges über sie. Von 1803 bis 1814 treffen wir sie zeitweise in Rom und Neapel.

1805, also in der Zeit, in der König Ferdinand noch in Neapel regierte, kam sie zum ersten Mal nach Ischia, und über diesen Aufenthalt besitzen wir erfreulicherweise einen Bericht, der 1811 in Zschokkes ›Miszellen für die Neueste Weltkunde‹ erschienen ist. Barbaras Lunge war angegriffen, und die Luft in Rom, erzählt sie uns, hatte sie so schlaff gemacht, daß ihr das Leben eine wahre Bürde geworden war. So folgte sie gerne der Einladung der Gattin des französischen Konsuls in Neapel, die sie in Rom kennengelernt hatte, sie zu begleiten und die Bäder Ischias zu versuchen. Am 10. Juli fuhr sie mit zwei Kindern des Konsuls nach Casamicciola. Kräftige Bootsleute trugen sie auf ihren Achseln zum Zollhaus, wo Tragsessel und Esel bereitstanden. Sie nahm eine Sänfte, die Kinder durften auf Eseln reiten, die alte Magd und der Träger gingen hinterdrein. Diesmal wird ausdrücklich die Sentinella als Ziel genannt, von der wir hörten, daß sie offenbar auch schon die Herzogin Anna Amalia von Weimar aufgenommen hatte.

Dort wurden die Ankömmlinge bereits von der Familie des Hauses und einigen Neugierigen im Hofe erwartet. Zum ersten Mal begegnete der Bansi bei dieser Gelegenheit die bunte Tracht der Ischitanerinnen, die sie, wie Elisa, in allen Einzelheiten beschreibt. Nicht minder genau betrachtete sie aber auch die Gesichter, die Hände, die Füße und fand unter ihnen, wie viele phantasiebegabte Reisende in der Folge, »wahrhaft griechische Formen«. »Sowohl als Künstlerin, wie auch überhaupt als Weib, interessiert mich das alles nicht wenig«, schreibt sie bei dieser Gelegenheit. In der Tat konnte sie sich von diesen Gestalten nicht loslösen und wäre noch lange im Hof geblieben, wenn man sie nicht gebeten hätte, in das erste Stockwerk zu kommen. Hier aber erwartete sie eine Überraschung! Sie soll selbst davon erzählen, denn es handelt sich um eine nicht nur den Ischia-Chronisten, sondern auch den Kunsthistoriker interessierende Entdeckung, die in jener seltenen Zeitschrift vergraben ist. Nicht einmal die Züricher Landesbibliothek besitzt ein vollständiges Exemplar von dem Aufsatz Barbara Bansis.

Eine von Myrthenzweigen beschattete Terrasse diente als Eingangssaal, von wo man eine himmlische und noch viel schönere Aussicht hatte, als von jener Stelle, auf welcher meine Träger geruht hatten. Ich mußte nun aber wohl auch in die Zimmer gehen. Ich fand eine betagte Frau, deren regelmäßige Gesichtszüge und Achtung gebietendes Äußere mir Ehrfurcht einflößten. Es war die Urgroßmutter der Familie, eine Matrone von zweiundachtzig Jahren. Ein stilles Friedensleben hatte kaum ihre Stirn gefurcht. Sie sprach gern, und am liebsten von verflossenen Zeiten. Sie nahm mich sogleich bei den Händen und sagte: »Sie sind krank; sein Sie willkommen. Sie werden bei uns genesen. Für Fremde ist das Wasser unserer Insel von bewunderungswürdigen Tugenden, nur für die Eingeborenen hat es keine Heilkraft.«

An dieser überraschenden Bemerkung ist auch nach der Meinung der modernen Balneologen etwas Wahres. Fehlt doch den Einheimischen die Entrückung von den Sorgen und Mühen des Alltags und das beglückende Erlebnis des südlichen Klimas und der landschaftlichen Schönheiten.

»Man hat mir gesagt«, fuhr sie fort, »Sie wären Malerin. Vor zweiunddreißig Jahren kam auch ein junges Frauenzimmer in dies Haus. Sie hat mein Bildnis gemacht, weil sie mich schön fand. Der Vater der Künstlerin ist auch Maler gewesen. Da hat er denn meinen Mann gemalt, der bald nachher gestorben ist.«

Ich schlug die Augen auf, und sah das gutgearbeitete Bildnis eines Mannes, signiert mit dem Namen Kaufmann. Der Name überraschte mich. Er mahnte mich an die unsterbliche Angelika, meine Landsmännin, deren Vater ja auch Maler gewesen. Und in der Tath, bald wurde ich überzeugt, daß er und sie es waren, die vor dreißig Jahren auf dieser Insel weilten. Der Gedanke nur, Angelika habe das gleiche Haus bewohnt, in welchem ich mich jetzt befand, machte mir den Aufenthalt noch viel angenehmer.

Auch ich, sobald ich etwas hergestellt war, machte das Bildnis der guten Alten, die einst der berühmtesten Künstlerin des vorigen Jahrhunderts zum Modell gedient hatte.

Nachdem Angelika Kauffmann mehrfach in Neapel weilte und hier nicht nur das große Bild Ferdinands IV. schuf, sondern auch andere Porträts, wie das des Principe Carata oder des Arztes und Märtyrers Domenico Cirillo, welche sich heute teils im Museum von Capodimonte, teils in dem von S. Martino befinden, ist es ja von vornherein gar nicht unwahrscheinlich, daß sie des öfteren auch auf Ischia weilte. Wenn die Angabe der alten Frau genau war, würde sie bedeuten, daß der Besuch der zweiunddreißigjährigen Malerin in das Jahr 1773 fiel. Von einem späteren Aufenthalt im Jahre 1787 wissen wir zum Beispiel, weil es damals galt, in eine Ischia-Landschaft Hackerts, welche Razoumowski in Auftrag gegeben hatte, drei Nymphen und einen schlafenden Cupido einzufügen, nachdem man mit seinen Figuren wenig einverstanden war.

Barbara war früher nach Ischia gekommen, als die meisten Badegäste, und die Kur mit dem Olmitello-Wasser sowie die täglich getrunkene Eselsmilch taten ihr so gut, daß sie sich schon recht wohl fühlte, als Ende Juli König Karl Emanuel IV. von Sardinien mit seiner Familie nach Ischia kam. Dieser Besuch kam ihr sehr gelegen, denn unter seinen Begleitern befand sich auch Audiberti, ein Arzt, den sie bereits kannte und den sie gerne noch zu Rate ziehen wollte, zumal »die Aeskulape der Insel mir nicht die geweihtesten zu sein schienen«. Am Tage der Ankunft machte sie einen Besuch im Borgo d'Ischia. Als sie an den ob ihrer allzugroßen Hitze gefürchteten ›Stufe des Cacciuto‹ zu Füßen des Monte Tabore vorbeiritt, sah sie, wie einige Bauern schnellen Schrittes zwei in Decken gehüllte Kranke auf Bahren aus den heute völlig verfallenen Kammern trugen. Am See stieß sie auf fieberhafte Tätigkeit. Man war eben dabei, Schiffe auszuladen, welche in letzter Stunde noch allerlei

Einrichtungsgegenstände brachten, mit denen der Palazzo Reale für den bevorstehenden Einzug des Königs wohnlicher gemacht werden sollte. Das war um so notwendiger, als Ferdinand IV. begreiflicherweise seit etlichen Jahren seinen Fuß nicht mehr auf die Insel gesetzt hatte. Die Boote hatten, wie üblich, an dem Fischerstrand hinter dem Hügel von S. Pietro angelegt, und viele Leute waren damit beschäftigt, allerlei Geräte von dort herbeizutragen; eine Menge Betten hatte man bereits auf der Straße aufgeschlagen, aber am meisten interessierte ein großer beweglicher Spiegel! So etwas hatten die jungen Ischitanerinnen noch nicht gesehen, die nicht müde wurden, sich darin zu betrachten, ihre Kleider zu ordnen und in schöne Falten zu legen.

Im Borgo d'Ischia wurde Barbara im Hause einer Witwe erwartet, die ihren Gatten und ihren Bruder während der neapolitanischen Revolution vor ihren Augen eines grausamen Todes hatte sterben sehen. Ihre Söhne, die man nach Frankreich deportiert hatte, durften erst vor wenigen Monaten dank der Fürsprache einer Principessa Caramanico wieder nach Hause kommen. Auch diese wurde am Nachmittag in jener Familie erwartet. Sie war am Tage vorher in Lacco angekommen und wohnte in der Villa des Duca di Atri. Barbara Bansi, die sich schon verabschieden wollte, um nicht zu stören, verstand sich dann sehr gut mit dieser hohen Dame, zu deren Begrüßung auch die ›Eletti del Popolo‹ erschienen, und aus einem späteren Gegenbesuch, den Barbara in Lacco machte, sollte eine Jahre dauernde Freundschaft werden. Am anderen Tag suchte sie schon am frühen Morgen den Arzt im Palazzo Reale auf, um mit ihm zu reden, bevor die königliche Familie aufgestanden war, und traf ihn, wie er die Morgenkühle auf der Terrasse genoß, die seinerzeit ob ihrer Aussicht auf den fischreichen See schon beim ersten Besuch Ferdinand IV. so entzückte, daß er nicht ruhte, bis er in den Besitz des herrlichen Anwesens kam.

Es war der 26. Juli! Ahnungslos plauderte Barbara am Nachmittag mit den Wirten der Sentinella. Sie erzählte von ihren Erlebnissen während der Französischen Revolution Dinge, die den einfachen Leuten unfaßlich waren, und später sang man heitere Lieder und tanzte Tarantella, um die trüben Erinnerungen zu verscheuchen, die dabei in ihrem Gast wieder wachgeworden waren.

So ging der Abend in geräuschvoller Lustigkeit dahin. Barbara schrieb dann an die Mutter ihrer beiden Pflegekinder, um ihr zu sagen, daß die Fahrt nach Ischia gut verlaufen war und daß sie alle drei wohlauf seien; der kleine Knabe, der den ganzen Abend herumgesprungen war, schlief bereits fest im Nebenzimmer, Fanny, die größere Schwester, kniete in einer Ecke und betete mit kindlicher Einfalt in dem geheimnisvollen Helldunkel, das der Mond im Zimmer verbreitete, ihr Abendgebet. Barbara legte leise die Feder beiseite, und ihre Augen hingen an dem stimmungsvollen Bild – da bedeckte plötzlich ein Regen von Staub ihren Brief, Tisch und Stuhl wankten und die Kerze erlosch. Das Mädchen starrte sie zitternd an, und draußen rief man schon »terremoto, terremoto, siamo morti!« Es war das Beben, das im gleichen Augenblick auch Elisa von der Recke und Tiedge auf der Pannella erlebten, aber bei Barbara kam zu dem Schrecken noch die Angst um das Leben der ihr anvertrauten Kinder. Der Fußboden schwankte derart auf und ab, daß beide hinfielen, Fanny schrie nach ihrer Mutter und wurde ohnmächtig. Von der Magd war keine Hilfe zu erwarten. Bleich wie der Tod lag sie mit zerzaustem Haar in ihrem Bett und jammerte, daß sie in der Sünde dahinsterbe und nicht wisse, wie sie vor Gott erscheinen solle. So raffte Barbara all ihre Kräfte zusammen, nahm auf den einen Arm das ohnmächtige Mädchen, deren Haupt ihr über die Achsel sank, auf den anderen den Knaben, der bei alledem in tiefem Schlafe lag, und schleppte sich auf die Terrasse. Da rief es vom Hof herauf: »Bleibt oben, die Treppe ist gebrochen!« Inzwischen hatte die nächtliche Kühle den Knaben geweckt. Neben sich auf der Bank sah er die besinnungslose Schwester, vor sich die in ihrer Angst und Erschöpfung zusammengesunkene Pflegemutter. Kein Wunder, daß der Kleine zu jammern begann!

Indessen lag drunten im Hof »ein Haufen Weiber, hingeworfen am Boden, um einige halbnackte Kinder einen Kreis bildend«, und daneben stand eine Gruppe von Männern und Greisen, die Gebete zur Madonna sandten. »Drei Fackeln, von jungen Knaben getragen, beleuchteten diesen schauerlich-rührenden Auftritt.« Schließlich erholte sich auch das Mädchen von ihrem Schrecken, und alle hatten nur den einen Wunsch, nach Neapel, zur Mutter, fort von dieser schrecklichen Insel. So ging man wieder in die Zimmer und packte noch während der Nacht die Koffer. Am Morgen kam der Schiffer, der alltäglich die nötigen Vorräte aus Neapel brachte, mit der Nachricht, daß das Beben in der Stadt viel schlimmer gewesen sei, und bald darauf auch ein Bote des französischen Konsuls mit einem Brief, in dem er mitteilte, daß zwar ihr Haus unversehrt geblieben sei, die Mutter aber krank vor Schrecken zu Bett liege. Nun wollten die Kinder erst recht so bald wie möglich zu den Eltern kommen, aber draußen wütete ein solcher Sturm, daß man von allen Seiten abriet, sie erneut einer Gefahr auszusetzen. Da sich andererseits die Gattin des spanischen Gesandten in Neapel, mit der Barbara Bansi auf Ischia bekanntgeworden war, bereit erklärte, inzwischen die Kinder zu sich zu nehmen, entschloß sie sich, zur Beruhigung der Eltern allein zu fahren und sobald als möglich zurück zu kommen. Aber die Schiffer saßen, Pfeifen rauchend, im Zollhaus, redeten von der vergangenen Nacht und dachten nicht daran, daß jemand bei solchem Wetter eine Barke wünschen würde. In einer Stunde sollte jedoch eine Feluke mit kriegsverletzten Soldaten, die im Spital des Monte della Misericordia ihre Kur beendet hatten, nach Neapel gehen.

Nicht ohne Bedenken ließ sich Barbara von zwei Schiffern in das Boot tragen und setzte sich zitternd neben den Steuermann, aber alle benahmen sich wider Erwarten sehr manierlich. Daß den meisten freilich bei solch stürmischer Fahrt übel wurde, konnte ihnen niemand verargen. Barbara legte sich auf eine Strohmatte, verhüllte den Kopf mit einem Shawl und atmete das Riechsalz ein, das sie vorsichtigerweise mitgenommen hatte. Schwankend eilte sie in Neapel durch die Straßen, wo hier ein Dach eingestürzt war, dort Leute geborstenes Mauerwerk zu sichern suchten, nach Chiatamone, wo der Konsul wohnte und der Pförtner seinen Augen nicht traute, als er sie eintreten sah. Die nicht minder überraschte Freundin erkannte sie kaum, so bleich und gespensterhaft sah Barbara aus. All ihre Bekannten, die sie am Nachmittag besuchte, bewunderten ihren Mut; überall hielt man sie für einen Geist, so wenig wurde sie in Neapel erwartet.

Sie aber trieb es nach Ischia, um die Kinder beruhigen zu können. Als sie auf dem Wege zur Chiaia an der kleinen S. Anna geweihten, heute nicht mehr vorhandenen Kapelle vorbei kam, kniete dort beim Schein der Fackeln eine unübersehbare Menge von Männern und Frauen, die Litaneien sangen und der Heiligen für die Rettung der Stadt dankten. War doch der 26. Juli der ihr geweihte Tag! Um Mitternacht ging das Schiff unweit der Kapelle ab, noch lange drangen die Bußpsalmen über die Wellen, bis die tapfere, übermüdete Frau endlich einschlief. Erst an der Marina von Casamicciola erwachte sie, und hier liefen ihr die beiden Kinder jauchzend über den Sand entgegen: »Da ist sie, da ist sie!« Der Kleine eilte voraus, den Hausleuten die Ankunft zu melden, Barbara aber nahm Fanny zu sich auf den Esel und zärtlich aneinandergeschmiegt folgten sie ihm.

Als Barbara später zu der Gattin des spanischen Gesandten ging, um ihr für ihre Gefälligkeit zu danken, fand sie sie in einem geräumigen, einem Zimmer gleichenden Flechtwerk von Reben, das an den Seiten mit Decken behängt und mit Betten und den nötigsten sonstigen Gegenständen ausgestattet war. Auch so manche andere Badegäste waren ihrem Beispiel gefolgt, um die kommenden Nächte unbesorgt schlafen zu können. Der König von Sardinien, der ja eben angekommen war, hatte ebenfalls die Nacht an der Marina im Freien zugebracht, um sich, wenn nötig, auf ein Schiff retten zu können.

Nach diesen aufregenden Tagen durfte Barbara Bansi noch eine Weile die Insel in Ruhe genießen. Nun hatte sie Zeit, die Fürstin Caramanico, die sich schon öfters nach ihr erkundigt hatte, in Lacco zu besuchen. Man empfing sie in der schönen Villa dell'Arbusto auf das freundlichste und nötigte sie, die Nacht über zu bleiben, da am nächsten Tag das Fest der S. Restituta gefeiert wurde. Es war die üppige Welt der neapolitanischen Aristokratie, in die sie hier kam. Die Fürstin liebte es, jederzeit große Gesellschaft um sich zu haben, Bälle zu arrangieren und ihre Gäste mit Schauspielen und Konzerten zu unterhalten. Barbara fühlte sich aber auch in solcher Umgebung wohl. Sprach sie doch ebenso fließend französisch wie deutsch und italienisch; nach dem Urteil ihres Vaters war sie gewandt und geistreich in der Unterhaltung, ganz Pariserin in ihrer Art zu räsonieren, nicht hübsch, aber sehr einnehmend für die Männer.

Am anderen Morgen ging Barbara zum nahen Strand von S. Montano, an dem einst der Kahn mit der Heiligen angetrieben worden sein sollte, und fand ihn bedeckt mit den duftenden Blüten einer weißen Lilie, die sich nach der Legende dort geöffnet hatten, wo der Leichnam über den Sand getragen wurde. Das Volk verehrte sie als ›Gigli di S. Restituta‹ und verpflanzte sie gerne in die Gärten. Gussone erwähnte sie in seiner ›Enumeratio plantarum vascularium in insula Inarime sponte provenientium‹ (1854) von S. Montano, Citara und S. Angelo, aber heute ist dieses reizende Pancratium maritimum leider auf der Insel völlig verschwunden. An den Stränden des Festlandes ist es hingegen weit verbreitet.

Über das Volk und seine Gebräuche schreibt Barbara Bansi in ihrem Aufsatz nur sehr wenig. Aber eines Tages erlebte sie die heute noch in der gleichen Weise an die Antike erinnernde Totenklage und schildert die Ausbrüche der Klageweiber, die sich nicht genug tun konnten, die Liebenswürdigkeit eines toten Mädchens zu preisen. Noch lange, nachdem die Leiche fortgetragen worden war, dauerte das von dem Schreien der Mutter unterbrochene Jammern an, aber als die Frauen dann das Trauerhaus verlassen hatten, da fragten sie sich gegenseitig: »Habe ich nicht recht gut geweint? Wie war mein Totenlob? Habe ich etwas vergessen?«

Schweren Herzens nahm die achtundzwanzigjährige Künstlerin von Ischia Abschied. »Es war mir«, schreibt sie, »als könnte ich die Insel nicht mehr verlassen, wo alles mit meiner Art zu sein und zu denken übereinstimmte wie nirgends«, und Tränen wurden beim Abschied von ihrer Wirtin vergossen. Zschokke, der Herausgeber der Zeitschrift, in der ihr Aufsatz erschien, nennt sie »eine der geistvollsten Schweizerinnen, die mit so viel Anmuth und Einfalt schildert, und mit so reinem Zartgefühl beobachtete«. In der Tat sind ihre Aufzeichnungen die einer nicht mit Gelehrsamkeit beladenen Künstlerin, und man spürt auf jeder Seite das Malerauge, wenn sie von den Trachten spricht, von der im Lichte der Fackelträger vom Borgo d'Ischia nach Lacco reitenden Fürstin, dem auf den Knien betenden Mädchen oder den in der Nacht des Erdbebens im Hofe der Sentinella kauernden Weibern und Kindern. Wenn sie auch keine sehr bedeutende Malerin war, so gewinnt man jedenfalls, wenn man ihren Ischia-Aufsatz liest, den Eindruck, daß ihn ein temperamentvolles, liebenswürdiges, sehr weibliches Wesen geschrieben hat. Wir betonen das, denn es existieren Aufzeichnungen aus dem Jahre 1822 von einem gewissen David Hess über ihren Pflegevater – einen Idealisten, der sein großen Vermögen in sinnloser Weise seinen phantastischen philantropischen Projekten opferte –, in denen sie und ihr Vater sehr scharf kritisiert werden. Unsere Barbara erscheint dabei als ein undankbares, leichtfertiges, sinnliches Geschöpf, aber der Autor, ein Verwandter von Barbaras Pflegemutter, ist offenbar alles andere als unparteiisch. Vater und Tochter waren franzosenfreundlich, und Hess vertrat die Ideale des

Ancien régime. Schrieb doch auch Wilhelm von Humboldt an ihren Vater, daß über ihr Talent und ihren Fleiß nur eine Stimme herrsche und daß sie ihm nach seinem Eindruck die größte Genugtuung geben müsse. Andererseits neigt der Autor einer kürzlich erschienenen Schweizer kunsthistorischen Dissertation, die auch ein Kapitel über Barbara Bansi enthält und zwei keineswegs unsympathische Briefe derselben wiedergibt, ebenfalls zu der Beurteilung, die Hess vertritt.

Barbara blieb offenbar zunächst noch eine Weile in Neapel, denn es existiert eine Zeichnung nach antiken Münzen, die den Vermerk trägt: »Naples 1806«. Sie hat also aller Wahrscheinlichkeit nach den Einzug König Joseph Bonapartes miterlebt. 1808 heiratete sie den Florentiner Chirurgen Lorenzo Vannoni. Aber diese Ehe war nicht von langer Dauer und offenbar von Anfang an keine sehr glückliche, denn schon am Tage nach der Hochzeit verlangte ihr Mann, daß sie Pinsel und Palette nicht mehr berühre. 1811 kam es zu einem endgültigen Zerwürfnis, und als Barbara ein Jahr darauf bei ihren Eltern in Silvaplana weilte und anschließend nach Florenz zurückkehrte, erfuhr sie, daß Vannoni schon vor einigen Monaten gestorben war. Daß sie dann aber als Witwe nochmals nach Neapel und nach Ischia kam, werden wir im folgenden zu berichten haben.

Barbara Bansi hat uns verführt, der Zeit etwas vorauszueilen. Vom Herbst des Jahres 1805 an, in dem sie, Elisa von der Recke, Tiedge, Leopold von Buch und Gay-Lussac auf Ischia weilten, verschleierte sich die politische Situation erneut derart, daß der Reiseverkehr nach dem Süden Italiens und nicht zuletzt nach den Inseln des Golfes in schwerste Mitleidenschaft gezogen wurde und wir daher abermals wenigstens in Kürze auf die historischen Ereignisse eingehen müssen. Nach den glänzenden Siegen der französischen Truppen in Bayern, der Besetzung Wiens und der Schlacht bei Austerlitz war die Lage des mit Österreich, Rußland und

England verbündeten Königreiches beider Sizilien eine verzweifelte geworden, und für Napoleon schien der Augenblick, die ihm verhaßten Bourbonen für immer zu entthronen, gekommen. Als sich die von Marschall Massena geführte Armee, der es oblag, Neapel zu besetzen, der Grenze näherte, beschlossen die englischen und russischen Generäle angesichts der feindlichen Übermacht, ihre Truppen nach Sizilien, beziehungsweise nach Korfu zu befördern und ihren Verbündeten seinem Schicksal zu überlassen. Der König ging daraufhin am 23. Januar 1806 abermals nach Palermo, und die Königin folgte ihm am 11. Februar, während die Prinzen Franz und Leopold mit dem Heer zu Lande entweichen und in Kalabrien den Widerstand organisieren sollten.

Kampflos wurde damit die Stadt den Truppen Massenas überlassen, und ein Dekret des Kaisers vom 30. März ernannte seinen Bruder Joseph zum König beider Sizilien. In Wirklichkeit freilich beschränkte sich die französische Herrschaft in den neun Jahren, welche sie dauern sollte, lediglich auf das Festland. Aber selbst hier wurde sie immer wieder durch die englisch-sizilianische Flotte gestört, welche die Gewässer bis vor die Tore der Hauptstadt unsicher machte. Der uns bekannte Prinz von Hessen-Philippsthal vermochte die Festung Gaeta noch monatelang zu halten, weil sie von der englischen Flotte ständig versorgt und verstärkt werden konnte, und sie wäre wohl auch am 18. Juli nicht übergeben worden, wenn ihr heldenmütiger Verteidiger nicht so schwer am Kopf verletzt worden wäre, daß er erst in Sizilien, wohin man ihn schaffte, wieder zu sich kam. Die Ponza-Inseln blieben dauernd in Händen der Bourbonenfreunde, und Capri wurde, nachdem es zunächst wie Ischia und Procida von den Franzosen ohne Widerstand besetzt worden war, bald darauf von den Engländern wieder zurückerobert und sollte bis zum Oktober 1808 einen für die Franzosen peinlichen Stützpunkt darstellen. Die gleiche Gefahr bestand für Ischia und Procida, die beide ja schon 1799 eine wichtige Basis für die Rückkehr der Bourbonen nach Neapel waren. So ist es begreiflich, daß man alles tat, um dergleichen zu verhindern. Auf beiden Inseln wurden Batterien und kleine Forts errichtet und gleichzeitig die alten, gegen die Sarazenen errichteten Türme und natürlich auch das Kastell in Verteidigungszustand versetzt. Solche Batterien befanden sich auf dem Hügel von S. Pietro, auf Castiglione, bei Perrone, in Lacco Ameno, wo der einst mit einer im oberen Stockwerk mündenden Treppe versehene Turm in dem heutigen Kirchhof liegt, auf dem Monte di Vico, am Strand von S. Montano und S. Francesco, auf der Punta del Soccorso in Forio, am Citarastrand, auf dem Cap von Sant'Angelo und über dem Marontistrand. Kleine Kriegsschiffe waren außerdem an den Inseln zur Unterstützung der Verteidigungsanlagen und zum Schutze der Küstengewässer stationiert. Aber trotzdem waren der lokale Handelsverkehr zu Wasser und die Fischerei, ja selbst der Posillip, nie sicher vor den ständigen Überfällen feindlicher Barken. Wie nötig solche Maßnahmen waren, sollte sich 1808 noch vor dem Eintreffen Murats zeigen. In diesem Jahr erschien nämlich eine größere Flotte vor dem Kap von Sant'Angelo und dem Marontistrand. Von dem Kap, von Testaccio, von den Schiffen des Küstenschutzes und von den überlegenen feindlichen Schiffen wurde heftig geschossen und der Landungsversuch wäre wohl gelungen, wenn nicht ein wohlgezielter Schuß das Schiff des Kommandanten getroffen und ihn veranlaßt hätte, den Kampf abzubrechen. Damals ist das Pulvermagazin in dem Turm auf dem Kap von Sant'Angelo explodiert und hat ihn für immer in Trümmer gelegt.

Als dann Joachim Murat, der Schwager Napoleons, 1808 die Nachfolge des auf den Thron Spaniens berufenen Joseph Bonaparte antrat, war es, nicht zuletzt unter dem Eindruck dieser Bedrohung Ischias, eine seiner ersten Taten, daß er die Engländer von Capri vertrieb und die Insel besser als vordem befestigte. Nichtsdestoweniger mußte er erleben, daß im Juni des darauffolgenden Jahres Ischia und Procida über einen Monat lang von den Engländern besetzt gehalten wurden. Procida hatte sich, ohne Widerstand zu leisten, ergeben, aber in Lacco versuchte man sich trotz der gewaltigen Übermacht im ersten Schrecken durch ein paar Schüsse zu wehren. Auch das Kastell suchte Widerstand zu leisten, was zur Folge hatte, daß es von den gegenüberliegenden Höhen aus beschossen wurde. Nach achtundzwanzig Tagen verließen die Engländer die beiden Inseln wieder, nicht ohne natürlich die Befestigungen zu zerstören und die Kanonen unbrauchbar zu machen.

Die Okkupation der beiden Inseln war im Zusammenhang mit einer größeren, gegen Murat gerichteten Aktion unternommen worden, welche aber nach dem Sieg Napoleons bei Wagram und dem Friedensschluß mit Österreich aussichtslos erscheinen mußte. Friederike Brun berichtet in ihren ›Episoden aus Reisen durch das untere Italien‹, daß die Engländer, bevor sie Ischia wieder verließen, allen vorrätigen Wein aufkauften und gut bezahlten. Überhaupt habe man während der Okkupation kaum noch Kupfergeld gesehen, sondern lauter Silber-Carlini. Als sie absegelten, sollen mit ihnen freiwillig zweitausend Ischitaner nach Sizilien ausgewandert sein, ja Procida soll sogar noch ungleich mehr entvölkert worden sein. Hier, wo ein viel höherer Prozentsatz der Bevölkerung von Fischerei und Schiffahrt lebte als auf Ischia, war auch die Not entsprechend größer, so daß von den etwa sechstausend Einwohnern viertausend mit den Engländern absegelten. Seit der freie Austausch der Produkte lahmgelegt war, waren Sizilien und Malta die englischen Stapelplätze geworden und galten als Länder der Verheißung.

Die wenigen Fremden, welche in diesen unruhigen Zeiten nach Ischia kamen, waren begreiflicherweise zumeist Franzosen. Es sind vor allem zwei Literaten von Weltruf, welche an dieser Stelle zu nennen sind, obwohl sie uns nicht viel auf die Insel Bezügliches hinterlassen haben. Der eine ist Henry Beyle, der allgemein unter dem Pseudonym *Stendhal* bekannte Romanschriftsteller. Er kam auf seiner ersten Italienreise im Januar 1811 nach Neapel und machte am 21. Februar einen Tagesausflug nach Ischia. Wenn er ein Jahr vorher zum Inspektor der Kaiserlichen Mobilien ernannt worden war, so dankte er dies einer seiner Geliebten, der Gräfin Daru, Gattin seines Vetters, des einflußreichen Staatssekretärs Pierre Daru. Sein Gehalt war nun so beträchtlich, daß er sich Pferd und Wagen halten und den vornehmen Dandy spielen konnte. Wie alle Daten im Tagebuch dieser Reise, so fälschte er auch das Datum dieses Ausfluges und verlegte ihn auf den 21. März. Man hatte ihm einen Empfehlungsbrief an einen Don Francesco mitgegeben, der die Franzosen haßte, sich daher 1806 nach Ischia zurückgezogen und seitdem Neapel nicht mehr betreten hatte. Um sich leichter mit dem Verzicht auf den Theaterbesuch abfinden zu können, zog er in prächtigen Volieren eine Menge Nachtigallen. Mit diesem Herrn verbrachte Stendhal – wo, wissen wir nicht – vier angenehme Stunden. Es sind nur wenige Zeilen, die davon handeln. Daß der aller Romantik abholde Mann kein Wort über die landschaftlichen Schönheiten der Insel verliert, ist nicht verwunderlich. Nicht minder bezeichnend ist seine Äußerung über die Bevölkerung. »Sie sind wilde Afrikaner. Sie leben von ihrem Wein, fast ohne jede Spur von Kultur.«

Welch ein Kontrast zu dem anderen Franzosen! Es ist dies *Alphonse de Lamartine*, der Ischia die Insel seines Herzens, die Oase seiner Jugend, den Ruhepunkt der reifen Jahre nannte. Er weilte auf seiner ersten Italienreise vom Dezember 1811 bis Ende April 1812 in Neapel und lernte in dieser Zeit Procida und Ischia kennen. In sie fielen auch die erotischen Erlebnisse des Achtzehnjährigen, die später den Graziella-Roman entstehen ließen. Hier soll nur in Kürze auf diesen Gast der Murat-Zeit hingewiesen werden, denn Lamartine kam in der Folge noch zweimal nach Ischia und hat Briefe hinterlassen, welche diese späteren Aufenthalte lebendig machen, während er uns bezüglich des ersten keinerlei Einzelheiten überliefert.

Der Sturz Napoleons begünstigte vorübergehend in überraschender Weise den südwärts gerichteten Fremdenstrom. Um sein Reich zu retten, änderte Murat 1814 seine bisherige Politik, schloß einen Waffenstillstand mit den Engländern und öffnete ihnen sein Land. Gleichzeitig erlangte er von Österreich, daß es ihn als Herrscher über den bisher behaupteten Teil des Königreiches anerkannte und dahin zu wirken versprach, daß Ferdinand IV. sich mit Sizilien begnügen müsse. Die Folge war, daß nach zehnjähriger Pause der Weg nach Neapel wieder frei wurde und die Stadt sich mit Engländern und Deutschen füllte, die teils aus Neugier kamen, teils den Auftrag hatten, die Haltung des Volkes wie der Regierung zu erforschen. Der König tat natürlich alles, um die Sympathie dieser Fremden zu gewinnen und die Aussichten des Konkurrenten auf eine Rückkehr zu schmälern.

In diese letzten Jahre der Herrschaft muß auch der abermalige Besuch *Barbara Bansis* fallen. Er wird einmal bezeugt durch jene Biographie von David Hess, die 1822 entstand. In ihr heißt es in dem für den Autor bezeichnenden gehässigen Ton:

Barbara wandte sich nach Italien, trat dort (1807) zur katholischen Religion über, wußte sich als eine in den Schoß der alleinseligmachenden Kirche zurückgekehrte Gläubige bei der alten Frömmlerin Lätitia, Bonapartes Mutter, einzuschmeicheln, begleitete sie nach Rom und Neapel und scheint sich unter deren Gefolge in den Bädern von Ischia befunden zu haben.

Letzteres wird in der Tat durch Briefe Barbaras bestätigt, welche sich, etwa fünfzig an Zahl, im Besitz eines deutschen Kunsthändlers befinden, der ein Urgroßneffe der Malerin ist. Leider hat dieser jedoch nur wenig von ihrem Inhalt bekanntgegeben, teilt aber immerhin mit, daß sie zusammen mit Lätitia in Ischia zur Kur weilte und daß sie damals auf der Insel die Familie Murat gemalt habe. Wo diese Bilder geblieben sind, konnte bisher nicht festgestellt werden, und Briefe Lätitias, welche von diesem Aufenthalt auf Ischia reden, befinden sich nicht unter den bisher veröffentlichten.

Verbürgt ist jedoch, daß die Mutter Napoleons in jenen kritischen Tagen, als 1815 die französische Herrschaft zu Ende ging und die Königin in Vertretung ihres im Felde stehenden Gatten die letzten verzweifelten Anordnungen zur Rettung der Lage treffen mußte, bei ihrer Tochter weilte. Pietro Coletta berichtet, daß er anwesend war, als ihre Schwester Pauline, ihre Mutter Lätitia und deren Halbbruder Kardinal Joseph Fesch von der Königin Abschied nahmen. Barbara aber war nach Hess und nach ihren Briefen bereits Ende 1814 für immer nach Paris zurückgekehrt. Wenn sie im darauffolgenden Jahr als ›dame de première classe‹ im Königlichen Erziehungshause adeliger Mädchen in St. Denis aufgenommen und dadurch Mitglied der Ehrenlegion wurde, mag sie dies wohl ihren Beziehungen zu Lätitia Bonaparte verdankt haben, aber es wäre kein Grund gewesen, auch darüber in hämischem Ton zu berichten, wie dies Hess tat. Nach achtjährigem Wirken an dieser Anstalt übernahm sie das Lehramt für Malerei an dem Institut Ste. Clothilde in Paris. 1863 starb sie dort im Alter von sechsundachtzig Jahren.

Nun haben wir nur noch von einem Deutschen zu erzählen, der kurz vor Murats Ende nach Ischia kam. Ihn führten weder politische Hintergedanken noch Neugier nach Neapel, sondern ihn trieb die Sehnsucht, endlich einen Traum seiner frühen Kindheit zu verwirklichen, nachdem er zu Amt und Würden gelangt war und die politische Lage sich gebessert hatte. Es handelt sich um einen Geistlichen, der seine Reiseerinnerungen in zwei Bändchen veröffentlichte. Welcher Art er war und in welchem Ton seine Memoiren geschrieben sind, läßt schon der Titel ›Italiens reizendste Gefilde, empfindsam durchwandert von *P. C. B. Schlegel, Königl. bayerischer Pfarrer zu Pföfflingen*‹ ahnen. Diese kleine, heute Pfäfflingen genannte Ortschaft liegt im Ries, halbwegs zwischen Nördlingen und Öttingen. Das in Nördlingen gedruckte Buch ist in überschwenglichen Worten der bayerischen Königin

Die Straße vom Lago del Bagno zum Borgo del Celso
Radierung von Florian Grospietsch um 1825

Caroline gewidmet. Wir wissen zwar nicht allzuviel von diesem Pfarrer, aber aus dem Verzeichnis der Subskribenten, die sich die Veröffentlichung sichern wollten, muß man wohl schließen, daß er ein allgemein geschätzter Mann war. Beginnt doch die Liste mit sieben Gliedern der Fürsten zu Öttingen-Wallerstein und Öttingen-Spielberg, welche ja bis kurz vor dem Erscheinen des Buches noch Landesherren waren, und folgt dann eine Reihe von weiteren Adligen, von Geheim-, Hof- und anderen Räten aller Art, von Geistlichen, Schuldirektoren, Ärzten, Apothekern und so weiter bis herunter zu den einfachsten Bürgern Nördlingens.

Der Verfasser der 1824 erschienenen Memoiren verrät an keiner Stelle, wann er in Italien war, aber es geht doch deutlich aus ihnen hervor, daß die Reise in die Regierungszeit Murats fiel. Immer wieder spiegeln sich in seinen Aufzeichnungen die Folgen der politischen Veränderung wider, und so manches Erlebnis belegt die Gefahren, mit denen ein Italienreisender in der Franzosenzeit zu rechnen hatte. Der Titel könnte vielleicht manchen abschrecken, die Bändchen in die Hand zu nehmen. Schlegel nennt sich wohl einen schwärmerischen Menschen, aber er ist dabei doch auch ein ernstlich interessierter Wanderer, der mit offenen Augen Land und Leute betrachtet, alles andere als etwa ein schwäbischer Spießbürger. In Venedig, in Florenz, in Rom und Neapel interessieren ihn schöne weibliche Gestalten nicht weniger als Gemälde und Altertümer. Dabei hat der protestantische Geistliche auch für katholisches Wesen Verständnis und wurde von einer Predigt in der Peterskirche aufs tiefste ergriffen. Dazu kommt, daß es ja kaum deutsche Reiseberichte gibt, die in die Zeit Murats fallen und daß sich, wie erwähnt, in seinen Erzählungen die allgemeine Unsicherheit im damaligen Italien sehr lebendig widerspiegelt. Da er um 1780 geboren wurde, mag er ungefähr dreißig Jahre alt gewesen sein. Nachdem er einen Vertreter für sein Amt gefunden hatte, machte er sich, nur mit einem Tornister auf dem Rücken und einem festen Knotenstock in der Hand, auf den

Weg in das gelobte Land; in Augsburg erhielt er seine Kreditbriefe, Wechsel und Empfehlungsschreiben, dann ging es über Scharnitz nach Innsbruck und später zu Schiff durch die Veroneser Klause nach Verona, wo für ihn damals erst Italien anfing.

In Neapel spürte man ebenso wie auf den anderen Stationen der Reise natürlich auf Schritt und Tritt den Wandel der Zeit. Im Kloster von S. Martino waren die Mönche verschwunden, französische Invaliden wohnten jetzt in ihren Zellen und standen überall in den Kreuzgängen und im Garten umher. Daß eine andere Ordnung herrschte als unter Ferdinand IV., sollte Schlegel vor allem auf einem Ausflug nach Pozzuoli zu spüren bekommen. Er dachte in einem Gasthaus, das hart am Meer gelegen war, zu übernachten, um sich dann früh morgens nach Baia rudern zu lassen und so auf dem Meer den Sonnenaufgang genießen zu können. Aber er sollte ihn im Gefängnis erleben! Nach dem Abendessen hatte er sich Tisch und Stuhl auf seine Terrasse bringen lassen und war dabei, seine Eindrücke zu Papier zu bringen, die mit den Worten begannen: »Schönster aller Abende meines Lebens am Meer von Pozzuoli!«, da kam der Wirt und bat, daß er sich in die Fremdenliste eintragen möge und ihm seinen Paß gäbe, damit er ihn der Vorschrift entsprechend auf die Polizei bringen könne. Offenbar wußte Schlegel sehr wohl, daß in ihm etwas nicht ganz in Ordnung war, denn er meinte, das hätte ja wohl bis morgen Zeit. Kaum lag er im Bett, da erschienen vier Gendarmen und wollten den Paß sehen, in dem in der Tat ein Visum fehlte, das er schon in Rom hätte haben sollen! Ob er wollte oder nicht, er mußte sich ankleiden, wurde auf die Polizei geführt und in ein ödes Gefängnis mit einem Lager aus Stein gesteckt, in dem er die Nacht in seinen Kleidern verbringen mußte, ohne daß sich jemand um ihn gekümmert hätte. Nicht weniger als zwölf Seiten seines Buches füllte Schlegel mit den Gefühlen, die ihn dabei bewegten! Der folgende Tag war ein Sonntag, so daß ebenfalls niemand erschien, aber zum Glück lag das Gefängnis zu ebener Erde und am Marktplatz, auf dem es allmählich immer lebhafter zuging. So konnte er einen Mann an das Gitter rufen und bitten, er möge ihm Schreibmaterial besorgen; dann sandte er ihn mit einem Brief an einen befreundeten Kaufmann in Neapel und bat um Hilfe. Schon war es Abend geworden, da sah er einen eiligen Reiter kommen – es war sein Freund! In einer halben Stunde war er frei. In bester Laune kehrten beide in die Stadt zurück und am nächsten Tag brachte der französische Generalkonsul den Paß in Ordnung.

Nun konnte er mit gutem Gewissen wieder zu seinem Wirt in Pozzuoli gehen, der ihm auseinandersetzte, daß er selbst an allem schuld war. Als er auf der Terrasse schrieb, dachte man, er würde zeichnen und die Verweigerung des Passes mußte den Verdacht verstärken. Früher hätte wohl ein gutes Trinkgeld genügt, aber seit einigen Jahren, meinte der Wirt, würde all dies viel strenger gehandhabt. Nun sollte die Umgebung Pozzuolis für eine Weile Schlegels »zweite Heimat« werden. Wenn er den Tag den Sehenswürdigkeiten der Phlegräischen Felder gewidmet hatte, dann versetzte ihn abends auf seiner Terrasse der Blick auf Ischia in eine Welt der Sehnsucht und Entrückung. »Ach, der Müde, der still Leidende, und das zärtliche Herz sehnen sich mit unnennbarer Stärke hinüber in dies Land der Ruhe, des Labsals und der Wonne.« In diesem Ton gehen seine Ergüsse etliche Seiten weiter, bis sie sich zu einer Vision steigern.

Sehe ich dort nicht unter den unzähligen Schattenbildern der Mondnacht auch eine Lichtgestalt, die dem mir längst vorschwebenden Bilde meiner Freundin gleicht? ... Am falben Saume des Himmels schwingt sich das Bild langsam empor, und mit unbeschreiblicher Anmuth winkt es mir freundlich zur Folge in ihre glückliche Welt.

Schließlich kam der Tag, an dem er Ischia wirklich betreten sollte. Er hatte ihm »mit heißer Ungeduld« entgegengesehen, und man erwartet nun eine ausführliche und gefühlvolle Schilderung. Aber sie fiel ziemlich kurz und sachlich aus. Man hatte ihn an eine Donna Cecilia empfohlen, welche einen oberhalb Casamicciola gelegenen Sommersitz besaß. Ihr erstes war, daß sie ihn auf ihre aussichtsreichen Terrassen führte. Dort schreibt der Pfarrer aus Pfäfflingen:

Hier saß ich nun tiefbewegt das erste Mal in meinem Leben auf einer Insel. Cecilia bemerkte meine Rührung, und hatte Wohlgefallen, daß ihres Landes Schönheiten so viel über mich vermochten. Ich war jedoch nicht im Geiste bei ihr, sondern in den weit entfernten Tagen meiner Kindheit.

Er dachte an die Zeiten, als eine kleine sandige Insel mit ein paar Sträuchern inmitten des Flusses, an dem er aufwuchs, sein Eldorado war!

Offenbar handelt es sich um einen recht kurzen Besuch, denn Schlegel erzählt dann noch von dem Mittagessen bei jener Dame, bei dem es treffliches Wildbret – es wird wohl ein Kaninchen gewesen sein –, schmackhafte Fische und köstliche Feigen gab, und von einem Spaziergang, den er anschließend mit ihr machte. Aber was er dabei zu sehen bekam, reichte aus, um mit dem Wunsche, »bald wieder ein Ischia zu sehen«, Abschied zu nehmen.

Wieder zu Hause, blieb Schlegel noch jahrzehntelang Pfarrer in Pfäfflingen, aber es war ihm nicht vergönnt, dort eines Tages seine Augen in Ehren zu schließen. Das Interesse am weiblichen Geschlecht, das ja schon auf seiner Reise ständig rege war, verließ ihn auch in seinen alten Jahren nicht und erregte schließlich das Ärgernis seiner Kollegen. Man warf ihm »vertrauten Umgang mit einer Frau des Ortes« vor, für Schlegel waren es nur Verleumdungen »einiger, mir immer feindselig gegenüberstehender Amtsbrüder«, aber ganz aus der Luft waren ihre Anklagen sicher nicht gegriffen, denn Ende 1848 wurde unser empfindsamer Italienfahrer vom Amte suspendiert. Nachdem er gleichzeitig die Erlaubnis erhalten hatte, nach München überzusiedeln, kam 1850 die endgültige Entlassung des Siebzigjährigen, der dann vermutlich auch in München starb.

Die anfängliche Sympathie des Wiener Kongresses, die ja auch unserem Schlegel den Weg nach Neapel erleichtert hatte, sollte nicht von Dauer sein. Als in den ersten Tagen des März 1815 die Nachricht eintraf, daß Napoleon Elba verlassen habe und mit tausend Mann nach Frankreich segle, versicherte Murat zwar, daß er nach wie vor zu den getroffenen Vereinbarungen stehe, entfesselte aber trotzdem jene heftigen Kämpfe in Oberitalien, die nach anfänglichen Erfolgen der Neapolitaner zum Sieg der österreichischen Truppen führten und mit dem kläglichen Rückzug ihrer Gegner, sowie der Flucht des Königs und seiner Familie endeten. Murat verließ, nachdem am 20. Mai in der Nähe von Capua der Vertrag von Casalanza unterzeichnet worden war, am gleichen Abend unauffällig die Stadt, begab sich nach Pozzuoli und von dort in einem einfachen Fischerboot nach Ischia. Sein Ziel war die schon so oft erwähnte Sentinella! In ihr verweilte er die Nacht. Am folgenden Tag stießen einige Getreue, der Duca di Roccaromana, der Marchese Giuliano und ein Oberst Bonafoux mit einem kleinen Schiff zu ihm, am Morgen des 22. Mai stieg man in Richtung Lacco zum Strand hinab und der Entthronte, den die Ischitaner bis zur letzten Stunde als ihren König verehrten, steuerte mit seinem kleinen Gefolge in Richtung Frankreich. Man wird nicht fehlgehen, wenn man aus diesem letzten Besuch der damals ja in bestem Rufe stehenden Gaststätte den Schluß zieht, daß sie Murat schon von manchem früheren Aufenthalt her vertraut war und er sich auf die Gesinnung der Familie Monti verlassen konnte.

Die Königin verließ, nachdem sie den Kommandanten der englischen Flotte gebeten hatte, die Ordnung in der herrenlosen Stadt wieder herzustellen, als letzte auf einem englischen Schiff ihr Land, begleitet von drei ehemaligen Ministern, welche der von dem Bourbonenkönig garantierten Amnestie nicht trauten. Ihr Gatte aber mußte einen von vornherein aussichtslosen Versuch, sein Reich zurückzuerobern, mit dem Tode bezahlen. Am 13. Oktober 1816 wurde in Pizzo, einem Städtchen in Kalabrien, das Urteil des Kriegsgerichtes vollzogen.

Das Bombardement des Kastells von Ischia durch die Engländer, von dem wir gehört haben, war gleichsam das Signal, die ehemalige Stadt endgültig aufzulösen. Noch immer war ja wenigstens ein Teil der Kirchen der ehemaligen fünf Pfarreien in Benützung; 1792 gab es noch zwei Pfarreien, die der Kathedrale und die von S. Biagio intra muros, welche einschließlich der sechzehn Nonnen des Clarissinnen-Klosters insgesamt achtundneunzig Seelen zählten, während gleichzeitig der Borgo bereits 3125 Einwohner hatte. Im Jahre 1800 waren in der letztgenannten Pfarrei nur noch fünf dauernd und drei zeitweise oben wohnende Familien vorhanden, aber die Geistlichen mußten trotzdem auch bei Wind und Wetter hinauf, um vor leeren Bänken die Messe zu lesen. Dabei waren die Kirchen schon in traurigem Zustand. In die Kathedrale, in der einst Vittoria Colonna getraut wurde, drang allerorts der Regen ein, die morschen Holztafeln fielen von der Decke, die Orgel gab keinen Ton mehr von sich, aber ein Bittgesuch an den König um Abhilfe blieb ohne Antwort. Die französische Besatzung hatte auch das Ihre dazu beigetragen, um den Verfall zu beschleunigen. Was nicht niet- und nagelfest war, selbst die Klöppel der Kirchenglocken, war nicht sicher vor den Soldaten, und die Geistlichen konnten nicht immer Wache stehen.

Am 22. Januar 1810 versammelte sich das Kapitel zum letzten Mal in dem verödeten alten Bischofssitz, der heute dem Pächter des mit Reben bepflanzten Teiles als Wohnung dient, und beschloß den endgültigen Auszug aus der an Erinnerungen so überreichen Stätte. Der Entschluß, die Kathedrale preiszugeben, wurde durch den Umstand erleichtert, daß durch die allgemeine Aufhebung aller Mönchsorden im Jahre 1806 die Kirche der Augustiner freigeworden war und damit an ihre Stelle treten konnte. Zwei Kanoniker wurden beauftragt, das Altargerät und was sonst an Kunstgegenständen noch vorhanden war zu bergen. Sie hatten nur allzuleichte Arbeit. Hatte man doch zum Beispiel 1722 die vielen Grabplatten des Mittelalters und der Renaissance zersägen lassen, um die Kathedrale neu zu pflastern! Fragmente des ehemaligen prunkvollen Grabmals von Giovanni Cossa schmücken heute das Taufbecken der Kathedrale, ein schönes Kruzifix des 13. Jahrhunderts einen dortigen Seitenaltar, andere Reste finden sich im bischöflichen Palais. Auch die Clarissinnen entschlossen sich als letzte schweren Herzens, ihr Kloster zu verlassen. Es muß ein eindrucksvoller Trauerzug gewesen sein, als die Nonnen in ihren braunen Kutten den Leichnam des hl. Exuperantius, den sie in ihrer Kirche verehrt hatten, durch die düstere Galerie, die einst Alfons von Aragon durch den Felsen brechen ließ, hinabtrugen! In den Zellen, aus denen vor einigen Jahren die Jünger S. Francescos vertrieben worden waren, fanden sie ihre Zuflucht.

1818 forderte der Sottointendente von Pozzuoli den Sindaco von Ischia auf, für den Abbruch der am Wege zur Burg gelegenen Häuser zu sorgen, da sie so baufällig seien, daß sie für die Veteranen, die man dort untergebracht hatte, eine Lebensgefahr bedeuteten. 1823 wurde jeglicher Privatbesitz enteignet und damit der ganze Komplex Staatseigentum. Bis zum Jahre 1890 diente dann das ›Kastell‹ lediglich als Gefängnis für Sträflinge und in der Bourbonenzeit vor allem auch für politische Gegner.

KAPITEL 4

Von der Rückkehr König Ferdinands bis zu seinem Tode 1825

Wie nicht anders zu erwarten, führte die Rückkehr des Königs nach Neapel zu einer Wiederbelebung des Fremdenverkehrs. Schon Mitte 1817 kommt *Caroline von Humboldt* nach Ischia, die im Gästebuch der Insel einen Ehrenplatz verdient. Die älteste Tochter Wilhelm von Humboldts litt seit langem an quälenden neuralgischen Gesichtsschmerzen, die nach Meinung der Berliner Ärzte vielleicht durch eine Kur auf Ischia geheilt oder doch wenigstens gelindert werden könnten. Der Entschluß zur weiten Reise fiel nicht schwer, denn der Vater hatte ja als preußischer Gesandter am Vatikan von 1802-1808 in Rom geweilt, die Familie war damals sogar bis 1810 geblieben, die Kinder waren zum Teil in Rom groß geworden und sprachen damals besser italienisch als deutsch. Es war eine ziemliche große Gesellschaft, die 1817 gegen Ende April aufbrach, denn auch Gabriele, die sich einige Wochen vorher, noch nicht fünfzehnjährig, mit Heinrich von Bülow, dem späteren Botschafter in London, zunächst aber erst tüchtiger junger Mitarbeiter Humboldts, verlobt hatte, durfte die Mutter und die kranke Schwester begleiten und außerdem schloß sich die zwei Jahre ältere Adelheid mit ihrem Gatten August von Hedemann, dem Adjutanten des Prinzen von Preußen, an: »August und Adel in ihrem Chaischen sehr vergnügt, Gabrielchen«, der die Trennung von ihrem Verlobten überaus schwer fiel, »sehr traurig, doch freundlich und gefaßt und liebend, Caroline immer leidend, doch heiter«, berichtet die Mutter nach Berlin.

Als es über den Brenner ging, mußten die Wagen auf Schlitten gesetzt werden, in Siena überraschten deutsche Herren, die sich in Florenz angeschlossen und erfahren hatten, daß Gabrieles Geburtstag war, das immer nur an ihren Heinrich denkende Mädchen mit einem Kuchen mit fünfzehn Kerzen; am 31. Mai fuhr man durch die Porta del Popolo und blieb über einen Monat in Rom. Die Familie wohnte in altvertrauten, an Erinnerungen reichen Räumen, zahlreiche Bekannte stellten sich alsbald ein; die Stadt, in der sich in den sieben Jahren so manches verändert hatte, die Kirchen und Museen wurden besichtigt, aber der erste Gang galt dem Friedhof an der Cestus-Pyramide, in dem der seinerzeit von allen ob seiner Schönheit und Liebenswürdigkeit bewunderte, achtjährige Sohn Wilhelm und sein bald nach der Geburt verstorbenes Brüderchen Gustav ihre Ruhestätte gefunden hatten. Gabriele wurde von Schadow gemalt – das hübsche Bild, das für den Bräutigam bestimmt war, ziert heute noch den Humboldtschen Familienbesitz in Tegel –, nahm Singstunden, studierte römische Geschichte und durfte, wenn sich allabendlich im Salon der Mutter ein großer Kreis von Bekannten traf, nicht fehlen. Kein Wunder, daß sie in den Briefen an den Verlobten immer wieder darüber klagt, daß sie sich die Zeit zum Schreiben stehlen müsse.

Aber Ende Juli setzte Frau von Humboldt mit den Ihren und einigen Künstlern endlich die Reise nach Ischia fort. Neapel hatte sie vor Jahren schon kennengelernt, aber Ischia mußte ihr doch auch vom Hörensagen einigermaßen vertraut gewesen sein. Waren doch Elisa von der Recke und Friederike Brun alte Freundinnen von ihr. Mit der ersten verband sie sogar eine entfernte Verwandtschaft; Frau von Humboldt kannte sie seit ihrer Jugend und als im Februar 1806 ihr Sohn Gustav getauft wurde und Elisa auf dem Rückweg von Ischia in Rom weilte, hielt sie ihn mit einigen anderen zur Taufe. Friederike Brun aber wohnte, als die Familie Humboldt zum ersten Mal nach Rom kam, in der gleichen Villa Malta, in der diese damals zunächst abstieg, und zählte so zu den ersten römischen Bekannten. In ihrem Buch ›Römisches Leben‹ schildert die Brun in einem reizenden Brief an ihre Tochter die Ankunft der Familie Humboldt und erinnert sie an die anfängliche Verwirrung, welche bei dieser Gelegenheit dadurch entstand, daß die künftige Spielgenossin Caroline auf der Reise der Bequemlichkeit halber als Knabe gekleidet war. Auch jetzt in Rom schrieb Frau von Humboldt an ihre Freundin einen Brief, der vor allem von den Veränderungen handelte, welche die Stadt seitdem erfahren hat. So wird es wohl auf die Erzählungen der beiden mit Ischia so vertrauten Freundinnen zurückgehen, wenn sie jetzt schrieb:

Ich freue mich nicht so zu Neapel, wie zu Rom. Nur dies ist mir eigentlich ganz heimisch. Doch soll auch Ischia ein Paradies sein. Ach, wenn es Caroline wieder herstellt, so soll es für mich das gelobte Land sein.

Was sie aber zunächst in Neapel über die Insel zu hören bekam, klang wenig einladend. Es sei außerordentlich schwer, dort ein Logis zu finden, die Wohnungsnot sei derart, daß der Prinz Heinrich, der Bruder Friedrich Wilhelms III., zwar das beste Quartier genommen habe, aber doch für seine Person nicht hingehen wolle. Er hätte es gerne den Humboldts zur Verfügung gestellt, aber es diene jetzt Leuten aus seiner Begleitung. Alles sei ganz unbeschreiblich unbequem, die Bäder lägen fern von den Wohnungen, und Esel seien das einzige Fortbewegungsmittel. Das junge Paar Hedemann beschloß daher, in Neapel zu bleiben und erst später zu Besuch nach Ischia zu kommen. Die Mutter mit den beiden anderen Töchtern aber ging am 7. Juli nach Lacco, wo in der Villa des Duca di Atri eine Wohnung frei war. Sie lag jedoch keineswegs in dem herrschaftlichen Hauptgebäude, sondern bestand in dem am östlichen Ende des Gartens gelegenen ›Kaffeehaus‹, das viel zu wünschen übrig ließ. »Ein selbst für drei Personen entsetzlich kleines, ängstlich schlecht eingerichtetes Quartier, zwar eine herrliche Aussicht, aber keine Persianen, keine Möbels, nichts«, schreibt die enttäuschte Frau an ihren Gatten.

Zum Glück klingen die Nachrichten jedoch bald anders, denn nach zwei Tagen erreichte sie dank einem Empfehlungsbrief an einen Herrn Pigillo, daß der Hauswirt ihr

»die Premier-Etage des großen Kasinos« einräumte. Nun wohnte die Familie geräumig gut, aber die Miete betrug für die Zeit ihres Aufenthaltes statt hundert Dukaten zweihundert. Am 10. Juli schreibt Frau von Humboldt an ihren Gatten:

Unsere Einsamkeit ist total, die Lage unseres Kasinos ungemein schön, mehrere Terrassen, die zu einer schön angebauten Vigne führen, von jeder die verschiedenartigste Aussicht auf die Berge der Insel und auf das Meer, auf diesem alle Inseln, Ponza, Procida, Cap Misen und Bajä, im Hintergrund der rauchende Vesuv, darüber der unendliche Himmel. Ach, was gäbe ich darum, in dieser tiefen Stille mit Dir zu sein! ... Das Volk ist gut und arbeitsam, ein Verbrechen, eine Dieberei sogar unerhört, alles schläft hier mit offenen Türen in tiefster Ruhe ... Wir führen eine Art Klosterleben, das göttlich wäre, wenn Du bei uns wärst.

Eine Woche später schildert sie ihm ihr Leben auf der Insel etwas eingehender:

Ich lebe hier wie außer der Welt und trotz meiner Démarchen nur eine Zeitung zu Gesicht zu bekommen, ist es mir noch nicht geglückt. Es gibt hier nicht einen vereinten Badeort, wie Karlsbad oder Töplitz ... Daher werden denn alle Kommunikationen schwierig, alle Visiten und Spazierritte zu Esel, und da der Abend viel früher als bei uns im Norden eintritt, und die Badenden sehr vor der Stunde gewarnt werden, in der die Sonne untergeht, man doch nicht vor 2 Uhr ißt, dann eine Stunde ruht, so ist der Abend da, ehe man sich versieht und ehe man viel vor sich gebracht hat ... Der Doktor hier ist eine wahre Theaterfigur. Viele Tage hat er gebraucht, um ins Klare zu kommen, wer ich eigentlich bin. Der Wiener Kongreß spukt dem guten Mann noch im Kopf herum. In seinem eigenen Hause, was ›la sentinella‹ heißt und auf einer Höhe über Casamicciola liegt, wohnt als Badegast der Principe di St. Angelo Imperiali, der während des Kongresses in Wien Gesandter des König Ferdinand von Neapel war. Dieser hat ihm gesagt, er habe oft bei Dir gegessen, Du bei ihm, er könne sich aber nicht auf den Namen Deines Casato besinnen. Das ist ja göttlich, daß ein Minister nicht einmal weiß, wie der andere heißt. Diesen Namen nun zu erforschen, ging der Doktor viele Tage bei uns um den Brei, heute hat er ihn sich endlich sagen lassen, und daß der

›famosissimo Viaggiatore‹ Dein Bruder sei, war ihm auch bekannt. Ich glaube, er kaut noch an dem Namen.

Carolines Arzt war also der gleiche Dr. Monti, bei dem Barbara Bansi sich so wohl fühlte, und die Sentinella war nach wie vor noch kein Hotel, sondern ein Privathaus, in dem sich auch anspruchsvollere Gäste einmieteten. Die Kranke bekam zunächst tagelang besonders heftige und schmerzhafte Zufälle, die stärker waren denn je, aber am 26. Juli schreibt die glückliche Mutter: »Vor allen Dingen das Wichtigste. Es geht besser mit Caroline.«

Inzwischen waren auch Hedemanns von Neapel herübergekommen und wohnten bei Frau von Humboldt. Man liest in dem gleichen Brief:

Meine Wohnung ist aber wirklich schön, geräumig, luftig, mit herrlicher Aussicht und den prächtigsten Terrassen, und an die schlechten Matratzen, Mangel an Sofas und an die harten Rohrstühle gewöhnt man sich endlich auch. Wärest Du nur hier! Dir sollte es gefallen. Nichts ist imponierender als die Stille des Abends. Jetzt ist der schönste Mondschein, er steht zwischen 10 und 11 Uhr über der Spitze des Epomeo. Wie rein die Kontur des kolossalen Berges (denn eigentlich ist der Berg die Insel) sich gegen den klaren Himmel abhebt! Und das Meer schlägt in der Nacht gleichsam in regelmäßigeren Pulsen an – alles Geräusch des Tages und des menschlichen Treibens ist verstummt, man hört nichts als das Rauschen der Wogen. Ich war die beiden letzten Abende mit August lange allein auf der Terrasse, die nach Morgen hinaus liegt und wo die Ferne oft von den Flammen des Vesuvs erhellt wird. Wir haben viel von Dir und der Zukunft gesprochen ... Der Schiffer will weg. Ich umarme Dich, meine teure Seele, und bin ewig die Deine.

Die Besserung Carolines hält Gott sei Dank an:

Die angenehmste Nachricht, die ich Dir wohl geben kann, ist, daß es mit Carolinen so gut geht, wie wir es uns nur irgend wünschen können. Der Gesichtsschmerz ist wirklich seit neun Tagen verschwunden. Sie erholt sich sichtlich, hat ordentlich Farbe, war lange nicht hübscher gewesen, als eben jetzt.

Der gleiche Brief vom 1. August enthält die Schilderung eines Spaziergangs auf den Monte di Vico:

Ja, hier gibt es Stellen, wo man sich in einem anderen Weltteil dünkt, so südlich fremd sieht es aus. Schon die Form der Häuser, das Verstreute der Wohnungen, die ganz glatten Dächer, glatt wie ein Estrich-Fußboden, haben etwas ungemein Frappantes. Da steht ein Berg uns gegenüber, von dem wir nur durch ein schmales Tal getrennt sind. Wir gingen letzt hinauf, die Aussicht zu genießen, und gerieten in eine Art Park. Blühende Myrthen, ganze Wälder voll, blühende Granatbäume, baumhoher Kaktus und Aloe, alles in reizender Verwirrung durch- und nebeneinander. Der Fußweg schmal am Rande des Berges, und in der Nähe das saphirblaue Meer!

Auch nach Ischia ritten sie, und Frau von Humboldt war vom Kastell und seiner Umgebung entzückt.

Die Gegend ist so schön und groß, daß, wenn ich bloß meinem Vergnügen nachginge, ich acht Tage in Ischia wohnte.

Immer wieder muß Frau von Humboldt daran denken, wie wohl ihr mit Regierungsgeschäften überladener Gatte sich auf Ischia fühlen würde.

Ach meine teuerste Seele, wie gemacht wäre der Aufenthalt auf dieser Insel für Dich. Heiterer Himmel, bedeutende Wärme, wenig Schatten, also Sonne aus erster Hand, herrliche und großartige Gegend, schönes Meer, gar keine Gesellschaft, denn ein jeder besinnt sich, Visiten auf Eseln zu machen, tiefe Stille, am Hause schöne Terrassen, einen Wohngarten, Nachts einen von Millionen Sternen erglänzenden Himmel, das alles wüßtest Du zu schätzen wie wenige. Die Milchstrasse glänzt wie ein Strom reinen Lichts.

Unwillkürlich muß man bei diesen am 8. August geschriebenen Zeilen an den so ganz anderen Ton im Ischia-Tagebuch ihrer »lieben, theuren Freundin« Friederike Brun denken, der die Augustwärme zur Qual wurde und die nicht erwarten konnte, daß der Weg in die Schweiz frei würde.

Der folgende Tag brachte eine »etwas fatigante Tour«, über die natürlich auch berichtet wird.

Es würde mir sehr leid gewesen sein, den Epomeo nicht bestiegen zu haben, und, nun ich oben war, sehe ich, daß man die

Insel gar eigentlich nicht kennt, wenn man nicht oben war. Erst war einiger Nebel zwischen uns und der Gegend, die weißen Wölkchen schwebten auf der dunkelblauen Meerflut, es war, als ob man sich auf den Rücken legt und über sich in den Himmel schaut. Dann sanken die Wolken und alle Inseln, die fernen Küsten, die Kette der Berge und die paradiesische Gegend nach Neapel hin wurden sichtbar. Wie habe ich Deiner gedacht! Wie hättest Du den wirklich einzigen Ausblick genossen! So wunderbar schimmern die Inseln im Meer, das Land scheint nur so hergegeben, gleichsam aus Gunst des mächtigen Elementes ... Wir konnten in unseren Garten, in die Zimmer der Kinder herabsehen und der Monte Vico, der von hier unten so groß und hoch aussieht, lag wie eine kleine Erhöhung vor uns. Fünf Stunden brauchten wir, um über Forio hinauf zu reiten. In dreien kamen wir herunter, machten aber die jähsten Teile zu Fuß.

Die wenigen, sich notwendigerweise nur auf Ischia beschränkenden Proben, welche wir aus dem Schatz der Humboldt-Briefe gegeben haben, lassen vielleicht doch da und dort ahnen, welch unendlich reines Gemüt diese auch von Goethe hochgeschätzte Frau besaß, in der sich liebenswürdige Weiblichkeit, Herzensgüte und Sinn für das Höchste in Poesie und Kunst in seltener Weise paarten. Daß auch bei ihren Kindern das Briefeschreiben gepflegt wurde, möge eine Probe der vielen Briefe dartun, welche die verliebte Gabriele von Ischia aus an ihren Heinrich sandte.

Lacco auf Ischia, Juli 1817

Ganz erfüllt von Freude und Glück über Deine Briefe, setze ich mich hin, um Dir für selbige meinen innigen Dank zu sagen. Der eine war noch vom 26. April. Es ist ordentlich rührend, wie so ein armer Brief sich durchschlägt durch Wind und Wellen und endlich richtig ankommt. Ich erwachte heute sehr früh und hörte mit Schrecken, wie draußen ein starker Sturm tobte, so daß das ganze Haus zitterte. Besorgt trat ich auf die Terrasse, der ganze Himmel war bewölkt, das Meer schlug hohe Wellen, und kein Schiff war zu erblicken – ich seufzte tief, denn der Gedanke, den heutigen Tag wieder vorbeigehen zu sehen, ohne einen Brief zu erhalten, betrübte mich sehr, und doch konnte ich es kaum hoffen, daß der Schiffer, da der Wind entgegen war, kommen

Chiesa del Rosario in Lacco di sopra auf Ischia
Federzeichnung von Ary Renan

würde. So vergingen einige Stunden, und immer unruhiger wurde ich. Da griff ich zu dem Mittel, was mir so oft hilft, und wodurch ich so gestärkt und aufgerichtet werde; ich setzte mich hin und las einige Kapitel in der Bibel. Eine wohltuende Ruhe und Klarheit ergoß sich durch mein Innerstes, und nachdem ich flehentlich meinen Gott um Erfüllung meines heißen Wunsches gebeten hatte, aber auch mit dem festen Willen, wenn das nicht sein könnte, es mit Fügung und ohne Murren zu ertragen, stand ich auf und wollte ans Fenster treten, da öffnete sich die Thüre, und der Schiffer trat herein und brachte mir Deine beiden lieben Schreiben ... Du wirst lachen, daß vom Schiffer so oft die Rede ist, aber um diesen Mann dreht sich hier unser ganzes Leben, denn da man jede Kleinigkeit muß von Neapel kommen lassen, so ist er die Hauptperson der Wirtschaft. Außer Wein und Fleisch ist hier durchaus nichts zu bekommen, wir nennen es daher immer »Lemnos unwirtlichen Rücken«. Gestern machten wir eine Visite bei Frau v. Coller, zu Esel natürlich, auch ging es recht gut. Die Sättel, die die Mutter hat aus Neapel kommen lassen, sind sehr bequem. Ich möchte, Du sähest diese Kavalkade. Solange wie es eben geht, bin ich sehr ruhig und guten Mutes, steigt oder fällt aber der Weg, so ist's nicht weit her mit meinem Reiten, auf jeden Fall gehe ich lieber zu Fuß. Der Weg, den wir gestern machten, ist äußerst angenehm und schön, immer längs dem Meere hin, und von der anderen Seite die hohen schönen Berge, unter welchen der Epomeo hervorragt, der eigentlich der Mittelpunkt der ganzen Insel ist. Abends gehen wir von unserem Berg hinunter, einen kleinen Pfad, wo, wie man wirklich mit Goethe sagen kann, »die Myrthe still und hoch der Lorbeer steht«. Dieser Pfad führt uns an das Ufer des Meeres, das an dieser Stelle zwischen hohen Felsen braust. Man hat dort die Aussicht auf die fernen Apenninketten, und es ist unsäglich schön da ... Wenn die Anderen abends ins Haus gehen, bleibe ich immer noch auf unserer Terrasse allein, wenn der Mond scheint ... Wenn ich dann so stehe, versunken in die Pracht und Herrlichkeit der Natur, o, dann ergreift ein solches unnennbares Sehnen mein Herz, es wird mir so weich und wehmütig, ich muß weinen und könnte Alles hingeben, um Dich in solchen Momenten bei mir zu haben, mit Dir, mein süßes Leben, nur eine Stunde zu sein! Aber ich werde auch nicht ungeduldig, daß das nicht sein kann, denn die Sehnsucht nach Dir ist dann zu sehr mit Gottergebung und tiefer Anerkenntnis meines Glückes verbunden, als daß nur die geringste Spur von Mißvergnügen und Ungeduld sich in mir regen könnte, ich bin traurig – ach, ich möchte mich auflösen in Wehmuth und Sehnsucht, aber den Frieden, den Deine Liebe mir giebt und der in meiner Seele herrscht, kann nichts verscheuchen und verdrängen, und so gebe ich mich gern der süßen, wehmütigen Stimmung hin, in der ich mich glücklich fühle, weil dann kein anderes Gefühl in mir lebt als einzig Du, Deine beseligende Liebe, und das Vertrauen auf den gütigen Gott, das beim Anschauen seiner Schöpfung doppelt erhöht wird ...

Schließlich hatte Caroline ihre achtundzwanzig vorgeschriebenen Bäder genommen und »die Gesichtsschmerzen waren wirklich wie weggehaucht«. Am 14. August schrieb ihre Mutter zum letzten Mal aus Ischia an den Gatten, gedachte dabei ihres geliebten vor vierzehn Jahren gestorbenen Wilhelm und des stillen Grabes in Rom, und teilte mit, daß sie übermorgen nach Neapel führen. Nach Hause sollten freilich Frau von Humboldt und ihre beiden Töchter noch lange nicht kommen. Zunächst blieb man noch bis Ende September in Neapel, wo natürlich sogleich wieder reges gesellschaftliches Leben die totale Ruhe auf Ischia ablöste. Inzwischen war Wilhelm von Humboldt preußischer Gesandter in London geworden und Bülow auch dort sein Helfer, und da ein Zusammenleben in England nicht in Frage kam, zog es Frau von Humboldt daher vor, zunächst in ihrem geliebten Rom zu bleiben. So kam es, daß die Familie erst zwei Jahre, nachdem man Ischia Lebewohl gesagt hatte, wieder in Berlin vereint wurde, während Bülow immer noch ein weiteres Jahr an die verwaiste Botschaft in London gefesselt war. Nach dreieinhalbjähriger Trennung sah sich endlich auch das Brautpaar wieder, der Verlobte wurde jetzt zum Wirklichen Legationsrat in Berlin ernannt, und die beiden konnten im Januar 1821 heiraten. Von 1827 bis 1841 weilte dann Bülow, teils mit, teils ohne seine Gattin, selbst als Gesandter in England, aber schon 1846 wurde er im Familiengrab im Park von Tegel neben seinen Schwiegereltern beigesetzt; der von allen geliebten und verehrten Gabriele waren jedoch noch vier Jahrzehnte Witwentum beschieden.

Alphonse de Lamartine, der Italien sein »Adoptiv-Vaterland« nannte, der einmal erklärte, »Italien ist für mich kein Land, es ist eine Fata Morgana!«, kam dreimal nach Ischia. Die ersten tiefen Eindrücke von der Insel bekam er, wie bereits erwähnt, während der fünf Monate, die er in den Jahren 1811-12 unter der Regierung Murats in Neapel verbrachte. Da wir in bezug auf diesen Aufenthalt nur sehr wenig Konkretes berichten können, während über den zweiten im Jahre 1820 und den dritten im Jahre 1844 immerhin etwas mehr Material vorliegt, so soll an dieser Stelle alles, was wir über Lamartine und Ischia in Erfahrung gebracht haben, zusammengefaßt werden.

Wer hofft, aus Lamartines vielen Briefen und mit Hilfe seiner ›Confidences‹ ein getreues Bild seines Lebens auf unserer Insel gewinnen zu können, wird freilich etwas enttäuscht werden. An poetischen Ergüssen ist wohl kein Mangel, aber Sachliches wird man nur selten finden. Dazu kommt, daß nur allzu oft Erlebnisse, über die er in den ›Confidences‹ berichtet, ganz oder teilweise seiner Phantasie entsprangen, und daß selbst zeitliche Angaben bewußt gefälscht werden! So verlängerte er seinen ersten Neapel-Aufenthalt, der von Anfang Dezember 1811 bis Ende April 1812 währte, um nicht weniger als acht Monate, wenn er in seinen vertraulichen Mitteilungen sagt, er sei bereits am 1. April angekommen. Lediglich der Umstand, daß der wirkliche Aufenthalt zu kurz war, um in ihm den ganzen Graziella-Roman unterzubringen, kann diese Korrektur ausgelöst haben. Würde man die Jahreszahlen, die sich oft in den kurzen Erläuterungen zu seinen auf Ischia entstandenen Gedichten finden oder etwa in dem die ›Confidences‹ einleitenden Brief auftauchen, alle für bare Münze nehmen, so würden sich die Aufenthalte auf Ischia mindestens um drei weitere vermehren.

Ein noch viel ernsteres Problem stellt die romantische, so tragisch endende Liebesgeschichte der ›Graziella‹ dar, die ja im Rahmen seiner Selbstbiographie als ein seinen ersten Neapel-Aufenthalt völlig beherrschendes Erlebnis erscheint. Wir müssen froh sein, daß diese Novelle vor allem auf Procida und nicht auf Ischia spielt und wir so der Frage enthoben sind, inwieweit sie auf Wahrheit beruht und wieviel davon Lamartines Phantasie entsprang. Gibt es doch eine umfangreiche Literatur über dieses Problem und treten manche Autoren dafür ein, daß alles wirklich so ablief, während andere das Ganze als reine Dichtung bewerten. Den richtigen Weg aber dürften diejenigen einschlagen, die sich bemühen, soweit das überhaupt möglich ist, Erlebtes und Erdichtetes zu scheiden.

Der Anlaß zu dieser ersten Italienreise des Achtzehnjährigen, der eben erst mit einem glänzenden Zeugnis die Schule verlassen hatte, war besonderer Art. Hatte er sich doch in ein bürgerliches Mädchen aus bescheidener Familie verliebt, das seinen Eltern unerwünscht war, und sollte auf solche Weise auf andere Gedanken gebracht werden. Der Umstand, daß eine Kusine von ihm, Madame de Hast, und ihr Gatte aus geschäftlichen Gründen nach Livorno und

Rom reisen mußten, erleichterte dieses Vorhaben in willkommener Weise. Als in Livorno die Nachricht vom Tod des Vaters von Herrn Hast eintraf und Lamartine allein zurückblieb, bat er seinen Vater um die Erlaubnis, die Reise nach Rom und Neapel trotzdem fortsetzen zu dürfen, wartete aber lieber keine ablehnende Antwort ab und machte sich mit geringer Barschaft alsbald auf den Weg.

Damit beginnt auch in den ›Confidences‹ bereits das Fabulieren. Lamartine brennt darauf, etwas zu erleben, und wenn es nichts Aufregendes zu berichten gibt, muß seine Phantasie dafür sorgen. In der Postkutsche von Florenz nach Rom reiste mit ihm außer einem neapolitanischen Principe ein italienischer Tenor Davidé mit einem jungen ›Mann‹, der sich erst in Rom im Hotel als hübsches Mädchen namens Camilla entpuppte. Natürlich entwickelte sich daraus ein zärtliches Verhältnis. Robert Mattlé, dem wir eine umfassende Darstellung ›Lamartine Voyageur‹ verdanken, bezeichnet diese Episode als eine »charmante mystification«.

Um auch die Fahrt von Rom nach Neapel interessanter zu gestalten, berichtet Lamartine, daß sie in der Nähe von Velletri auf den umgestürzt am Straßenrand liegenden Wagen eines Kuriers stießen; dieser, der Postillon und zwei Pferde lagen tot daneben, die Warenballen waren aufgerissen, und die Fetzen der Briefe flatterten in der Luft. Französisches Militär war hinter den Briganten her, und von den Bergen vernahm man die Schüsse der beiden Parteien. Mattlé erklärt auch dieses Erlebnis für reine Erfindung, obwohl solche Überfälle, zu denen Ferdinand IV. von Palermo aus aufforderte, damals ja keine Seltenheit waren und nur die nähere Umgebung Neapels vor ihnen sicher war.

In der Stadt, in der der Dichter die »Flitterwochen« seiner Jugend verbracht hatte, wohnte er zunächst allein in einem kleinen Gasthaus, nach einiger Zeit kam aber auch sein Freund Aymons de Virieu an, mit dem er nun Stadt und Umgebung durchstreifte. Folgen wir der Darstellung in den ›Confidences‹, so lernten die beiden dabei einen alten Fischer aus Procida kennen, der auch an der Mergellina in Neapel eine Wohnung hatte, und begleiteten ihn von da an regelmäßig auf seinen Fahrten. Auf einer solchen gerieten sie eines Tages in einen furchtbaren Sturm und konnten sich nur mit knapper Not nach Procida retten. Bei dieser Gelegenheit sah Lamartine zum ersten Mal Graziella, die Tochter des Fischers, deren Reize ihn sofort gefangen nahmen. Auch Graziella blieb nicht gleichgültig. Die Familie zog den jungen Mann in Bälde nicht ohne Hintergedanken immer mehr in ihr Haus an der Mergellina, beherbergte ihn schließlich sogar dort, und die beiden Verliebten glaubten nicht mehr ohne einander leben zu können. Das traurige Ende, die Flucht Graziellas nach Procida, die rührende, so oft gemalte Szene, wie Lamartine sie dort vor dem Bilde der Madonna mit den abgeschnittenen Haaren findet, und die nicht sehr männliche Art, wie er sie schließlich in Begleitung seines Freundes in Stich läßt, ohne Abschied zu nehmen, all das erscheint in den ›Confidences‹ als historische Wahrheit. Wieder zu Hause, soll er eines Tages aus Neapel ein Paket mit Graziellas Haaren und einen auf dem Sterbebett geschriebenen Brief erhalten haben, in dem sie ihn bat, die Haare in einer Kapelle seiner Heimat niederzulegen, damit wenigstens etwas von ihr in seiner Nähe sei.

Für die Frage nach dem realen Hintergrund dieser Erzählung ist nun aber noch eine andere Begebenheit wichtig, von der in den ›Confidences‹ nicht berichtet wird. Als Lamartine sich eines Tages entschloß, einen Brief seiner Mutter bei einem Verwandten, einem Herrn Dareste de la Chavanne, abzugeben, welcher Direktor der Königlichen Tabakmanufaktur war, traf er diesen, wie er sich beim Frühstück von zwei hübschen Aufseherinnen seines Betriebes bedienen und unterhalten ließ. Eine derselben hieß Antoniella und war ebenfalls die Tochter eines Fischers von Procida. Auch diesmal fing Lamartine sogleich Feuer, so daß er das Angebot seines Verwandten, doch zu ihm zu ziehen, mit Freuden annahm. Als dieser dann gar einmal Antoniella in der malerischen Tracht der Procidanerinnen erscheinen ließ, war er vollends berauscht und konnte die Stunden der Mahlzeiten kaum erwarten.

Es wird wohl allgemein angenommen, daß Graziella und Antoniella ein und dieselbe Gestalt darstellen, aber eine eindeutige Rekonstruktion des Erlebnisses bleibt unmöglich. Im Schreibtisch Lamartines fand sich ein von ihm geschriebener Zettel mit der Aufschrift: »Taschentuch von Graziella, mir nach ihrem Tode mit ihren Haaren zugesandt.« Es fällt nicht leicht, auch dies für Erfindung zu halten. Fest steht jedenfalls, daß viele Einzelheiten in der Graziella-Geschichte offenkundig auf eine intime Kenntnis des kleinbürgerlichen neapolitanischen Milieus dieser Zeit zurückgehen und daß Lamartine in jener Zeit, in der er Procida kennenlernte, auch schon die Reize Ischias gekostet hat. In den ›Confidences‹ erzählt er, daß sie, als die beiden mit dem Vater Graziella-Antoniellas ausfuhren, auch in den Gewässern Ischias gefischt und sich dort mit Wasser versorgt und gerastet hätten. Daß ihm aber schon damals die Insel ungleich viel mehr bedeutete, geht aus den Worten hervor, die er als reifer Mann an das im Jahre 1820 entstandene Gedicht ›Ischia‹ anfügte. In ihm schwingt mit aller Deutlichkeit die Erinnerung an das Erlebnis des Neunzehnjährigen.

Der ersten Orangeblüte Hauch, den man, fast noch ein Kind, an unbekannter Küste landend, eingesogen hat, leiht seinen Duft noch lange der Erinnerung. Dies ist die Insel meines Herzens, die Oase meiner Jugend, der Ruhepunkt meiner reifen Jahre. Ich wünschte, daß hier die Zuflucht meines Alters sei, wenn mir ein solches beschieden sein sollte. In den ›Confidences‹ hat man gesehen und wird man sehen, warum.

In diesen ist nirgends von seiner Gattin die Rede, mit der er 1820 auf Ischia weilte.

Lamartine war ungefähr zehn Jahre wieder in der Heimat, da lud ihn seine Schwester, die einen Bruder seines Freundes Louis de Vignet geheiratet hatte, ein, nach Chambéry zu kommen. Sie wollte ihn mit einer hübschen, gebildeten und wohlhabenden Engländerin bekannt machen, die mit ihrer Mutter bei der befreundeten Marquise de Lapierre weilte. Mrs. Birch hatte nach dem Tode ihres Gatten mit ihrer Tochter Anna-Elisa, um sich zu zerstreuen, eine Reise durch Frankreich angetreten und sie waren in Chambéry gelandet, weil die poetisch veranlagte Tochter die Stätten besuchen wollte, an denen die Erinnerungen an Rousseau hafteten. Es dauerte nicht lange, so verband Anna-Elisa und Lamartine eine ernste Zuneigung. Anna-Elisa war bereit, dem Dichter die Hand zur Ehe zu reichen, aber die Mutter wollte zunächst nicht einwilligen, daß ihre Tochter einen Katholiken heirate, der noch dazu ohne Vermögen und ohne irgendwelche feste Position war. Auch für Lamartine stellte die verschiedene Konfession ein unüberwindliches Hindernis dar. Als aber dann Anna-Elisa seinen Glauben annahm, im März 1820 Lamartines ›Méditations poétiques‹ erschienen und ungewöhnlichen Beifall fanden, sowie im gleichen Monat seine Ernennung zum Sekretär der französischen Botschaft in Neapel erfolgte, gab auch Mrs. Birch ihre Zustimmung, und die beiden wurden in aller Stille in Chambéry getraut.

In zwei bequemen eigenen Wagen trat das junge Paar bald nach der Hochzeit im Jahre 1820 die Reise nach dem Süden an. Im ersten saß Lamartine mit seiner Frau, im zweiten seine etwas verdrießliche Schwiegermutter, die er am liebsten nicht mitgenommen hätte, mit ihrem Zimmermädchen, mit Monkey, ihrem unentbehrlichen Hofmeister, und dem vielen Gepäck, das die an ihren englischen Komfort gewöhnte Frau nötig hatte. Aus Turin, wo jetzt sein Freund de Virieu, mit dem er einst in Neapel weilte, inzwischen auch Botschaftssekretär geworden war, schrieb Lamartine, nachdem er nun drei Wochen verheiratet war, an einen anderen Freund: »Ich bin in jeder Beziehung glücklicher als ich mir je hätte träumen können.« Seine Frau besäße »Tugend, Reize, Geist, Güte, Leidenschaft und Vermögen«. Nur seine Gesundheit mache ihm schon seit Monaten Sorge.

Die Zeit, in der Lamartine mit seinen Damen nach Neapel kam, war keineswegs frei von Sorgen. Auf dem Festland und in Sizilien waren schwere Unruhen ausgebrochen, welche den König zunächst zwangen, seinem Land eine Konstitution zu versprechen. Der Fremdenverkehr war daher wieder einmal lahmgelegt, die vielen Engländer und Russen, welche sonst die Stadt belebten, waren ausgeblieben, abendliche Soiréen gab es nicht; man war ganz auf sich selbst angewiesen. Aber die möblierte Wohnung am Ende der Chiaia mit dem Blick auf die Bäume der Villa Reale, das Meer und den damals ja noch viel grüneren Posillip war ganz nach ihrem Wunsch. Auf der Botschaft gab es trotz der kritischen Lage wenig zu tun, so daß viel Zeit für Ausflüge blieb. Als die Luft in Neapel allzu schwül wurde, mietete Lamartine auf Ischia eine kleine Wohnung. Zunächst machte er sich nur zwei- bis dreimal in der Woche frei vom Dienst an der Botschaft, um mit seiner Frau, die ihn dann an der Marina erwartete, die Insel zu genießen, welche schon den Jüngling so begeistert hatte. Man wollte drei Wochen bleiben, aber es wurden ihrer wesentlich mehr.

In einem Brief an Louis de Vignet, der am 31. September, als Lamartine bereits einen Monat auf Ischia weilte, geschrieben wurde, schildert er mit feinem Humor einen Tag ihres Insellebens.

Ich verbringe meine Zeit zu Lande oder auf dem Meer, mit Marianne in Träumereien versunken. Wir kehren zurück, wir essen, wir schlafen. Bebend in edlem Eifer erwarten uns vier Esel im Hof. Madame Birch und ihr Stallmeister Monkey eröffnen die Expedition, Marianne und ich beschließen sie. Und in diesem grotesken Aufzug, dem einzigen hierzulande, erklimmen wir die vulkanischen Gipfel; wir entdecken Landschaften, an welche selbst die von Bordeaux nicht heranreichen; wir verlieren uns in den Wäldern, wir purzeln in die Schluchten. Madame Birch weint, Monkey versinkt in Schweigen, Marianne wird ungeduldig und ich lache. Die Nacht bricht herein; bezaubert von den wirklich entzückenden Entdeckungen und ermüdet von den Strapazen steigen wir wieder hinab und geloben, keine weiteren machen zu wollen. Wir nehmen eine Eierspeise, lesen, musizieren, wir schreiben, gehen zu Bett, um am folgenden Tag wieder von vorne anzufangen. Ich füge noch hinzu, daß wir, seitdem wir den Boden dieser Insel betraten, von allen unseren Leiden geheilt sind. Das macht die Höhenluft, der Schweiz vergleichbar, das gemäßigte Klima des Mittelmeeres. Es gibt hier übrigens nicht weniger als sechzig Arten von Mineralwasser, die wir zum Zeitvertreib trinken.

Vierzehn Tage vorher freilich schrieb Lamartine an einen anderen Bekannten: »Ich trinke hier die Wasser, die ich noch immer sehr nötig habe, da ich äußerst leidend bin.«

Natürlich möchten wir auch gerne wissen, wo man gemietet hatte. Aus den Briefen, in denen die Wohnung geschildert wird, geht es zunächst nicht eindeutig hervor. Einmal schreibt Lamartine:

Ich bewohne den schönsten Winkel des Landes. Ein Vorgebirge von sieben oder achthundert Metern Höhe ragt in das Meer wie Châtillon in den See. Zu seinen Füßen gedeihen Wälder bis zum Wasser, der Gipfel ist bedeckt mit Schatten spendenden Weinreben, Zitronen-, Lorbeer- und Granatbäumen, Myrten und so fort. Auf der Spitze erhebt sich unser von rustikalen Säulen umgebenes Casino mit einer an das Morgenland erinnernden Terrasse als Dach. Es ist von einer Familie bewohnt, die ausgesprochen patriarchalisch wirkt.

Ein anderes Mal spricht Lamartine von einer »Einsiedelei, der wildesten und anmutigsten des Gipfels, der sich von dem Vorgebirge erhebt, das gegenüber der Küste von Baia und Kap Misen senkrecht ins Meer stürzt«. Man hat neuerdings daran gedacht, daß die Beschreibung auf die Villa des Duca di Atri in Lacco passe, aber damit harmoniert weder die Höhe noch manche sonstige Einzelheit. Robert Mattlé hat vielmehr bereits vor geraumer Zeit darauf hingewiesen, daß Lamartine im Jahre 1866, an freilich ziemlich verborgener Stelle, nochmals auf jene glücklichen Zeiten zu sprechen kommt und dabei ausdrücklich die Sentinella als seine damalige Wohnung bezeichnet.

Um meiner Frau und ihrer Mutter die Unruhen der sich in Aufruhr befindlichen Hauptstadt zu ersparen, hatte ich auf der

Insel Ischia eine reizende Wohnung, genannt ›La Sentinella‹, gemietet. Sie liegt über dem Meer, das durch das Gitter ihrer Weinranken glänzt. Die Segel, die über seine in einem lebhaften Blau wie ein zweiter Himmel leuchtende Oberfläche gleiten, ähneln von dieser Höhe aus den Flügeln der unter den Ölbäumen ruhig von Baum zu Baum fliegenden Tauben.

Nur eines fehlte dem Dichter in diesen zwei Monaten, ein Freund. In seinen Briefen suchte er de Virieu und de Vignet zu überreden, auch nach Ischia zu kommen. »Daß Ihr nicht hier seid, Virieu und Vignet – unter Tausenden das reizendste Paar! Ihr, die Ihr Augen habt für die Natur, empfängliche Herzen und einen Geist, der sich nach ihr sehnt! Hier würde sie Euch ihre geheimsten Schätze, die hinreissendsten Schönheiten offenbaren! Hier . . . !« Immer mehr fühlte er sich mit der Insel verbunden. Hier habe er ein für allemal den Anker ausgeworfen, schrieb er damals an anderer Stelle. Wenn ihm ein günstiges Geschick mehr Geld gönnen würde, als gerade zum Leben nötig sei, und das Jahr mehr als zwölf Monate hätte, dann würde er regelmäßig sieben bis acht Monate auf Ischia leben und den Rest in Paris, London oder in seiner engeren Heimat verbringen.

Von den in dieser Zeit entstandenen Poesien ist wenig erhalten geblieben. An de Virieu schrieb Lamartine damals: »Ich reime hin und wieder, wenn ich allein bin. Aber Beschwerden, Herzklopfen hindern mich daran. Sonst würde ich das Glück des Menschen weit besser besingen als zuvor sein Unglück.« Offenbar war er in der Tat mit seinen Versen nicht restlos zufrieden, denn auch in einem Brief an de Vignet meint er, wenn er nicht wisse, was er tun solle, dann dichte er, aber es lohne nicht das Porto, ihm etwas davon zu schicken. In einem der Kommentare, die Lamartine in den ›Nouvelles méditations poétiques‹ in späteren Jahren oft den Gedichten anfügte, spricht er anläßlich des wahrscheinlich am 9. Oktober 1820 entworfenen Gedichtes ›Ischia‹ davon, wie glücklich er damals gewesen sei und wie er das Bedürfnis gehabt habe, seinen Gefühlen Worte zu verleihen, fügt aber hinzu, daß die meisten dieser Verse nie gedruckt worden seien und verloren gegangen wären.

Einige Proben der Poesien jener Tage mögen das Bild von diesem ersten Ischia-Aufenthalt des Jungvermählten ergänzen. Der lange ›Chant d'amour‹ ist ganz erfüllt von der Liebe zu seiner Gattin:

Ouvre les yeux, dirais-je, ô ma seule lumière!
Laisse-moi, laisse-moi lire dans ta paupière
Ma vie et ton amour:
Ton regard languissant est plus cher à mon âme
Que le premier rayon de la céleste flamme
Aux yeux privés du jour.

Wir zitieren hier weiter nach der deutschen Übersetzung von Georg Herwegh, die 1839 in Stuttgart in der deutschen Erstausgabe erschien.

Die Augen schlage auf, spräch' ich, mein einzig Wesen,
Lass Liebe mich in deinem Blicke lesen,
O du, mein höchstes Glück!

Dein schmachtend Auge ist viel theurer meiner Seele
Noch, als der erste Strahl der ersten Morgenhelle
Des Blinden offnem Blick.

O lasse ruhen mich auf diesen Götterlippen,
Den süssen Balsamduft aus ihrem Kelche nippen!
Ha! du erwachest! Weh!

In neuem blauem Licht dein Auge wieder glühet,
Doch du . . . dein blaues Aug', sobald das Licht es siehet,
Sucht nur das meinige!

Warum die Seele mir mit deinem Blick durchbohren?
O dämpfe seine Glut; ich bin, ich bin verloren:
O senke, senke ihn!

Komm, komm, erhebe dich, und reich' mir deine Hände;
Mein Arm umschlinge dich und führ' dich am Gelände
der blühnden Reben hin.

Im Kommentar nennt der Dichter diese Verse eine Herausforderung an die Poesie, die es nie verstanden habe, Glücksgefühle so eindringlich zum Ausdruck zu bringen wie den Schmerz.

›Adieux à la mer‹ entstammt der gleichen Zeit. Lamartine war nicht ganz zufrieden mit diesen Versen, denn er bemerkte dazu, daß er sie eigentlich ins Meer hätte werfen müssen, wie man ärgerlich einen Spiegel zerbreche, in dem das Objekt entstellt erscheint, aber wir wollen doch die letzten Strophen wiedergeben, in denen so recht zum Ausdruck kommt, wie für diesen sentimentalsten aller Ischia-Gäste Landschaft und erotische Erinnerungen eins werden.

Wohin mein Nachen nun auch gehet,
Es ist zum letzten Male heut',
Sei's, wo die Pythia Dampf umwehet,
Sei's, wo Virgilius Grabmahl stehet –
Ein jeder Tropfen ist geweiht!

Es durft' mein Herz bei dir gesunden,
Das hart die Welt erst von sich stieß,
Ich hab' bei dir zu allen Stunden
Ein zweites Vaterland gefunden
Und mein verloren Paradies.

Nur zu! o welcher Reiz erfüllet dieß
Land, wohin dringet auch mein Blick,
aus jeder Welle strahlt ein Bildniß
Und jeder Felsen dieser Wildniß
Ruft einen schönen Traum zurück.

Wenn Lamartine in der zum Teil bereits zitierten Anmerkung zum Gedicht ›Ischia‹ weiter schreibt: »Ich bin seitdem manchesmal nach Ischia zurückgekehrt; teure Andenken habe ich dort niedergelegt, Tränen und Glückseligkeiten meiner Jugend. Die strahlende Sonne dieses Himmelsstriches verklärt alles, selbst den Tod«, so stimmt das »manchesmal« ebensowenig wie einige Zeilen vorher die Angabe, daß er 1821 mit seiner jungen Frau auf der Insel weilte. In Wirklichkeit erbat er Januar 1821 einen unbegrenzten Urlaub und im Februar wurde ihm in Rom ein Sohn geboren. Der einzige weitere Ischia-Aufenthalt fällt vielmehr in das Jahr 1844. Vorher wirkte er von 1825 bis 1828 erst als Legationssekretär und dann als Geschäftsträger in Florenz und weilte 1832 zum ersten Mal im Orient.

Auch über diesen dritten Besuch der Insel, der vor allem bedeutungsvoll ist, weil erst in dieser Zeit die Graziella-Novelle niedergeschrieben wurde, liegen nur spärliche Nachrichten vor. Eigentlich hatte Lamartine die Absicht, mit seiner Frau, seiner Schwester de Cessiat und deren Kindern – einem Sohn und zwei Töchtern – nach Marseille zu gehen und eine geeignete Wohnung in Nähe des Badestrandes zu suchen. Aber dann entschloß sich die Gesellschaft – es war Anfang August – doch lieber, mit dem nächsten Dampfer nach Neapel zu fahren. Dort blieb man nur, um die üblichen Ausflüge in die Umgebung zu machen, dann ging es am 18. August nach der geliebten Insel, wo man fast zwei Monate blieb. Ob man wieder in der Grande Sentinella wohnte, wissen wir nicht zu sagen. Es gibt wohl eine bisher nur teilweise veröffentlichte Quelle über diesen Aufenthalt, ein kleines Notizbuch, wie Lamartine es zumeist auf seinen Reisen hatte, um Ausgaben, Adressen und dergleichen einzutragen, und einige lose Zettel, teils von seiner Hand, teils von der seiner Gattin oder auch der seiner Nichte Valentine, aber wo er logierte, geht daraus nicht hervor. Da liest man zum Beispiel: »Ischia, den 18. Vier Piaster an einen Matrosen des Zollamtes gezahlt für den Transport der Sachen dorthin. Quartier gegen Quittung bezahlt vom 19. August bis 19. September.« Lamartine denkt auch sogleich an die nötigen Esel und macht mit einem Treiber aus, daß dieser pro Tag für sechs Esel einen Piaster erhält. Auch die Summen, welche der Koch für die Speisen bekommt, werden jeweils gewissenhaft vermerkt.

Lamartine hatte damals die Absicht, auf Ischia an seiner ›Histoire des Girondins‹ zu arbeiten, aber alsbald legte er sie beiseite und begann die Erinnerungen an seinen ersten Aufenthalt in Neapel, seit dem nun schon zweiunddreißig Jahre verflossen waren, zu schreiben – es entstand die ›Graziella‹. In einem Brief, der als Vorrede zu den ›Confidences‹ diente, in welche diese Liebesgeschichte ja eingebaut ist, erzählt er uns, daß er im Sommere 1843 – also ein Jahr, bevor er in Wirklichkeit auf Ischia war, eines Tages allein auf der Terrasse des Fischerhäuschens saß, in dem er wohnte und von dem man die Wellen kommen und gehen hörte, welche die Muscheln des Strandes hin und her rollten. Er habe auf den Knien an der ›Graziella‹ geschrieben, als der ihm befreundete Schriftsteller Eugène Pelletan erschienen sei, der in Neapel gehört habe, daß er auf Ischia sei. Auf die Frage, was er denn eben schreibe, habe er ihm einige Seiten vorgelesen, und Pelletan sei davon ergriffen gewesen. Ausführlich berichtet Lamartine weiter, wie diese Begegnung später, in einem Augenblick, in dem er dringend Geld benötigte, dazu führte, daß die Erzählung zuerst im Feuilleton einer Tageszeitung erschien.

Auch wenn nicht alles Erfindung ist, in einer »maisonnette de pêcheur« gab es sicher nicht Platz für sechs Personen und keinen Koch, der jede Woche etwa vierzig Dukaten erhielt.

Als Lamartine damals die ihm so teure Insel betrat, soll ihn eine junge Dame mit einer Strophe aus seinen Dichtungen begrüßt haben. Das Glück, das er darob empfand, löste die Verse des ›Salut à l'île d'Ischia‹ aus.

Il est doux d'aspirer, en abordant la grêve,
Le parfum que la brise apporte à l'étranger,
Et de sentir les fleurs que son haleine enlève
Pleuvoir sur votre front du haut de l'oranger ...

Man hat vermutet, daß es sich dabei um eine Signora Capecelatro handelte, die damals auf Ischia weilte und der Lamartine während dieses Aufenthaltes zwei Dichtungen widmete, die Valentine in ihr Notizbuch eintrug. Eine davon, die sentimentalen ›Fleurs sur l'autel‹, trägt darin das Datum

Ischia, 6. Sept. 44, während der nachlässige Autor sie 1846 entstehen ließ. Auch die Verse, die die Legende der Santa Restituta behandeln und die weißen Lilien besingen, welche am Strand von S. Montano entsprangen, nachdem die Heilige dort angetrieben wurde, stammen aus diesem Jahr.

Vor allem aber wird Lamartines Zeit mit der Niederschrift der ›Graziella‹ und mit den Ausflügen über die Insel ausgefüllt gewesen sein. Er wird ja nicht umsonst schon am ersten Tag den Pakt mit dem Eseltreiber abgeschlossen haben. Wir können uns vorstellen, wie dabei alle alten Eindrücke wieder lebendig geworden sind, wie die südliche Luft ihn verjüngte und wie all das seiner Arbeit zugute kam. Aber noch mehr! Lamartine war damals auf Ischia wirklich von Glück begünstigt. Die zwanzigjährige Nichte Valentine, der er die Insel zeigen durfte, war ihm nicht nur eine liebe Verwandte; es war vielmehr eine sehr tiefgehende Zuneigung zu ihr, die ihn erfüllte; »pure comme le ciel, grande comme la mer« nannte er einmal ihre Seele, und Valentine vergötterte ihren Onkel. So ist es sehr wohl zu verstehen, daß damals Lamartine seine Arbeit an der ›Histoire des Girondins‹ beiseite legte und seine Jugenderinnerungen zu neuem Leben erwachten. Für den, der sie zu analysieren versucht, ersteht freilich damit das Problem, wie oft er dabei nicht an Graziella oder Antoniella, sondern auch an Valentine gedacht hat.

Wie sehr sich Lamartine trotz der langen Zwischenzeit in Ischia doch noch zu Hause fühlte, geht auch aus einem Zettel hervor, der sich bis heute erhalten hat. Auf ihm notierte er eine Reihe alter Bekannter, die er nun wiedergesehen hatte: Michele Solimena, den Bürgermeister von Ischia, einen ischitanischen Architekten Frazzini, zwei Richter Capitani und Francesco Gasopolo. Unter den Besuchen, die er zu machen hatte, erscheint auch ein »de Rivas«, wobei es sich zweifellos um Chevalley De Rivaz, den bekannten Schweizer Arzt, handelte, den ja die Fremden in jener Zeit in erster Linie konsultierten.

Die Erinnerung an Lamartine lebt heute noch auf Ischia. Eine Gruppe von Kastanienbäumen in der Gegend von Fango, westlich von Majo, heißt ›castagni del Lamartine‹. Man wird vermuten dürfen, daß es sich um einen ehemaligen Lieblingsplatz des Dichters handelt.

Bald nachdem Lamartine auf Ischia mit seiner jungen Frau glückliche Wochen verbracht hatte, erschien ein anonymes Buch in französischer Sprache, das in ausgezeichneter Weise geeignet war, fremde Gäste eingehend über die Natur und die Geschichte der Insel sowie über die Sitten ihrer Bewohner zu informieren. Bis dahin gab es ja nur das ebenfalls als Führer gedachte magere Büchlein De Sianos. Der Verfasser dieses ›Tableau topographique et historique des îles d'Ischia, de Ponza, de Vandotena, de Procida et de Nisida (Naples 1822)‹ nennt sich auf dem Titelblatt »un ultramontain«, aber auf der Rückseite findet sich bei dem auf Autorenrechte bezüglichen Vermerk das Monogramm C. H. Daß der jenseits der Alpen beheimatete Autor ein durch langen Aufenthalt in Neapel mit Ischia wohlvertrauter Mann war, geht aus dem Text mit aller Deutlichkeit hervor. Als ich vor Jahren in Platens Tagebüchern auf einen *Haller* stieß, der an der Neapler Filiale des Hauses Rothschild tätig war und mit dem Platen 1830 und 1835 zusammen kam, vermutete ich sogleich in ihm den anonymen Autor. Platen bezeichnete ihn als »äußerst gefällig und dienstfertig« und notiert außerdem, daß er seit ein paar Jahrzehnten mit seiner Familie in Neapel lebe. Mit diesem Beamten des Hauses Rothschild ist zweifellos auch identisch der Kaufmann Haller, von dem ein baltischer Reisender, Karl von Morgenstern, in seinen Aufzeichnungen erwähnt, daß er im Hause des dänischen Konsuls Heigelin, der so oft mit der Herzogin Anna Amalia zusammenkam, als dessen vieljähriger Handelsgenosse wohne. Die Lektüre der ›Souvenirs du golfe de Naples‹ (1828) des Comte de Turpin, den wir sogleich vorstellen werden, machte die Annahme dann zur Gewißheit, denn dieser zitiert mehrfach das fragliche Buch und nennt als Autor des »excellent ouvrage« einen Monsieur Haller. Daß es sich um ein wertvolles Buch handelt, empfand auch Joseph Kikinger, ein K. K. Militär-Verpflegungs-Beamter, der offensichtlich mit den österreichischen Truppen längere Zeit in Neapel stand, denn er übersetzte in seinen Mußestunden den Ischia betreffenden Teil, der dann 1825 unter dem Titel ›Die Insel Ischia im Jahre 1822‹ in Wien erschien. Seine Vorrede dazu schrieb er schon Ende 1823 in Neapel.

Uns interessiert hier vor allem, was man hinsichtlich des Fremdenverkehrs in den zwanziger Jahren des vergangenen Jahrhunderts aus dem Buch entnehmen kann. Die Ruhe der Insel sei durch die letzten Kriege nur wenig gestört und nur zeitweilig unterbrochen worden. Daß alle, die nach Ischia kommen, sei es um ihre Sorgen zu vergessen oder die Langeweile zu vertreiben oder von ihren Leiden zu gesunden, auf der dem Festland zugewandten Seite bleiben, habe seinen guten Grund. Für die großartigere, oft wilde Landschaft der Südseite, auf der es wohl auch Fumarolen und heiße Quellen gibt, aber damals Thermen und Sudatorien völlig fehlten und auch sonst die bescheidensten Ansprüche nicht befriedigt werden konnten, hatte die Zeit wenig Verständnis. »Niemand hält sich in diesem Teil der Insel längere Zeit auf«, schreibt Haller. Aber auch der Borgo d'Ischia kommt nach wie vor für einen längeren Aufenthalt kaum in Frage. »Es gibt dort ein Gasthaus, wo die Fremden einigermaßen gut aufgehoben sind, vorausgesetzt, daß sie nicht zu große Ansprüche stellen. In einem Land, in dem jede Art von Bequemlichkeit äußerst rar ist, muß man eben mit dem Vorhandenen vorlieb nehmen.« Das Zentrum des internationalen Badelebens ist Casamicciola. In den Thermen des Monte della Misericordia werden alljährlich sechshundert arme Kranke aus Neapel behandelt, und mindestens ebensoviele Personen aus aller Herren Länder benützen alljährlich die übrigen Anstalten. Auch die Hunderte von Barili mit Mineralwasser, die nach Neapel gehen, der Export der lokalen Töpfereien und des vielen Töpfertones stellen bedeutende Einnahmen der Gemeinde dar. Ein richtiges Hotel gibt es freilich trotzdem auch in Casamicciola noch nicht. Die Fremden sind durchweg auf die überall verstreuten, sauberen und bequemen Privatquartiere angewiesen, von denen lediglich die Sentinella mit Namen genannt wird – »ein der Familie Monti gehörendes Landhaus«.

Die Krone der Insel aber stellt für Haller Lacco dar. »Es bietet unstreitig den angenehmsten Aufenthalt auf der Insel, ebenso die interessanteste Lage, von welcher Seite man sie auch betrachtet.« Dazu kommt, daß hier immer noch das einzige Hotel der Insel liegt. Von der Pannella des Don Tommaso De Siano sagt er:

Dieses Haus könnte für den Empfang und die Bequemlichkeit von Reisenden, die nur für einige Tage nach Ischia kommen, gar nicht besser hergerichtet sein. Man findet bei Don Tommaso sehr gute Betten, einen überreichlich gedeckten Tisch, mehrere Sorten köstlichen Weins vom besten Wachstum der Insel. Kurzum, man kann hier nicht nur die dringendsten Lebensbedürfnisse befriedigen, sondern findet auch, soweit es die Möglichkeiten eines so abgelegenen Landes erlauben, einen gewissen Luxus. Nirgends auf Ischia und in der Umgebung von Neapel ist man in jeder Beziehung so gut aufgehoben wie bei Don Tommaso, und für die notwendigen Ausgaben wird man durch die Zuvorkommenheit und Aufmerksamkeit des Wirtes reichlich entschädigt. Einzelreisende oder Familien, die aus Vorliebe oder wegen ihrer Gesundheit einen längeren Aufenthalt auf der Insel nehmen wollen oder müssen, tun jedoch besser, ein Appartement in einem der zahlreichen Landhäuser zu mieten oder in Lacco zu bleiben, wo sie ganz nahe dem Meer, der großen Straße und dem Zentrum des regen Lebens sind, das man in diesem Ort vom Frühling bis zum Herbst beobachten kann, jedoch ganz besonders im Sommer, das heißt in der Badesaison.

Von den Bädern konnte Haller freilich keine so schönen Dinge berichten. Wo heute das Grande Albergo Regina Isabella steht, waren zwei armselige Häuschen. In einem gab es nur eine einzige gemauerte Wanne, schlecht gemacht und schlecht gehalten, im anderen konnte man die Sandbäder nehmen, die man früher unter freiem Himmel anwandte. Oft sah man auch, erzählt uns Haller, eine Gruppe Bauern, die zwölf Stunden lang mit nackten Füßen gearbeitet hatten, des abends eine Grube in den Sand graben. Die Beine bis an die Knie in dem heißen Wasser, das die Grube alsbald füllte, saßen sie dann eine halbe Stunde lang rund um diese und gingen, nachdem sie das Ave Maria gesungen, erfrischt nach Hause. Unser Gewährsmann hat die Methode daraufhin auch ausprobiert und sich von der vorzüglichen Wirkung überzeugt.

Wer die begeisterte Schilderung der Vegetation auf dem Monte di Vico in jenem Brief der Frau von Humboldt gelesen hat und den heutigen Zustand dort oben kennt, muß notwendigerweise den Eindruck reichlicher Übertreibung bekommen, aber Haller, der ganz Kampanien gut kannte, ist nicht weniger von ihr begeistert. Nirgends habe er eine solche Entwicklung der Opuntien gesehen, die insbesondere in der Gegend des Sarazenenturmes einen wilden Wald bilden, in dessen Schatten man spazierengehen könne, und ihre unbewegliche Starrheit bilde einen einzigartigen Gegensatz zu den Granat- und Zitronenbäumen und den jungen Johannisbrotbäumen, die hier bunt durcheinander stehen und sich im leisesten Winde bewegen. Die Aussicht von der Ostseite des Kaps auf den Epomeo und das Vorland, die Phlegräischen Felder, Procida und den Vesuv zählt für ihn zu den schönsten auf der ganzen Insel. »Man kann sich schwerlich etwas vorstellen, was wunderbarer und köstlicher ist als dies. Wieviele Stunden haben wir auf dieser einsamen Höhe verbracht, ergriffen von dem Charme des Ortes, versunken in süßeste Träume.«

Von Forio erzählt Haller wohl, daß sich hier die wohlhabendsten Leute der Insel fänden und manche Häuser daher von einem gewissen Luxus wären, wie er sonst auf der Insel kaum zu finden sei; während er sein Buch schreibe, sei der so nötige Hafendamm im Bau, aber von einer Möglichkeit für Fremde, hier zu wohnen, ist überhaupt nicht die Rede. Die große Straße, die sehr wohl für Wagen fahrbar wäre, wenn es welche auf der Insel gäbe, findet in Forio ihr Ende. Von hier ab bis zum Epomeogipfel, und überhaupt auf der ganzen Südseite, gibt es nur noch schmale Fuß- und Reitwege. Noch heute sieht man ja da und dort die alten Wege von der Fahrstraße abzweigen und in die Schluchten hinab- und drüben wieder hinaufziehen. Nur an einer Stelle, nämlich über die enge Schlucht zwischen Barano und Buonopane, nahe der Nitroli-Quelle, gab es damals schon eine Brücke.

Jener *Comte de Turpin*, dem wir die Bestätigung verdanken, daß der Anonymus dieses Buches ein Schweizer namens Haller gewesen ist, war ein bekannter Landschaftsmaler. 1781 in Paris geboren, wurde er, als sein Vater aus politischen Gründen nach Amerika auswanderte, von einer entfernten Verwandten aufgenommen und in ihrem Schloß erzogen. Zur Vollendung seiner Ausbildung kam er später in die Schweiz und nach Rom. 1808, 1818 und 1824 finden wir ihn am Golf von Neapel, und in dieser Zeit entstand eine Reihe von Ölbildern, auf welche die neununddreißig Stiche zurückgehen, die er in seinen 1826 in Paris erschienenen ›Souvenirs du golfe de Naples‹ vereinigte und mit erläuterndem Text begleitete. Inzwischen war er 1824 in Paris Generalinspektor der Schönen Künste geworden. Seine Bilder und Zeichnungen finden sich in vielen Museen Frankreichs, aber auch das Wallraf-Richartz-Museum in Köln besitzt Bildvorlagen zu je einem der in den ›Souvenirs‹ Ischia, beziehungsweise Capri illustrierenden Stiche. Der unsere Insel betreffende Text muß 1824 oder 1825 entstanden sein.

Der Graf wohnte in Casamicciola dicht unter der Sentinella, die er als ›Pavillon‹ bezeichnet; sie muß also damals immer noch ein recht bescheidenes Gebäude gewesen sein. Nach allen Richtungen durchstreifte er malend und zeichnend die Insel, wobei er sich nicht, wie andere, eines Esels bedienen konnte, denn er pflegte auf alle Felsen zu klettern und seine Maleraugen schweifen zu lassen.

Lacco wie auch der übrige Teil der Insel boten mir viele durchweg eigenartige Motive, mit denen ich meine Mappe füllte. Oft war ich unschlüssig, welche Wahl ich treffen sollte, fürchtend, daß ich mich durch meine Vorliebe für die wildesten und durch ihre Strenge bemerkenswertesten Motive dazu bewegen ließ, diesen den Vorzug zu geben.

Ein Bild vom Kastell entstand, als die Sonne hinter diesem aus den Wolken brach, so daß der Fels und seine Bauten düster gegen den hellen Himmel stehen. Die Knaben, von denen einige im Vordergrund auf dem hier ins Meer stoßenden Felsen des Arsostromes herumklettern, haben seine Geduld manchmal arg auf die Probe gestellt.

Ich bin mehrere Male an diesen Strand zurückgekehrt, wo ich zwei Studien malte, ungeachtet der Neugier, deren Gegenstand ich geworden war und die jedesmal einen Schwarm dieser lästigen kleinen Jungen um mich herum versammelte. Schließlich konnte ich meine Arbeit dadurch beenden, daß ich die Freundschaft zweier Kinder von Ischia gewann: Gennaro und Gaetano nahmen mich in ihren Schutz, wenn man mich umringte und mir zu nahe kam. Dann spielten meine kleinen Verteidiger mit strenger Miene Polizei und drängten die Neugierigen zurück. Aber diese machten einen neuen Versuch, Sand und Kieselsteine flogen nach allen Seiten – allerdings war ich die Ursache der Schlacht und meine Skizzen wurden ihre Opfer.

Als das Bild entstand, welches einige hochgelegene Häuser von Lacco und den Epomeo darstellt, der ihn wie eine ungeheure Festung anmutete, ging es friedlicher zu. Er schuf es auf einer Terrasse, während zurückhaltende Mädchen um ihn saßen und Hanf spannen. Manchmal bekam Turpin natürlich auch Lust, das eine oder andere hübsche Mädchen zu malen, aber dann hatte er seine liebe Not, daß es stillhielt. Immer wieder mußte er mahnen: »Sei still, meine Tochter, sei still, bewege dich nicht!« und der Chor der zuschauenden Matronen wiederholte jedesmal mit erhobener Stimme: »Sei still, bewege dich nicht!« »Alle diese kleinen Szenen, die jeden Augenblick auf den Inseln wiederkehren, sind ebenso reizend durch ihre Naivität wie durch den Zug von Ursprünglichkeit, der ihnen eigen ist.«

Wir sind Turpin dankbar, daß er nicht nur auf unserer Insel malte und zeichnete, sondern auch von seinen Erlebnissen berichtet hat. Stellt er doch in dieser Hinsicht eine Ausnahme dar; im allgemeinen müssen wir uns, wenn es sich um Maler handelt, damit begnügen, daß ihre Werke etwas von ihrem Aufenthalt erzählen. Da kommt zum Beispiel der Genfer *Léopold Robert* 1821 von Rom aus mit etlichen Bekannten nach Neapel und Ischia. Aus seinen Bildern spricht die Freude an den damals ja noch so bunten Trachten, aber auch seine ihn kaum verlassende wehmütige Sentimentalität. Ein hübsches Mädchen kniet vor dem jungen Einsiedler auf dem Epomeo und bringt ihm einen Korb mit Früchten. Sie liebt ihn, aber nur ihr Blick darf es ihm sagen. Ein andermal wartet eine Frau aus Ischia voll Bangen auf die Rückkehr ihres Mannes, oder es gibt eine junge Procidanerin einem Fischer zu trinken. Ein damals viel bewundertes Bild zeigt einen neapolitanischen Improvisator auf dem Kap Misen, und die auffallendste Gestalt der Zuhörer ist eine Ischitanerin in rotem, reich mit Gold geschmückten Gewand. Seinen Eltern aber berichtet Robert aus Neapel nur, daß er auf solchen Reisen nicht die Zeit hätte, viel zu erzählen. Mit einunddreißig Jahren machte er, in tiefste Schwermut versunken, seinem Leben ein Ende.

Wenige Monate vor ihm – im Dezember 1820 – treffen wir den 1788 in Bergen geborenen *Johann Christian Claussen Dahl* auf Ischia. In der Bildgalerie in seiner Heimatstadt hängen drei Landschaften, die alle Motive aus dem Raum zwischen Perrone und Lacco darstellen. Am meisten aber schmerzt, daß wir über die Zeit, die *Corot* gegen Ende der zwanziger Jahre auf Ischia verbrachte, nichts berichten können. Der Katalog seines Werkes enthält eine Reihe weit verstreuter

Bilder und Zeichnungen, die auf unserer Insel entstanden. Wenn es möglich wäre, sie zu sammeln und mit biographischen Angaben zu begleiten, würde dies für alle Ischia-Freunde ein Geschenk sein. Wir bilden ein Gemälde von 1828 farbig ab, das einen Blick auf den Monte Tabor östlich von Casamicciola mit dem Vesuv im Hintergrund festhält.

Die nächsten Besucher versetzen uns in eine ganz andere Welt. Im ›Märchen meines Lebens‹ schildert Andersen das fürstliche Palais, in dem *Lord Blessington* und seine Gattin, die *Countess Margret of Blessington*, in London ihre glänzenden Empfänge gaben, wurde aber dann von dem dänischen Gesandten darauf aufmerksam gemacht, daß er besser täte, nicht viel von seinen freundschaftlichen Beziehungen zu dieser Dame zu reden, denn die Londoner Gesellschaft wollte wegen der offenbar recht intimen Beziehungen der Lady zu ihrem Schwiegersohn nichts von ihr wissen. Mit ihr müssen wir uns nun befassen. Die Blessingtons gehörten zu den wohlhabenden Reisenden jener Zeit, die es nicht eilig hatten, sondern monate-, ja jahrelang in einer Stadt weilten, an deren gesellchaftlichem Leben teilnahmen und überall mit den immer zahlreicher werdenden Fremden in Kontakt traten. Acht Monate waren sie bereits durch Frankreich und die Schweiz gezogen, in Genua verbrachten sie den ganzen April. Hier war es vor allem Lord Byron, dessen persönliche Bekanntschaft zu machen die Countess begierig war und mit dem sie dann auch fast täglich zusammentraf, sei es, daß man miteinander speiste, sei es, daß die Lady auf ihrem Lieblingspferd, das inzwischen aus England eingetroffen war, mit ihm ausritt. Selbst dichtend und Gesellschaftsromane schreibend, hat sie später (1843) ein ›Journal of Conversations with Lord Byron‹ veröffentlicht, das heute noch eine gewisse Bedeutung hat. Für uns aber ist ihr ausführliches Tagebuch ›The Idler in Italy‹, das erst 1839 in Paris und London erschien, eine wertvolle Quelle, denn aus ihm erhellt sehr lebendig, welch ein Fremdenstrom in diesen endlich ruhiger

Blick auf Lacco Ameno und den Monte Vico
Am rechten Rande die Villa Manzo, in der
Ottilie und Wolf von Goethe wohnten
Gemälde von Johann Georg v. Dillis, ca. 1830
Winterthur, Sammlung Oskar Reinhart

gewordenen Zeiten Neapel überschwemmte, wo die Blessingtons nicht weniger als zweieinhalb Jahre blieben.

Da war kaum ein Fremder von Rang, den man nicht kennenlernte; wenn englische oder amerikanische Kriegsschiffe kamen, besuchte man sie, speiste mit den Kommandanten und lud sie zu sich ins Hotel ein, aber auch mit dem neapolitanischen Adel und der Gelehrtenwelt knüpften sich engere Bande. So nahmen der Lord und seine Gattin auch an den internationalen Empfängen des Erzbischofs von Tarent teil und die letztere schildert, wie in seinen mit Kunstwerken geschmückten Räumen russisch, französisch, italienisch, deutsch und englisch durcheinander gesprochen wurde, rund um seinen Stuhl aber nur italienisch und französisch zu hören war, weil ihm nur diese Sprachen vertraut waren. Sir William Gell, der geschätzte Kenner des griechischen und römischen Altertums, dessen Haus ebenfalls ein Treffpunkt aller vornehmen Reisenden war, machte nicht nur den Führer durch Pompeji, sondern bewirtete sie bei dieser Gelegenheit inmitten der Ruinen mit einem raffinierten Gabelfrühstück, dessen englische, französische und neapolitanische Leckerbissen das Tagebuch uns überliefert. Als der berühmte Friedrich Wilhelm Herschel nach Neapel kam, ließ sich die Countess von ihm auf das Observatorium in Capodimonte führen.

Natürlich wurden auch Touren in die weitere Umgebung der Stadt unternommen. Vor Briganten brauchte man sich ja jetzt kaum noch zu fürchten. Um so aufrichtiger war die Teilnahme aller Kreise, als die Schreckensnachricht kam, daß nahe bei Paestum ein junges englisches Paar, das sich auf der Hochzeitsreise befand, überfallen, ausgeraubt und getötet wurde. Die Countess schildert eingehend und ergreifend dieses tragische Ereignis. Daß ein ganzes Jahr verfließen mußte, bevor man sich entschloß, auch Capri und Ischia aufzusuchen, nimmt wunder, zumal Blessingtons eine eigene Jacht zur Verfügung hatten. Der Lord hatte sie seinerzeit in Genua von Byron gekauft, welcher damals schon entschlossen war, sich der griechischen Freiheitsbewegung zur Verfügung zu stellen, und hatte das Schiff nach Neapel kommen lassen. Eine Fahrt nach Capri war damals, 1824, freilich für so verwöhnte Herrschaften kein ganz einfaches Unternehmen! Seit der Genfer Maler De la Rive im Jahre 1785 auf der Insel war und kaum etwas zu essen fand und 1804 der Prinz von Hessen-Philippsthal seine Diener und einen Koch vorausschicken mußte, um Elisa von der Recke ein paar Tage auf Capri zu ermöglichen, hatte sich dort kaum etwas geändert. Erzählt uns doch auch die Countess, daß es keine Gaststätte gäbe und daß man einen Kurier bereits zwei Tage vorher hinübergesandt habe, damit er für ein erträgliches Unterkommen Sorge trage. Er tat das, indem er drei kleine Häuser mietete, in denen er die Wände weißen und alles gründlich reinigen ließ. Die nötigen Lebensmittel brachte man auch selbst mit, ganz, wie es ihre Landsmännin Mariana Starke 1825 in ihren ›Travels in Europe‹ empfiehlt, in denen es heißt: »Die bequemste Art, diesen Ausflug durchzuführen, ist die, ein zehnrudriges Boot zu mieten, kaltes Mittagessen mitzunehmen, dazu Brot, Salat, Obst, Teller, Gläser, Messer, Gabeln und dergleichen, aber keinen Wein.«

Natürlich war es wieder eine größere Gesellschaft, welche diese drei Tage dauernde, »very pleasant expedition« unternahm. Zwei junge Engländer, die kürzlich erst in Neapel angekommen waren, Mr. Strangways, ein Bruder des bereits dort weilenden Lord Ilchester, und Mr. Bailié, sowie Mr. Millingen, ein ausgezeichneter Kenner von Antiquitäten, bestiegen mit Blessingtons das Schiff, das nach wie vor den Namen ›Bolivar‹ trug und auf dem man pietätvoll auch sonst alles, was an den ehemaligen Besitzer erinnerte, wie die Kabine mit dem Sofa und dem Tisch, an dem er die letzten Teile des ›Don Juan‹ geschrieben, unberührt gelassen hatte. Erst vor wenigen Wochen war die Nachricht nach Neapel gelangt, daß Byron inzwischen in Griechenland an der Malaria gestorben sei, so daß wir uns vorstellen können, mit welchen Gefühlen die Countess, die ihn in mehreren Gedichten besang, das Schiff betreten haben wird.

Bald darauf besuchte man auch Ischia, diesmal nur in Gesellschaft Mr. Strangways. »Es ist ein köstlicher Fleck, und die Gemütlichkeit der Unterkunft ist nicht ohne Reiz.« Hier brauchte man also nicht erst jemand vorauszuschicken, um die Zimmer in wohnlichen Zustand zu versetzen! Wo man wohnte, erfährt man freilich nicht. Natürlich ritt die Gesellschaft auch auf den Epomeo und war von der Aussicht begeistert, wobei der Eremit versicherte, daß sie auch für ihn immer wieder ein Erlebnis sei und daß er nicht wisse, was großartiger sei, wenn die ersten Strahlen der Morgensonne erschienen, oder wenn die untergehende Sonne alles in rote Glut tauche. Zweifellos übernachtete man in Casamicciola oder Lacco, denn die Treiber wählten den stellenweise bedenklich steilen Abstieg nach Casamicciola, der schon so manchem Reisenden Schrecken eingejagt hatte. Aber keiner von ihnen hat ihn so beredt beschrieben, wie die Countess of Blessington. Wir wollen ihr daher selbst das Wort erteilen:

Beim Abstieg lotste uns der Führer einen noch steileren Pfad hinab als beim Aufstieg, und die Art, wie die Treiber ihre Mulis über einige der übelsten Stellen hinunterbrachten, überraschte mich. Einige von ihnen gingen voran, während andere das Tier, den Kopf hangabwärts, antrieben. Sie hielten es beim Schweif, um es vor dem Stürzen zu bewahren, und ließen es schrittweise hinabsteigen, bis die Leute unten, die sich dabei ein Stück entgegenstreckten, das Tier zu fassen bekamen und ihm hinabhalfen. Das Gewieher der Mulis klang mit den Rufen, Schreien und Flüchen der Treiber zu einem alles andere als harmonischen Chor zusammen. Als das Kunststück dann beendet war, äfften die Männer das Ausschlagen und Wiehern der Mulis nach und brachen dabei in ein unwiderstehlich komisches Gelächter aus.

Entzückt waren sie von der Musik, die sie, wenn sie abends von ihren Ausflügen heimkehrten, zu hören bekamen. Allerorts stießen sie auf Gruppen von drei, vier Leuten, die auf einer Terrasse oder auf einer Bank vor dem Hause saßen und zur Gitarre neapolitanische Lieder und Barkarolen sangen, »in einer Manier, die selbst Rossinis Ohren nicht beleidigt hätte«. Dazwischen trafen sie hie und da auch eine Gruppe, die Tarantella tanzte, und staunten, wie der Gesang, die Musik der Gitarre, das Rasseln der Tamburine und die Bewegungen der jungen Menschen eine Einheit bildeten. Selten konnte man zweihundert Meter gehen, ohne solchen Genüssen zu begegnen, und die Leute waren immer freundlich, boten Stühle an und ließen sich dann weiter nicht stören.

Auch sonst gewann man den besten Eindruck von der Bevölkerung.

Die Festtracht der Frauen ist sehr malerisch und kleidsam und gänzlich anders, als die der neapolitanischen Frauen. Die Männer tragen scharlachrote Mützen in der Form der phrygischen, sie sind eine schöne und kühne Rasse. Die Frauen sind viel schöner und stattlicher, als die von Neapel, sie haben eine ausdrucksvolle Haltung und gute Manieren.

Die Blessingtons hatten aber nicht das Bedürfnis, sich in solch ungetrübtem ländlichem Frieden für eine Weile von dem unruhigen gesellschaftlichen Leben in Neapel zu erholen. Nach vier bis fünf Tagen verließen sie die Insel wieder.

Anders die hohe Dame, von der es jetzt zu berichten gilt! Auch sie lebte jahrelang in Neapel und hatte hier ihren Salon, ohne den sie sich nicht wohl fühlte, aber sie weilte doch auch zweimal monatelang auf Ischia. Es ist dies die *Herzogin Wilhelmine von Sagan*, Tochter des letzten Herzogs von Kurland, der schon im Jahre 1785 mit seiner Gattin und der damals dreijährigen Wilhelmine in Lacco weilte, und Nichte Elisa von der Reckes, von deren Ischia-Aufenthalt es so viel zu erzählen gab.

Wer hätte gedacht, daß das kleine Mädchen, das damals im Garten des Palazzo di S. Montano spielte, einst ein so bewegtes Leben führen sollte! Als sie nach fast vierzig Jahren wieder nach Ischia kam, war sie bereits eine reife, jedoch immer noch hübsche Frau, aber ihre Gesundheit war nicht mehr die beste und sie hoffte, daß ihr die Bäder gut tun würden. So reich im allgemeinen die Quellen sind, aus denen diese ungewöhnliche Frau lebendig ersteht, so dürftig sind sie leider bezüglich der auf Ischia verlebten Monate. Wohl befand sich bis vor kurzem noch so manches hierfür wertvolle Material im Besitz eines schlesischen Adligen, aber als ich mich darum bemühte, es für meine Zwecke auswerten zu dürfen, mußte ich schließlich erfahren, daß dieser, als er nach dem Einfall der Russen zu Fuß sein Besitztum wieder aufsuchte, alles zerstört gefunden hatte; selbst das kostbare Sèvres-Porzellan lag zertrümmert im Schloßteich.

Wilhelmine war erst vierzehn Jahre alt, als ihr Vater, der Herzog Peter, sein Land an Rußland abtreten mußte, aber er war vorsichtig genug, sich rechtzeitig ausgedehnte Besitztümer in Preußen, in Böhmen und selbst in Holland zu sichern. Vor allem hatte er für eine Million Gulden das Herzogtum Sagan in Schlesien gekauft und lebte dort die wenigen Jahre, die ihm noch blieben, auch weiterhin wie ein regierender Fürst. So kam es, daß Wilhelmine in der Geschichte als Herzogin von Sagan weiterlebt. Die Versuchung, ausführlicher von ihr zu erzählen, ist groß, aber wir müssen uns damit begnügen, diesen so interessanten Ischia-Gast mit wenigen Worten vorzustellen. Bald nach dem Tode ihres Vaters heiratete sie einen Prinzen Rohan aus stolzem, aber verarmtem Geschlecht, der als Emigrant in Prag lebte, einen oberflächlichen Menschen, bei dem es die nicht nur schöne und reiche, sondern auch kluge Frau nicht lange aushielt. Gegen eine Abfindungssumme von hunderttausend Talern willigte der Prinz, dessen sich die Herzogin allmählich schämte, in die Scheidung. Sein Nachfolger war ein Russe aus vornehmem Haus, der Fürst Wassili Troubetzkoi, von dem sich die Herzogin aber ebenfalls nach einem Jahr mit Hilfe einer Abstandssumme wieder befreite, da sie keine Lust hatte, für den Rest ihres Lebens ausschließlich in Petersburg zu leben. Dann folgte endlich auf den französischen Katholiken und den russischen Orthodoxen nach längerer Pause ein Protestant, der österreichische Graf Schulenburg, in dem sie wenigstens einen willkommenen Verwalter ihrer Güter fand und hinter dessen Rücken sie eines Tages in Rom zum Katholizismus übertrat.

Auch die Ehen, welche ihre Schwestern eingingen, waren zum Teil alles andere als glücklich. Pauline wurde zwar die Gattin eines regierenden Fürsten von Hohenzollern-Hechingen, lebte aber später getrennt von ihm. Ein außereheliches Kind von ihr zählt, wie wir noch hören werden, auch zu den Ischia-Gästen. Johanna verheiratete man, nachdem sie schon mit siebzehn Jahren ebenfalls einen außerehelichen Sohn geboren, an einen Neapolitaner Pignatelli Belmonte, der sich den Titel eines Duca di Acerenza zulegte, einen unmöglichen Menschen, der, selbst mittellos, das Vermögen seiner Frau vergeudete und von dem sie sich ebenfalls bald wieder trennte und dreizehn Jahre später endlich auch scheiden ließ. Dorothea aber wurde die Gattin eines Neffen des berühmten Talleyrand, des Grafen Edmond von Périgord, der später den Titel eines Fürsten Talleyrand erbte, und verstand es, sich in der Pariser Gesellschaft eine einflußreiche Stellung zu sichern.

Wilhelmine war zweifellos die bedeutendste unter diesen vier Schwestern. Es genügt, auf die Rolle hinzuweisen, die sie auf dem Wiener Kongreß spielte, der ja zugleich eine große gesellschaftliche Angelegenheit darstellte und zu dem auch die alte Herzogin von Kurland und ihre übrigen Töchter kamen. Dorothea von Périgord führte dem alten Talleyrand das Haus, und im Salon Wilhelmines, die sich zwischen all diesen Monarchen und Diplomaten in ihrem Element fühlte, wurde hohe Politik getrieben. Von jeher eine Gegnerin der frankophilen Politik Österreichs, machte sie bald auf Metternich einen solchen Eindruck, daß er ganz in ihren Bann geriet, ihr Geliebter wurde und schließlich auch sein politisches Programm änderte. Hatten schon ihre früheren erotischen Erlebnisse der Gesellschaft reichlichen Gesprächsstoff gegeben, so war sie nun begreiflicherweise in aller Munde.

Soviel von dieser Frau, die 1822, drei Jahre, nachdem sie

Graf Schulenburg geheiratet hatte, als Einundvierzigjährige eine Reise antrat, welche drei Jahre dauern sollte. Ihr Gatte, eine ›Pflegetochter‹ Marie von Steinach und eine junge Comtesse Amalie Dohna als deren Gespielin begleiteten sie. Nachdem man sich längere Zeit bei der Schwester in Paris aufgehalten und Rom besucht hatte, wo sich noch ein im Dienst der Herzogin stehender Maler Ernst Welker anschloß, der zugleich der Lehrer der Pflegetochter war, kam die Gesellschaft endlich Anfang November in Neapel an und richtete sich hier für einen längeren Aufenthalt ein. In dem Palazzo, den man an der Riviera di Chiaia, also in herrlicher Lage, gemietet hatte, fühlte sich Wilhelmine bald wie zu Hause, und es dauerte nicht lange, so war auch ihr Salon ein Treffpunkt der verschiedenen Gesandten, des neapolitanischen Adels, der vielen fremden Reisenden von Rang und so manchen Offiziers, den die Herzogin schon von Wien her kannte. Lag doch seit den Unruhen des Jahres 1820 eine österreichische Armee von vierzigtausend Mann im Lande! Natürlich wurde auch vom ersten Tag an eine Loge im Teatro San Carlo gemietet.

Manche Gestalten aus dem damaligen Kreis, der vor allem auch aus den Memoiren der gleichzeitig in Neapel weilenden Gräfin Lulu Türheim lebendig ersteht, ist uns schon früher begegnet, wie der Graf Andreas Razoumowsky, den König Ferdinand IV. auf Ischia besuchte, als er noch russischer Botschafter war – Gräfin Türheim war seine Schwägerin –, oder Prinz Ludwig von Hessen, der sich Elisa von der Reckes so freundlich angenommen hatte. Zu ihnen gesellten sich der Graf Wilhelm Karl Lichnowsky als besonderer Freund Wilhelmines, Graf Nikolaus Esterházy, die Fürstin Windisch-Graetz, die verwitwete Lady Maria Anna Acton und ihre Tochter, der Principe Giorgio Butera und viele andere.

Vom sonnigen Süden war freilich zunächst nicht viel zu spüren, der Regen wollte nicht aufhören, der Himmel war ewig von Wolken bedeckt, und kalter Wind wehte über das Meer. Dazu kam, daß Marie, an der die Herzogin wie an einem eigenen Kind hing, ernstlich an einer Lungenentzündung erkrankte. Aber im Frühling wendete sich dann alles zum Besseren, man mietete für den Sommer eine Villa in Castellammare und konnte nun endlich auch die Umgebung Neapels kennenlernen. Nun kommt auch Ischia zu seinem Recht. Auch die Gräfin Türheim berichtet von einem Ausflug auf unsere Insel, den sie in großer Gesellschaft machte. Die Esterházys, die Fürstin Windisch-Graetz, die Herren Becki, Mayhirt und Graf Ludolf, Gesandter beim Vatikan, und andere waren dabei, auch Graf Schulenburg fehlte nicht, nur seine Gattin, welche der Gräfin Türheim nicht sonderlich sympathisch war, blieb in Neapel. »Während der dreitägigen Dauer des Ausfluges«, liest man in ihren Lebenserinnerungen, »verließ uns nie die Heiterkeit, und mein kleiner Paul Esterházy war vor allen anderen nett und ganz in mich verliebt.« Diesem achtzehnjährigen Sohn des Grafen hatte es die Gräfin wirklich sehr ernstlich angetan; als er sich eines Tages von ihr verabschieden mußte, begann er zu weinen.

Einen ähnlichen Ausflug unternahm dann im gleichen Sommer auch die Herzogin von Sagan, wenn auch in etwas engerem Kreis. Außer Marie von Steinach und dem Maler Welker waren offenbar nur noch drei Herren dabei, denn zu fünft sehen wir die Gesellschaft auf einem Aquarell Welkers auf den Epomeo reiten. Das Original ist leider im Kriege verlorengegangen, aber in Clemens Brühls Biographie ›Die Sagan‹ ist uns das hübsche Bild doch überliefert worden. Es stellt den Aufbruch zu der Tour dar und versetzt uns dabei sichtlich in das alte, oberhalb der Marina gelegene Lacco. Der steile, vom Maler stark überhöhte Fels mit den burgartigen Gebäuden entspricht dem heute nur noch einige armselige Ruinen tragenden ›monte‹ in Lacco di sopra. Die Esel haben sich bereits in eine Reihe geordnet, voran reiten drei Herren, zwei von ihnen mit Zylinder, der dritte mit einem breitkrempigen Sonnenhut, dahinter offensichtlich die Herzogin und als letzte Marie, die dem Beschauer ihr liebes, lockenumrahmtes Gesicht zuwendet. Ein zweites Bild, das die ›Ankunft auf dem Epomeo-Gipfel im Mondschein‹ darstellt, ist leider vernichtet worden, ohne daß es vorher reproduziert wurde. Aus jener Darstellung des Aufbruchs geht eindeutig hervor, daß die Gesellschaft nicht etwa bei Don Tommaso De Siano wohnte, wie einst die Tante Elisa, und auch nicht im Palazzo di S. Montano, wie die Eltern der Herzogin, eher könnte man an die in jener Gegend liegende Villa Manzo denken, in der wir eines Tages Ottilie von Goethe mit ihrem Sohn Wolf treffen werden.

Im Sommer des nächsten Jahres wohnte dann die Herzogin mit Marie von Steinach in der Tat für längere Zeit in dem berühmten Hotel des Canonico De Siano. Wohl hatte sie bereits in Castellammare die Heilbäder genommen, von denen sie hoffte, daß sie die Beschwerden, welche bei ihrem bewegten Leben nicht ausbleiben konnten, lindern würden, aber nun wollte sie es auch noch mit Ischias heißen Wässern versuchen. Einzelheiten über diesen Aufenthalt können wir aber leider kaum mitteilen. An Besuchen aus Neapel wird es dabei nicht gefehlt haben, aber wir wissen nur von einem, der mehrere Wochen auf der Pannella verbrachte. Es war dies Peter von Medem, ein Sohn des jüngsten Bruders der Herzogin. Er war in Sagan und in Löbichau, dem in Sachsen-Altenburg gelegenen Sommersitz, den sich die Herzogin-Mutter geschaffen hatte, als ihr Gemahl Kurland an Rußland abtreten mußte, viel mit dem jetzt neunzehnjährigen Mariechen zusammengekommen und war nicht der einzige, der sich in sie verliebt hatte. Nun müssen wir wohl auch verraten, welche Bewandtnis es mit ihrer Herkunft hatte. Bei ihrer Geburt hatte man ihr den Namen Marie Wilson gegeben und eine rührselige Geschichte erfunden, um ihre wahre Abstammung zu verbergen. Ihr Vater war nämlich der von der Herzogin geschiedene Prinz Rohan, der auf der Suche nach einer zweiten reichen Frau auf den Gedanken gekommen war, die von ihrem Gatten getrennt lebende Fürstin Pauline von Hohenzollern zur Scheidung zu veranlassen.

Diese lebte damals zusammen mit zwei anderen Brüdern Rohan in dem Kurländischen Palais in Prag und nahm auch ihn dort auf. Marie war die Frucht des Verhältnisses, das sich damals zwischen den beiden entwickelte, aber zu keiner Ehe führte, also eine Nichte der Herzogin Wilhelmine. Im Herbst 1805 wirkten die Herzogin und Pauline noch bei ihrer Mutter in Löbichau auf der dortigen Liebhaberbühne in einem Schauspiel Kotzebues mit, aber neun Wochen später gebar Pauline, die ›Rösgen, ein Gärtnermädchen‹, spielte, das Kind, um dessen Hand nun Peter von Medem bat. Inzwischen hatte Graf Schulenburg vom König Friedrich August von Sachsen einen Adelsbrief erwirkt, der Marie Wilson zu einem Fräulein von Steinach machte. Die Herzogin, welche das ihr so ans Herz gewachsene Mädchen nicht so früh verlieren wollte, stellte jedoch die für den Bewerber unannehmbare Bedingung, daß er sich dann völlig von Kurland lösen müsse. Enttäuscht verließ er Ischia und heiratete bald darauf eine Baltin. Marie aber entschloß sich später, wenn auch zögernd, den jungen Grafen Fabian Dohna zu heiraten, der ein Bruder jener Amalie war, die 1822 die Reise nach Italien mitmachen durfte.

Im Frühjahr des kommenden Jahres machte die Herzogin mit Marie eine Reise durch den größten Teil Siziliens. Sie wollte sich bewegen, das geruhsame Leben in Neapel hatte ihrer Figur nicht gerade gut getan – »sie ist bedeutend stärker geworden«, notierte damals Lili Parthey, »aber schön ist sie doch noch immer«. Ein solches Unternehmen bedeutete in jener Zeit, besonders für eine Frau, eine arge Strapaze, und alle Bekannten schüttelten darob den Kopf. Das ausführliche, amüsante Tagebuch, das sie damals führte, ist erfreulicherweise größtenteils veröffentlicht worden, und wir lesen es nicht ohne Gefühle des Neides. Warum hat sie uns nicht auch ihr Leben auf Ischia in ähnlicher Weise beschrieben! Wieder in Neapel, weilte sie den Sommer 1825 abermals auf unserer Insel und nahm, wie im Vorjahr, auch die Bäder. Aber das einzige, was wir von diesem letzten Aufenthalt wissen, ist ein Besuch österreichischer Offiziere, die auf die Pannella kamen, um sich von der Herzogin zu verabschieden, nachdem sie mit ihren Regimentern das Land wieder verlassen mußten.

Kurz bevor die Herzogin ihre Sizilienreise antrat, kamen nun jene zwei jungen Ehepaare, *Lili Klein*, geb. Parthey, mit ihrem Bernhard und *Gustav Parthey*, Lilis Bruder, mit seiner Wilhelmine, genannt Minchen, einer geborenen Mitterbacher, auf ihrer Hochzeitsreise nach Neapel und natürlich auch nach Ischia. Wir haben ja ihren Besuch schon angekündigt, als von den freundschaftlichen Beziehungen Elisas und der übrigen Familie Medem zum Hause Parthey die Rede war. Minchen war eine Tochter des Arztes Mitterbacher in Karlsbad, der Elisa behandelte und bei dem sie wohnte, wenn sie dort zur Kur weilte, und sie war es wohl auch, die bei der Wahl Gustav Partheys die Hand mit im Spiel hatte.

Lili hat uns erfreulicherweise ein Tagebuch hinterlassen, das sie schon mit ihrem neunten Lebensjahr begann und in dem sich die geistige Entwicklung des reizenden, von allen geliebten Mädchens und der jungen glücklichen Frau und Mutter widerspiegelt und hat zudem, der Sitte ihrer Zeit entsprechend, so ausführliche Reisebriefe geschrieben, daß ihr kurzes Leben offen vor uns liegt. Ihres Vaters und des Großvaters Anlage zur Musik hatte sich auf sie übertragen, frühzeitig bekam sie Klavier- und Singstunden, Konzerte und Opern wurden eifrigst besucht, und oft mußte sie bei den vielen gesellschaftlichen Veranstaltungen, in denen sie sich von Jugend auf bewegte, Proben ihres Könnens ablegen. Nichts war natürlicher, als daß die Bande, welche den Vater an die Herzogin Dorothea und an Elisa von der Recke knüpften, auch die jüngere Generation zusammenführten. So wurde Lili bald ebenfalls ein häufiger Gast in Löbichau, wo sich die vier Töchter der Herzogin, ihre Schwester Elisa, die jüngeren Vettern Medem, der benachbarte Landadel, Männer wie Jean Paul und Tiedge trafen, wo man las, tanzte und Theater spielte und Lili sich so wohlfühlte, daß es ihr jedesmal schwerfiel, wenn sie wieder nach Hause mußte. Zu den reizendsten Stellen ihres Tagebuches zählt ihr Zusammentreffen mit dem alten, aber im Herzen noch jungen Goethe in Marienbad. Der Musiker Friedrich Zelter, Direktor der Berliner Singakademie, hatte ihr »Gruß und Kuß« an seinen Freund aufgetragen, und die Fürstin Pauline von Hohenzollern, die auch dort weilte, hatte sie mit Goethe zusammengebracht. Lebendig und genau referiert Lili in ihrem Tagebuch die Gespräche, die geführt wurden, sie kann ihre Blicke nicht von ihm lassen, es ist »der Culminationspunkt meines Lebens«. Als die einzigartige Stunde vorüber war und Goethe schon die Treppe hinunterging, da berichtete sie der Fürstin, daß sie nicht den Mut gehabt habe, ihren vollen Auftrag auszurichten. »Was«, rief diese, »das Beste haben Sie vergessen? Gleich laufen Sie ihm nach!«

Ich hatte nicht den Muth dazu. Aber die Gräfin Trogoff nahm mich beim Arm und wir erreichten ihn auf der zweiten Abteilung der Treppe. »Herr von Goethe«, rief die Gräfin, »es ist noch etwas vergessen worden.« Er wandte sich zu mir, ich stand ein paar Stufen höher und sagte mit bewunderungswürdiger Kühnheit: Zelter hätte mir nicht nur einen Gruß aufgetragen, sondern auch, was sich darauf reimt. Er verstand dies augenblicklich und ich bekam einen sehr schönen und dann sagte er gar: »Mein schöner Engel, Millionen Dank sage ich Ihnen.« Dabei wollte er mir die Hand küssen, was ich natürlich nicht litt, sondern ihm eben so natürlich den Mund hinhielt.

Goethe sandte ihr dann noch durch Zelter ein Blatt für ihr Album mit einigen Versen ›An Lili‹, die von dem Kuß handeln, den sie ihm gegeben, und an seinen Sohn August schrieb er damals: »Eine sehr zierliche Berlinerin, ja mehr als zierlich, will ihrem Andenken unter dem Namen Lili empfohlen sein. Ich weiß nicht, wie sie sonst heißt, es war aber eine wundersam artige Erscheinung.«

Lilis Musiklehrer war Bernhard Klein, eine bedeutende Figur im damaligen Musikleben Berlins, der zahlreiche Lieder und Balladen vertonte, von dem es auch geistliche Kompositionen und Opern gibt und der an der Universität das Amt eines Musikdirektors innehatte. Je länger er mit seiner Schülerin zusammenkam, desto tiefer wurde seine Neigung zu ihr, Lili aber war sich lange über ihre Gefühle nicht klar und nahm in dieser Zeit des Schwankens eine kühle, ablehnende Haltung ein. So quälten sich beide, bis sich schließlich Klein, zuinnerst enttäuscht, zurückzog. Als ihm dann Lili, endlich mit sich ins Reine gekommen, gestand, daß sie ihn über alles liebe, konnte er es kaum fassen. Die Seiten des Tagebuches, welche von diesen Kämpfen handeln, ergreifen den Leser auch heute noch.

Kurz nach Lilis Hochzeit heiratete auch ihr Bruder in Karlsbad sein Minchen, und nun gehen die glücklichen Paare nach Italien. Nach längerem Aufenthalt in Rom kamen sie Anfang April in Neapel an, wo es ihnen ebensowenig wie in Rom an Gesellschaft mangelte. Ihr erster Besuch galt natürlich der Herzogin von Sagan, ihrem Gatten und Marie von Steinach. Dann ging es zu Ignaz von Olfers, der an der preußischen Botschaft Legationsrat war, und seiner Gattin Hedwig, die man beide schon von Berlin her kannte. Frau von Olfers war die Tochter des Geheimrats von Staegemann und war damit in einem Hause aufgewachsen, in dem ein Kleist, Tieck und Brentano verkehrten. Der Botschafter Graf Flemming stellte ihnen seine Loge in San Carlo zur Verfügung, wovon die Musikbegeisterten natürlich viel Gebrauch machten. Überall wurden sie eingeladen, mußten spielen und singen. In vollen Zügen genossen sie die üblichen Ausflüge, in Sorrent verbrachten sie eine ganze Woche. »Partheys und Kleins sind doch recht glücklich, jung genug, um alles zu genießen, reich genug, um sich nichts zu versagen«, schrieb damals Frau von Olfers nach Berlin. Als sie nach Paestum gingen und in Eboli übernachteten, wollte es der Zufall, daß hier gerade jene drei Mörder hingerichtet wurden, welche das englische Paar auf der Hochzeitsreise getötet hatten, von dem uns schon die Countess of Blessington berichtet hat.

Da eine Menge Neugierige, Richter und Geistliche aus diesem Anlaß gekommen waren, gab es in ihrem Gasthaus kaum noch etwas zu essen.

Am 4. Mai ging es dann auch nach Ischia; Capri wurde bezeichnenderweise nicht besucht. Olfers und seine Frau begleiteten sie, aber Minchen, das Angst vor der See hatte, zog es vor, zu Hause zu bleiben. Auch als man später nach Sorrent ging, nahmen Lili und ihr Gatte in Castellammare eine Barke, aber Minchen und Gustav wählten aus dem gleichen Grund den Landweg. Die Uferstraße gab es ja damals noch nicht, so wurde Minchen in einer Sänfte über die Berge getragen, und Gustav ritt auf einem Esel nebenher. Hie und da konnten sich die beiden Paare zuwinken. Aber diesmal war das Meer so ruhig, daß wohl auch Minchen hätte mitkommen können. Nachdem auch sie Procida zu Fuß durchwandert hatten, landeten sie in Casamicciola und ritten hinauf zur Sentinella, »einem kleinen allerliebsten Häuschen mit der herrlichsten Aussicht rund umher«.

Da es sich nur um einen kurzen Ausflug handelte, können wir auch von Lili nicht erwarten, daß sie uns etwas Wesentliches von Ischia berichtet, aber uns interessieren ja die Gestalten, die wir im Geiste die vertrauten Wege gehen sehen, nicht minder, als das, was sie dabei erlebten. Zu dritt traten sie am anderen Morgen »die große Tour auf den Epomeo« an – die beiden Olfers wollten sich inzwischen nach einer Wohnung für den Sommer umsehen. In einem der ausführlichen Briefe, die Lili an ihre Mutter sandte, heißt es:

Wir ritten einen ewig wechselnden Weg über viele allerliebste Orte. Beschreiben kann ich Dir unmöglich all die Herrlichkeiten. – Im 4. Theil des Titan von Jean Paul findest Du ein schwaches Abbild davon. Um 12 Uhr waren wir oben beim Eremiten, es sind ihrer zwei mit den größten Spitzbubengesichtern – sie wohnen im Felsen. Wir stiegen auf die höchste Spitze, die ganz kahl ist, aber welche Aussicht! Ein grünendes, blühendes Paradies vom weiten, blauen Meer umgeben.

Wieder in Casamicciola, besuchten sie noch das hübsche kleine Haus, das Olfers vielleicht zu mieten dachten. Dort trafen sie Frau von Olfers, die sich in Neapel sehr mit Lili angefreundet hatte, und, als die jungverheiratete Wirtin ihr Brautkleid vorzeigte, nicht ruhte, bis Lili es anlegte! Dann stiegen sie sogar noch in jener Schlucht hoch, die, wie wir hören werden, eines Tages Ibsen solche Angst einjagen sollte, und staunten über eine heiße Quelle, die da in einer Felsenhöhle brauste und kochte. Zum Sonnenuntergang waren sie wieder in der Sentinella; während sie in der Halle aßen, kamen Leute mit Musik, man ließ die Tarantella spielen, alle wurden elektrisiert und tanzten mit. Das lockte auch die anderen Hausgenossen herbei und führte noch zur Bekanntschaft mit zwei Engländerinnen.

»Mit vielen regrets« verließen sie die Insel am anderen Mittag. Wieder in Neapel, machte Frau von Olfers sogar ein Gedicht ›Zum Andenken an die Sentinella‹, das Klein komponierte; es wurden sogleich die Stimmen ausgeschrieben, man sang es durch und brachte es am Abend der Dichterin. Wir wollen es den Ischia-Freunden nicht vorenthalten:

Gibt uns Gott ein kleines Haus,
Ach, und diesen Blick hinaus,
Diesen Blick voll Frühlingsschimmer,
Andres wünschen wir uns nimmer.

Stille wie das Grün der Erden
Würden unsre Herzen werden,
Gleich der Luft und gleich dem Meer,
Frieden in uns und umher.

Arme Lili! Armer Bernhard! Sie hatten sich so lieb und wären für eine lange glückliche Ehe geschaffen gewesen, aber Lili starb, nachdem sie zwei Mädchen geboren hatte, mit achtundzwanzig Jahren an der Lungenschwindsucht und Bernhard, dessen Leben damit gebrochen war, folgte ihr drei Jahre später nach!

KAPITEL 5

Dichter, Maler, Musiker auf Ischia und Capri 1826-1831

Zwischen 1828 und 1830 kamen drei deutsche Dichter, der Schwabe Wilhelm Waiblinger, der Schlesier August Kopisch und der fränkische Graf August von Platen nach Ischia. Von ihnen muß zweifellos *Waiblinger* unserem Herzen am nächsten stehen. Die längste Zeit freilich hat man in ihm einen hemmungslosen, seine dichterische Begabung weit überschätzenden Schwärmer gesehen, der über der Verhimmelung Italiens seine schwäbische Heimat vergaß und durch sein liederliches Leben in Rom dem deutschen Namen nur Schande gemacht hat. Heute ist wohl allgemein an die Stelle solchen Pharisäertums eine gerechtere Beurteilung getreten. Mögen auch seine Dramen in Vergessenheit geraten sein und so manches, was er sonst geschrieben hat, heute kaum noch Leser finden, die Tragödie seines kurzen Daseins steht lebendiger denn je vor unseren Augen und ergreift uns kaum weniger als die Hölderlins. Schon als Waiblinger mit achtzehn Jahren seinen kranken Landsmann kennenlernte, war er aufs tiefste beeindruckt. Die Lektüre des ›Hyperion‹ regte ihn damals an, mitten in den Vorbereitungen für die Aufnahme in das Tübinger Stift wie ein Besessener in zwei Monaten seinen Roman ›Phaeton‹ zu schreiben, und wenn er sich in der Folge jahrelang Hölderlins in rührender Weise annahm, bekundet das noch mehr sein Verständnis für dessen verkannte Größe. »Dieser Wahnsinnige, wie er in meinem Gartenhaus am Fenster sitzt, ist mir oft mehr, ist mir oft näher, als Tausende, die bei Verstande sind«, bekannte Waiblinger in einem Brief an Uhland.

Daß dieser in ständiger Unruhe lebende junge Mensch, den einzig das Streben, eines Tages zu den größten deutschen Dichtern zu zählen, beherrschte, sich im Stift nicht zum künftigen protestantischen Geistlichen entwickeln konnte, war zu erwarten; eines Tages wurde er »in Anbetracht seiner beharrlichen Unordnungen« und Ärgernis erregender Liebesaffären aus dem Stift gewiesen. Nichts lag näher, als daß Waiblinger, der schon vorher in den Ferien lange Fußreisen unternommen hatte, die so gewonnene Freiheit benutzte, um seinen längst gehegten Wunsch, Italien kennenzulernen, zu verwirklichen. Im Herbst 1826, noch vor der Vollendung des zweiundzwanzigsten Lebensjahres, verließ er die Heimat, die er nicht wiedersehen sollte.

Die zwei Jahre, welche Waiblinger zunächst in Rom zubrachte, und in denen er Stadt und Land, das Volk und die Fremden von Grund auf kennenlernte, waren Jahre höchsten Glückes und tiefster Not. Von den deutschen Künstlern zog er sich bald zurück, ja, er verfeindete sich mit seinen Landsleuten, verspottete sie, und diese rächten sich, indem sie Karikaturen verbreiteten, auf denen der ständig in Geldnöten Lebende in seinem unmöglichen Aufzug erschien. Die immer sehnsüchtig erwarteten Honorare, die ihm seine unermüdliche literarische Tätigkeit eintrug, waren stets allzu rasch verbraucht, und er war ständig darauf angewiesen, sich Geld zu leihen. Erst, als ihn der Berliner Verleger Reimer mit der alljährlichen Herausgabe eines ›Taschenbuches aus Italien und Griechenland‹ beauftragte, besserte sich die Lage ein wenig. Ja, schließlich lebte Waiblinger sogar, nachdem er sich mit einer von ihrem Mann verlassenen Römerin zusammengetan hatte, in einem verhältnismäßig geregelten Hausstand.

Anfang September 1828 löste er sich endlich für eine Weile von der über alles geliebten Stadt und der ihm ebenfalls sehr ans Herz gewachsenen Freundin und ging nach Neapel. Am 1. Oktober schrieb er in einem Brief an seine Eltern, die er über seinem bewegten Leben nie vergaß, aus Capri:

Schon hab' ich alle Inseln und die drei Meerbusen von Gaeta, Neapel und Salerno bis ans griechische Paestum durchzogen, und gesehen und genossen, und wie im brennenden Durst in mich hineingeschüttet, was hier in Strömen von Schönheit fließt. Nun aber ist mir das erschrecklich tumultarische Neapel, und das Wogen, Schreien und Lärmen einer halben Million Menschen so zur Last geworden, daß ich mich auf diese reizendste aller Inseln zurückgezogen.

Daß Waiblinger Capri den Vorzug vor Ischia gab, können wir ihm nicht übelnehmen. Ein Gemüt, wie das seine, wurde von dem phantastischen Felsenriff stärker beeindruckt als von den sanfteren Linien der grünen Insel, und der um diese Zeit schon sehr lebhaft gewordene Fremdenverkehr mit allen seinen Schattenseiten mußte ihn abstoßen. In seinen fingierten ›Briefen aus der Insel Capri‹, die eine ausführliche sachliche Beschreibung darstellen, bekennt er dies offen.

Vergleiche ich Capri mit anderen Umgebungen Neapels, so wäre es nur Ischia, das ihm den Rang etwa streitig machen könnte. Und in der That, diese Insel ist auch voll von Eigentümlichkeiten, voll Reize und Schönheiten. Sie hat zwanzigtausend Einwohner mehr als Capri, ist reicher und gewerbsamer, hat einen kleinen Handel, führt die wohltätigsten warmen Wasser und trägt trotz ihrem Vulkane, den Lagern von Lava und den häufigen Erdbeben in ihrem Innern, wie als Bild aus der Ferne, den Charakter der Anmuth und Lieblichkeit, während Capri, zumal vom Cap der Minerva her, mit seinen schroffen Meerfelsen und wilden Formen im Geiste des Wunderbaren und Seltsamen bezaubert und erstaunen macht. Wie nun Ischia schon ein bedeutend Stück Land ist und seiner Heilbäder wegen häufig besucht wird, so findet man hier mehr Gesellschaft, Bequemlichkeit des Lebens, hübsche reinliche Wege, aber hat auch alles Lästige zu tragen, was einen Ort der Art in Italien begleitet. Die Bettelei ist ächt neapolitanisch und wird nur von dem abscheulichen Gesindel übertroffen, das die klassischen Strecken von Pozzuoli bis Cap Misenum bewohnt; man steigt kaum ans Land, so wird man von Schiffsleuten, Soldaten, Bettlern, Eseltreibern und Ciceronen mit solcher Wut überfallen, daß an das Loskommen nicht zu denken ist. Alles gerät in Bewegung, ein Haufen habgierigen Volkes läuft Ihnen nach und verfolgt Sie bis in die Locanda oder Osteria, wo Sie sich von der Seefahrt erholen wollen. Sie haben die Wahl zwischen Dutzenden von

Eseln und sollen womöglich alle nehmen. Dazu fehlt Ihnen für den längeren Aufenthalt ein Ehrenmann, wie Don Giuseppe . . .

Nein, lieber Freund, vergönnen Sie mir, daß ich die frischen, gesunden Meerlüfte Capri's preise. Zwar mangeln hier die Orangen Sorrents, die Kastanien von Castellammare, die Ruinen Pozzuoli's, die Wälder La Cava's, die Uferstraße von Salerno, die Costüme Procida's und die Bäder von Ischia, aber ich vermisse keines von allem, wenn ich von den Ruinen Tibers hoch über schauerlichem Meeresabgrund die Sonne in die Fluth sinken sehe.

Auch über Procida wird der Stab gebrochen. Hier hat Waiblinger offenbar noch schlimmere Erfahrungen gemacht, denn er spricht von der »beispiellosen thierischen Zudringlichkeit und frechen Wildheit« der Bevölkerung. Das einzige Malerische, was die Insel biete, seien die Aussichten auf die Umgebung, vor allem auf Ischia.

Capri war freilich in jener Zeit immer noch ungleich stiller als Ischia, und wir wüßten keinen zu nennen, der sich etwa auch hier über solche Belästigungen beklagte, wie sie bis tief in das 19. Jahrhundert hinein von Ischia und Procida, oft in bewegten Worten, geschildert werden. Die wenigsten Fremden, die nach Neapel kamen, entschlossen sich auch zu einem Besuch Capris, und wenn es der Fall war, so blieb man nur selten über Nacht. An der Marina warteten dann die üblichen Führer mit ihren Maultieren, man ritt hinauf in die Ortschaft, besichtigte die Ruinen der Villa des Tiberius und seufzte über die endlosen Stufen, wenn man etwa auch Anacapri sehen wollte. Einen Höhenweg, der von Capri nach Anacapri führte, gab es damals ja noch nicht. Zwischen den beiden Ortschaften bestand seit Jahrhunderten bittere Feindschaft, und selbst der Steig aus der Griechenzeit konnte nahe dem oberen Ende durch eine Zugbrücke unterbrochen werden!

Es waren deutsche Maler und Dichter, welche in der zweiten Hälfte der zwanziger Jahre Capri entdeckten und erstmalig Wochen und Monate auf ihr verweilten. Von ihnen hört man nun keine Klagen mehr über Schwierigkeiten des

Unterkommens und der Verpflegung. Ja, sie waren einstimmig begeistert von einer Gaststätte ganz besonderer Art, die neuerdings auf der Insel entstanden war. Der Wirt war ein Notar, Don Giuseppe Pagano, der sein hochgelegenes, von herrlichen Orangen, Feigenbäumen und Palmen umgebenes Haus diesen ersten Capri-Begeisterten öffnete und sie fast wie Familienmitglieder aufnahm. Nun war es nicht mehr nötig, wenn man übernachten wollte, Leute vorauszuschikken, die für ein erträgliches Unterkommen Sorge tragen mußten oder, wie es in älterer Zeit des öfteren vorkam, um ein Quartier in der Certosa oder im Palazzo Canale zu bitten. Die ersten Gäste, von denen wir wissen, waren, wie wir noch hören werden, Kopisch und der Maler Fries, ein Schüler Rottmanns, die 1826 hier einkehrten. Waiblinger spricht in einem seiner Capri-Briefe von der »ehrbaren, nicht genug zu lobenden Familie unseres Don Giuseppe, welcher neuerdings die Fremden aufnimmt«. Der Notar, ein kleiner, liebenswürdiger Fünfziger, hatte keineswegs die Allüren eines Hoteliers, Waiblinger erzählt, wie er oft zusammen mit der Familie speiste, wie er geküßt wurde, wenn er etwa von einer kurzen Fahrt nach Neapel zurückkehrte, wie gegen Abend meist der viel ältere Bruder des Notars, ein Kanonikus, kam und die ganze Familie nach dem Abendessen, bei dem es meist herrliche Fische gab und die Wachteln besonders mundeten, auf das Dach des Hauses stieg und plauderte. Don Giuseppe besaß auch eine kleine Büchersammlung, die er den Gästen zur Verfügung stellte, welche Näheres über die Insel erfahren wollten. Die Preise waren offenbar sehr bescheiden, ja in dieser frühen Zeit überließ es der Notar den Fremden, sie zu bestimmen. Liest man doch in den ›Briefen aus Capri‹, daß er sich zum Grundsatz gemacht hatte, nichts von diesen zu verlangen! Da kommen eines Tages zehn Engländer zu einem flüchtigen Besuch auf die Insel, nehmen bei Don Giuseppe »ein gewaltiges Gabelfrühstück ein, leeren zehn Flaschen Capriwein, und zahlen alle zusammen einen scudo ... Daß Pagano es annahm, war gewiß unrecht –

ich hätte sie zum Haus hinauswerfen lassen«, meint Waiblinger, dem ja die reisenden Engländer über alles zuwider waren. Seine köstliche Satire ›Die Briten in Rom‹ ist heute noch lesenwert.

Wenn Waiblinger sich auch auf Ischia nicht wohlfühlen konnte, der Anblick, den die Insel von Capri aus bot, versetzte ihn doch in Ekstase:

Dem Horizonte nähert sich die Sonne.
Versinke sie im Meer, in goldnen Bergen,
Ich fühle stets die reinste Herzenswonne.

Doch welche Lust, wie alle Lüfte schweigen,
Und die Natur zur Ruhe sich bereitet,
Den jähen Pfad zum Fels hinanzusteigen,

Wenn schon im West, gleich einer Purpurquelle,
Die Sonne glühet, und in lautern Flammen,
Auf Meer und Land verströmet Glanz und Helle.

Dann scheint des Himmels Schoß sich zu erschließen,
Und auf der Insel schimmerndes Gebirge
Ein goldner Regen sanft herabzufließen;

Dann scheint, geblendet von des Lichtes Sprühen,
Enaria dem Bad der warmen Fluthen
Mit reinem Schwanenleibe zu entglühen;

Sie scheint verschämt, in kindischen Gefühlen,
Den vollen Busen überm Meer, mit Rosen
Und mit Violen anmuthsvoll zu spielen.

Ein Augenblick, und jene göttergleichen,
Vom Licht beträuften Wangen, Berg und Insel,
Und Meer und Himmel siehst du schon erbleichen.

So gleich dem holden Wunderspiel der Sonne
Verharrt nur kurz in ungetrübter Schöne
Und schwindet bald des Lebens höchste Wonne.

Immer wieder erscheinen Waiblinger die Inseln, die er auf Capri vor Augen hat und die seine Phantasie vor allem bei Sonnenuntergang erregen, als weibliche Gestalten. Procida vergleicht er dann einer »jung aufblühenden Nymfe, der jungfräulich noch kaum Busen und Nacken erschwillt«, die sich aber bei aller Anmut nicht mit der reiferen Nachbarinsel zu messen vermag.

> Eretrisches Eiland, als herrlich erwachsene Jungfrau
> stehst aus tyrrhenischem Meer mächtigen Wuchses du auf.
> Ausgebildet und üppig gereift zur süssen Umarmung,
> wartet des liebenden Gott's schon dein uranischer Leib.
> . . .
> Schön und reitzend bist du, so oft am Tag, in der Nacht dich
> schmachtend Verlangen erblickt, aber am schönsten vielleicht,
> wenn dein lachend Gesicht dem niedertauchenden Gotte
> in holdseliger Scham züchtiger Rosen erglüht.
> Dann nicht Phöbus allein, du scheinst die Geliebte des Donn'rers,
> Danae scheinst du, vom Strom goldnen Regens umarmt.

Alle Herrlichkeiten Capris lassen doch Rom und die schwarzlockige, dort zurückgelassene Freundin Nena Carlenzo, die ihm inzwischen ein Mädchen geboren, nicht vergessen, und Ende November reißt Waiblinger sich schließlich los von seiner geliebten Insel. Es ist ein harter Winter, der ihn in Rom erwartet. Sein altes Magenleiden, von dem er selbst glaubt, daß es vielleicht von den reichlich genossenen südlichen Weinen herstammt, quält ihn, »Kopfrheumatismen« lassen ihn wochenlang nicht arbeiten, seine Manuskripte können nicht rechtzeitig abgeliefert werden. Zu allem Überfluß taucht auch Nenas Gatte wieder auf, vor dessen Messer man sich fürchten muß. Das Geld ist natürlich auch knapp. Schließlich treibt es ihn aber doch wieder fort. Ende Mai treffen wir ihn abermals in Neapel. Seinen ursprünglichen Gedanken, mit den Bädern Ischias seinen Rheumatismus zu bekämpfen, gibt er auf, auch auf Capri macht er nur einen kurzen Besuch, obwohl er dort mit Jubel empfangen wird, aber in Sorrent sucht er für eine Weile Erholung, nachdem er erschöpft, fiebergeschüttelt und magenleidend von einem Ausflug nach Benevent und Avellino zurückgekommen war. Den Traum einer Reise durch Sizilien hatte er schon aufgegeben, da kam Ende Juli unerwartet von seinem Berliner Verleger Geld, und allen Warnungen seiner Ärzte und Freunde zum Trotz bestieg er ein Schiff, das ihn nach Messina brachte. Es war, wie er nach Hause schrieb, die schönste Reise seines Lebens, auf der er unter unsäglichen Leiden und Anstrengungen einen großen Teil Siziliens kennenlernte, aber sie ging über seine Kräfte. Anfang November setzte in Rom eine schwere Lungenentzündung ein, er konnte das Bett nicht mehr verlassen, Schlaflosigkeit und heftige Blutstürze quälten ihn entsetzlich. An ärztlichem Beistand fehlte es nicht, der preußische Botschafter von Bunsen schickte seinen Arzt, der Leibarzt des Papstes und der des Königs von Preußen, der gerade in Rom weilte, waren an seinem Bett, aber es gab keine Rettung mehr. Trotz alledem diktierte er einem Freunde, der die Kosten dieser letzten Wochen vorschoß, in diesem Zustand noch seine in Sorrent und Sizilien entstandenen Poesien, ja es entstand als letztes jenes Lied an Capri, das mit den Worten beginnt: »Capri werde mir stets der Edelsteine Wundervollster genannt, den Vater Ozean / Mit der Wogen Azur umfängt . . .« und in dem es dann weiter heißt: »Mein Eiland bist du.« Am 16. Januar 1830 schrieb er noch, kaum lesbar, mit sterbender Hand, einen letzten Gruß an seine Eltern: »Lebet wohl, geliebte Eltern! Ich sterbe auf römischem Boden! Bezahlt doch das Geld von 70 Scudi. Dieser Freund lieh mirs.« Am folgenden Tag hörte sein unruhiges Herz auf zu schlagen. Nena Carlenzo aber, die Waiblinger bis zum Ende rührend betreute, blieb ohne Mittel, abermals ein Kind erwartend, zurück.

Wie wir hörten, war bereits zwei Jahre vor Waiblinger *August Kopisch* aus Breslau mit *Ernst Fries* aus Heidelberg bei Don Giuseppe Pagano eingekehrt. Als sie das Marktschiff an der Marina verließen und in Begleitung eines Knaben, der ihr weniges Gepäck trug, zum Städtchen hinaufstiegen, konnte Kopisch nicht ahnen, daß sein Name für alle Zeiten an die Insel gebunden sein würde und daß sein Aufenthalt auf ihr für die Entfaltung des bis dahin so geringen Fremdenverkehrs von entscheidender Bedeutung werden sollte. Als er sich eines Tages mit Don Giuseppe, bei dem er sich nicht weniger wohl fühlte als Waiblinger, eine geplante Rundfahrt um die Insel besprach, kam die Rede auf eine geheimnisvolle Grotte, von der man sich allerlei unheimliche Geschichten erzählte, in die sich aber noch niemand hineingewagt habe. Kopisch, der ein guter Schwimmer war und im nächsten Jahr auch Platens Schwimmlehrer wurde, war sogleich Feuer und Flamme für eine gründliche Untersuchung der Grotte, deren Eingang zu klein war, um eine gewöhnliche Barke passieren zu lassen. Alles Abraten der Familienangehörigen war umsonst, der Notar und Fries wollten auch dabei sein, und so wurden sie und ein erfahrener Fischer am nächsten Tage, während die Frau Don Giuseppes und seine Töchter beteten und der Kanonikus sogar eine Messe las, die ersten, welche dieses Farbenwunder zu schauen bekamen. Auch Michele, der Sohn, der später das Albergo Pagano übernahm, durfte dabei sein. In der Folge wiederholte man den Besuch, und der Notar, der wohl ahnte, welche Zugkraft diese Grotte, die man nach einigem Hinundher ›grotta azzurra‹ taufte, bekommen könnte, trug sich bereits mit dem Gedanken, ein kleines Boot bauen zu lassen, mit dem die Fremden trocken durch die niedere Öffnung gelangen könnten. Wenn sich später herausstellte, daß schon ältere Autoren um die Grotte wußten und es sich also genau genommen nur um eine Wiederentdeckung handelte, so kann dies ihrer Bedeutung keinen Eintrag tun. Capri wurde durch sie um eine Attraktion reicher, welche der Nachbarinsel, die nichts Entsprechendes aufzuweisen hat, beträchtlichen Abbruch tun mußte.

Kopisch schilderte in einem längeren Aufsatz, der freilich erst 1838 erschien, die Entdeckungsgeschichte in amüsanter Weise, hatte aber außerdem sogleich im Fremdenbuch Paganos die denkwürdige Expedition beschrieben, die natürlich von all den immer zahlreicheren Gästen gelesen wurde. Waiblinger hat kurz darauf als erster in seinem ›Märchen von der blauen Grotte‹ diese zum Schauplatz einer freilich allzu romantischen Erzählung gemacht; ungleich mehr Leser aber hat später Hans Christian Andersens ›Improvisator‹ gefunden, in dem sie ja auch eine bedeutende Rolle spielt.

Kopisch lebte damals nahezu drei Jahre in Neapel und fühlte sich im Gegensatz zu Waiblinger hier völlig zu Hause. Natürlich kam er in dieser Zeit auch mehrmals nach Ischia, nicht zuletzt, weil er in Neapel des öfteren vornehmen Fremden als Cicerone diente. So wurde er eines Tages - es war im November 1828 - dem preußischen Kronprinzen, dem späteren König Friedrich Wilhelm IV., vorgestellt und begleitete diesen dann unter anderem auch nach Ischia, wo sie in der Sentinella wohnten. Kopisch verrät uns dies in einem langen Gedicht, das er am Geburtstag der fernen Kronprinzessin auf dem Vesuv vortrug. Er nennt es zwar eine Improvisation, aber es war sichtlich wohlvorbereitet. Bei der Schilderung der weiten Aussicht gehen seine Gedanken auch nach Ischia, »zu jener schönen Schau von Sentinella und wo Dein denkt die kleine Carminella«, die es offenbar dem Prinzen angetan hatte. Ja, er schrieb in jener Zeit sogar eine Novelle, die den Titel ›Karnevalsfest auf Ischia‹ trägt. Wer glaubt, in ihr ein Abbild unserer Insel zu finden, wird allerdings enttäuscht werden. Ein ehrenwerter Grundbesitzer, Don Antonio, wird in ihr ob seiner Kahlköpfigkeit von einem neapolitanischen Grafen angepöbelt, der einer hübschen jungen Witwe, die jener nicht mehr junge Don Antonio ins Herz geschlossen hat, den Hof machte. Zu seiner Ehrenrettung wird von seinen Freunden ein gewaltiges Festessen arrangiert, zu dem alle übrigen Kahlköpfigen eingeladen werden. In hellen Haufen kommen sie von allen Seiten der Insel. Schon hat das Fest seinen Höhepunkt erreicht, da wird gemeldet, daß der heftige Sturm in nächster Nähe ein Boot zum Kentern gebracht hat. Man eilt zu Hilfe und zieht eine ganze Reihe von Personen aus dem Wasser. Aber welche

Überraschung! Jedesmal, wenn man versuchte, einen an den Haaren zu fassen, blieb eine Perücke in der Hand. Es waren die heimlichen Kahlköpfe, die nach Neapel entweichen wollten, und unter ihnen war auch jener unerfreuliche Bewerber der hübschen Donna Teresa. Das Fest schließt damit, daß auch sie verkleidet auf ihm erscheint, daß Don Antonio sie aber erkennt und daß sie sich liebend in die Arme fallen. Daraufhin wird schnell der Notar herbeigerufen, welcher den Ehevertrag aufsetzt. Warum gerade Ischia, wo es nicht mehr Kahlköpfige gibt als anderswo, zum Schauplatz ihrer Verherrlichung erwählt wurde, bleibt unerfindlich.

Der Kronprinz von Preußen fand Gefallen an Kopisch, und dies war entscheidend für dessen künftiges Leben. Als Schriftsteller wie als Maler nur mittelmäßig begabt, kehrte er zunächst nach Breslau zurück und verarbeitete seine italienischen Eindrücke, bis er nach Berlin übersiedelte, wo ihn sein Gönner nach der Thronbesteigung dem Hofmarschallamt zuteilte und mit einer Jahrespension bedachte. In dieser Eigenschaft schrieb er in seinen späteren Jahren eine Geschichte der Potsdamer Gärten und Schlösser und veröffentlichte eine Übersetzung der Göttlichen Komödie.

Über *August von Platen* und Ischia wissen wir leider noch weniger zu sagen. In seinen Tagebüchern finden sich viele Einzelheiten, die sich auf die Freundschaft mit Kopisch beziehen, den er in Neapel kennengelernt hatte, eine Freundschaft, die überschwenglich begann, der es aber auch an Konfliktstoffen nicht fehlte und die mit merklicher Abkühlung endete. Beide haben wohl mancherlei gemeinsame Ausflüge gemacht, aber nach Ischia kam Platen offenbar erst im Herbst 1830, als Kopisch Neapel verlassen hatte. Damals machte er mit dem Freiherrn von Bunsen, der nach dem Rücktritt Niebuhrs preußischer Gesandter beim Heiligen Stuhl war, und dessen Familie einen Ausflug nach Ischia. Sie wohnten vier Tage lang in der »herrlich gelegenen« Sentinella, bestiegen den Epomeo und durchstreiften »zu Fuß und Esel die ganze

Insel, die höchst reizend und lieblich ist«, notierte Platen in seinem Tagebuch.

Die Gestalt, die nun 1831 auf Ischia erscheint, läßt den Chronisten aufatmen. Nach der tragischen Figur Waiblingers, dem sich nicht über seine bürgerliche Mittelmäßigkeit erhebenden Kopisch und dem von seelischen Konflikten gequälten Platen tritt der zweiundzwanzigjährige *Felix Mendelssohn* auf! Trotz seiner Jugend hatte er sich bereits als Komponist und virtuoser Klavierspieler einen Namen gemacht und war in England begeistert gefeiert worden, als er im Sommer 1829 eine längere Reise nach der Schweiz und Italien antrat, um seinen Gesichtskreis zu erweitern, und vor allem auch, um sich mit der musikalischen Welt Italiens vertraut zu machen. Auf der Hinreise weilte er mehrere Tage in Weimar, wo ihn Goethe wie einen Sohn behandelte. Täglich mußte er bei ihm speisen und spielen, Empfänge wurden ihm zu Ehren veranstaltet, der greise Dichter sagte Du zu ihm und ließ ihn porträtieren. Damals schrieb die Baronin Jenny von Gustedt über ihn:

Die Lebhaftigkeit seines Mienenspieles, seine Grazie, die doch durchaus nichts Weibisches hatte, sein strahlendes Lächeln, als ob man einen Vorhang von einem Fenster wegzöge und nun in den schönen Frühling sähe, das alles machte seine Erscheinung zu einer sich der Erinnerung dauernd einprägenden. Und nun sein Spiel, das so ganz er selber war ... Er verscheuchte jede Wolke von der Jupiterstirn unseres Dichters. Jedem, der damals Mendelssohn kannte, wird es begreiflich sein, trat er doch mit dem ganzen Zauber der Jugend, der Genialität, der glücklichen Zukunftsträume in unseren Freundeskreis.

Wie in Weimar, so wurde er auch in Rom, wo er den ganzen Winter verbrachte, in allen Kreisen herzlich aufgenommen. Sorglos genoß er die gesellschaftlichen Freuden und den Karneval, knüpfte mit Musikern und Künstlern Beziehungen an; Männer wie Thorwaldsen, Schadow oder Vernet wurden seine Freunde, nur die Sorte, die ständig im Café Greco saß, war ihm genau so zuwider wie sie Waiblinger war und wurde in köstlicher Weise geschildert. Die großen kirchlichen Zeremonien der Osterwoche interessierten Mendelssohn nicht nur als Musiker, sondern ergriffen ihn auch zutiefst. All das schildert er in den Briefen an seine Angehörigen in Berlin mit seltener Frische und mit viel Humor. Sie sind alle höchst persönlich, nicht für den künftigen Druck bestimmt, und muten durchaus modern an.

Anfang April heißt es im letzten Brief aus Rom: »Der Paß ist da, der Wagen bestellt, und so sehe ich den Frühlingsmonaten entgegen. Lebt wohl! Felix.« Es sind nur wenige Briefe, die er aus Neapel schreibt. Von seinem Ausflug nach Ischia enthält sein am 7. Mai geschriebener nur einen kurzen Bericht, aber von Rom aus folgt dann ein in bester Laune geschriebener, der uns entschädigt und den wir großenteils wörtlich wiedergeben wollen.

Ihr müßt wissen, daß Freitag den 20ten Mai in Corpore gefrühstückt wurde, nämlich Früchte und dergleichen, und in Corpore reist die Reisegesellschaft nach den Inseln, die aus Eduard Bendemann, einem netten jungen Maler mit Schnurrbart und Strohhut, sonst nur Edechen genannt [Mendelssohn verkehrte in Rom viel bei Bendemanns], *weiterhin Th. Hildebrand, mit Schnurrbart und Strohhut, langem Haar, einem Zeichenbuch . . . , endlich aus Carl Sohn und Felix Mendelssohn-Bartholdy bestand. Letzterer war bei seinem Entweichen bekleidet mit einer blauen Mütze aus Edinburg (wohlbekannt); einem blauen Überrock aus London (wohlbekannt); einem Backenbart von jeder Seite (hier noch nie angeführt) und den zugehörigen Beinkleidern, Schuhwerk, zwei Zeichenbüchern, usw. Besondere Kennzeichen: ein blauer Bart; seine Wäsche trug er in einem orangegelben Schnupftuch, das ihm seine Mutter bei der Abreise mitgegeben hatte, das Bündel war eben nicht sehr schwer, und enthielt ausser Goethes Gedichten und drei Hemden wenig Erhebliches.*

In diesem Aufzug mieteten die vier einen Wagen, der sie nach Pozzuoli brachte. Während sich die anderen das Amphitheater, die Solfatara und die heißen Bäder ansahen, setzte sich Mendelssohn, der dies alles längst kannte, an den Hafen und zeichnete. Weiter heißt es in dem Brief:

Dann nahmen wir, wie junge Nomaden, all unser Hab und Gut, Mäntel, Bündel, Bücher, Mappen auf Esel, setzten uns selbst oben darauf, und machten die Tour um den Meerbusen von Bajae, zum Averner See, wo man sich für sein Mittagessen Fische einkaufen muß, über den Berg nach Cuma (vgl. Goethes ›Wanderer‹) und kamen so nach Bajae herunter, wo gegessen und ausgeruht wurde. Dann wurden noch Tempelruinen, alte Bäder und dergleichen besehen und so wurde es Abend ehe wir zur Überfahrt kamen; um 1/2 10 langten wir im Städtchen Ischia an, und im einzigen Wirtshaus war alles besetzt, so daß wir uns entschlossen noch bis zu Don Tommaso zu gehen, zwei Stunden Wegs, die wir aber in 5/4 liefen: es war prächtig kühl, in allen Weinranken und Feigenbäumen und Gesträuchern saßen unzählige Glühwürmer und ließen sich fangen, und als wir endlich etwas ermüdet beim Don gegen 11 eintrafen, fanden wir noch alle Leute wach, die nettesten Zimmer, frische Früchte, einen freundlichen Diaconus als Kellner und blieben noch bis Mitternacht behaglich sitzen, einer Fuhre Kirschen gegenüber.

Man wohnte also, wie vor ihnen Elisa von der Recke und Tiedge, in der Pannella, die Haller 1822 als eine Gaststätte bezeichnet hat, die auch auf dem Festlande im Ausflugsgebiet von Neapel nicht ihresgleichen finde. Mendelssohn gibt uns eine Beschreibung derselben, die manche Einzelheiten enthält, welche den späteren Gästen nicht mitteilenswert dünkten. Eigentlich hatten die vier Wanderer die Absicht, am nächsten Tag den Epomeo zu besteigen, aber es regnete so heftig, daß nicht daran zu denken war. Zum Glück bot sich ihnen aber doch eine Beschäftigung:

Da wir eigentlich auch nicht so recht viel miteinander conversieren konnten (es ging nun einmal nicht, Gott weiß warum?), so wäre das Ding langweilig geworden, hätte Don Tommaso nicht den niedlichsten Hühnerhof, den es in Europa geben kann: vorne an der Thür steht ein gewaltiger, schattiger Orangenbaum mit vielen reifen Früchten, unter dessen Ästen die Treppe nach der Wohnung hinaufführt. Jede von den weißen steinernen Stufen ist mit einem großen Blumentopf besetzt, und der Flur oben besteht aus einer weiten offenen Halle, wo man aus einem Bogen heraus den ganzen Hof mit Orangenbaum, Treppe, den Strohdächern,

Weinfässern und Krügen, den Eseln und Pfauen übersehen kann. Damit es am Vordergrunde nicht fehle, steht unter dem gemauerten Bogen ein indischer Feigenbaum, so üppig, daß man ihn mit Stricken an die Mauer hat festbinden müssen, den Hintergrund endlich machen die Weinberge mit den Lusthäusern und die Vorhöhen des Epomeo. Unter dem Bogen war man nun vor Regen geschützt, da setzten wir uns alle viere hin und zeichneten den ganzen lieben Tag lang uns den Hof ab, so zierlich es gehen wollte; ich habe mich überhaupt nicht geniert, sondern immer mitgezeichnet und glaube auch etwas profitirt zu haben.

Wie gerne würden wir etwas von den Zeichnungen sehen, die damals entstanden sind, aber unsere Nachforschungen nach solchen waren bisher vergeblich. Was für Mendelssohn seine Zeichnungen bedeuteten, möge man einem Schreiben an seinen Bruder Paul entnehmen, dem er eines Tages ein solches Skizzenbuch zur Aufbewahrung übergab. Nach allerlei scherzhaften Sätzen schließt es mit den Worten:

Aber ernsthaft zu werden, enthält das Zeichenbuch ein Stück Leben, und so frohes wie es nur einem Menschen geschenkt werden kann, und darum ist es mir lieb, und darum verwahre Du es mir.

In der darauffolgenden Nacht donnerte es zwar gewaltig, aber der Morgen – es war ein Sonntag – versprach doch besseres Wetter:

Wir gingen nach Forio, sahen die Leute in ihren bunten Kostümen in den Dom gehen, die Frauen hatten ihre berühmten, zusammengelegten Mousselinetücher auf dem Kopfe, die Männer standen vor dem Kirchplatz und kannegießerten in knallrothen Sonntagskappen, und so wanden wir uns durch die festlichen Dörfer nach und nach den Berg hinauf. Bei den obersten Felsspitzen war es ganz neblig geworden, die Dünste tanzten umher, obwohl die zackigen Felsen, der Telegraph und das Kreuz wunderlich genug in den Wolken sich ausnahmen, so konnten wir doch von der Aussicht nicht das Geringste sehen.

In dem ersten, schon von Neapel aus geschriebenen Bericht erfahren wir noch etwas über den Rückweg:

Hinunter ging es im gestreckten Galopp: der Eseltreiber fluchte: »Sangue di baccalà fritto« und auf dies Commando machte der Esel Capriolen.

Das Ziel war der Borgo d'Ischia, von wo man sich nach Procida übersetzen ließ. Über Pozzuoli erreichten die vier Freunde, die also nur zwei Nächte bei Don Tommaso weilten, noch am gleichen Tag Neapel.

Bald darauf statteten sie auch Capri einen kurzen Besuch ab, wo sie natürlich ebenfalls bei Don Pagano abstiegen und ihre Namen in sein Gästebuch eintrugen. Auch Mendelssohn schilderte in dem gleichen erst in Rom geschriebenen Brief in bewegten Worten das Erlebnis der Blauen Grotte.

Die Farbe ist das blendendste Blau, das ich je gesehen habe, ohne Schatten, ohne Dunkelheit, wie eine Scheibe des hellsten Milchglases, und wie die Sonne durchscheint, so sieht man auch ganz deutlich Alles, was unter dem Wasser vorgeht, und das ganze Meer mit seinen Geschöpfen tut sich auf ... Dazu hallt es ganz wunderlich in der Grotte von jedem Ruderschlag wider, und wie man an den Wänden umherfährt, so kommen neue Gestalten zum Vorschein. Ich wollte Ihr könntet das sehen, denn es ist ganz sonderbar zauberhaft.

In das Jahr, in dem Waiblinger und Kopisch auf Ischia und Capri weilten, fiel ein Beben, das in dem hochgelegenen Teil von Casamicciola, in dem heutigen Majo, beträchtlichen Schaden anrichtete und achtundzwanzig Opfer forderte. Der Zufall wollte es, daß zwei Engländer, *Crauford Tait Ramage* und *Dr. Henderson*, an jenem 2. Februar 1828, kaum eine Stunde nach dem Unglück, ahnungslos nach Casamicciola kamen, wo sie sich in einem ihnen empfohlenen Gasthaus einmieten wollten, um von da die Insel in Muße durchstreifen zu können. In seinem erst 1868 erschienenen italienischen Reisetagebuch widmete Ramage dem Erlebnis nur wenige Zeilen, aber es liegt außerdem ein ausführlicher Brief an seine Mutter vor, und schließlich sandte er auch noch einen langen Bericht an die in Genf und Paris erscheinende ›Bibliothèque universelle des Sciences, Belles-Lettres et Arts‹, der in ihr in gekürzter Form ohne Nennung seines Namens Aufnahme fand. Hätte Ramage an jenem Tage nicht verschlafen, so wären die beiden aller Wahrscheinlichkeit nach im Augenblick der Katastrophe bereits an Ort und Stelle gewesen. Als sie an der Marina ankamen, wunderten sie sich schon, daß, sogar an einem Feiertag, von dem üblichen Geschrei der Träger nichts zu hören war. Die Menschen waren stumm und verstört, und als sie von dem Unglück zu erzählen begannen, wollten Ramage und sein Freund es kaum glauben. Wie sie aber dann hinaufzusteigen begannen, kamen ihnen mit Kleidern und Küchengerät beladene Flüchtlinge entgegen. Der erste Verwundete, auf den sie stießen, war durch einen stürzenden Pfeiler verletzt worden. Im Einvernehmen mit einem ansässigen Chirurgen bemühte sich Dr. Henderson um ihn. Der Weg war von parallelen Spalten durchzogen. Die Straßen waren leer, die Menschen standen fern von den Häusern umher, aus Angst, es könnten noch weitere Stöße kommen. Als die beiden sich dann der eigentlichen Ortschaft näherten, drang das Heulen und Schreien immer stärker zu ihnen. Hier oben war kaum ein Haus unversehrt geblieben; vierzig waren völlig eingestürzt, die anderen voll von Rissen. Wie viele Tote unter den Trümmern lagen, konnte man noch gar nicht sagen. Hier hatte einer seine Mutter verloren, dort erzählte ein anderer, daß seine Kinder noch unter den Trümmern begraben seien, einem dritten hatte das Beben die Mutter, die Frau und drei Kinder geraubt. Es war noch ein Glück, daß das Unglück nicht nachts passierte, sondern am Morgen eines Feiertages, als viele Menschen sich in der unversehrt gebliebenen Pfarrkirche befanden.

In jenem französischen Bericht schilderte Ramage eingehend zwei klagende Frauen, die ihn besonders beeindruckten. Die eine saß einige Schritte von der Stelle entfernt, an der ihre Tochter gestorben war, und sang mit einer improvisierten Melodie, welche ihm sehr zu Herzen ging, »Figlia mia bella, tanto bella! figlia mia!«, von Zeit zu Zeit aber unterbrach sie diesen Gesang und stieß ein seltsam moduliertes Heulen aus. Nicht weit davon saß eine zweite, noch junge Mutter auf einem kleinen Erdhügel und richtete die Augen auf die Stelle, wo einige Männer die Trümmer entfernten, unter denen ihre Kinder lagen. Dabei sang sie ähnlich wie die andere und gab auch dazwischen die gleichen Weherufe von sich, aber sie bewegte außerdem gleichzeitig ihr Taschentuch, das sie an beiden Enden hielt, wie wenn sie Tarantella tanzen würde. Ramage bemerkte dazu, dieses Erlebnis habe ihm eine Vorstellung vermittelt, wie wilde Völker ihren Schmerz singend ausdrücken.

Die beiden hatten zwar die Absicht, auf der Insel zu übernachten, aber auch im Borgo, der ja in keiner Weise betroffen war, wollte man die Fremden nicht aufnehmen, und helfen konnten sie den armen Leuten auch nicht. So kehrten sie nach Neapel zurück und berichteten der englischen Kolonie über das Unglück. Schon nach einigen Tagen trafen sie aber wieder in Casamicciola ein, um von einem der Geistlichen der Pfarrei eine Liste der am schwersten Betroffenen zu erbitten, und bald darauf konnte der englische Generalkonsul mit dessen Hilfe die 200 Pfund Sterlinge verteilen, welche die Kollekte ergeben hatte. Auch die Regierung tat das Ihre. Am übernächsten Tag begannen hundert Soldaten aus Neapel die Trümmer zu beseitigen und retteten noch so manchen Verschütteten; eine siebenjährige Concetta Morgera wurde erst nach vier Tagen noch lebend geborgen. Der König ließ ebenfalls Unterstützungen verteilen, Mittellosen wurden ihre Häuser wieder aufgebaut und der Monte della Misericordia stellte seine Räume und Vorräte in großzügiger Weise zur Verfügung.

Im gleichen Jahr, in dem dieses Erdbeben Casamicciola erschütterte, kam der *sächsische Prinz Friedrich* in Begleitung von *Carl Gustav Carus* nach Capri und nach Ischia. Uns interessiert natürlich Carus, der in seiner Eigenschaft als Königlicher Leibarzt an der Reise des späteren Mitregenten durch Italien und die Schweiz teilnahm, mehr als der Prinz. Seine ungewöhnliche Vielseitigkeit wurde schon von den Zeitgenossen bewundert. War er doch Naturforscher und Arzt, Philosoph und Künstler in einer Person. In dem Jahr, in dem er nach Ischia kam, erschien auch das kostbare Foliowerk, das die Wirbeltheorie der Vertebratenorganisation begründete und das Goethe, dem es so ganz aus der Seele geschrieben war, sofort mit Begeisterung begrüßte. Sein Lehrbuch der Gynäkologie kam damals bereits in zweiter Auflage heraus. Der gleiche Mann lieferte jedoch auch wertvolle Beiträge zur Kenntnis der wirbellosen Tiere, schrieb das heute noch bedeutsame Buch ›Psyche. Zur Entwicklungsgeschichte der Seele‹, schrieb ›Briefe über Landschaftsmalerei‹ und hinterließ eine große Zahl von Gemälden und Zeichnungen. Caspar David Friedrich war sein Freund und Vorbild. Wie es sein Ziel war, gleich Goethe das Leben aus dem Geist zu verstehen, so spricht auch aus seinen Malereien seine romantische Seele.

Der Prinz hatte es nicht nötig, ein Boot zu mieten, um mit seinen Begleitern die beiden Inseln zu besuchen. Wenn solche hochstehende Persönlichkeiten nach Neapel kamen, tat der Hof alles, damit ihr Aufenthalt am Golf in angenehmer Erinnerung bleibe. In Sorrent, wo man in dem so schön gelegenen, Tassos Namen tragenden Palazzo wohnte, wartete eine Königliche Brigantine, das heißt ein kleines »höchst zierlich eingerichtetes« Kriegsschiff, mit vierzehn Kanonen. Eine elegante Lancia mit zwölf gewandten Ruderern brachte die Gäste zu dem Schiff, auf dessen Masten und Rahen die Matrosen in Galauniform standen und den Prinzen mit »Viva il Re!« begrüßten. Carus war ganz begeistert von der Ordnung, die auf dem Fahrzeug herrschte.

Wie rein gewaschen war der Boden, wie sauber die Planken gefirnißt und gemalt, wie blank und compendios die mit Flintenschlössern versehenen neunpfündigen Kanonen, und wie höchst glänzend die Einrichtung der sehr geräumigen Kajüte!

Nun wurden die Segel gesetzt, aber der Wind war so ungünstig, daß das Schiff allem kunstvollen Lavieren zum Trotz nur sehr langsam vorwärts kam. Capri wollte nicht näherrücken, so daß man schließlich die Lancia bestieg und rudernd an der Marina grande landete, wo Girlanden von

Myrten und viel Volk auf den Besuch warteten. Auch die Esel standen schon bereit, welche die Gäste zunächst die steile Treppe nach Anacapri und von dort auf den Monte Solaro trugen. Dann ging es wieder zurück zur Marina und von ihr hinauf zu der durch Zugbrücken geschützten Ortschaft Capri und den Ruinen des Tiberius. Carus notierte in seinem Tagebuch:

Wie dicht sind hier nicht die Bergabhänge mit Myrtengebüsch bewachsen, wie üppig sprossen Feigen überall hervor! Ich kam mir selbst wunderlich vor in diesen Umgebungen: einen Myrtenzweig zum Antreiben des Esels in der Hand, eine große süße Orange aus der Weste hervorstehend und die bedenklichsten Bergwege so ganz bequem hinanreitend!

Gegen Abend war man bereits wieder auf der Brigantine, wo in der schön dekorierten Kajüte ein ausgezeichnetes Abendessen auf sie wartete. Später wurden die Sofas in elegante Schlafstellen mit seidenen Decken verwandelt, und als der Prinz und seine Begleiter am Morgen erwachten, lag die Brigantine schon stundenlang in Castellammare vor Anker. Von der Blauen Grotte aber ist in Carus' Bericht mit keinem Wort die Rede, obwohl Kopisch bereits am 17. August 1826 seinen Bericht über die Entdeckung in das vor kurzem angelegte Fremdenbuch Paganos eingetragen hatte.

Auf Ischia verbrachte der Prinz hingegen wenigstens eine Nacht. Wieder stand ihm eine Brigantine zur Verfügung, mit der ihn diesmal ein Sohn des Königs, Prinz Leopold von Salerno, mit seiner Gattin bis Miniscola zu Füßen des Cap Misen begleitete. Hier trennte er sich von seinen Gefährten, die sich, während er auf dem kürzesten Weg nach Ischia fuhr, nach Procida rudern ließen und von der Chiaiolella nach dem Borgo übersetzten.

So kam es, daß inzwischen der Kommandant des Kastells und die Spitzen der Gemeinde bereits zur Begrüßung des Prinzen in der Locanda erschienen waren, in der man zu übernachten gedachte. Sie lag mitten in der trostlosen Öde des Arsostromes, in der man eigentlich keine Gaststätte hätte erwarten sollen. Immerhin mußte sie bereits ein gewisses Ansehen genossen haben, sonst hätte man sie dem Prinzen und seinem Gefolge kaum empfohlen. In der Tat wird sie uns auch in der Folge noch mehrfach begegnen. Aus späteren Memoiren geht hervor, daß der Inhaber ein ehemaliger Leutnant war, daß das Gebäude im Jahre 1828 zunächst nur aus einem Erdgeschoß bestand und zweifellos dem Haus Nr. 64–66 des heutigen Corso Vittoria Colonna entsprach.

Es war beschlossen worden, noch bei Sonnenuntergang das Kastell zu besteigen; der Prinz fuhr in der Chaise des Kommandanten, während für uns einige muthige Ischianer Esel gesattelt waren, welche auf den ersten Schlag ihrer Treiber mit solcher Heftigkeit sich in Galopp setzten, daß man sich fest im Bügel halten mußte, um nicht abgeworfen zu werden. – Im Ganzen eine höchst spaßhafte Cavalcade, wie unser Zug so über das glatte Lavapflaster durch die Stadt und das gaffende Volk jagte!

Am Kastell wurde bei ihrem Nahen die Zugbrücke niedergelassen, die Esel und ihre Treiber blieben zurück und man stieg den düsteren Gang, den Alfonso von Aragon hatte in die Felsen hauen lassen, hinauf. Carus interessierte sich merkwürdigerweise sehr für die Art, wie die Kanonen, ähnlich denen auf Schiffen, montiert waren, damit der Rückstoß automatisch wieder ausgeglichen wird, und für die Öfen, in denen die Kugeln glühend gemacht werden, konnte aber nicht umhin zu notieren, daß ihm alles reichlich verwahrlost vorkam.

Als sie auf dem Wege zum Schloß, dem sogenannten Maschio, an den Gefängnissen vorbei kamen, über deren Türe »Criminis fructus« zu lesen war, hatte einer der Gefangenen, der von dem Kommen eines sächsischen Prinzen gehört hatte, auf ein Blatt Papier mit Kohle in großen Buchstaben geschrieben: »Ich bin ein armer ... (dieses Wort war nicht zu lesen) aus Dresden!« Der Prinz fragte später den Kommandanten, was es mit diesem Sachsen für eine Bewandtnis habe, aber dieser wollte keine rechte Auskunft geben. Auch die Bittschrift eines Franzosen wurde ihm umsonst übergeben.

Als man dann auf der obersten Plattform stand, da schlug das Herz des Malers Carus höher.

Noch einmal brach die untergehende Sonne durch das Gewölk, das Rauchgelb der Wolken spiegelte sich neben den langen Wolkenschatten auf dem Meere, in glühenden Farben sank die Sonne und in schönen Maßen lagen die Höhen des Epomeo vor dem leuchtenden Abendgewölk. – Der Vordergrund der Terrasse wirkte eigenthümlich zur Abschließung dieses schönen Bildes. – Nicht minder originell andrerseits die Gruppe des kleinen Flaggenthurms mit wehender Flagge, daneben der freistehende Pfeiler, auf welchem der Mastbaum der Flagge, wenn er niedergelassen ist, aufruht.

Am Abendessen in der Locanda nahmen dann auch die Kommandanten des Kastells und der Brigantine teil. Dabei wurde natürlich auch von dem Erdbeben des 2. Februar gesprochen. Als man am anderen Morgen früh um 4 Uhr aufbrach, um auf den Epomeo zu reiten, kam man durch Casamicciola und konnte sich ein Bild von den Schäden machen.

Dies arme Örtchen so ganz aus den Fugen gedrückt, ganze Straßen zusammengestürzt, in anderen die Häuser gestürzt und geborsten zu sehen, und nun die Stille in dem sonnenbeschienenen verlassenen Ort, wo noch die Reben an den halbgesunkenen Häusern grünten, nirgends Feuerspuren oder Kriegsgewalt sichtbar, alles durch eine verborgene unterirdische Macht zusammengestürzt.

In Lacco, wo der Schaden nur gering war, rüstete man sich eben – es war ja der 17. Mai – zum S. Restituta-Fest; Teppiche und Flaggen hingen bereits an den Häusern und an Schnüren, die über die Straße gespannt waren, der Altar und Stände mit Lebensmitteln wurden aufgeschlagen.

Auf der Südseite interessierte Carus die Entstehung der Schluchten, aber auch den Maler lockten begreiflicherweise wieder so manche Motive. »Die eingehauenen Felsenkeller mit ihren grünen Behängen«, schreibt er, »könnten gar zierliche Studien geben.« Und nun gar das Bild, das sich auf dem Gipfel bot!

Wie die unter uns dahinziehenden Wolken auf dem dunklen Meere selbst zu schweben, ja zu schiffen schienen, wie oft gleich-

sam ein Vorhang sich aufzog, um das dunkelblauliche Meer sichtbar werden zu lassen, wie ein Kranz von Wolken über Capri schwebend immer eines seiner Gebirge um's andere den Blicken verbarg und wie endlich ein grauer Wolkenflor die halbe Insel verhüllte, während die andere im Sonnenlicht glänzte!

Auf dem Rückweg machte bei Fiaiano der halbkreisförmige Krater, aus dem einst der Arsostrom quoll, besonderen Eindruck. Vor der Abreise ließ man sich noch von der Lancia zu der nahen Tonnara tragen, die bis zur Eröffnung des Hafens vor seiner heutigen Einfahrt lag, und besichtigte die Anordnung der Netze und die Boote der Wächter, aber inzwischen hatte sich der Epomeo ganz in Wolken gehüllt und es begann heftig zu regnen, so daß eiligst die in einiger Entfernung verankerte Königliche Brigantine aufgesucht wurde, die sie wieder nach Neapel brachte.

KAPITEL 6

König Ludwig I. von Bayern

Man kann wohl sagen, daß für keinen der aus dem Ausland kommenden Ischia-Gäste die Insel soviel bedeutete, wie für *König Ludwig I. von Bayern.* Nur Lamartine darf man vielleicht an seine Seite stellen, bei dem ja auch der Zauber der südlichen Natur untrennbar mit einem erotischen Erlebnis verknüpft war. Der König kam viermal – 1805, 1830, 1832 und 1839 – nach Ischia. Schon die erste seiner vielen Italienreisen führte wenigstens zu einem flüchtigen Besuch. Der Achtzehnjährige, der damals noch Kurprinz war, hatte eben die Göttinger Universität verlassen, wo seine Lehrer den temperamentvollen Jüngling in seiner Begeisterung für die nationale Einheit Deutschlands bestärkt hatten. Sein Aufenthalt in München war daher dem Minister von Montgelas, dessen Politik auf einen Anschluß Bayerns an Napoleon gerichtet war, höchst unerwünscht. Nichts lag näher, als den Prinzen zu seiner weiteren Ausbildung in Begleitung eines geeigneten Mentors nach Italien zu schicken. Als solcher bot sich ohne weiteres sein alter Lehrer, Geheimrat Kirschbaum, der ihn schon auf der Universität betreut hatte. Zu ihm gesellten sich aber außerdem noch Graf Karl von Seinsheim, mit dem der Prinz bereits in Göttingen eng befreundet war, und ein Leibarzt.

Es war eine Art Kavaliersreise im Sinne vergangener Zeiten, aber der eigenwillige Prinz, der vor der Zeit bereits für großjährig erklärt worden war, harmonierte nicht im geringsten mit dem allzu pedantischen und jähzornigen Geheimrat, der sich ständig in den Berichten an den Vater über seinen Schützling beklagte. Als die Gesellschaft Ende Januar 1805 auf den Vesuv ritt, konnte der Prinz, zum Entsetzen Kirschbaums, nicht tief genug in den Krater steigen, so daß er sich schließlich die Schuhe verbrannte. »Lassen Sie mich in Ruhe, ich bin ein großjähriger Kurprinz, ich tue, was ich will!« bekam der alte Herr bei dieser Gelegenheit zu hören. Ähnlich ging es dann auch, als der Prinz denkbar schlechtem, stürmischem Wetter zum Trotz Procida und Ischia besuchen wollte. Kirschbaum hatte Angst, das kleine Boot könne an den Felsen zerschellen, aber es blieb ihm schließlich doch nichts anderes übrig, als mitzufahren. Leider können wir nichts Näheres über diesen ersten, sicher nur kurzen Besuch berichten. Trotz einer zärtlichen Beziehung, die sich in Neapel mit einer Tochter des amerikanischen Gesandten in Paris anspann, welche im gleichen Hotel wohnte, kehrte der Prinz früher als geplant nach Rom zurück. Es war nämlich vom ersten Tag an zu spüren, daß sich die königliche Familie, die ihn in »unerhört liebenswürdiger Weise« empfing, Hoffnung machte, er könne an einer der Töchter Gefallen finden. Abgesehen davon, daß dies keineswegs der Fall war, strebte man damals eine Verbindung mit einer Zarentochter an und hielt es deshalb für ratsam, solche neapolitanischen Pläne nicht reifen zu lassen. Auf dem Rückweg steigerte sich Ludwigs Ärger über den pedantischen Mentor so sehr, daß er seinen Vater bat, ihm einen Ersatzmann zu bestimmen.

Als der bayrische Tronfolger 1817 seine nächste Italienreise antrat, die ihn bis nach Sizilien führen sollte, hatte sich manches geändert. Bayern war Königreich von Napoleons Gnaden geworden, dieser aber lebte in der Verbannung; der Prinz hatte sich inzwischen mit Therese von Hildburghausen vermählt und sie hatte ihm bereits einen ersten Sohn geschenkt. Auf der dritten Reise, die im Herbst 1820 angetretен wurde, lernte er dann die hübsche achtzehnjährige Marchesa *Marianna Fiorenzi* kennen, die bestimmt war, in seinem Leben eine große Rolle zu spielen. Verwahrt doch das Wittelsbacher Hausarchiv nicht weniger als 2943 an sie gerichtete und 1902 von ihr erhaltene Briefe! Die Neigung zu Mariannina, wie man sie allgemein in der Colombella, der bei Perugia gelegenen Villa des Marchese, nannte, wurde rasch immer inniger, sein Interesse für die Kunstwerke Roms, das schon beim ersten Aufenthalt erwacht war, wie auch für die politischen Ereignisse trat ganz in den Hintergrund; Mariannina wurde sein Einundalles: »Statuen und Gemälde mag bewundern, wer will, sie mögen die Augen fesseln, doch nicht mein Herz, in dem die Liebe herrscht.«

Im Oktober 1821, als Ludwig schon wieder in München war, gebar die Marchesa einen Sohn. Der Prinz, der den Eltern versprochen hatte, Pate zu sein, ließ sich bei der Taufe vertreten; das Kind erhielt den Namen Ludovico und wurde später in der Pagerie in München erzogen. Auch eine Tochter, die bereits im Juli 1820 auf die Welt gekommen war, wuchs dort auf und wurde später an einen bayrischen Grafen Hundt verheiratet. In Italien wie in Deutschland glaubte man allgemein, daß es sich um Kinder des Prinzen handelte. Auch der ganz deutsch aussehende Ludovico bekam natürlich in der Pagerie solche Gerüchte zu hören, und die Marchesa blieb nicht weniger von ihnen verschont. Schreibt sie doch einmal an den Prinzen: »Vico gleicht in der Tat dem Sohn eines Deutschen . . . , wie leid tut mir, daß sie nicht wenigstens die Wahrheit sagen!« Bei der Tochter kommt ein solcher Verdacht ja von vornherein aus zeitlichen Gründen nicht in Betracht.

Nun folgte eine Zeit, in welcher der König nahezu jedes Jahr nach Italien fuhr – 1823-24, 1826 zum erstenmal als König, 1827 und 1829 – und dabei auch stets bald kürzere, bald längere Zeit mit der Marchesa zusammentraf. Im allgemeinen geschah dies in der Colombella, also in Gegenwart ihres Gatten, aber einmal verbrachte er auch zwei Monate mit Marianna in der Villa Malta, die er in Rom erworben hatte, doch war es keineswegs eine Kette ungetrübter, glücklicher Tage. In ganz Rom sprach man von ihrem Zusammenleben, selbst den Papst erregte ihre Liebschaft, und daß es auch nicht an unerquicklichen Auseinandersetzungen mit dem Marchese fehlte, ist selbstverständlich. Aber nicht genug damit, sogar Marianna gab Anlaß zu solchen, denn des Königs Eifersucht auf einen gewissen Gasperino Cesarei war keineswegs unbegründet.

Im Herbst 1829 erkrankte der König. Eine sehr schmerzhafte Flechte an der linken Kniekehle fesselte ihn den ganzen Winter hindurch an das Sofa. Als es dann gegen Ende Februar endlich besser wurde, entschloß er sich zu einer neuen Italienreise. Es ist dies nun schon die achte, für uns aber eine besonders bedeutsame, denn diesmal ist Ischia das Ziel, wo er die Bäder gebrauchen will, von denen sein Arzt die völlige Heilung erhoffte, und dazu kommt noch, daß er mit Marianna, von der er nun einmal nicht lassen konnte, verabredet hatte, daß auch sie nach Ischia kommen und Thermalbäder nehmen würde. Sie sollte vorausfahren, um für eine Wohnung zu sorgen und wohl auch, um nicht durch eine gemeinsame Reise unnötiges Aufsehen zu erregen.

Die Marchesa sandte dem König, der unter dem Namen eines Conte d'Augusta reiste, unmittelbar nach ihrer Ankunft am 23. März einen Bericht, der an den Inhaber einer in der Via Chiaia gelegenen »Locanda della Vittoria« in Neapel namens Martin adressiert war. Sie hatte bei ihm gewohnt und dort sollte ihn auch der König vorfinden. Man hatte ihr geraten, die Seereise möglichst abzukürzen und da sie ohnedies das Meer sehr fürchtete, war ihr das nur lieb. Sie fuhr im Wagen bis zum Lago Fusaro und ritt dann auf einem Esel bis Miniscola, so daß die Seefahrt viel kürzer wurde, und riet dem König, es ebenso zu machen. Bezüglich der künftigen Gaststätte teilte sie nur mit, sie würden bei Don Tommaso De Siano wohnen; welches seine und welches ihre Zimmer wären, würde sie ihm dann zeigen. Da sie mit keinem Wort mitteilt, wo dieses Gasthaus liege, das Wort Lacco auch nicht etwa neben dem Datum dieses ihres 416. Briefes erscheint, muß man annehmen, daß die Pannella bereits vorher in erster Linie in Betracht gezogen worden war.

Als der König am 23. März in Rom ankam, war die Marchesa schon auf Ischia. Wir verstehen daher, daß er es eilig hatte. Am 26. traf er in Neapel ein und am 27. früh um sechs Uhr ging bereits die Barke nach Ischia ab. Er war ja keineswegs so ängstlich wie seine Geliebte und dachte nicht daran, ihrem wohlgemeinten Rat zu folgen. Mit ihm kamen damals nach Ischia sein Kabinettsekretär *Heinrich Fahrmbacher*, der Maler und Akademiedirektor *Georg von Dillis* und der Leibarzt Medizinalrat *Joh. Baptist Wenzl*. Allen dreien müssen wir dankbar sein, denn jeder von ihnen hat in seiner Art dazu beigetragen, das Bild dieses einen Monat dauernden Aufenthaltes zu beleben. Fahrmbacher, der schon 1826 und 1829 die Italienreisen seines Herrn mitgemacht hatte, veröffentlichte später, zumeist in Form von Briefen in die Heimat, seine ›Erinnerungen an Italien, Sizilien und Griechenland aus den Jahren 1826-1844‹. Wir dürfen zwar in ihnen keinerlei intimere Mitteilungen über des Königs erotische Erlebnisse erwarten, ja er ist sogar so diskret, daß er die Anwesenheit der Marchesa mit keinem Wort erwähnt, aber er erzählt uns immerhin so manches, was sich in anderen Quellen nicht findet. Dillis, der sich durch die Ordnung der Bayerischen Gemäldesammlungen große Verdienste erworben hat, füllte in diesen Wochen seine Skizzenbücher und läßt vor unseren Augen die Pannella und ihre Umgebung erstehen. Wenzl schließlich, der später ebenso wie Dillis vom König geadelt wurde, schrieb noch im gleichen Jahr eine Abhandlung über die Heilquellen der Insel, welche für die Kenntnis der damaligen nicht gerade rosigen Zustände von Bedeutung ist.

Ganz wie Mendelssohn, schildert uns Fahrmbacher die Treppe mit den Blumentöpfen, welche hinauf zu der offenen Halle des ersten Stocks führte, den großen Kaktus und den Orangenbaum, dessen Blüten und Früchte bis zu seinem Fenster reichten. Zu ebener Erde waren der ob seiner erlesenen Weine berühmte Keller und die Küche, in deren Mitte auf einem steinernen Sockel unter einem großen Kessel das offene Feuer brannte und wo an den Wänden die Fornelli standen. Er und der Arzt wohnten ganz für sich in einem ehemaligen Sarazenenturm, den man mittels einer Verbindungstreppe von der im ersten Stock gelegenen Halle aus erreichte. Er begrenzte den kleinen Hof und war auf einem der vielen einst von der Höhe des Berges herabgestürzten Tuffblöcke erbaut worden. Mitten in dem Hof gab es eine große Zisterne, aber auch aus dem Felsblock hatte man, wie so oft, eine kleinere Zisterne ausgehauen, in die das Regenwasser lief.

Wie großartig sich der ganze Gebäudekomplex inmitten der Weinberge ausnahm, zeigt uns ein Aquarell von Dillis, das erst vor wenigen Jahren im Münchner Kunsthandel auftauchte. Auf ihm ist auch die Familienkirche zu erkennen, in der später Don Tommaso seine Ruhestätte fand. Ein anderes Bild von Dillis gibt die Häusergruppe von Osten gesehen wieder. Hier hebt sich in ihrer Mitte der quadratische Turm, von dem Fahrmbacher und Wenzl eine herrliche Aussicht auf den Vesuv und die Nachbarinsel genossen, sehr deutlich ab. Wieder andere Studien von Dillis stellen den Blick dar, den man von dem höchsten Punkt Laccos auf die zu Füßen des Monte di Vico gelegenen Häuser und die Chiesa di Santa Restituta hatte, oder halten den von Fumarolen geröteten, Capitello genannten Felsblock fest, der heute zu einem guten Teil der Verbreiterung der Uferstraße zum Opfer gefallen ist.

In dem Turmzimmer, das sie den Sarazenensalon oder auch die Villa allegra nannten, sammelten sich allabendlich die Begleiter des Königs und erzählten sich, was sie tagsüber erlebt hatten; der Maler berichtete, was er gemalt, der Jäger, wieviele Wachteln er geschossen, Fahrmbacher, welche Spaziergänge er gemacht hatte. Offenbar wurde er von seinem König nur wenig in Anspruch genommen, denn er plaudert in seinen Memoiren viel von den Ausflügen, die man nach Forio, auf den Rotaro, nach Piedimonte, auf den Epomeo machte. Vom König ist jedoch in seinen Aufzeichnungen ebensowenig wie von dessen Freundin die Rede.

Wohl schrieb der König am 18. April an Eduard von

Schenk, den ihm besonders nahestehenden Staatsmann im Kultusministerium, der, selbst Schriftsteller, auch für die Drucklegung und für Verbesserungen seiner Gedichte Sorge trug:

Der hiesige Aufenthalt schlägt mir trefflich an, es ist wahre Lebenslust, die man hier athmet, ja hier lebt man, Freund sind sich Natur und Mensch unter dem südlichen Himmel, sie sind vereint, feindlich getrennt den bey weitem größten Theil des Jahres bei uns ... Daß mir der Kastalische Quell hier floß, werden Sie vermuthen und Cotta'n (nebst viel Freundlichem) können Sie von mir sagen, vorzuhaben manche Beyträge zu seinem nächsten Almanach zu geben ...

Für den Dichterkönig war der damalige Aufenthalt auf Ischia auch insofern von Bedeutung, als sich während demselben Beziehungen zu Tommaso Gargallo anbahnten, welcher der Marchesa Fiorenzi gegenüber den Wunsch geäußert hatte, die »tanto celebrate poesie del re« zu übersetzen. Der König ging gerne auf den Gedanken des angesehenen sizilianischen Adligen und Schriftstellers ein, und schon im folgenden Jahre erschienen in Neapel die ›Sizilianischen Elegien‹ in italienischer Sprache.

An seine Gattin, welche die Liebschaften ihres Gemahls mit schier übermenschlicher Geduld hinnahm, schrieb der König, die Marchesa, die ja nun schon siebenundzwanzig Jahre zählte, sei noch schöner geworden, Wenzl habe sie für ein achtzehnjähriges Mädchen gehalten und der siebzigjährige Dillis habe ihm gebeichtet, er traue sich nicht, ihr in die Augen zu sehen, aus Angst, er könne sich in sie verlieben. Aber der Gedanke, daß noch ein anderer im Herzen seiner Mariannina Platz gefunden hat, und die Ungewißheit, wie weit die Beziehung zu Gasperino Cesarei gegangen ist, mußten dem König diese Frühlingswochen auf Ischia trotz all' ihrem Zauber zur Qual gemacht haben. Schließlich kam es zu einer Aussprache, in der Marianna ihre Untreue gestand. Fassungslos brach der König in Tränen aus, aber schon am nächsten Tag entwarf der Arme einen überraschend resignierten Brief.

Dein gestriges Geständnis hat mich mehr geschmerzt, als es im ersten Augenblick schien; mehr als einmal sind mir noch die Tränen gekommen ... Aber Deine Wahrheitsliebe, Deine grenzenlose Aufrichtigkeit haben mich getröstet, ja sie bedeuteten für mich eine Wohltat und haben die Achtung, die ich vor Dir habe, noch gesteigert. Ich habe mich schweren Herzens entschlossen, für immer auf die illegalen Beziehungen zu Dir, Du über alles Anziehende, zu verzichten und sehe ein, daß ich Gott danken muß, daß Dein Geständnis mich von dem einzigen Schandfleck meiner Tugend befreite, denn nichts anderes hätte mich dahin gebracht, das sündige Zusammenleben mit Dir aufzugeben, die Du die einzige bist, welche während mehr als sechs Jahren eine Gefahr für mich bedeutete.

Du bist mein Schutzengel und wirst es stets bleiben, gönne mir das Glücksgefühl, auch der Deine zu sein.

Marianna hatte offenbar dem König versprochen, daß die engen Beziehungen zu Gasperino in Zukunft aufhören sollten, aber er konnte nicht daran glauben, darum stellte er im gleichen Brief die Bedingung, daß sein Rivale Perugia verlasse, ohne sie vorher noch einmal gesehen zu haben. Er solle womöglich ins Ausland gehen und erst zurückkommen, wenn Marianna die geplante Reise nach München angetreten habe. Ja er war sogar gerne bereit, Gasperino zu diesem Zweck viertausend oder auch mehr Scudi zur Verfügung zu stellen. Der König kann nicht genug Worte finden, um seine Geliebte für sich allein zu behalten:

Mariannina, leidenschaftlich, wie Du bist, wird Dir dieses Opfer im ersten Augenblick unmöglich erscheinen, aber Du besitzt eine erhabene Seele und einen vorbildlichen Charakter und hast mir mehr als einmal versichert, daß Du Dich für mich zu allem fähig fühlst! Nun, so verlange ich dieses Opfer und Du wirst mich zum glücklichsten Menschen auf Erden machen. Im ersten Augenblick wird Dir und Gasperino das Opfer unendlich hart dünken, aber in Wirklichkeit wird der so schwere Verzicht die wahre Liebe zwischen Euch nur steigern, und selbst wenn Du keine mehr für mich fühlen würdest, so genügte doch der Gedanke, daß ich Dich von jeglicher Sünde befreien konnte, um mich glücklich zu machen.

Der Epomeo von Lacco di sopra aus
Gemälde von Lancelot-Théodore Comte de Turpin de Crissé, 1824
Köln, Wallraf-Richartz-Museum

Am Ende hatte der König das Gefühl, vielleicht doch zuviel zu verlangen und erklärte in einer Nachschrift, er sei schließlich auch bereit, zu gestatten, daß die beiden sich in seiner Gegenwart in Perugia verabschieden.

Die Marchesa verließ damals auch wieder allein die Insel, während der enttäuschte König noch zwei Tage allein auf der Pannella blieb. Am 28. April fuhr auch er mit seinen Begleitern nach Neapel und ging am gleichen Tag noch nach Pompeji, aber auch hier ließen ihn die Gedanken an das geliebte Wesen nicht los. Zwischen den Ruinen pflückte er von dem zierlichen Frauenhaar, das die Italiener ›capel venere‹ nennen, fügte noch Blumen zu dem Farnkraut und brachte den Strauß mit einem Billett zu Marianna: »Dies Haar der Venus an Euch, deren Schönheit mit ihrer wetteifert, und diese in Pompeji gefundenen Blüten an die noch Blühendere; 28. April 1830.«

Ob es dann in Perugia wirklich zu der geforderten Auseinandersetzung kam, wissen wir nicht, aber sicher ist, daß die Beziehungen Mariannas zu Gasperino wenigstens zunächst kühler geworden sind, sonst hätte der König nicht den ganzen Mai in der Villa Colombella bleiben können. Daß ihm der Aufenthalt in Lacco in gesundheitlicher Hinsicht den erhofften Erfolg brachte, belegt ein am 10. Mai an Schenk gerichteter Brief, in dem es heißt: »Von A bis X geheilt wäre ich, bis zum Z würde ich es auch, sagt Wenzl.«

Wer hätte gedacht, daß die Marchesa nach jener peinlichen Abschiedsszene im gleichen Jahre nochmals auf der Pannella erscheinen würde, ohne den König, aber in Begleitung ihres Gatten Ettore und mit der Gegia genannten Nachfolgerin der bei diesem in Ungnaden gefallenen Ghita, der Vertrauten Mariannas, die auch im April mit auf Ischia war! Aus den Briefen, welche Marianna während dieses einen Monat dauernden Aufenthaltes an den König schrieb, geht der Beweggrund eindeutig hervor. Es war ein sie quälendes Frauenleiden, das Wenzl offenbar schon im April mit einer Thermalkur zu bekämpfen suchte und gegen das erneut mit den Heilmitteln der Insel vorgegangen werden sollte. Aus zehn an den König gerichteten Briefen können wir uns ein Bild von dieser Reise machen. Sie bestehen im wesentlichen aus kurzen, oft recht trockenen, jeden Tag gemachten Mitteilungen; alle drei bis fünf oder sechs Tage ging dann der Bericht nach München.

Der Zeitpunkt dieser Reise war wenig günstig, denn die Unruhen, welche inzwischen in Belgien und Frankreich ausgebrochen waren, wirkten sich auch bereits in Italien aus, und Überfälle auf Reisende waren in der Umgebung von Rom und in den neapolitanischen Bergen wieder einmal an der Tagesordnung. Der erste Brief Nr. 437 beginnt sogleich mit der Meldung, daß sie am 25. August in Terni haltgemacht haben, weil in der Nähe von Narni ein englischer Wagen überfallen worden war, wobei ein Armenier auf gräßliche Weise das Leben verlor und die anderen Passagiere ausgeraubt wurden. Die Marchesa und Gegia zitterten vor Angst. In Rom gab es für Ettore allerlei zu erledigen, als aber dann nach drei Tagen die Reise fortgesetzt wurde, bebten die beiden Frauen erneut um ihr Leben. Hatte doch in Rom ein Herr der Marchesa geschildert, wie er und seine Begleiter sich mit dem Gesicht auf den Boden legen mußten und ausgeplündert wurden. Glücklich in Mola di Gaeta angelangt, war Marianna so müde und elend, daß sie im Bett zu Abend aß, und in Neapel quälte sie dann die unerträgliche Hitze. Die Stadt hielt sie länger als geplant fest, nicht zuletzt, weil die königliche Familie, sobald sie von ihrer Ankunft hörte, die Marchesa nicht ohne Hintergedanken an den Hof zog. Der dem Tode nahe Franz I. hatte nur noch einen Wunsch, daß sein und König Ludwigs Nachfolger je eine bayrische, beziehungsweise neapolitanische Prinzessin heiraten würden, und bat Marianna flehentlich, sie möge ihren Freund in diesem Sinne beeinflussen. Die Königin aber traf sich mit ihr im Botanischen Garten, um ihr das in Frage kommende Mädchen vorzuführen. Beide mußten in diesem Sinne nach München schreiben. Ettores Brief ist sehr sachlich gehalten, aber Marianna lag sichtlich viel daran, keine schlechte Figur dabei zu machen; der König wollte jedoch ebensowenig von einer engeren Verbindung der beiden Häuser wissen wie seinerzeit, als ihm Ferdinand IV. auf seiner ersten Italienreise gerne eine Tochter zur Frau gegeben hätte. Doch berichten die Briefe auch von mancherlei anderen Unterhaltungen. Beim Marchese Gargallo wurde auf das Wohl des Königs Sekt getrunken, man ging ins Theater und zeigte Gegia die Stadt.

Am 4. September fuhr man dann endlich trotz heftigen Sturms nach Ischia. Marianna, welche von jeher furchtbare Angst vor dem bewegten Meere hatte, kam in entsprechendem Zustand nach fünfstündiger Fahrt in Lacco an. Natürlich ging es wieder hinauf zur Pannella, wo sich alle über ihr Kommen freuten. Der Canonico und Don Giuseppe hießen sie willkommen, anderen Hausgenossen, die herbeieilten, übergab sie zu deren großer Freude im Auftrag des Königs zwei Dukaten. Die Zimmer, welche sie bezogen, waren zum Teil die im Frühjahr vom König bewohnten. Alle frohen und peinlichen Erinnerungen wurden wieder lebendig und ließen Marianna während ihres ganzen Aufenthaltes nicht los. Noch am Ankunftstag ließ sie den von Wenzl bezeichneten Arzt kommen; es war Venanzio Marone, der Nachfolger De Sianos, welcher, wie dieser, zugleich der Amtsarzt der Gemeinde war. Ihr augenblicklicher Zustand erlaubte vorläufig noch keine Bäder, aber es wurde doch bereits die ganze Kur besprochen, die außer in solchen auch in Duschen, Spülungen und Schwitzbädern bestand. Die Befunde einer sehr gründlichen inneren Untersuchung faßte Marone in einem ausführlichen Gutachten zusammen, das für Wenzl bestimmt war und bereits dem ersten Brief an den König beigefügt wurde.

Die auf der Insel verbrachten Wochen standen begreiflicherweise unter dem Einfluß der Thermalkur, die ja auch einen widerstandsfähigeren Menschen, als die Marchesa es war, mitzunehmen pflegt. Dazu kam, daß schöne Herbsttage offenbar sehr selten waren. Immer und immer wieder enthalten die Briefe Klagen über das schlechte Wetter, über Regengüsse und Stürme, die die Postverbindung behinderten, so daß sie des Königs Briefe nicht erhielt; in einer Nacht tobten die Blitze und Donnerschläge so heftig, daß sie und Gegia das Bett verließen, ein andermal wird Hagel von beträchtlicher Größe notiert. Sogleich nach ihrer Ankunft erlebt Marianna, daß eine Lancia kenterte, mit der ein verrückter Engländer gegen den Wind ankämpfen wollte. Die Besatzung wurde aus dem Wasser gezogen, aber jener Engländer war, als man ihn auf den Strand legte, lustiger denn je, so daß es ihr fast leid tat, daß sie für einen derartigen Narren so viel Angst ausgestanden hatte.

Marianna und Gegia saßen meist zu Hause, ihre Gesellschaft bestand in erster Linie in jenem Don Giuseppe, von dem sonst nichts bekannt ist, der aber sichtlich schon, als der König auf der Pannella weilte, täglicher Gast des Hauses war und diesen in ungewöhnlicher Weise verehrte. Die Erinnerung an jene Wochen bildeten den vornehmsten Gesprächsstoff, immer wieder kam dieser oder jener Zug des Königs zur Sprache. Als Don Giuseppe ein besonders rührendes Beispiel seiner Güte erzählte, daß er nämlich gesehen habe, wie der König einmal auf dem Wege liegende Glasscherben aufgehoben habe, damit sich die barfüßigen Bauern und Kinder nicht verletzten, meinten die beiden Frauen, daß sie über noch viel edlere Züge von ihm berichten könnten. Wenn sie allein im ehemaligen Kabinett des Königs saßen, dann stickten, zeichneten oder lasen sie. Abends im Bett las Marianna mit Vorliebe Boccaccio. Sie wußte, daß der König sich sehr über ein den Briefen beigelegtes Blümchen freute, aber in dieser Jahreszeit war alles so dürr, daß sie nur einmal etwas Geeignetes fand. Ein andermal berichtete sie, daß sie mit dem besten Willen keine Blumen gefunden habe, die ihr als Vorbilder für die Bemalung seidener Halstücher hätten dienen können. Wenn der König sie wünsche, obwohl sie nun notgedrungen mit ihrer Phantasie entsprungenen Blumen geschmückt wurden, könne er sie natürlich haben, sonst würde sie die Tücher eben für sich behalten.

Als einzige weitere Gäste wird eine englische Familie erwähnt, welche in den Zimmern wohnte, die Marianna und der König seinerzeit bewohnten. Mit ihnen plauderten die beiden Frauen hie und da, und manchmal tanzten sie sogar zusammen. Hatte doch Don Giuseppe Marianna und Gegia den Tarantella-Tanz gelehrt und die letztere nahm auch Stunden im Gitarrenspiel bei ihm. »Er kann mit einer solchen Schülerin zufrieden sein«, schreibt Marianna an den König. Am 19. September konnte sie ihm auch melden, daß endlich der sehnlich erwartete ›Michelsorden‹ für Don Tommaso gekommen sei. Gefeiert wurde aber dieses Ereignis erst am 29., dem Tag des hl. Michael. Der Canonico ließ Feuerwerk abbrennen, man tanzte mit den Engländern und anderen Leuten Tarantella. Marianna freilich erlaubte der Arzt nur einen einzigen Tanz. Mit Recht meinte sie, daß er wohl den Orden nicht in der vorgeschriebenen Weise getragen habe, wenn er ihn sich mitten auf die Brust geheftet hatte.

Bei den wenigen Ausflügen, über die berichtet wird, war sichtlich Don Giuseppe stets dabei. Schon an einem der ersten Tage, als die Kur noch nicht begonnen hatte, ritten sie auf Eseln Ischiawärts und kamen dabei in wilde Kastanienwälder. »Ich dachte, daß Du vielleicht nach meiner Abreise von Ischia in ihnen weiltest.« Diese zwei Tage, welche der König nach jener peinlichen Aussprache noch auf der Pannella weilte, mußten sie ja in besonderem Maße beschäftigen! Am Tag darauf machten die drei einen Spaziergang in Richtung nach Forio bis zu einer kleinen Kirche, von der aus man die Stadt liegen sieht. »Wir sprachen immer von Dir und mir kam die größte Sehnsucht, Dich bei mir zu haben, so daß ich laut ausrief: ›O Gott, wie innig wünschte ich mir, bei Dir zu sein, wie lieb ist mir doch dieser Weg!‹«

Als man ein andermal einen sonnigen Tag ausnützte und nach der Sentinella ritt, da dachte Marianna daran, wie der

König diesen Weg des öfteren zu Fuß zurückgelegt hatte. Auch in ihren Träumen erscheint er des öfteren, und Marianna berichtet dann jedesmal davon. So erzählt sie ihm, daß sie zwei Nächte hintereinander einen gar süßen Traum gehabt habe; beide Nächte sei sie in einem Garten eng an ihn geschmiegt gewesen, mit Leib und Seele ihm hingegeben. Ein anderes Mal erschien ihr jener Wagner, der im vorhergegangenen Jahr den König in sehr offener Weise über das lockere Leben seiner Geliebten aufgeklärt hatte, und nach einer langen Auseinandersetzung mit ihm sei endlich der König tieftraurig, aber zärtlich gekommen, habe sie ob des ihm angetanen Schimpfes zurechtgewiesen, sei aber dann in süßer Eintracht bei ihr geblieben. Daß den König auch in der Zeit, in der die Marchesa auf Ischia weilte, der Gedanke an Gasperino nicht losließ, geht aus dem Umstand hervor, daß er eines Tages wissen wollte, wo denn ihre »gemeinsamen Bekannten« zur Zeit weilten. In ihrer Antwort versicherte Marianna, daß sie von Gasperino nur einen Brief erhalten habe, ihm aber nicht schreiben könne, da sie nicht wisse, wo er sich aufhalte. Ob man ihr das ohne weiteres glauben darf?

Unmittelbar vor ihrer Abreise kam dann noch ein Brief von dem Bildhauer Imhoff, der des öfteren Gast in Perugia gewesen war und eine Büste von ihr angefertigt hatte. Der König war von seiner Arbeit nicht sonderlich begeistert und hatte keine Lust gezeigt, sie vollenden zu lassen. Marianna aber, der sie besser als jene, die bereits Thorwaldsen gemacht hatte, gefiel, lag sehr an ihrer Ausführung in Marmor, so daß sie ihren Freund inständig bat, ihr und dem unter seiner unglücklichen Finanzlage leidenden Künstler diesen Gefallen zu tun, wobei sie bezeichnenderweise hinzufügte, er solle nicht etwa angesichts ihres Interesses an Imhoffs Werk auf falsche Gedanken kommen. Mit den Worten »per tutta la vita tua affezzionatissima sincera Marianna« schließt dieser Brief. Aber solche Versicherungen, wie auch die immer wiederkehrenden Beteuerungen, daß sie sich so sehr nach seinen Briefen sehne, die angesichts der häufigen Stürme oft lange auf sich warten ließen, muten allzu formelhaft an. Die Briefe, die damals von der Pannella nach München gingen, sind keine wahren Liebesbriefe, sondern kurze tägliche Berichte, in denen das Wetter und die Kur einen wesentlichen Teil ausmachen.

Was den Verlauf der letzteren anlangt, so sind die darauf bezüglichen Angaben nicht ohne ein gewisses Interesse für die Art der damaligen Behandlung. Vier Tage nach der Ankunft begann die Marchesa mit den Bädern im Wasser der S. Restituta-Quelle. Schon nach dem ersten jammerte sie über Nervenschmerzen und schrieb an den König, wie sie sich immer mehr bewußt werde, daß ihr diese Insel »contraria« sei. Es wäre besser gewesen, in Neapel zu bleiben und sich das Thermalwasser dorthin schicken zu lassen. Am 20. September teilte sie ihm dann mit, daß nun das Wasser von der Gurgitello-Quelle, also aus Casamicciola, käme, da das von der Marina von Lacco gebrachte sich jetzt unterwegs bereits zu sehr abkühle. Am gleichen Tag begannen auch die Duschen. Am 28. September nahm sie das erste Schwitzbad, wozu sie sich natürlich nach den Stufe di S. Lorenzo begeben mußte, aber es schwächte sie so sehr, daß sie sich auf drei Bäder beschränkte. Am 30. September hatte Marianna ihre vierundzwanzig Bäder und damit ihre ganze Kur hinter sich.

Dieser Monat auf der Pannella war alles andere als eine frohe, erholsame Zeit. Am 23., als das Ende ihres Aufenthaltes näher rückte, schrieb sie: »Wir danken Gott, daß unser Gefängnis auf dieser wilden Insel bald zu Ende geht. Ich versichere Dir, sich hier zu befinden, bedeutet sterben, zumal bei diesem furchtbaren Wetter.« Unmittelbar vor der Abreise am 2. Oktober tat es ihr aber doch leid, die Insel zu verlassen: »Ich verlasse diese Insel nur ungern, in den letzten Tagen begann ich mich wieder an sie zu gewöhnen.«

Als der König sich dann im Frühjahr 1832 entschloß, abermals nach Ischia zu gehen, um die Bäder zu gebrauchen, hoffte er trotz allem, daß auch Marianna wieder mitkommen würde. Aber auf seine diesbezügliche Anfrage kam eine Absage, in der es heißt, daß ein solcher dritter Aufenthalt auf der Insel, die sie in so wenig guter Erinnerung habe, ihrer Gesundheit nur schaden würde, daß sie aber außerdem auch fürchte, ihn nur zu langweilen. Jetzt spielte sie die Eifersüchtige! Sie fühle, daß sie nicht mehr im ausschließlichen Besitz seiner Liebe sei. Sie hatte von der neuen Leidenschaft Kunde bekommen, welche der König inzwischen in München zu jener unerhört schönen, alle Männer bezaubernden Lady Ellenborough gefaßt hatte.

Es war diesmal eine größere Gesellschaft, welche nach einem flüchtigen Besuch in Perugia am 17. April in Neapel ankam. Außer Fahrmbacher, Wenzl und Dillis begleiteten noch zwei Adjutanten, von denen einer der der Marchesa von jeher feindselig gesinnte Graf Franz Pocci war, sowie Heidegger den König. Am 18. morgens ging es sogleich nach Ischia, obwohl auch des Königs erstgeborener Sohn Maximilian und der Herzog Max mit Gemahlin in Neapel weilten. Don Tommaso hatte für seinen erlauchten Gast alles frisch streichen lassen und Türen und Fenster ausgebessert. Freudig wurden die Personen, welche man bereits vom vorhergehenden Besuch kannte, begrüßt. Fahrmbacher und Wenzl wohnten wieder im Turmzimmer und ersterer hängte alsbald eine Miniatur seiner jungen Frau über die Kommode und stellte Rosen und Orangenblüten davor. Er hatte vor kurzem Regina Daxenberger, die Tochter eines ehrbaren Münchner Kupferschmiedes, geheiratet, eine stadtbekannte Schönheit, von der berichtet wird, daß sie bei einem zu Ehren des Königs von der Stadt gegebenen Ball bei der Polonaise mit dem Herzog Max das vierte Paar bildete. Auch ihr begegnen wir daher in des Königs Schönheitsgalerie.

Fahrmbacher schreibt, er habe den König »noch auf keiner Reise bei so andauernd guter Laune gesehen wie diesmal«, und daß sie alle wünschten, daß ihn nichts darin stören möge. In der Tat erzählt er uns allerlei Anekdoten, die dafür sprechen. Als er eines Tages in Fahrmbachers Zimmer trat und dieser gerade an seine junge Frau schrieb, da trug er ihm auf, er möge ihr, die ja Regina hieß, sagen, »Il Re fa salutare la Regina«. Die Art des Zusammenlebens war offenbar eine sehr kameradschaftliche. Am Ostersonntag früh um 5 Uhr begehrte der König Einlaß in das Turmzimmer, in dem der Kabinettsekretär und der Leibarzt noch im Bett lagen. Fahrmbacher hatte nicht einmal Zeit, in seinen Schlafrock zu schlüpfen und nahm im tiefsten Négligé die eben gekommene, natürlich immer sehnsüchtig erwartete Post in Empfang. Mit heiterer Miene gab der König jedem der beiden die Briefe in die Hand. Seit er gehört hatte, daß die Ischitaner seinen Sekretär oft mit »figlio mio« anredeten, benützte auch er, »da er immer trefflich gelaunt war«, diese Anrede. »Das wäre mir ganz lieb«, fügte Fahrmbacher hinzu, als er seiner jungen Frau davon schrieb. Ein andermal rief der König alle mitten in der Nacht plötzlich auf die Terrasse, der Vesuv, welcher die ganze Zeit bereits ungewöhnlich stark geraucht hatte, warf aus einem Doppelkrater zwei starke Feuersäulen aus! Diesmal verrät uns Fahrmbacher auch einiges von der Tageseinteilung.

Wir halten nun erst um sieben Uhr nach Sonnenuntergang Mittagstisch, um Ein Uhr Déjeuner. Die Abende sind zu reizend, um sie tafelnd zu verlieren, daher die späte Anordnung. Der Tag wird von der Gesellschaft bei uns hier oben gemütlich-plaudernd beschlossen.

Er selbst steht zeitig auf, trinkt einige Gläser von der Capone-Quelle in Casamicciola, die damals gern zu Trinkkuren verwendet wurde, und frühstückt dann mit dem Doktor.

Jeden zweiten Tag nehmen wir ein Bad von der Thermalquelle Gurgitello. Dieselbe ist dreiviertel Stunde von der Pannella entfernt und der Weg dahin und zurück durch die frischbelaubten Weingärten, stets mit dem Fernblick auf das Meer, dient uns zugleich zur diätetischen Bewegung.

Abends wird allein oder in Gesellschaft ein größerer Spaziergang unternommen, am liebsten westwärts, um den Sonnenuntergang im Meer zu sehen. »Großes – nie sättigendes Schauspiel!«

Der König hingegen, der ja auch diesmal zur Kur nach Ischia gekommen war, badete natürlich im Gasthaus. Schreibt doch auch sein Leibarzt in der Schrift über die Bäder der Insel, daß nur Arme oder Leute der geringeren Mittelklasse an den Quellen zu baden pflegen, während alle bemittelten Bürger, Beamte und die vornehmen Fremden sich das Wasser in die Hotels und die zahlreichen Privathäuser bringen lassen. Vermutlich hatte der König auch Chevalley de Rivaz, den bedeutendsten der damaligen Badeärzte, von dem wir noch Näheres berichten werden, konsultiert, denn dieser schreibt in seiner ›Description des eaux minéro-thermales‹ mit Stolz, daß er zwei Briefe des Königs verwahre. Inwieweit der König mit seinen Begleitern speiste, geht aus Fahrmbachers Aufzeichnungen nicht hervor, aber am 25. April saßen sie jedenfalls alle an der Tafel, denn man feierte den Namenstag Georg von Dillis'. Fahrmbacher schreibt:

Dr. W. [Wenzl] *hatte ein kleines Gedicht verfaßt, welches er beim Déjeuner unter das Couvert seines Nachbars gelegt und der König brachte ihm einen Toast. Inzwischen hatte ich ihm einen Blumenstrauß in sein Zimmer gestellt. Der gute alte Herr war sehr gerührt.*

Unter den Briefen, die König Ludwig an Schenk schrieb, befindet sich auch diesmal einer, der auf Ischia geschrieben wurde. In ihm heißt es unter dem 5ten Mai:

Ferner für den Musenalmanach von 1833 lege ich hiermit das kürzlich von mir verfaßte Gedicht ›Ischia‹ bey, um es gleichfalls in den bewußten einrücken zu lassen. Der Aufenthalt auf dieser Insel schlägt mir in jeder Hinsicht fürtrefflich an, Seele und Körper bedurften desselben aber auch sehr.

Da dieser Almanach dann nicht herauskam, brachte es Schenk in einem anderen, der von Chamisso redigiert wurde, unter. Wir wollen es dem Leser nicht vorenthalten, denn es stellt nicht nur einen einzigen Hymnus auf die Insel dar, sondern bringt zugleich zum Ausdruck, was Ischia für die Wiedererlangung des seelischen Gleichgewichtes des Königs bedeutete. Darüber, daß er kein Dichter im wahren Sinne des

Wortes war und daß die vier starken Bände seiner Verse zum größten Teil heute kaum Lesbares enthalten, herrscht Einigkeit, aber das, was der König jeweils ausdrücken wollte, verdient jedenfalls nicht den Spott, den zum Beispiel Heine über ihn ergossen hat.

Ischia

Ruhe lächelt hier dem Müden
Überall aus der Natur,
Von der Bäume süssen Blüten,
Von den Bergen, von der Flur.

Nicht durch Wagenlärm gestöret,
Keines einz'gen Rosses Huf
Wird auf Ischia gehöret,
Niemals eines Rindes Ruf.

Stille herrscht auf dieser Insel,
Deren anmutvolles Bild
Dargestellt von keinem Pinsel
Werden kann, so hold und mild.

Was der Süden Schönes schenket,
Am entzückensvollsten zeigt,
Was der Geist sich zaubrisch denket,
Sieht das Auge hier erreicht.

Was der Tage Lauf auch sende,
Still zu stehn scheint hier die Zeit,
In dem Meere ohne Ende
Zeiget sich die Ewigkeit.

So wie durch des Meeres Wogen
Wir gesondert von der Welt,
Die das Herz so oft betrogen,
Hier Erinnrung uns entfällt.

Was gleich Thorheit sich vermessen,
Was Verbrechen auch gebar,
Froh umfangen vom Vergessen,
Stellt es hier sich uns nicht dar.

Und der Mensch, der sich verloren,
Finden wieder soll er sich;
Freundlich bringen es die Horen,
Was schon längstens ihm entwich.

Das Gemeine ist verschwunden,
Alles wird zur Poesie,
Die in allem hier empfunden,
Was sie gibt, veraltet nie.

Dichtkunst schließt uns in die Arme
Liebevoll begeisternd ein,
Daß von neu'm das Herz erwarme
In dem wonnevollen Schein.

Auf des Lieds beseelten Schwingen
Trägt zum Himmel Phantasie,
Und den Himmel wird sie bringen
Schon auf diese Erde hie.

Zu den Freuden, die dieser Aufenthalt dem König brachte, zählt auch die Nachricht, daß im Londoner Vertrag vom 7. Mai sein zweitgeborener Sohn, der freilich erst im siebzehnten Lebensjahr stand, als König von Griechenland anerkannt wurde. Der König war ja schon als Prinz begeistert für die nationale Bewegung der Griechen eingetreten, hatte die um ihre Freiheit Kämpfenden mit Geld und anderen Spenden unterstützt und sie in zahlreichen Gedichten verherrlicht. Aber bei alledem dürfen wir die mehrmalige Versicherung Fahrmbachers, daß er immer bester Laune war, nicht allzu ernst nehmen. Auch der Seelenfrieden, der aus seinem Gedicht spricht, war kein dauernder, sondern wechselte mit schwermütigen Stunden ab. Die Tatsache, daß am 4. Mai ein neues Testament entstand, in dem unter anderem auch der Marchesa Fiorenzi auf Lebzeiten der Genuß der Villa Malta in Rom zugesichert wurde, spricht nicht gerade für heitere Stimmung. Auch die Nachrichten, welche über die politischen Zustände in Deutschland kamen, waren alles andere als erfreulich, und die Briefe aus Perugia waren voll

Klagen über die traurige Vermögenslage des Marchese und schilderten die Verbitterung der eifersüchtigen Marianna.

Aber all dies ließen ihn eines Tages zwei Damen vergessen, die in der Sentinella wohnten, welche ja, wie Fahrmbacher schreibt, nie leer von Fremden wurde. Es war dies eine hübsche Witwe Luise von H. mit einer entzückenden Tochter und ihrer Schwägerin Charlotte von L. Man war sich gegenseitig auf den ersten Blick sympathisch, und bald entstand eine engere Freundschaft, die alles in rosigem Licht erscheinen ließ. Was die beiden ihm waren, mögen uns die Verse sagen, die damals entstanden.

An . . . und . . .

Wie sie gleich schön ist, die Insel, umnachtet mich doch die Schwermuth,
Einsam fühlte ich mich, ach! mich verlassen so ganz;
Wird das Paradies zur traurigen Öde doch selber;
Sind wir darinnen allein, mangelt des Umgangs Glück.
Da erblickte ich Euch, ihr liebenswürdigen Frauen,
Und die Sonne, sie scheint, freudig erhebend den Geist.

Ein andermal, es war am 11. Mai, widmete er den neuen Freundinnen Verse, in denen es heißt:

Und Gottes Fügung lasset uns es nennen,
Daß wir auf dieser Insel uns gesehen . . .
Fürs Leben fühl' ich mich an Euch gebunden,
Geknüpft der Freundschaft unauflöslich Band.

Auch der Königin berichtet er von dieser ›Wahlverwandtschaft‹, bat sie aber, nicht davon zu reden, da er ja mit niemand verkehren könne, ohne daß die Menschen sogleich eine Liebschaft wittern. In der Villa Manzo in Lacco di sopra, von der wir noch Näheres hören werden, wenn wir vom Ischia-Aufenthalt Ottilie von Goethes und ihres Sohnes zu berichten haben, wohnten auch Bekannte, ein Baron G. und seine Gattin aus München, und andere Gäste, mit denen der König in Berührung kam, so daß es ihm nicht an Menschen und Anregung fehlte, die ihm unentbehrliches Bedürfnis waren. In bewegten Worten schildert er diesen Zug seines Wesens in Versen, die ebenfalls damals auf der Pannella entstanden.

Ich

Ruhe kann nicht mein Wesen ertragen;
In der Ruhe versumpfet das Meer,
Stürme müssen es peitschen und schlagen,
Leben, eintöniges, lastet gar schwer.

Froh des Berufes, den Gott mir gegeben,
Hoher Genuß, zu erfüllen die Pflicht;
Aber nur als ein Herrscher zu leben,
Meiner Natur genüget es nicht.

Muß mich verschiedenen Kreisen gesellen,
Daß mannichfaltig ich werde erregt,
Auf des Lebens entströmenden Wellen
Bis in die Ewigkeit rastlos bewegt.

Gegensätze verschönern das Leben,
Geben ihm Würze und machen es reich.
Muß von dem Königsthron mich erheben,
Muß auch machen den Bürgern mich gleich.

Feurig muß das Leben mir schäumen,
Soll es bekommen den Werth, der beglückt;
Sehnen will ich und schwärmen und träumen,
Phantasie nur befriedigt, entzückt.

Schließlich kam aus Neapel noch hoher Besuch auf die Pannella. Eines Tages speisten Herzog Max und sein Begleiter Graf Waldkirch bei Don Tommaso, und bald darauf traf auch die mit dem Herzog verheiratete Schwester des Königs mit einer Hofdame, dem Hofmarschall und ihrem Leibarzt ein. Es war der 17. Mai, der Tag des S. Restituta-Festes, von dem wir an anderer Stelle eine Beschreibung geben werden; die Gäste der Sentinella und der Villa Manzo waren natürlich auch dabei und »so fand sich denn eine bayrische Kolonie zusammen, wie man sie sobald nicht wieder auf Ischia sehen wird«, berichtet Fahrmbacher.

Am 19. sollte die Insel verlassen werden, Fahrmbacher hatte bereits alles verpackt und abgelöst, da wollte der König mit den in der Sentinella wohnenden Damen noch einen abendlichen Ausflug machen, so daß die Abreise um einen Tag verschoben werden mußte. Zum Abschied sandte er ihnen einen prächtigen Blumenstrauß, doch in Neapel traf man sich alsbald wieder, um gemeinsam nach Capri, Amalfi und Paestum zu gehen, wie man es bereits auf Ischia verabredet hatte. Fahrmbacher aber durfte inzwischen in Neapel das Theater und die Schätze des Museums genießen.

In Perugia zwangen jedoch dann die besorgniserregenden Nachrichten, die aus München kamen, zu beschleunigter Abreise. Die revolutionäre Bewegung in Frankreich hatte auf Deutschland übergegriffen, am 27. Mai fand das berühmte Hambacher Nationalfest statt, auf dem gegen die Fürsten gewettert und ein demokratisches, freies Deutschland gefordert wurde. Des Königs nationale Einstellung hatte man dabei vergessen. In den Schmähreden wurden auch seine Ischia-Reisen gegeißelt. »Die letzte Habe wird in Anspruch genommen, um Bäder in Italien zu bereiten, weil die deutschen Quellen nicht mehr heiß genug sind, den entnervten Körper der Wohllüstlinge reinzuwaschen«, rief ein gewisser Dr. Pistor. Der König, der »voll neuer Geistes- und Körperkraft, voll Seelenschwung« aus Italien zurückgekehrt war, ordnet zwar strenge Gegenmaßnahmen an, ließ sich aber nicht aus der Ruhe bringen. Im Juni 1833 ist er bereits wieder in Perugia bei seiner Mariannina, deren Briefe erneut voll Zärtlichkeit sind.

Noch einmal sollte der König unsere Insel betreten, die ihm so viel Freude und Kummer gebracht hatte. Es war im April 1839, aber die Kunde von seinem Kommen mußte schon viel früher nach Neapel gelangt sein, denn schon Anfang März legte der Sindaco von Forio eine Rechnung über die Instandsetzung der Straßen von Lacco nach Forio und Fango vor, die im Hinblick auf einen zu erwartenden Besuch des Königs auf höheren Befehl ausgeführt worden war.

Auf dem Hinweg begrüßten Waddingtons – Marianna war inzwischen Witwe geworden und hatte sich mit einem Mr. Evelyn Waddington wieder verheiratet – den König in Foligno, denn Evelino, wie Marianna ihren Gatten nannte, war nicht gesonnen, die Rolle seines Vorgängers zu übernehmen. Nach wenigen Stunden wurde die Reise fortgesetzt.

Als man am 10. April nach Ischia übersetzte, war das Meer so bewegt, daß alles unter Deck blieb. Nur der König stand mit vom Winde zerzausten Haaren oben, in der Hand ein Buch und ein Heft, das bestimmt war, seine Inspirationen aufzunehmen. Davon erzählt uns freilich Fahrmbacher nichts, aber auch sonst hat er diesmal nicht viel zu berichten. »Alle früheren Hausgenossen fanden wir wieder und die Kinder waren seit 1832 zum Teil seitdem großgewachsene Leute geworden.« Diesmal wohnte er nicht im Turm, sondern allein und sehr behaglich in einem Zimmer des Hauptgebäudes, aber die Abendgesellschaft pflegte sich trotzdem, wie früher, bei ihm zu versammeln. Daß gleichzeitig ein Gesandter aus Rom, dessen Namen Fahrmbacher wie gewöhnlich nicht verrät, mit seiner Familie in der Sentinella wohnte, war ein Glück für den König, dem ja gesellige Mitteilung ein Bedürfnis war. Da er mit der Morgenröte aufstand und seine Zeit bis auf die Minute einzuteilen pflegte, blieb ihm neben all den Aufgaben seines hohen Amtes, seinen literarischen Versuchen und einsamen Morgenspaziergängen immer noch Zeit zu lebhafter Konversation. Außerdem nahm er auch wieder Thermalbäder, und Fahrmbacher schreibt von sich, daß auch er seine Kur alsbald begonnen habe und täglich zur Gurgitello-Quelle reite. Am Morgen des 30. April schickte er noch schnell einen Gruß nach Hause:

Der Tag des Scheidens von Ischia wäre denn auch gekommen. Während draußen alles durcheinander treibt, das Gepäck nach der Marina hinabgebracht wird von den flinken Marinari, schreib' ich noch ein paar Zeilen an Euch, meine mir immer gegenwärtigen Lieben. Das Meer liegt still und sanft glänzend wie eine Amethyst-

Tafel und wir dürfen uns eine glückliche Fahrt versprechen. Der König ließ diesen Morgen für eine namhafte Summe neu verfertigte Kleidungstücke an die zahlreichen Armen der Umgebung des Hauses vertheilen. Die Armut dieser Insulaner ist gränzenlos und ihre Regierung thut nichts für sie. Es sind brave Menschen; sehr verschieden von dem Volke in anderen Theilen Italiens.

Der König sollte die Insel nicht wieder betreten, aber in den Arkaden seiner Residenz konnte er sie täglich vor Augen haben. Daß sie in der Reihe der italienischen Landschaften, die ihn besonders beeindruckt hatten, nicht fehlen durfte, war selbstverständlich. Rottman war beauftragt worden, auf zwei Reisen die Motive zu sammeln. Leider fehlt jegliche briefliche Nachricht über seinen Aufenthalt auf Ischia. Existiert doch von beiden Reisen nur ein einziger Brief an seine Gattin! So erscheint auf dem Fresko die Marina von Lacco und die hochgelegene kleine Häusergruppe der Pannella, überragt vom Epomeo, und die Verse, welche der König zu dem Bilde beisteuerte, sagen uns noch einmal, was ihm – und so manchem anderen – die Insel bedeutete:

Hin nach Ischia flüchte du aus dem Gewirre des Lebens,
Ruhe findest du da, welche dir längst entfloh.

Im Jahre 1839 hielt sich der König auf dem Rückweg einige Tage bei Waddingtons auf; 1842, als er nach Neapel und Sizilien ging und in Rom einen Monat lang in der Villa Malta weilte, sah er sie nicht, aber auf der nächsten Reise im Jahre 1844 weilte er für kurze Zeit auf dem entzückenden Landsitz in Ascagnano, den er in besseren Zeiten seiner Mariannina geschenkt hatte. Für das Jahr 1848 hatte der König wohl abermals eine Fahrt in das von ihm so geliebte Land geplant, aber die Revolution und die Empörung der Münchener über seine neue, blinde Leidenschaft für Lola Montez machten sie unmöglich und zwangen den Einundsechzigjährigen zur Abdankung. Die Italienreisen fanden damit aber keineswegs ein Ende; in den Jahren 1851, 55, 56, 57 treffen wir ihn in seiner Villa Malta und in Sizilien, wobei er fast immer einige Tage, oft auf der Hin- und Rückreise, bei Marianna und ihrem Gatten verbringt. Marianna, die schon immer viel las und sprachenkundig war, hatte sich im Laufe der Jahre immer mehr mit philosophischen Studien befaßt. Ihre ›Lettere filosofiche‹ (1848) eröffneten eine ganze Reihe von Publikationen, wie die ›Saggi di psicologia e logica‹, den ›Saggio sulla Natura‹ und den ›Saggio sulla filosofia dello spirito‹. Die meisten von ihnen kamen auf den Index. Wenn der König bei ihr war, wollte er freilich von diesen Dingen nichts hören.

1860 hatte er bereits den Tag seiner Ankunft in der Colombella gemeldet, aber im letzten Augenblick hielten ihn die politischen Umwälzungen in Italien, die er keineswegs gerne sah, ab. Vergeblich spähte man nach seinem Wagen aus. »Mit welchen Gefühlen ließ ich Deinen Teller wegnehmen, wie ist mir zumute, wenn ich nun Dein Bett wieder auflösen muß«, schrieb damals die enttäuschte Marchesa nach München, in deren Herzen der König schließlich doch bis an ihr Ende den ersten Platz einnahm, von dem sie immer wieder träumte und für den sie so gerne Pantoffeln stickte, in die sie dann selbst einen Augenblick schlüpfte, bevor sie sie absandte. Erst die Briefe der alternden Marianna waren wahre Liebesbriefe! 1862 trafen sich die beiden noch einmal in Livorno.

1864-65 war der König wieder in Rom und Ascagnano, aber die nächste Reise 1866-67 sollte die letzte sein. Es war seine zweiundzwanzigste Italienfahrt, die ihn auch noch einmal nach Neapel und Pompeji, aber nicht nach Ischia führte. Trotzdem wird der Einundachtzigjährige, wenn er die Insel in der Ferne hat liegen sehen, sicher an die ihm so lieb gewordene Pannella gedacht haben. Am Tag vor der Abreise von Rom kam er nach einem Besuch des Kolosseums im Mondlicht an der Fontana Trevi vorbei. Er hatte nie versäumt, einen Schluck zu trinken, um sich die Rückkehr zu sichern, auch diesmal tat er es, aber es traten ihm dabei die Tränen in die Augen, denn er fühlte, daß er trotzdem Italien nicht wiedersehen würde. Auf dem Heimweg blieb er wieder einige Tage bei Marianna, die inzwischen wieder Witwe geworden war und unter Altersbeschwerden zu leiden hatte. Im kommenden Jahr starb der König in Nizza und Marianna folgte ihm zwei Jahre später.

Ludwig I. war keineswegs der einzige königliche Gast auf der Pannella. Der auf seine vornehme Klientel stolze Don Tommaso brachte um das Jahr 1850 im Speisesaal unter Glas und Rahmen eine Liste all der gekrönten Häupter an, die bei ihm weilten. Da konnte man lesen:

Villa Pannella intitolata per antonomasia Qui si sana per la salubrità del suo clima e la giocondità del sito nella cui amena campagna sorse del cavalier canonico don Francesco Siano il casino, il quale ha avuto l'alto onore di alloggiare sette Augusti Monarchi: S.M. il Re Francesco I, *S.M. il Re Ferdinando* II, *S.M. il Re Leopoldo del Belgio, S.M. il Re di Sardegna Carlo Felice di Savoia, S.M. il Re Gugliemo Würtemberg, S.M. il Re Massimiliano, l'attuale Re di Baviera, S.M. il Re Lodovico* I, *padre augusto di Massimiliano, il quale con molto giovamento ha respirato per ben tre volte in diverse stagioni, unitamente ai bagni termominerali, l'aria salubre di si bello e liete soggiorno, per cui sempre esclamava: Oh, beata Villa Pannella, oh, quanto sono gaie le tue ombrosi valli, i verdegganti colli; oh! dimora, oh dolce dimora!*

Über die Besuche der Könige von Belgien und Württemberg sowie über den Sohn Ludwigs I. wissen wir nichts Näheres zu berichten; in den jeweiligen Hausarchiven würde man wohl einiges darüber finden können, aber eine solche Rolle, wie die Insel im Leben König Ludwigs spielte, hat sie natürlich für keinen gehabt. Zufrieden werden auch sie alle gewesen sein, denn jeder von ihnen erfreute den eitlen geistlichen Wirt mit einem Orden. Don Tommaso legte auch eine Liste sonstiger hervorragender Gäste an, die er nach königlichen Prinzen, neapolitanischem und römischem Adel, Eminenzen und ausländischen vornehmen Familien ordnete. Ihr Original ist leider verloren gegangen und eine erhalten gebliebene Abschrift bricht gerade vor der letzten, uns vor allem interessierenden Kategorie ab.

Wie erwähnt, hat Wenzl anläßlich seines ersten Ischia-Aufenthaltes auch einen Aufsatz über den damaligen Zustand der Bäder veröffentlicht. Etwas später (1837) erschien auch noch von einem anderen deutschen Arzt, *A. W. F. Schultz*, der sich längere Zeit auf der Insel aufhielt, eine Broschüre, die sich mit ihren Heilquellen befaßte. Beide Veröffentlichungen gewähren uns einen Einblick in die damaligen Zustände der Bäder und Stufe, die uns interessieren müssen, nachdem es ja so viele fremde Gäste nicht nur der landschaftlichen Reize Ischias, sondern auch ihrer Gesundheit wegen auf die Insel zog. Es ist ein trostloses Bild, das da vor unseren Augen ersteht. Das beste Bad, das ja Wenzl selbst und Fahrmbacher benützten, lag in jenem »armseligen Örtchen«, das man schlechthin nach der stattlichen, nur Bedürftigen aus Neapel zur Verfügung stehenden Anstalt des Monte della Misericordia vielfach einfach Monte nannte, etwa eine Viertelstunde vom eigentlichen Casamicciola entfernt, gegenüber dem 1883 zusammengestürzten Hospital dort, wo sich heute die Terme Belliazzi befinden. Es gehörte zwei Bürgern von Casamicciola, der Pächter war ein Mann, der zwar viel guten Willen, aber kein Geld hatte und nichts für eine zeitgenössische Ausstattung tat. Hören wir Wenzl selbst:

Mit einer peinlichen Empfindung betritt der Fremde das Badhaus und betrachtet zuerst die sogenannten Badewannen, wovon ein Theil für die männliche, der andere für die weibliche Abteilung der Badenden bestimmt ist. Weder von Holz, noch von Metall erbaut, noch etwa aus Stein den luxuriösen Badewannen der Alten ärmlich nachgebildet, erblickt der Ankömmling, in diesen Bädern Hilfe suchend, zu seinen Füßen – ein Grab! Diesen Namen verdient und diesen Anblick gewährt eine Vertiefung in der Erde, zwei Fuß hoch und wenigstens sieben bis acht lang, welche in Form einer Badewanne im Fußboden ausgemauert und deren Grundfläche mit glänzenden und bunt gefärbten Töpferplatten á la Mosaique belegt ist. In diese steigt der Badende drey Stufen weit hinab, um seinen Kopf, nachdem er sich erst im Bade gesetzt, auf dieselben, wie auf ein Polster zu legen, nachdem die Zwischenräume durch eingelegte Holzstücke ausgefüllt und auf diese Weise in ein planum inclinatum umgewandelt und das Ganze, der Reinlichkeit wegen, mit einem leinenen Tuche bedeckt worden. Warmes und abgekühltes Wasser kann nach Belieben eingelassen werden, aber nicht durch Hähne, sondern durch Entsiegelung von Korkstöpseln, mit welchen die Mündungen verwahrt sind.

Obendrein ist der Zufluß des kalten Wassers am Fußende, der des warmen in den Stufen des »steinharten Kopfpolsters«, so daß die Bedienung durch den Badenden höchst unbequem ist. »Aber trotzdem stellt sich in diesem Grab alsbald ein köstliches Gefühl des Wohlbehagens ein!«.

Zum An- und Auskleiden diente ein anstoßendes Nebenzimmer. »Die Wäsche ist übrigens, wie auch sonst immer bei den Ischioten, sehr reinlich, wenn auch nur sehr gemeiner Art, die Bedienung bey dem geringen Andrang, wie im Frühjahr, sehr zu loben.« Schultz ergänzt diese Beschreibung noch dahin, daß es im ganzen einundzwanzig Wannen gab, von denen nur sechs mit Fliesen ausgekleidet waren, die anderen teils roh verputzt, teils unverputzt waren. Nur sechs waren durch hölzerne Scheidewände voneinander geschieden, bei den übrigen Wannen fehlten solche zumeist. In keinem anderen Bad auf der Insel habe man überhaupt an ein solches Erfordernis des Anstandes gedacht. Begreiflicherweise war der Andrang zu dieser einzigen wenigstens einigermaßen dezenten Anstalt während der Saison groß. Die Badezeit wurde schon genau vereinbart und man mußte dem Badediener hie und da ein Trinkgeld geben, damit sie eingehalten wurde. Wohnte man in der Nähe, so konnte man sich auch rufen lassen.

Alle anderen Bäder waren unter aller Kritik roh und unsauber. In Lacco hatte sich, seit Marcard sich 1786 über die Zustände entsetzt hatte, kaum etwas geändert. Es gab damals mehrere Pozzi mit heißem Wasser, die teils im Garten des ehemaligen Karmeliterklosters, das heute als Rathaus dient, teils in dessen nächster Nähe lagen. Das Wasser einer Quelle, welche hart am Ufer des Meeres entsprang, sammelte sich in einem viereckigen Behälter, der sich in einem elenden Häuschen mit einer einzigen Badewanne befand. Es nannte sich Bagno della Santa Restituta. Wenige Schritte entfernt lag am Ufer ein ähnliches Gebäude, welches in zwei sehr niedrige Räume geteilt war. In dem einen nahm man die heißen Sandbäder, in dem anderen war eine Grube, in der sich das Grundwasser sammelte, mit welchem man sich nachher von dem Sande reinigte. Wenzl sagt über dieses Bad, es »gleicht mehr einem Stall, um einige Bestien zu verwahren, und nicht einem Tempel, der Hygieia geweiht«. Was würden die Römer mit ihren großartigen Bädern zu diesen Löchern gesagt haben, »die höchstens in den schauderhaften Thürmen der späteren Vehme ihres Gleichen finden!« Von Graefe, Verfasser eines wertvollen Buches über ›Die Gasquellen Süditaliens und Deutschlands‹, der ebenfalls 1830 die Insel besuchte, ist weniger pathetisch.

Der widrige Dunst, welcher das Gewölbe erfüllt, und die in demselben durch alle Categorien gleichmäßig erhaltene Unsauberkeit fordern eine besondere Entschlossenheit, um sich an diesem Ort auch nur kurze Zeit aufzuhalten!

Kein Wunder, daß man es auch jetzt noch, wie zu Jasolinos Zeiten, vorzog, sich in der frischen Luft in den ja bis gegen den Capitello-Felsen heißen Sand einzugraben. Das Santa Restituta-Bad aber war nach Wenzl trotz seiner Primitivität das nach Gurgitello am meisten geschätzte. Wie schon erwähnt, schaffte man das Wasser eben in die Wohnungen der Kranken. Für ein Bad benötigte man achtzehn bis zwanzig Barili, von denen jeder zwei Grani kostete.

Schon damals bestand der Plan, auch über jener im Klostergarten gelegenen Quelle ein Gebäude zu errichten und man hatte sich von der Königin Maria Isabella, der zweiten Gattin König Franz I., die Erlaubnis erbeten, es nach ihr benennen zu dürfen. Aber erst etwa fünfzig Jahre nach ihrem Tode entstanden die Terme Regina Isabella, während dort, wo jene beiden elenden Häuschen lagen, heute das luxuriöse Albergo Regina Isabella steht.

Billig war ein Aufenthalt auf Ischia schon damals nicht. »Wer täglich zwei bis drei Reichsthaler für Wohnung, Nahrung und kleine Bedürfnisse ausgeben kann, ist schlecht dran«, schreibt Schultz 1837. In Casamicciola konnte man für zwanzig bis fünfzig neapolitanische Dukaten monatlich eine mit Haus- und Küchengerät gut ausgerüstete Wohnung haben, für fünfzig Dukaten vier bis fünf Zimmer mit allem Zubehör; recht bescheidene Wohnungen, die dann aber nur aus einer Stube mit Tisch, Stuhl und Bett bestanden, kosteten zwei bis vier Carlin pro Tag. Die Pension betrug in der Grande Sentinella damals 1,8 bis 2,4 Dukaten, in der Piccola Sentinella, welche inzwischen unterhalb der alten berühmten Sentinella entstanden war und die letztere veranlaßte, sich die Grande zu nennen, 1,5 bis 1,8 Dukaten. Um für einen Tag einen Esel zu mieten, mußte man ungefähr drei Carlin ausgeben, mit einem Treiber einen halben Carlin mehr; aber wenn man ein Abkommen für eine ganze Woche traf, bekam man den Esel etwas billiger; die Preise für die Sänften waren ungefähr die gleichen. Wenzl rät in seinem Artikel, sich, wenn man länger zu bleiben gedenkt, mit einem Empfehlungsschreiben einzuführen und vorher einen Kontrakt abzuschließen.

Bey dem Schlusse der Rechnung wird der Fremde finden, daß er im Ganzen nicht theurer und bey der Menge ungeahnter, und für sein ganzes Leben unauslöschlicher Genüsse sogar sehr billig weggekommen ist. Was sind einige Thaler gegen eine einzige Stunde auf der Terrasse Don Tommasos oder der Sentinella? Wie oft wird man wünschen, solche später manchmal um diesen relativen Preis erkaufen zu können?

KAPITEL 7

Ottilie und Wolf von Goethe auf Ischia

Es widerstrebt uns, die tragische, schwer leidende, freudlose Gestalt, die nun auf Ischia erscheint, zwischen all die gesunden frohgelaunten Gäste einzureihen, welche in Gesellschaft auf den Epomeo ritten und sich an den Schönheiten der Insel begeisterten. *Wolf von Goethe*, der Sohn Augusts und Ottilies, nimmt eine Sonderstellung ein. Er kam zweimal nach Ischia; 1845 weilte er monatelang allein in Casamicciola, 1846 mit seiner Mutter in Lacco. Über diese beiden Aufenthalte und über die Kuren, die ihm Heilung bringen sollten, wußte man bisher keinerlei Einzelheiten, aber dank einigen von Mutter und Sohn auf Ischia geschriebenen, bisher unveröffentlichten Briefen, welche das Goethe-Schiller-Archiv in Weimar verwahrt, sind wir zum ersten Mal in der Lage, ein einigermaßen vollständiges Bild von der Kur und der seelischen Verfassung der beiden zu entwerfen. Die Entdeckung eines umfangreichen Schatzes von Tagebüchern *Ottilie von Goethes* in der Newberry Library in Chicago, ließ hoffen, daß auch durch sie unser Material bereichert würde, aber es stellte sich leider heraus, daß gerade die in die Zeit von 1842 bis 1850 fallenden Aufzeichnungen fehlen. Daß diese Lücke durch eine Reihe ebenfalls dort gefundener Briefe Henriette von Pogwischs an ihre Tochter Ottilie einigermaßen ausgefüllt wird, bleibt für uns nur ein schwacher Trost, denn in ihnen werden die beiden Kuren auf Ischia nur hie und da kurz erwähnt.

Als Wolf das erste Mal kam, stand er im fünfundzwanzigsten Lebensjahr. Er, der als Knabe der Liebling Goethes war und im täglichen Umgang mit seinem Großvater geistig ausgerichtet wurde, hatte eine Reihe von Universitäten – Bonn, Jena, Heidelberg und Berlin – besucht, auf ihnen verschlossen und einsam Philosophie und Rechtswissenschaft studiert und im Frühjahr 1845 in Heidelberg nach glänzend bestandenem Examen den Titel eines Doktors der Rechte erhalten. Unmittelbar darauf erschien bei Cotta ein seltsames Werk von ihm, das sich ›Der Mensch und die elementarische Natur‹ nannte. Es bestand aus drei Teilen. Der erste war philosophischer Art und behandelte das Verhältnis des Menschen zu der Natur, der zweite, in lateinischer Sprache, stellte die Dissertation dar, der dritte bei weitem umfangreichste eine romantische episch-lyrische Dichtung, in der die Kirche schließlich über den Zauber verführerischer Nixen siegt. Dabei handelte es sich aber keineswegs um einen noch unreifen Auftakt zu weiterer schriftstellerischer Tätigkeit, sondern, wenn man von den drei Jahre vorher anonym erschienenen ›Studentenbriefen‹ absieht, um Wolfs einzige literarische Leistung.

An Plänen fehlte es ihm gewiß nicht, aber an der Kraft, sie auszuführen. Daran war nicht zuletzt sein trauriger Gesundheitszustand schuld. Schon vor seiner Promotion stellten sich Anzeichen nervöser Erkrankungen ein, nun aber begann er unter oft furchtbaren Gesichtsschmerzen zu leiden und versank in einen dumpfen, trostlosen Zustand. Schlank, fast schmal, mit dunklem, bis zu den Schultern voll herabhängendem Haar und mit dunklen großen Augen erschien er damals eines Tages bei Jacob Grimm und Schelling, um ihnen die eben erwähnte, ›Erlinde‹ betitelte Dichtung vorzulesen. Es war Seligmann, der Wiener Arzt und Freund Ottiliens, der zu einer Kur auf Ischia riet, und der Weimarer Hofmedicus Karl Vogel äußerte sich der Großmutter gegenüber in gleichem Sinne. Nach einem ihrer Briefe an die Tochter war Wolf am 10. Mai bereits auf der Reise nach dem Süden. Daß ihn dabei weder seine Mutter noch Walther, der ältere Bruder, begleitete, war ihr gar nicht recht.

Aus einem Brief, den Wolf vier Tage nach seiner Ankunft in Casamicciola am 18. Juni an seine Mutter schrieb, kann man entnehmen, daß er zunächst zwei Wochen in Neapel geblieben war und dort von einem Arzt namens Zimmermann beraten wurde. Wir geben die für uns wesentlichen Teile des Briefes, der ohne jede Anrede beginnt, anhand der manchmal schwer zu entziffernden Photokopie wieder.

Casamicciola auf Ischia 18 t Juni 1845

So will ich Euch denn von meinem weiteren Ergehen seit meinem Brief vom 3ten benachrichtigen.

In Neapel bin ich bis zum 14ten geblieben und wüßte wenig von dieser Zeit zu sagen, da ich sie in einem dumpfbrütenden Zustande verlebt habe. Die Thrankur ist bis nach den hiesigen Bädern verschoben worden, weil Dr. Zimmermann sich überzeugt hat, daß in diesem Augenblicke und fern von seiner Aufsicht es nicht möglich ist, mich der gewöhnlichen Mittel zu entwöhnen. Dr. Zimmermann ist einer der vornehmsten Ärzte für Fremde, Rothschild, Prinzen und Prinzessinnen, sehr berühmte Leute. Er hat mir aber angekündigt, daß ich nach den Bädern noch nicht darauf rechnen dürfte hergestellt zu sein. Ich sah niemanden in Neapel. An meinem ersten Tage ließ ich mir bei Rothschild 700 fr geben. Einen Brief an den Bruder des Consuls Marstaller in Rom gab ich ab, und er hat mir erlaubt, meine Briefe an das Haus, an dem er beteiligt ist, adressieren zu lassen. Schreibt also unter meiner Adresse nach Neapel und fügt hinzu per Adr. D. Vonwiller et C. ›guantai nuovi n. 69‹ Naples. Poste restante scheint auch ganz sicher, nur erhält man die Briefe etwas später, jedenfalls lasse ich mich auch immer nach poste restante Briefen erkundigen ...

Meinen Bedienten habe ich wegen Unbrauchbarkeit am 14ten wegschicken müssen, so daß er mich mit Reisekosten und allem 34 scudi in diesen vierzehn Tagen gekostet, ich habe nun einen deutschen Bedienten genommen! ... Hier habe ich nun wieder einen italiänischen Arzt, ich hatte gehofft Dr. Zimmermann bereden zu können, einmal die Woche wegen mir herüber zu kommen, doch ist es nichts geworden! Die ersten vier Tage hier habe ich an heftigen Schmerzens Anfällen wie nur in Berlin und Heidelberg gelitten, ununterbrochen. Heute befinde ich mich etwas besser.

Ich habe für mich und den Bedienten drei Stuben, bei einem Geistlichen; wäre ich wohler, würde ich vielleicht einsehen, daß die Aussicht aus der Wohnstube nach den Bergen zu dem schönsten gehört – so bitte ich in Neapel und hier vergeblich jeden Fel-

sen doch nur bis zu meiner Seele zu dringen und mir etwas wohl zu thun. Seit Rom habe ich außer der einen Viertelstunde bei Rothschild keine fremde Zeitung gesehen ...

Es sollen hier mehrere Deutsche sein, Gott bewahre mich vor jedem Fremden, ich bin froh wenn ich den Tag allein durchgeschleppt. Auch Adeles Freundin Frau von Schwanfeld kommt hierher. Zu deiner Beruhigung kann ich dir sagen, daß ich sehr viel Geld ausgab, wenn auch nicht mit heiterem Herzen, größere Einschränkungen aber in so krankem Zustand zu machen, da gehört mehr Kraft dazu als ich sie habe. Ich habe mir sogar ein Klavier heraufschaffen lassen und mich auf Noten und Bücher retouriert...

Am 20. Juli fügte Wolf dann noch weitere Mitteilungen an. Wir beschränken uns auf den Schlußteil derselben:

Je weniger ich mich in Italien wohlbefinde, je widerwärtiger wird mir die Erinnerung an Deutschland. Am liebsten litte ich jetzt in Palästina. Mein Zustand wird nach und nach Gott sei Dank wieder der dumpfe brennende Neapolitanische. Mein römischer Appetit, der mich in Neapel verließ, findet sich aber noch immer nicht wieder. – Schreibt mir nur ja Alles. Diese stummen Boten quälen nicht und zerstreuen. Man denkt einen Augenblick man lebte mit den Menschen in der Welt, und die Wirklichkeit überzeugt uns doch nicht, daß man es nicht kann. Alle Sachen, die ihr mir mitgegeben, benutze ich unzählig oft, jedes Objekt ist mir hier von großem Werthe! Grüße Seeligmann bestens. Morgen bin ich 8 Tage hier.

Tageseinteilung: Um 7 Uhr Frühstück, gegen 8 Aufstehen, um 10 Uhr Bad zu Hause, dann zwei bis drei Stunden ins Bett. Dann bis 4 in meiner Stube umher, an den Büchern und an dem Klavier herumgetappt. Um 4 kommt mein Essen. Von 5–1/2, 3/46 Uhr ein Spaziergang, möglichst von der Meerluft geschützt. Von 6–9 wie von 1–4.

Gerne würden wir natürlich wissen, wo Goethes Enkel in Casamicciola gewohnt hat. Aus seinem Brief können wir ja nur entnehmen, daß er bei einem Geistlichen Quartier gefunden hat und daß dieses eine schöne Aussicht auf die steilen Hänge des Epomeo bot. Nun kennen wir nur einen Geistlichen, der um diese Zeit in Casamicciola Fremde aufnahm und glauben nicht fehl zu gehen, wenn wir annehmen, daß auch Wolf bei ihm wohnte. Wir werden später in anderem Zusammenhang nochmals auf einen gewissen Herrn von Orlich zurückkommen, müssen ihn aber hier bereits vorstellen, weil auch er bei diesem Geistlichen zu Gast war und nicht nur verrät, wo dessen Pension war, sondern auch sonst von ihm erzählt. Die Gaststätte wurde Casa Purgatori genannt, weil sie nahe bei der Chiesa del Purgatorio lag. Diese Kirche aber befindet sich unweit von Majo, jener Häusergruppe, die heute an der Stelle des alten, vom Erdbeben des Jahres 1883 völlig zerstörten Zentrums von Casamicciola liegt, in einer Gegend, die völlig von der nahen Steilwand des Epomeo beherrscht wird. Orlich stellt sie neben die Casa Zavotta und die Villa Sauvé, das heißt neben die teuersten und am besten eingerichteten Häuser, während damals die Grande und die Piccola Sentinella nur noch für Reisende mit beschränkteren Mitteln in Frage kämen, was gut dazu paßt, daß Wolf an seine Mutter schrieb, man könne von jemand, der so elend sei, nicht verlangen, daß er auch noch spare. Der Geistliche war ein Canonicus und hieß Morgera. Hören wir, was unser Gewährsmann, der mehrere Wochen hier verbrachte, davon berichtet:

Mein Wirt, ein alter würdiger Geistlicher, war einer der reichen Grundbesitzer; ihm gehörten mehrere der schönsten Gärten, aber er lebte mit der Einfachheit eines Lazzaroni, studierte viel in seinen vermoderten uralten Büchern über das Leben der Heiligen und überließ sein Hauswesen einer herrschsüchtigen ihm verwandten alten Matrone. Der originelle Mann ließ es sich nicht nehmen, mir jeden Morgen durch seinen barfüßigen und zerlumpten Neffen einen großen Korb voll der köstlichsten Weintrauben, Feigen, Pfirsiche und Pflaumen als Morgengruß zu senden, dabei bestimmt erklärend, daß dies so Sitte sei und von Bezahlung nicht die Rede sein könne. Eine alte Dienerin wußte jedoch beim Abschied diese Gaben in Geld zu verwandeln.

Leopold von Orlich weilte 1852 oder 1853 auf Ischia, aber in den sieben oder acht Jahren wird sich kaum viel in der Gaststätte, die als eine »geräumige und luftige Wohnung« bezeichnet wird und in der natürlich die nötigen Wannen für das von Eseln gebrachte Thermalwasser vorhanden waren, geändert haben.

Wie lange Wolf hier weilte, in diesem traurigen Zustande, physisch und seelisch leidend, unfähig zu arbeiten, unempfindlich für den Trost, den die landschaftliche Schönheit hätte bringen können – Orlich nennt die Aussicht von der Casa Purgatori die »schönste, welche die Erde dem menschlichen Auge darzubieten vermag« –, menschenscheu und ohne jeden zerstreuenden Umgang, fast immer in seinen zwei Stuben, täglich kaum dreiviertel Stunden an der Luft, wissen wir nicht genau zu sagen. In einem Brief, den er im folgenden Jahr aus Lacco an Schelling schrieb, sagt er, daß er 1845 den ganzen Sommer hindurch die warmen Bäder gebraucht habe. Aus den Verhandlungen der ›Adunanza degli Scienziati Italiani a Napoli‹, welche vom 20. September bis zum 5. Oktober 1845 währten, geht hervor, daß Volfango Massimiliano di Goethe aus Dresden und Francesco Romeo Seligmann aus Wien zusammen mit so manchen anderen bekannten Deutschen, wie Friedrich Thiersch, Leopold von Buch, Theodor Mommsen und Friedrich Hebbel, an ihr teilnahmen. Daß auch Seligmann nach Italien fuhr, hat übrigens Ottiliens Mutter nicht wenig aufgeregt; schrieb sie doch am 7. September an ihre Tochter, daß sie darüber außer sich sei, »denn welche Confusion giebt das nun!«

Ein regelmäßiger Besucher der Sitzungen wird Wolf keineswegs gewesen sein, denn sein Zustand ist durch die lange Kur keineswegs wesentlich gebessert worden. Anfang Oktober begegnete ihm sein Jugendfreund Otto Meyer in Rom auf dem Pincio. In der Biographie Wolfs, die Meyer später geschrieben hat, heißt es: »Als ein schwer Kranker schleppte er matte Schritte«; er habe sich selbst als einen toten Menschen bezeichnet und erzählt, daß er das Grab seines Vaters an der Cestius-Pyramide nicht besuchen könne, da er zum Gehen zu schwach und das Fahren ihm ob der Erschütterung verboten sei.

Um diese Zeit muß auch Ottilie bereits in Rom gewesen

sein, denn in einem Brief aus Weimar vom 7. September wurde ihr mitgeteilt, daß man von jetzt an die Post dorthin senden werde. Seligmann hingegen war bald nach dem Kongreß nach Wien zurückgekehrt. Weihnachten feierten Ottilie, Wolf und Meyer zusammen in Rom. Aus jenem Brief an Schelling geht hervor, daß sich zwar Wolfs Beweglichkeit in diesem Winter sichtlich etwas gebessert hat, seine geistige Verfassung aber immer noch eine denkbar unglückliche war.

Wenn ich auch zu leidend war, um irgend eine Kirche, eine Gallerie zu sehen, um Karneval oder geistlichen Funktionen beiwohnen zu können, so haben doch häufigere Wanderungen in und vor den Mauern in stiller Einsamkeit mit einem von meinen Leidenschaften erleuchteten und verklärten Rom mir immer den Gedanken aufgedrängt, wie wohl Ihnen sein müßte, wenn Sie sich hier sonnten. Wissenschaft, geistigen Verkehr mit anderen, an Geschichte, an Kunst zu denken, Alles diess schnitt mir mein Körper ab, nur als großartigen Hintergrund und Boden für die Leidenschaften meiner Seele, die mir allein noch von aller inneren Thätigkeit geblieben, konnte ich Rom behandeln und dennoch, ja vielleicht gerade dadurch, hat es mich eisern gefesselt und auf Augenblicke trotz des tiefen Leides beglückt.

Obwohl die Kur mit dem Gurgitello-Wasser erfolglos war, beschloß man im Sommer 1846 doch nochmals nach Ischia zu gehen. Anfang Juni treffen wir Ottilie und ihren Sohn bereits in Neapel, Frau von Pogwisch drückte freilich in einem langen Brief vom 10. und 11. Juni immer wieder ihren Unwillen darüber aus.

Wie ist es nur möglich, daß Wolf wieder nach Ischia soll, ich bin außer mir darüber, was Du auch sagen magst, so scheint er mir doch besser, und ich an seiner Stelle würde mich verzweifelten Curen nicht mehr unterwerfen, denn wozu haben sie ihm denn genützt? ... Ischia scheint mir ein wahres Gräuel ... Wolf wäre gesünder, wenn er verheyrathet wäre! – lass ihn doch nur nicht wieder die affrösen Dampfbäder nehmen, ich muß mich ja hier todängstigen.

Am 15. Juli schrieb sie, nachdem sie gehört hatte, daß die beiden die Insel verlassen haben und wieder in Neapel sind, daß sie froh darüber sei, denn sie hasse Ischia für Wolf.

Man wollte in der Tat die ischitanischen Dampfbäder versuchen und ging deshalb nach Lacco, wo sich ja das am meisten besuchte Sudatorium befand, das wir dank der eingehenden Schilderung Elisas von der Recke schon gut kennen. Diesmal macht es auch keine Schwierigkeit, festzustellen, wo die beiden wohnten, denn zwei in Lacco geschriebene Briefe Ottiliens, auf die wir noch zu sprechen kommen, tragen die Bezeichnung »Villa Manzo, Lacco Ischia«. Sie ist uns ja bereits 1832 begegnet, als König Ludwig auf der Pannella weilte und Bekannte aus München und andere Fremde, mit denen er verkehrte, in ihr wohnten. Der Hausherr war, als Ottilie mit ihrem Sohn dorthin zog, zunächst noch Pächter der Terme di S. Restituta, welche die Gemeinde endlich 1845 an Stelle des armseligen von Wenzl geschilderten Häuschens hatte errichten lassen, doch ging die Anstalt später in seinen Besitz über. Das Gebäude gehört heute noch einer geborenen Manzo und liegt im hoch gelegenen Teil von Lacco an der Piazza Rosario gegenüber den Ruinen der 1883 eingestürzten Pfarrkirche (Nr. 15). Obwohl es damals natürlich auch gelitten hatte, deckt sich die heutige Rückansicht des Hauses ohne weiteres noch mit der, welche auf einem 1830 entstandenen Bild Georg von Dillis' rechts unten erscheint. Nach wie vor besteht es nur aus Erdgeschoß und einem Stockwerk. Die Bogenreihe des ersteren ist auch heute noch zu erkennen, und vor den nach Süden blickenden Fenstern des langgestreckten Gebäudes lag bis vor kurzem noch die weite Terrasse, wie zu Ottiliens Zeiten. Erst neuerdings ist sie größtenteils überbaut worden. In diesen Zimmern, auf dieser Terrasse müssen wir uns die beiden vorstellen, und in dem Garten, der wie einst davorliegt, wird Wolf seinen trüben Gedanken nachgegangen sein.

Über die Kur, die er in Lacco machte, erfahren wir einiges aus jenem hier erstmalig ausgewerteten Brief, den Ottilie am 5. Juli aus Lacco an ihre Mutter schrieb:

Hoffentlich wird der Winter doch diesmal erträglicher für Wolf. Die Curen werden ja doch etwas bewirken, wenigstens trö-

stet mich der alte, sehr gute, sorgsame italiänische Doktor damit, der so vorsichtig ist, daß er nicht nur täglich herüberkömmt, sondern jedes mal selbst mit ins Dampfbad geht. Übermorgen nimmt Wolf, wenn, wie ich hoffe, keine Störung eintritt, das 15. Dampfbad, was vorderhand das letzte sein soll. Die Cur ist ihm unendlich schwer geworden; die Schmerzen waren eher gesteigert, aber der Kopf war freier und er sah lebhafter aus.

Am Schluß des gleichen Briefes verrät uns Ottilie noch, daß jener alte Doktor derselbe war, welcher 1817 Caroline von Humboldt behandelt hatte und Besitzer der Grande Sentinella war, denn es heißt da: »Schreibe Dir doch den Namen des alten Dr. Monti auf, wenn jemand die vielfachen verschiedenen Bäder hier gebrauchen will.«

Der Brief, den Wolf am 30. Juni an Schelling richtete, gewährt uns hingegen einen erschütternden Einblick in die seelische Verfassung, in der er sich damals in Lacco befand. Er beginnt mit den Worten:

Verehrter Herr Geheimrat! Wie sehne ich mich nach Ihnen! Kein Tag vergeht, an welchem ich nicht der Erinnerung an Ihre Zuneigung als Faden für das Gewebe des Tages bedarf. Die stete Unterdrückung, in welcher mein körperliches Leiden den Geist erhält, hat mich stets gehemmt Ihnen Nachricht von mir zu geben und so auch innigst gewünschte Nachricht von Ihnen heranzurufen. Seit vorigem Herbste sind diese Zeilen der erste Versuch, einen Brief zu bilden. Schwer wird mir jede geistige Thätigkeit mit der Feder, schwer ist es mir aber auch nur von einem in stets gleichen Bahnen gebannten Körper- und Geisteszustand Nachricht geben zu müssen, nicht von einem heiteren Fortschritt schreiben zu können ...

Der hiesige Aufenthalt gehört dadurch, daß mich meine Schmerzen und die beinahe immerwährende Betäubung an jeder Tätigkeit hindern, während die Außenwelt nicht die geringste Zerstreuung bietet, und ich so blos den peinigenden Resten meiner Seelenkräfte überlassen und als Fraß vorgeworfen bin, zu dem mir drückendsten. Unerträglich, ja verzehrend wird es für mich aber sein, wenn ich im Herbst nicht nach Rom zurückkehren darf. Meine Absicht ist nähmlich, nach der hiesigen Kur noch den nächsten Winter in Italien zuzubringen, vielleicht, daß sich endlich diese Qual löst.

Ich kann es nicht lassen Ihnen das einzige Poetische, was ich in Italien geschrieben, die ...

Hier bricht der Brief ab, weil ihm heftiges Leiden das Schreiben unmöglich gemacht hatte. Am nächsten Tag fuhr Wolf dann, nachdem er den Grund für die Unterbrechung angegeben, fort:

... Skizzen zu einem kleinen Gedicht zu senden, da es Sie vielleicht auch selbst in dieser rohen Gestalt erfreut.

Was dann folgt, spiegelt erneut den tragischen Zustand wider, unter dem Wolf so litt, dieses sich in höheren Sphären Bewegen, ohne die Kraft zu haben, seinen Gedanken die Form geben zu können. So, wie jemand sich freut, der in einem fernen Urwald auf Zeichen stößt, die auf einen Wanderer von gleichem Schlag deuten, so fühle er, »auf der Wanderung durch die Welttheile meiner Seelenwelt, die im Allgemeinen noch in Dunkel gehüllt sind«, plötzlich die Seelenverwandtschaft mit den größten Geistern. Obwohl ihn die Menschen für seltsam, einsam, unnatürlich erklärt hätten, fühle er dann plötzlich, daß er mit den Besten wandle. Was sich aber in solchen beglückenden Augenblicken in seinem Inneren gestalte, könne er höchstens andeuten, eine vollendete Darstellung mache sein leidender Zustand unmöglich. Schelling aber könnte sein Seelenarzt werden:

Wie wohl könnte mir werden, wie weit könnte es mit mir kommen, wenn ich in Rom in Ihrer Nähe wäre und Sie wirklich wollten. Halten Sie mich nicht für anmaßend. Nein, wahrhaftig ich weiß nichts – aber lieben Sie mich dennoch!

Wolfs Mutter, die Goethe einmal einen »verrückten Engel« genannt hatte, war kein Mensch, der dem Sohn in seinen Nöten auch nur annähernd eine solche Stütze hätte sein können. Sie war zu sehr mit sich selbst, mit ihren zahllosen Bekannten, mit der Kette ihrer erotischen Beziehungen beschäftigt; die unglückliche, beiderseits mit Schuld beladene Ehe mit Goethes Sohn hat nicht zu tilgenden Schatten auf ihre besten Jahre geworfen. Noch sind keine zwei Jahre vergangen, daß sie ihre geliebte Tochter, die siebzehnjährige Alma, verloren hat, und nun befindet sie sich obendrein in Lacco auch noch in einer besonders kritischen seelischen Verfassung. In jenem langen Brief, den sie in Lacco am 5. Juli an ihre Mutter schrieb und dank dem wir zum ersten Mal wenigstens einen kurzen Blick auch in ihr Leben auf Ischia tun können, erzählt sie als erstes, daß sie zwar schon in Neapel so fleißig wie möglich Briefe geschrieben habe, daß aber bei der Ankunft in Lacco immerhin noch fünfundzwanzig zu beantworten waren, die jetzt bis auf vier erledigt seien. Einer von diesen fünfundzwanzig muß jener gewesen sein, den sie am 30. Juni an ihre aufopfernde Freundin Sibylle Mertens, jene außergewöhnliche Frau, die sich auch als Archäologin einen Namen gemacht hat, schrieb. Es ist dies ein seltsamer Brief voll quälender Selbstbetrachtung, geradezu ein Gegenstück zu den Briefen ihres Sohnes. Seit Jahren habe sie ihr Selbstvertrauen verloren, sich keinen Geist mehr zugetraut. »Ich bin gefühls-blöde geworden, man muß mich wie ein schüchternes Pensionsmädchen aus der Ecke ziehen«, schreibt sie. »Müde und wund, wie meine Seele ja sein muß, durch Krankheit und Alter vielleicht um die Sicherheit des Verstandes gebracht«, heißt es an einer anderen Stelle. Aber bei alledem ist immer noch »der alte Ungestüm, der Alles oder Nichts will«, in ihr. Auch körperlich hat sie zu leiden; in einer Nachschrift vom 3. Juni berichtet sie ebenfalls von einem heftigen Anfall von Gesichtsschmerzen.

Auch in jenem an die Mutter gerichteten Brief klagt sie über »Friesel« – einem mit Fieber verbundenen Ausschlag – »und Gesichtsschmerzen«. Was in ihm über Wolfs Kur steht, haben wir ja bereits mitgeteilt; im übrigen ist von allen möglichen Bekannten die Rede, auch von der Frage, was auf Almas Grab kommen soll. Die bisherigen Projekte sagen ihr alle nicht zu. »Ein christliches Wiedersehen, was leider meiner Überzeugung ganz entgegen ist, wie solche marmorne Glaubenslüge kann ich doch nicht darstellen lassen.« Ein Brief von Walther, der ja kaum weniger an Leib und Seele zu leiden hatte, als sein Bruder, hat ihr besonders weh getan. Ottilie ist sich darüber klar, daß auch die pekuniäre Lage, in der die beiden sich befinden, ihre Depressionen steigerte und wird selbst durch sie bedrückt. Sie schrieb nach Weimar:

Ich gestehe Dir, liebe Mutter, daß wenn ich Walther dort und Wolf hier leiden und darben sehe, und das Alles, weil sie nicht das Geld zurücknehmen wollen, was sie für mich bezahlt, so finde das eine große Strafe für mich, weil sie mir dadurch stündlich mein Unrecht zurückrufen, daß sie für mich bezahlen mußten. Es ist doch zu hart, daß ich auch noch wünschen soll zu sterben, blos weil dann meine Söhne freier sind, wie nun sollen sie dann das erste Gefühl von Comfort meinem Tod verdanken, und das heißt zart und liebend, das soll ein richtiges Verhältnis zwischen Mutter und Kinder sein und mich an das Leben knüpfen.

Obwohl Ottilie schreibt, daß ihr Unwohlsein sie nicht am Ausgehen hindert, findet sich in diesem acht Seiten langen Brief kein Wort über die Landschaft, die sie umgab, wohl aber einiges über die Mentalität der Italiener und im besonderen ihrer Hausfrau. Sie macht sich zum Beispiel lustig über den ewigen Gebrauch von ›Dio‹ und ›Pazienza‹ und spielt sie gegeneinander aus:

Als mir meine Wirthin sagte, ich müßte Pazienza haben, weil Dio wollte, daß es in meiner Stube rauchen solle, konnte ich ebenso gut antworten, sie irre sich, Dio wolle, man solle zum Töpfer schicken, da es welche in der Welt gebe ...

Übrigens ist mir die Ergebenheit der Italiäner immer vielmehr als die Anerkennung eines Fatum, dessen Beschlüssen auf keine Weise zu entgehen ist, als wie christliche Ergebenheit erschienen. Deshalb haben sie auch nicht die Art von Abscheu für den Verbrecher und betrachten ihn mehr als unglücklich wie als strafbar.

Daß eine Tochter des Hauses Concetta heißt, will ihr gar nicht in den Sinn, denn sie mußte offenbar stets, wenn sie gerufen wurde, an den Akt der Empfängnis denken, bis ihr die Mutter erklärte, daß dies ein Beiname der Madonna sei, die sie bei der schweren Geburt angerufen habe.

Ein andermal hat sie gar einen Heiligen zu Hilfe gerufen, was mir denn doch etwas unschicklich erschien. Übrigens begreife ich vollkommen Walthers Ausspruch, daß er nicht begreife, wie man, aus Italien zurückgekehrt, sich noch anständig benehmen könne; das ist sehr wahr, denn die natürlichen Dinge werden hier sehr natürlich genommen und es war nur ganz im Anfang unseres italiänischen Aufenthaltes, daß ich mich entsetzt hatte, wie einmal Adele, ich glaube Hummelinchen unbewußt, bei einer Spazierfahrt, die wir machten, einen großen Floh auf ihrem Kragen erwischte und ihn aus dem Wagen warf.

Auch diese zweite Kur auf Ischia, sowie die Meerbäder, die man anschließend in Neapel nahm, haben Wolfs Schmerzen höchstens zeitweise gelindert. Anfang November treffen wir ihn mit der Mutter und nun auch mit Adele Schopenhauer noch in Neapel, der Winter wurde jedoch abermals in Rom zugebracht, wo dann erneut die heftigsten Anfälle einsetzten. Im Sommer 1847 versuchte man es mit einer Badekur in Meran. Aber hier lief bereits das erste Bad sehr unangenehm ab und Wolfs Zustand steigerte sich in der Folge derart, daß seine Mutter das Schlimmste befürchtete. Verzweifelt schrieb sie damals aus Meran an Seligmann:

Also auch den Leichenstein soll ich aufrichten, daran zweifle ich nicht mehr – glauben Sie mir, das Nationaldenkmal, das die Deutschen dem Vater errichten, ist der Grabhügel des Enkels.

Als dann am 28. August 1849 Goethes 100. Geburtstag gefeiert wurde, war Ottilie, die sein Haus geführt hatte und seine Hand gehalten, als er aufhörte zu atmen, nicht in Weimar, sondern bei ihrem Sohn, der in Freiwaldau bei Prießnitz dessen Kaltwasserkuren versuchte.

Jahrelang dauerten diese sommerlichen Badereisen noch an, ohne daß sie viel nützten. Aber schließlich besserte sich Wolfs Zustand doch soweit, daß er 1852 in der Lage war, das Amt eines Legationssekretärs an der preußischen Botschaft in Rom anzunehmen, ja, während eines Urlaubs des damaligen Botschafters von Usedom konnte er sogar diesen vertreten. Trotzdem fühlte er sich auch auf diesem Posten nicht sonderlich wohl und ließ sich daher nach einiger Zeit nach Dresden überweisen, wo er dann zum Legationsrat ernannt wurde. 1860 schied Wolf aber doch wieder aus dem Staatsdienst aus und widmete sich im Verein mit seinem Bruder, dessen Veranlagung zur Musik sich ja ebensowenig entfalten konnte wie die literarischen Neigungen Wolfs, und der im Grunde noch daseinsschwächer war, der Verwaltung und Erhaltung des einzigartigen großväterlichen Nachlasses, der ja der beiden persönliches Eigentum war. Allen sie tadelnden Stimmen der Öffentlichkeit und den Wünschen der vor allem an dem Privatarchiv Goethes interessierten Literarhistoriker zum Trotz hüteten sie unerbittlich diesen Schatz und gestatteten niemand den Zutritt. Sie zogen ein wahrhaft kümmerliches Alter der Preisgabe dieser intimsten Zeugnisse vor, aber mit dem Testament, in dem sie alle persönlichen und literarischen Schriftstücke ihres Großvaters der Großherzogin Sophie hinterließen, machten sie der Welt ein einzigartiges Geschenk, aus dem das Goethe- und Schiller-Archiv in Weimar und die hundertdreiundvierzig Bände der großen Goethe-Ausgabe erstanden.

KAPITEL 8

Flüchtige Besucher von 1830 bis zur Eröffnung des Hafens

Es ist eine bunte Reihe von Ischia-Besuchern, vornehmlich der dreißiger und vierziger Jahre des vergangenen Jahrhunderts, die nun an uns vorüberziehen soll. Dabei handelt es sich zumeist nur um mehr oder weniger flüchtige Gäste, die uns ihre Eindrücke und ihre kleinen Abenteuer überliefert haben; nur Karl August Mayer, der spätere Schulmann und Schriftsteller, welcher jahrelang in Neapel lebte und in dieser Zeit aufs engste mit der Stadt und den Menschen verwuchs, hat auch Ischia gründlicher kennengelernt.

Den Anfang möge *Christian August Robert Roller* machen, ein junger Architekt, geborener Württemberger, der zunächst bei dem Stuttgarter Hofbaumeister Saluzzi seine Ausbildung genoß. Frühzeitig ohne Eltern und ohne Mittel, hatte er nicht wenig unter seinem eigenwilligen, engherzigen Mäzen zu leiden. Eine Reise nach Italien war schon der Traum seiner Kindheit, aber der Herr Hof- und Legationsrat wollte nicht einmal von einer Studienreise in deutsche Lande etwas wissen. Da machte der Tod einiger Verwandter Roller zur rechten Zeit unabhängig; er löste sich von seinem Betreuer und vertauschte den unsympathischen, jähzornigen Italiener mit dem tüchtigen Frankfurter Architekten Rudolf Burnitz. Nach dreijährigem weiterem Studium unter dessen Leitung und gründlicher Vorbereitung auf die nun mögliche Italienreise schlug endlich der Tag, an dem ihn Lehrer und Freunde an den sechsspännigen Reisewagen begleiteten, in dem er seine zweijährige Fahrt antrat. Roller führte auf ihr ein recht ausführliches Tagebuch, welches sich zusammen mit sechs Bänden Zeichnungen im Besitz des Rittersaalvereins in dem unweit Bern gelegenen Städtchen Burgdorf befindet, das seine künftige Arbeitsstätte werden sollte. In den Jahrbüchern dieses Vereins sind seine Aufzeichnungen erschienen.

Es fällt nicht leicht, sich hier nur auf den Ischia betreffenden Teil zu beschränken, denn dieses mehrere hundert Seiten umfassende Tagebuch ist in mancher Hinsicht von besonderem Reiz. Wie kaum in einem anderen werden zum Beispiel die Licht- und Schattenseiten des ewig in der Postkutsche Fahrens so lebendig, die ständig wechselnden, bald amüsanten, bald gleichgültigen oder Ärgernis erregenden Reisegefährten, die ermüdenden nächtlichen Fahrten, die oft eigenwilligen, wenig freundlichen Vetturini, die vielen, immer wieder alles durchwühlenden Doganieri, denen jede Drucksache, jeder Brief verdächtig ist. In den einzelnen Städten interessiert sich Roller in gleicher Weise für die alten wie für die neuen Bauten und hält nicht mit seiner Kritik zurück. Zwei Dinge regen ihn stets in besonderem Maße auf: es fehlt ihm jedes Verständnis für katholische Riten wie für die katholische Geistlichkeit, und die ständigen, vor allem in Unteritalien versuchten Übervorteilungen können ihn rasend machen.

Bevor wir ihn nach Neapel, Ischia und Capri begleiten, müssen wir aber doch noch von einem Erlebnis berichten, das ihn auf seiner Reise monatelang aufs tiefste beglückte und bekümmerte. Als Roller am 12. Mai in Mailand ankam, fühlte er sich sehr elend; peinliche Schmerzen in der Brust und im Hals, die ihm die Stimme raubten, hatten schon in Frankfurt die Abreise verzögert und waren nun wieder aufgetreten. Der italienische Arzt diagnostizierte eine ›Luftröhrenschwindsucht‹, gegen die es kein Heilmittel gäbe. Aber seine Schweizer Wirtin tröstete ihn und empfahl ihm dringend, umzukehren und es in dem Höhenkurort Gais im Kanton Appenzell mit den damals weltberühmten Molkenkuren zu versuchen, die Wunder täten. Der Patient folgte ihrem Rat und lernte dort Johanna, die Tochter eines Bieler Geistlichen, kennen, die ebenfalls Genesung suchte. Schon in den ersten Tagen war es beiden, wie wenn sie sich ewig gekannt hätten, und als sich Roller nach zwei Monaten »gesund an Leib' und Seele« schweren Herzens von seiner Geliebten trennen mußte, um die so lange unterbrochene Reise fortzusetzen, da trug er ihr Bild und das Bewußtsein, daß sie sich ewig angehören würden, in sich und berichtete von nun an in Briefen an sie von seinen Erlebnissen.

Aber es ist nicht nur die Sehnsucht nach der Geliebten, die ihn nicht mehr verläßt, sondern allmählich gesellt sich auch die Sorge um ihr Leben hinzu. Gerade als Roller am 13. April 1830 mit einigen Freunden die Fußreise von Rom nach Neapel antrat, waren recht beängstigende Briefe aus der Schweiz gekommen, und ihm graute vor der Ungewißheit, die ihn nun begleiten würde. Es fing leise zu regnen an, als sie sich endlich alle an der verabredeten Stelle mit dem Tornister auf dem Rücken eingefunden hatten, außer Roller zwei weitere Architekten, ein gewisser Bischof aus Wien und ein Herrmann aus Dresden, sowie ein jüngerer Referendar namens Zürner, ein eben erst in Rom eingetroffener Landsmann Rollers.

Am 18. April war die Gesellschaft in Neapel angekommen, aber schon am 21. brach sie, durch einen weiteren Architekten Geyer aus Mainz vermehrt, bei Morgengrauen auf, um zu Fuß nach Pozzuoli zu wandern, den Lago d'Agnano, Cuma, Baia, die Gegend um das Mare morto mit all den antiken Resten sehr gründlich zu betrachten und sich dann nach den Inseln rudern zu lassen. Sie hatten die Barke mit vier Ruderern und einem Steuermann bereits in Pozzuoli gemietet und streckenweise benützt, aber als sie jetzt von Miniscola abstießen, um nach Procida überzusetzen, war der Untergang der Sonne schon nahe. Bald war finstere Nacht, und aus dem lästigen Gegenwind war ein sehr übler Sturm geworden, der nicht nur die fünf Passagiere völlig durchnäßte, sondern selbst den Schiffern Sorge machte, die anfangs fluchten, später schwiegen und schließlich zu den Heiligen beteten. Nur unseren Roller überkam keine Angst, er war im Geist am Kranken-, ja vielleicht Sterbelager Johannas, und bei dem Gedanken, daß sie vielleicht bald für ewig vereint sein würden, kehrte eine seltsame Heiterkeit und Seelenruhe in ihn ein. Aber es sollte schließlich doch anders kommen. Nach dritthalb Stunden unsäglicher Mühe landete man in Procida, und die Bootsleute führten die aufatmenden, hungrigen Passagiere in eine »famose Kneipe«.

Daß man auf der Fahrt nach Ischia Procida einen flüchtigen Besuch abstattete, war ja eine verbreitete Sitte, aber nur selten hört man, daß jemand auf der Insel übernachtete. Was den Reisenden in einem solchen Fall erwartete, lassen wir Roller selbst erzählen.

Ein gutes Mahl war Aller Wunsch. Allein um diesen Wunsch realisieren zu können, gestand uns die Frau Wirthin mit naivem Lachen, müsse sie zuerst was haben, und um etwas zu bekommen, bedürfe sie Geldes, was sie nicht habe. Wir antizipierten ihr daher Geld, damit wir eine derbe Schüssel Maccharoni bekämen. Allein mit diesem Gericht, auf das wir uns so sehr freuten, wurden wir blos in der edlen Kunst der Entsagung geübt oder vielmehr versucht; denn, trotz des Sprichworts, war diesmal der gute Appetit kein guter Koch: alles war so sehr mit stinkendem Fischfett zubereitet, daß Gaumen und Nase davor zurückbebten! Desto besser ließen sich's unsere Ruderer schmecken, die wie Wölfe darüber herfielen. Wir hielten uns an den köstlichen Wein, zu dem uns die – über uns Gourmands fast erboste Frau Wirthin – noch Brot zu verschaffen wußte. In der Stube, wo wir assen – dem einzigen honorigen Raum im ganzen Haus – schlug man uns drei Pritschen auf: die Mattigkeit des Körpers, wie des Geistes, siegte bald über die Lust zum Angriff auf das zahllose Ungeziefer, das uns sogleich einen Vernichtungskrieg ankündigte, als wir kaum auf den Pritschen lagen. Ich schlief sanft: meine Träume führten mich hinüber in die Schweiz; ich sah meine Johanna gesund – frisch – blühend – traulich, wie einst im schönen Appenzeller Lande wandelte ich mit ihr in schönem unbekannten Land – Traurig schied ich bey'm Erwachen vom lieblichen Trugbild.

Von der auch sie entzückenden Aussicht von der hochgelegenen Terra murata abgesehen, machte Procida keinen sonderlichen Eindruck auf die Gesellschaft. Auch hier folgte ihr eine lachende und bettelnde Herde von Gassenjungen, bis sie wieder in ihrer Locanda ankamen. Aber dort harrte ihrer eine Überraschung, die ihnen wirklich Spaß machte, obwohl es sich ja im Grunde auch nur um eine andere Form der Bettelei handelte. Einige hübsche Mädchen des Hauses hatten inzwischen die malerischen, zumeist als griechisch bezeichneten Kostüme angezogen und ließen sich nun bewundern. Zum Schluß gab es dann noch eine andere drollige Überraschung:

Bey'm Abschied bat uns die zufriedene Wirthin, unsere Namen »einzuschreiben« – wir sagten gerne zu, und warteten auf das Fremdenbuch. Aber die Wirthin ging nicht von der Stelle, sondern sah uns nur forschend an, bis wir ungeduldig wurden und uns zur Abreise anschickten. Da wiederholte sie noch einmal gar bittend ihren Wunsch, und die gleiche Szene des stummen, fragenden gegenseitigen Anschauens erfolgte. Endlich brach unsere Geduld, und die Wirthin bat zum drittenmal. Da antworteten wir ihr mürrisch wir hätten ja schon lange auf das Buch gewartet und wollten nun keine Zeit mehr verlieren. – »Buch?« fragte die staunende Frau, sie habe kein Buch – »aber dort«, indem sie auf die Wand hindeutete, »stehen ja schon viele Namen« – und in der That bemerkten wir erst jetzt, daß eine der Zimmerwände schon lange als Fremden-Register benutzt worden seyn mag, denn sie war mit Namen und Bemerkungen überdeckt, und unter Lachen setzten wir auch noch die Unsrigen hinzu.

Wer weiß, ob nicht heute noch dieses einzigartige Gästebuch unter mehreren Lagen weißer Tünche erhalten ist!

Im Borgo d'Ischia angelangt, beschloß man, sogleich den Epomeo zu besteigen. Ziemlich erschöpft langten die vier Architekten und Zürner schon um 1 Uhr auf dem Gipfel an, aber die Anstrengung reute sie nicht, die Aussicht begeisterte sie und des Eremiten sauren Wein und hartes, dürres Brot ließen sie sich schmecken wie Nektar und Ambrosia. Den Rückweg wählte ihr Führer – sie hatten einen der Bootsleute als solchen mitgenommen – über Casamicciola, so daß auch sie, wie so viele andere, ob des so steilen, stellenweise nicht ganz unbedenklichen Abstieges etwas seufzten und sich, nachdem sie einen flüchtigen Blick in die sie wenig begeisternden

Bäder Casamicciolas geworfen hatten, entschlossen, zum Borgo zurück zu reiten. Anfangs ging alles gut, schon hatten sie den öden Arso hinter sich – Roller war es, wie wenn auf diesem Fleck schwarzen, harten Bodens ein Fluch läge –, da drängte sich Rollers Esel so nahe an die Einfassungsmauer, daß er gezwungen war, das gefährdete Bein hochzuheben, dabei riß der Gurt und er kam unter das Tier zu liegen; Herrmanns Esel aber scheute und machte einen Satz, der seinen Reiter im Bogen über den Kopf des Tieres weg zu Boden warf. Die anderen lachten darob natürlich nicht wenig, Roller und Herrmann aber konnten von Glück reden, daß sie mit einigen Kontusionen wegkamen.

Am anderen Morgen ließ sich die Gesellschaft nach Capri rudern. An unerfreulichen Erlebnissen hatte es auf Ischia nicht gefehlt. »Die Canaille von Ischia – der Abschaum allen Abschaums« hatte sie im Borgo in ähnlicher Weise belästigt, wie schon bei früheren Gelegenheiten, und beim Bezahlen der Eseltreiber und des Wirtes gab es einen Kampf, aber Ischia erschien trotzdem Roller als etwas völlig Neues, mit allem, was sie bisher vom südlichen Italien gesehen hatten, nicht Vergleichbares. »Es ist eine fast feenhaftig – schöne und liebliche, sanfte Idyllen Natur«, notierte er in seinem Tagebuch.

Wir können nicht umhin, dieser Gesellschaft auch noch nach Capri zu folgen. Noch sind ja erst vier Jahre vergangen, seit Kopisch und Fries die Blaue Grotte bekannt gemacht hatten, Waiblinger weilte vor zwei Jahren auf Capri und Mendelssohn sollte im kommenden Jahr erscheinen. Unsere vier Architekten zählen somit auch zu den deutschen Pionieren, die Capri bekannt gemacht haben. Natürlich hatte man ihnen schon in Neapel gesagt, daß man auf Capri bei Don Pagano, dem allgemein geschätzten Notar und Wirt, wohne. Aber auch vor ihm machte bezeichnenderweise Herrn Rollers Verfolgungswahn nicht halt; nennt er ihn doch »einen gar ordentlichen Mann, der den Fremden auf eine äußerst einnehmende, höfliche Art bey der ersten Gelegenheit betrügt«. Da das Meer am nächsten Tag endlich wieder ruhiger war, ließen sie sich sogleich zur Blauen Grotte rudern, die Roller bereits als die berühmte bezeichnet. Sein Tagebuch enthält eine ausführliche Schilderung, welche mithin zu den ersten zählt, und aus der hervorgeht, welch tiefen Eindruck dieser Zauber auf ihn gemacht hat. Bevor sie die Grotte verließen, stimmten sie noch ein vierstimmiges Lied nach der Melodie »Segne Gott . . .« an, »welches herrlich und stark in diesem Raum ertönte; und lange noch wirbelte verhallend, wie in den hohen Gewölben eines Doms, der Schlußakkord durch die Felsenhöhle hin, bis er endlich im Lärm der Brandung erstarb«.

Merkwürdigerweise interessierte man sich offenbar gar nicht für die römischen Ruinen; dagegen besuchte man sogleich die Barbarossa-Burg und Anacapri, wo man sich besonders wohl fühlte, da die Wirtsleute liebe Menschen waren und sie hier einmal ausnahmsweise nicht belästigt wurden. Im übrigen werden auch die Capresen als »Spitzbubenvolk« bezeichnet, das »Anspruch auf den Rang der niederträchtigsten Schacher Juden« machen kann. Als Beleg führt der pedantische Roller drei Fälle an, in denen zweiundzwanzig Carlini, zwölf Carlini und fünfundvierzig Grani gefordert und zum Schluß sieben Carlini, beziehungsweise zwei Carlini und im letzten Fall gar nur fünf Grani bezahlt wurden. Man darf bei diesen ständigen Klagen über solche Übervorteilungen nicht vergessen, daß die Reisekasse unserer Gesellschaft sehr beschränkt war und ihre Carlini gezählt waren. Gerne wären sie manchmal an einem schönen Ort einen Tag länger geblieben, aber dann rechneten sie sich aus, daß sie sich das nicht leisten konnten.

Zur Ehrenrettung der Ischitaner sei an dieser Stelle ein evangelischer Theologe an der Leipziger Universität zitiert, Ferdinand Florens Fleck, welcher 1832 bereits zum zweiten Mal nach Ischia kam. In den wenigen Sätzen, die er der Insel widmet, findet sich nur Positives über ihre Bewohner. »Die kleinen Städte auf Ischia haben ihre Wirtshäuser, wo man gut und verhältnismäßig wohlfeil aufgehoben ist«, und an anderer Stelle heißt es: »Das Volk gilt für das liebenswürdigste in diesen Gegenden!« Ihm gefiel Ischia von den drei Inseln am besten, denn »sie bietet etwas Ganzes dar, und ist in sich selbst abgeschlossen«.

Schon am Tage nach ihrer Ankunft auf Capri stiegen die fünf romantischen Wanderer, die sich keine Ruhe gönnten, wieder in ihre Barke und ließen sich nach Sorrent rudern. Dorthin dürfen wir sie nicht mehr begleiten, aber der eine oder andere hat vielleicht so viel Interesse an Roller gewonnen, daß er wissen möchte, ob er seine Johanna eines Tages wieder hat in die Arme schließen dürfen. Armer Roller! Elf Tage, nachdem er Capri verlassen hatte, starb sie fern von ihm. Er aber bewarb sich im darauffolgenden Jahr um die Stelle des Stadtbaumeisters in dem aufstrebenden Burgdorf und entfaltete als solcher bis 1843 und anschließend als freier Architekt eine rege Tätigkeit.

In ein ganz anderes Milieu werden wir versetzt, wenn wir *Wilhelm von Lüdemann* auf seinem Ausflug nach Ischia begleiten. Als Student der Jurisprudenz hatte er die Schlachten von Lützen, Katzbach und Leipzig mitgemacht und trat später in den Staatsdienst; herzleidend, machte er auf den Rat der Ärzte große Reisen durch Europa, denen ein Buch über ›Constantinopel, wie es ist‹, ein weiteres unter dem Titel ›Neapel, wie es ist‹ und andere Veröffentlichungen mehr zu verdanken sind. Als Geheimer Oberregierungsrat starb er 1863 in Liegnitz. Vermutlich war es im Jahre 1826, jedenfalls nach dem Tode König Ferdinands I. – Ferdinand IV. hatte 1799 bei seiner Rückkehr nach Neapel den Titel ›König beider Sizilien‹ angenommen und nannte sich als solcher Ferdinand I. –, als er, geführt von einem römischen Freund Carlo, nach Lacco kam, wo dessen Onkel, der würdige Tommaso de' Biesi, eine Villa besaß. Sie lag nahe an der Marina, Laubengänge von Orangen, Zitronen, Myrten, Bux und Mastix führten zu ihr empor. Es kann sich wohl nur um die früher im Besitz der Herzöge von Atri gewesene Besitzung handeln, in der einst Frau von Humboldt mit ihren Töchtern weilte. Im Gartensaal stellte man dem Gast, den noch ein weiterer deutscher Freund begleitete, die Familie vor, Carlos Tante – Donna Leonora –, die achtzehnjährige Tochter Laura und den zwanzigjährigen Sohn Anselmo: Don Tommaso ein welterfahrener Herr, seine Gattin tiefreligiös, die bei den Nonnen in S. Chiara erzogene Laura träumerisch und versonnen, bereit demnächst den Schleier zu nehmen, der Sohn voll jugendlicher Energie und freiheitsbegeistert.

Es waren köstliche Tage, die Lüdemann in diesem Kreis verbringen durfte. »Ländliche Freuden und immer neue Genüsse an der Natur folgten sich in diesem idyllischen Aufenthalt ohne Unterbrechung.« Bootsfahrten längs der Grotten und Klippen, Bäder im Meer, Jagd auf Kaninchen und Fasanen lösten sich ab. Des Abends wurden Dichtungen Vittoria Colonnas vorgetragen oder Laura sang Lieder mit Harfenbegleitung. Man muß angesichts solch harmonischen Familienlebens unwillkürlich an die armen Architekten denken, die ständig mit der Bevölkerung und mit der Fauna ihrer armseligen Lagerstätten zu kämpfen hatten! Eines Tages stand auch der Ausflug auf den Epomeo auf dem Programm. Don Tommaso bedauerte, daß er nicht teilnehmen könne, aber er sei wohl bereits hundertmal oben gewesen. Um den Sonnenaufgang zu erleben, brach man schon in der Nacht auf. Unterwegs kam das Gespräch auf die zu Hause gebliebene Laura, welche am Abend vor dem Aufbruch ein tieftrauriges, in Todesahnung ausklingendes Lied gesungen hatte. Dabei gab ihr Bruder Anselmo zu verstehen, daß ihr Entschluß, ins Kloster zu gehen, wohl auf die Gleichgültigkeit zurückzuführen sei, welche Vetter Carlo ihr gegenüber bekundet hätte. Dieser erblaßte und sprach von da an kein Wort mehr. Mit beredten Worten schildert Lüdemann den Sonnenaufgang. Aber Carlo hatte für all das kein Auge mehr und die munteren Gespräche der anderen quälten ihn. Als es vollends Tag wurde, war er verschwunden.

Zwei Jahre nach diesem Zusammentreffen starb Laura in S. Chiara an ihrem kranken Herzen. »Ihr reines Leben verduftete leis, wie das einer still blühenden Anemone«, schreibt Lüdemann in seinem etwas novellenhaft anmutenden Bericht.

Carl August Mayer nimmt in der Reihe der zahllosen Reisenden des 19. Jahrhunderts, die über Neapel schrieben, eine besondere Stellung ein, denn es gibt kaum einen, der lebendiger und ausführlicher über das Alltagsleben des Volkes, über seine Gebräuche und seinen Charakter berichtet als er. Lebte er doch mehrere Jahre in enger Berührung mit allen Schichten und belauschte die Menschen in allen ihren Äußerungen; jeder kleinste Zug war für ihn eine wertvolle Bereicherung des Bildes, das er uns schließlich in zwei Bänden hinterließ, die erst einige Jahre, nachdem er Italien verlassen hatte, erschienen. Ihre Lektüre ist nicht nur sehr aufschlußreich, sondern zugleich überaus amüsant. Mayer hatte im Gegensatz zu so vielen Ausländern Verständnis für neapolitanisches Wesen, und sein Bericht ist mit viel Humor geschrieben. Wie wertvoll er auch heute noch selbst den Italienern ist, erhellt daraus, daß Lidia Croce, die Tochter Benedetto Croces, wesentliche Teile übersetzt hat.

Was Mayer so lange in Neapel festhielt, wissen wir leider nicht zu sagen. Im Rheinland geboren, hatte er in Heidelberg, Bonn und Berlin Philologie und Geschichte studiert und lehrte später in verschiedenen deutschen Städten an höheren Schulen, zuletzt als Direktor des Realgymnasiums in Karlsruhe. In seinen freien Stunden und nach seiner Pensionierung verfaßte er neben zahlreichen, Schulfragen betreffenden Schriften eine ganze Reihe von Romanen und historischen Studien. In Neapel wohnte er vom ersten Tag an die ganze Zeit in S. Lucia, wo er sich besonders wohl fühlte, weil er hier alltäglich von seinen Fenstern aus das bunte Treiben der Fischer beobachten konnte. Während seines langen Aufenthaltes in Neapel kam er natürlich des öfteren auch nach Ischia, und den Sommer 1834 verbrachte er zum großen Teil auf unserer Insel. Er wohnte damals in Casamicciola, zusammen mit einer Familie, die auch aus dem Rheinland gekommen war, in einem kleinen Haus, das nicht allzu fern vom Meer in einem Weinberg lag. Früh morgens ging er jeden Tag mit seinen Landsleuten an den Strand zum Baden; wenn sie zurückkamen, stand schon der Ziegenhirt mit seiner kleinen Herde vor dem Haus und melkte dann in die Gläser, die sie ihm reichten. Das war ihr Frühstück. Der Vormittag war zumeist ernster Arbeit gewidmet, nur manchmal gab es eine kleine Pause, wenn sie in den Weinberg gingen, um von den köstlichen Trauben zu naschen. Im kühlen Hausflur wurde das Mittagessen eingenommen, zu dem das Nötige täglich vom Schiffer aus Neapel gebracht wurde. Das Dessert holten sie sich wieder selbst von den Reben und Feigenbäumen. Nach der Siesta streiften sie zu Fuß oder auf Eseln durch die Insel. Bis Mitternacht saß man dann plaudernd, lesend, musizierend vor dem Hause in göttlicher Ruhe, ohne Radio, ohne Fernsehen, unter dem Sternenhimmel.

Casamicciola war damals im Sommer schon voll von Fremden, unter denen die Deutschen einen wesentlichen Teil ausmachten. Wie Mayer einmal mit dreißig Landsleuten eine Tagestour machte, lassen wir ihn lieber selbst erzählen:

Einmal durchstreiften wir, dreißig Deutsche an der Zahl, mit ebensoviel Eseltreibern die Insel, dreißig Deutsche! Herren und Damen, Erwachsene und Knaben, alle in freiem, leichtem Anzuge und mit Strohhüten, einige mit Guitarren. So ritten wir je zwei und zwei, uns an den Schultern fassend, unter Rebenguirlanden hin. Als ein Maler die Tarantella-Melodie zu spielen begann, tanzten die Treiber um die Esel herum. Später, da wir Halt machten, tanzten wir selbst nach deutscher und italienischer Art, während die Treiber reichlich mit Maccaroni erquickt wurden und uns bei jedem Zug Wein ein herzliches ›Evviva‹ brachten. Zum Danke veranstalteten sie dann am Strande ein Eselwettrennen, was Sancho Pansa nicht mehr als uns hätte ergötzen können. In der Nacht zogen wir endlich singend nach Hause, wobei die Eseltreiber brennende Fackeln neben uns hertrugen. Denke Dir die schönen, schwarzäugigen Burschen mit rother Mütze, Hemd und kurzer Hose, sonst nackt in so starker Beleuchtung, dazu die Damen und Herren zu Esel, bald vereinzelt, bald gruppenweise den Berg hinan und herunter ziehend. Als wir auf die Hügel über Casamicciola kamen, ging der Mond groß und golden auf. Wir löschten unsere Fackeln und hielten schweigend an, indem wir die dunkle Küste, das schimmernde Meer und den sterneglänzenden Himmel überschauten. Da stimmte einer: »Großer Gott, dich loben wir« an; alle fielen unwillkürlich ein, und die Treiber sanken, von der heiligen Melodie überwältigt, auf die Kniee, und erhoben die gefalteten Hände. Es war ein Moment, den das Leben nicht schöner hat!

An einer anderen Stelle schildert Mayer diese Züge mit dem ihm eigenen Humor:

Nichts gibt drolligere Genrebilder, als die großen Gesellschaften zu Esel, denen man allerorts – auch auf dem Festlande – begegnet: lange, magere Herren, einen Sonnenschirm in der Hand auf kleinem Ciuccio, so daß sie mit den Fußspitzen den Boden streifen; eine dicke schreiende Dame auf widerspenstigem Tiere, das ein paar Eseltreiber vergeblich vorwärts ziehen und stoßen; ein lustiger Bursche, der sich verkehrt aufgesetzt hat, und mit einem hinter ihm reitenden Mädchen ein Gespräch unterhält und so weiter.

Für das Verständnis, das er nicht nur für die neapolitanischen Lazzaroni und Bettler, sondern auch für den Trubel bei der Ankunft der Fremden an der Marina in Casamicciola hat, ist folgender Abschnitt bezeichnend:

Da die Barke nicht ganz ans Ufer gelangen kann, so siehst Du Dich augenblicklich von zwanzig nackten Menschen umringt, die Dich auf ihre Schultern laden, oder auf ihren Esel setzen wollen, und ein entsetzliches Geschrei erregen, das den Neuling leicht betäubt. Aber das sind alles gute Leute, denen es nur um eine kleine Kupfermünze zu thun ist. Stürze man also nur gleich dem ersten um den Hals, so ist man die übrigen alle auf einmal los. Hat man Gepäck, so greife man ebenfalls den nächsten bei der Hand und zeige es ihm; er wird es unversehrt ans Ufer bringen und es Dir ehrlich nachtragen, wenn Du auch gar nicht mehr danach umschaust.

Aber von den zahllosen Fremden, die jetzt im Sommer nach Ischia kommen, kann man natürlich ein solches Vertrautsein mit der Mentalität der Leute, die von ihrer Börse leben müssen, nicht verlangen.

Wie hätte Mayer eine Szene Spaß gemacht, bei der der Historiker *Friedrich von Raumer*, der schon 1817 einmal auf Ischia weilte, Zeuge war, als er 1839 mit dem Dampfboot ›Furia‹ nach Casamicciola kam. Als Einziges, was der gelehrte Mann von diesem Ausflug der Nachwelt überliefern zu müssen glaubte, erzählt er:

Eine gewaltige große Schweizerin, als die Schiffer sie, nach gewöhnlicher Weise anfassen und ans Land tragen wollten, schlug so gewaltig um sich, daß jene fast böse wurden. Ein Esel mußte bis an den Rand der Barke geführt werden, sie drehte ihren großen Hintern auswärts und setzte sich, unberührt von Männerhänden, in den Weibersattel nieder. Einige andere Damen vertrauten sich dagegen lieber den Männern, als einem Esel an, was dann malerische Gruppen anderer Art bildete.

Ein anderes Erlebnis, über das im folgenden Kapitel ein Schwede berichten wird, der auf der kurzen Strecke bis zum Strande zweimal umgeladen wurde, paßt freilich schlecht zu dem, was Mayer über das Ausbooten schreibt.

Auch an der seltsamen Art, wie sich die Ruderer gegenseitig ermuntern, wenn es gilt, gegen die Wellen zu kämpfen, hatte Mayer seine Freude. Rufen sie dann doch »Maccaroni! maccaroni! sta sera mangiamo maccaroni!« und neues Feuer dringt in ihre Adern. »Stell ihnen die Wahl zwischen dem Himmel ohne Maccaroni und der Hölle mit Maccaroni, so antworten sie alle aus einer Kehle: ›Va bene, andiamo nell'inferno e mangiamo maccaroni col diavolo!‹« Manchmal konnte freilich diese Sitte derart ausarten, daß sie zarteren Gemütern auf die Nerven gehen mußte. Erzählt uns Mayer doch auch, daß er einmal mit einigen Damen bei heftigem Gegenwind von Ischia nach Casamicciola fuhr und die sechs Ruderer und der Steuermann auch wieder mit ihrem »Remate! lavorate! maccaroni! maccaroni!« anfingen.

Bald aber ging das Rufen in ein so furchtbares Schreien, Brüllen, Zähneblecken und Knirschen, Stampfen, Zischen und Heulen über, daß es den Damen in der Barke angst und bange wurde, und wir den Fährleuten gebieten mußten, den Lärm einzustellen, was sie nur mit großem Widerwillen thaten!

Mayer ist auch, soweit ich sehe, der einzige ältere Ischia-Besucher, der von der ›N'drizzata‹ spricht, jenem alten Schwertertanz, der sich in Barano erhalten hat und den der moderne Tourismus zu neuem Leben erweckt hat. Er sah ihn freilich in einer stark reduzierten Form, wenn ihn nur vier Männer mit feurigen Augen tanzten, die sich mit trotzigen Gebärden gegen- und durcheinander bewegten und dabei die Arme wild schwangen.

Wie sehr Mayer aber auch die landschaftlichen Reize Ischias zu schätzen wußte, kommt immer wieder in seinem Buch zum Ausdruck. Die übrigen Inseln sind für ihn nur die Trabanten Ischias. In einem langen Gedicht, in dem er die Gestalten der Hohenstaufen aus ihren Gräbern ruft und den Zauber des Landes besingt, dem sie zum Opfer fielen, heißt es:

Daneben schwimmt ein paradiesisch Land,
Wie keines sich dem Meere noch entwand –
Du bist es, Ischia, an dessen Strande,
Wer Friede sucht, mit seiner Barke lande.

Im gleichen Jahr, in dem Mayer längere Zeit auf Ischia weilte, kam er auch nach Capri. Wir wollen auch ihn dorthin begleiten, denn in dem, was er darüber erzählt, spiegelt sich deutlich der weitere Aufschwung wider, den die Nachbarinsel, die bisher noch keinerlei Konkurrenz darstellte, in den wenigen Jahren genommen hat, die verflossen waren, seit Roller und seine Genossen sie betraten. »Die Fremden wallfahrten jetzt zu Tausenden dahin«, schreibt Mayer, »und die Einwohner von Capri wären wohl verpflichtet, den zwei deutschen Malern, die so viele Piaster auf die Insel locken, ein Denkmal zu setzen.« Der Besuch der Grotte mittels eigens dafür gebauten Barken war inzwischen schon wohlorganisiert worden. Auch Mayer und seine Begleiter wohnten bei Pagano, wo jetzt schon ein Sohn des Advokaten den Wirt spielte. Als sie von einem Ausflug nach Anacapri zurückkamen, herrschte dort ein tolles Treiben.

Ein neapolitanischer Marchese mit einem ungezogenen Söhnchen, zwei ziegenbärtige französische Maler, die in drei Stunden die Insel umschifft hatten, und ein russischer Offizier hatten sich eingefunden, und aßen – der Russe ließ sich von seinem Bedienten aufwarten – in zwei Zimmern mit offener Zwischenthür zur Nacht. Später, als wir auch zu Tische aßen, traf noch ein langer, rothaariger Engländer in wunderlichem Mantel mit seiner Gattin, die womöglich noch länger und hagerer war, ein, und begehrte ebenfalls Kost und Logis. Wo alle diese Menschen in dem bescheidenen Hause campiert haben, weiß der Himmel; zusammen speisen sah ich sie, und es war lustig genug, die Sprachen sich kreuzen zu hören und die verschiedene Weise der Nationen zu beobachten.

Mayer, ähnlich wie Waiblinger, war gar nicht gut auf die Engländer zu sprechen und geißelt sie in einem Kapitel, in dem er das Benehmen der Franzosen, Deutschen und Engländer in der Fremde schildert, fast allzusehr.

Der 106. Brief, mit dem die beiden Bände schließen, füllt nur eine Seite. Die Heimat ruft Mayer zurück, die Stunde der Trennung vom Golf, der ihm so ans Herz gewachsen war, wie wenigen, hat geschlagen. »Vergebt mir, Brüder über den Alpen, wenn ich mit Schmerzen scheide.« Einige Verse bilden den Schluß der einzigartigen Memoiren:

Capri, Ischia dort, lebet auf ewig wohl,
Wo am Ufer ich oft träumend und einsam ging,
    Wann das schimmernde Wasser
    Leise wiegte des Mondes Bild.

Wenn die künftige Zeit düstere Tage bringt,
(Schnell in heiterer Luft sammelt sich schwarzes Gewölk)
    Will ich eurer gedenken,
    Will mich freuen an eurem Bild;

Wie ein Mann sich erfreut, welcher der Zeit gedenkt,
Da zuerst er geliebt, da er zum ersten Mal
    Liebeglühend sein Mädchen
    In die bebenden Arme schloß.

Eine weitere wertvolle Quelle für jene Zeit, in der August Mayer in Neapel weilte, stellt die ›Fußreise durch Italien und Sizilien‹ dar, welche wir dem Schweizer *Johann Baumann* verdanken. Seinem 1839 erschienenen Buch gebührt in mehrfacher Hinsicht ein besonderer Platz. Schon die Tatsache, daß er auf dieser Fahrt, die ihn von München bis nach Syrakus und zurück führte, niemals einen Wagen, ja niemals ein Maultier benützte und daß er lediglich über den Comersee und die Straße von Messina, sowie auf dem Heimweg von Palermo bis Neapel mit einem Schiff gefahren ist und als einziges Gepäckstück seinen Tornister mit sich trug, ist ja einmalig. Johann Gottfried Seume, der Verfasser des ungleich bekannteren ›Spaziergang nach Syrakus im Jahre 1802‹ stellt bei genauerem Zusehen keineswegs ein gleichwertiges Gegenstück dar, denn er ist in Wirklichkeit nur zeitweise zu Fuß gegangen, hat vielfach auch Maultiere benützt und saß nicht selten bequem in einem Wagen. Dergleichen kam bei Baumann niemals vor. Auch fuhr Seume die Strecke Neapel–Palermo hin und zurück im Schiff, während der Schweizer den Mut hatte, in einer Zeit, in der dies nicht nur ein entbehrungsreiches, sondern auch wirklich gefährliches Wagnis war, durch ganz Kalabrien allein zu wandern. War es doch damals allgemein Sitte, daß Reisende in Kalabrien sich von einem bewaffneten Polizisten begleiten ließen! Nur auf der Strecke von Rom bis Neapel schloß sich Baumann ein deutscher Handwerksbursche an, sonst zog er es stets vor, allein zu bleiben.

Wer war nun dieser seltsame Wandersmann? Zuerst hatte er in Genf studiert und war hier zu Füßen des bekannten Botanikers Augustin de Candolle gesessen, dann ging er nach München, um dort drei Jahre lang Naturwissenschaften und Medizin zu studieren. Wann er seine acht Monate dauernde Italienreise antrat, wird in seinem Buch nicht gesagt, aber es muß gegen Ende des dritten Jahrzehnts gewesen sein. Da er 1805 geboren wurde und 1831 bereits Professor der Naturgeschichte in Luzern wurde, kann er nicht mehr als fünfundzwanzig Jahre gezählt haben. Sein großes Interesse für die Zoologie verließ ihn auf seinen Wanderungen nicht. Eifrig sammelte er allerlei Meerestiere, Fische, Muscheln, Schnekken und so fort, konservierte sein Material in Weingeist und sandte es von den verschiedenen Stationen in die Heimat. Wenn er neue südliche Insekten fand, wie zum Beispiel die erste Gottesanbeterin, endeten sie in seinem Tornister. Alle Universitäten wurden besucht, zumeist hatte er bereits Empfehlungsbriefe an die jeweiligen Professoren naturkundlicher Fächer; ihre Sammlungen und die Botanischen Gärten wurden stets besichtigt, aber nicht minder galt sein Interesse den verschiedenen Spitälern, den Irrenhäusern und den medizinischen Fachvertretern. Dabei wurde der junge Mann, der ja keinen anderen Anzug hatte als den, den er auf dem Leibe trug, und der auch des öfteren seine einzigen Schuhe mit Schnüren zusammenhalten mußte, überall auf das freundlichste aufgenommen. Wenn die Leute hörten, daß er Arzt sei, wurde er des öfteren um seine Hilfe gebeten, und auf der Fahrt von Palermo nach Neapel mußte er sogar den Geburtshelfer spielen.

Daß Baumann bei seinem so weit gesteckten Programm für Ischia nicht viel Zeit übrig hatte, müssen wir begreifen. Seume, der all die üblichen näheren und weiteren Ausflüge in Neapels Umgebung machte, hat Ischia nur von weitem liegen sehen, Baumann aber lockte die vulkanische Natur der Insel. Obwohl der Tag sich bei seiner Ankunft im Borgo bereits dem Ende näherte, eilte er sofort über den Arsostrom, den auch er natürlich als eine völlig nackte, zerklüftete Masse beschreibt, bis hinauf nach Fiaiano, um die Ausbruchsstelle und ihren eindrucksvollen sterilen Schlackenwall zu sehen, der heute leider mit Pinien bepflanzt ist.

Baumann erzählt uns, daß er »in Bagni« übernachtete, also wahrscheinlich in der Nähe des heutigen Hafens. »Ai Bagni« sagte man allgemein noch vor wenigen Jahrzehnten, wenn man die Häuser in der Nachbarschaft des Hafens bezeichnen wollte. Doch lassen wir ihn selbst berichten:

Ich brachte die Nacht in Bagni, einem kleinen, nur aus wenigen Häusern bestehenden Ort zu. Die Besitzerin des armseligen Hauses war ein achtundsechzig Jahre altes Mütterchen, das da mit ihrer Tochter und einer Enkelin, einem dreijährigen, hübschen Kinde, wohnte. Ihr Angesicht, obgleich mit Runzeln überdeckt, verriet eine frohe, heitere Laune, die sich auch in den Worten aussprach, mit denen die Alte mich empfing. »Wenn Sie Maccaroni und Eierkuchen essen und in einem Bette von Kastanienlaub schlafen können, so treten Sie nur herein!« erwiderte sie auf meine Frage, ob ich die Nacht in ihrem Hause zubringen könne. Das Nachtmahl wurde für Gast und Wirthsleute gemeinschaftlich aufgetragen. Während des Essens kam noch ein Nachbar herüber, setzte sich, ohne eine Einladung abzuwarten, an den Tisch und nahm auch sein Stück Eierkuchen.

Wenn man weiß, unter welchen oft kaum glaublichen Umständen Baumann auf seiner Wanderung durch Kalabrien die Nächte zubringen mußte, kann man sich vorstellen, daß er sich bei dieser Alten sogar recht wohlgefühlt hat. Als er aber am anderen Morgen das Bett aus Kastanienlaub verließ und an das kleine, niedrige Fenster trat, wütete auf dem Meer ein furchtbarer Sturm.

Donnernd schlugen die Wogen ans Gestade, während aus dem schwarzen Himmel rothe Blitze niederzuckten in die weißschäumenden Gewässer. Noch nie hatte ich Schwarz, Roth und Weiß so schrecklich beisammen geschaut, noch nie Luft, Feuer und Wasser in solchem Kampf gesehen, wie an diesem Morgen.

Aber nach zwei Stunden war alles vorüber und Baumann konnte seinen Plan, die beiden nahegelegenen Vulkane, den Rotaro und den Montagnone, zu besteigen, verwirklichen. Wenn ihm dabei auffiel, daß ihre Genese eine verschiedene gewesen sein müsse, so entspricht dies in der Tat den späteren Erkenntnissen. Um auf den Epomeo zu gehen, war das Wetter aber doch zu schlecht. So besuchte der Unermüdliche wenigstens das Kastell, wo ihn unter anderem auch die Art, wie die zahlreichen, Ketten tragenden Sträflinge untergebracht waren, und das für sie bestimmte Spital interessierten. »Die Wohnungen dieser Unglücklichen sind erbärmlich schlecht. Auch auf dem Krankenlager müssen sie ihre Fesseln tragen, die ihnen erst vierundzwanzig Stunden nach dem Tode abgenommen werden dürfen.« Auch er las, wie Carus, über dem Eingang des Gefängnisses die Worte ›criminis fructus‹. In der Chiesa dello Spirito Santo interessierten ihn die vielen, Schiffbrüche darstellenden Votivtafeln, die heute nicht mehr vorhanden sind, und er schüttelte den Kopf vor einem Altargemälde, auf dem Maria »mit der Milch ihrer Brüste, die in mächtigen Strömen niederstürzt, die Gluth des Fegefeuers löscht. Die Maler haben doch zuweilen auch recht drollige Einfälle«, meint er mit Recht dazu. Das Bild befindet sich auch heute noch an Ort und Stelle.

Zum ersten Mal begegnen wir nun auch dem Namen einer Gaststätte des Borgo! Baumann brachte die Nacht in einer ›Locanda d'Esteri‹ zu, die in der Nähe der genannten Kirche lag und deshalb vom Volk ›Spirito Santo‹ genannt wurde.

Als er am nächsten Tag von Procida an das Festland gerudert werden wollte, setzte erneut ein schlimmes Unwetter ein. Sie waren noch ganz nahe am Ufer, da zogen die Schiffer plötzlich die Ruder ein und der Steuermann erklärte, obwohl das Meer spiegelglatt war und sich kein Lüftchen regte, es käme Sturm und sie müßten sofort umkehren. Im Süden freilich war der Himmel schwarz wie die Nacht. Baumann aber wollte durchaus wenigstens hinüber zum Kap Misen gelangen. Schließlich waren die Bootsleute bereit, es gegen höhere Bezahlung zu versuchen, grinsten aber dabei höhnisch, denn sie wußten sehr genau, was dem Herrn bevorstehen würde. Als sie etwa in der Mitte des Kanals waren, erreichte sie der Sturm.

Ungeheure Wasserberge rauschten unter dumpfem Tosen aus dem Süden daher, die Barke wurde hinabgerissen in die Tiefe und wieder hinaufgeschleudert auf die Spitzen der Wellen, die von beiden Seiten hereinschlugen. Die Ruderer zogen ihre Ruder ein, klammerten sich an die Schiffsringe fest, und nur der Alte am Steuer that dann und wann einen geschickten Stoß, der dem schwankenden Fahrzeug wieder seine Richtung gab.

Als das Boot schließlich in Ufernähe gelangt war, versuchten sie lange vergeblich durch die heftige Brandung zu gelangen, aber schließlich glückte es doch hinter einem kleinen Felsvorsprung. In Sturm und Regen wanderte Baumann über Pozzuoli nach Hause und las am anderen Morgen in den Zeitungen, daß am gleichen Tag zwei Barken verunglückt seien.

Wir können diesen sympathischen Reisenden, dessen seltene Memoiren eine neue Ausgabe verdienten, nicht weiter begleiten, nur das sei noch mitgeteilt, daß er, als er auf dem Heimweg kurz vor Innsbruck bei einem rührenden alten Mütterchen übernachtet und seine Rechnung für eine Mehlsuppe und das Bett im Betrag von sechs Kreuzern bezahlt hatte, nur noch einen Groschen besaß! Diesen gab er in einem Wirtshaus in der Stadt aus und wanderte dann nach Mittenwald. Hier fand er einen Müller, der am nächsten Tag auf einem Floß nach München fahren wollte. Nachdem er sich mit ihm über das Mitfahren verständigt hatte, mußte er ihm wohl oder übel gestehen, daß er kein Geld habe und daß der Müller auch die Rechnung im Gasthaus bezahlen müsse. Der steckte seine Hände in die Seitentaschen, sah Baumann lange stillschweigend an und meinte dann: »Im Angesicht gefallt Ihr mir ganz wohl, aber ins Herz kann ich Euch nicht schauen. Gleichwohl, hier ist Geld für den Wirth, und morgen früh kommt Ihr auf mein Floß!«

Baumann wirkte vom Jahre 1831 an als Professor für Naturkunde an einer höheren Lehranstalt Luzerns. 1840 erblindete er und wurde aus politischen Gründen ohne Pension entlassen. Schon aus seinem Reisebuch geht hervor, daß er der liberalen Reformbewegung angehörte, welche zum Sonderbundskrieg und zum eidgenössischen Bundesstaat führte. Eine Zeitlang redigierte er sogar die radikale Zeitung ›Der Zeitgenosse‹ und füllte sie großenteils mit eigenen Artikeln. Mit Staunen vernimmt man, daß er ein Jahr, nachdem er stellenlos geworden war, seiner Blindheit zum Trotz eine Fußreise zu einem seiner Münchener Lehrer, dem Professor der Chirurgie und Augenheilkunde Philipp Franz von Walther, unternahm. Außer der italienischen Reisebeschreibung sollen in Cottas Morgenblatt auch Beiträge erschienen sein, die von Reisen in Norddeutschland, Skandinavien, Holland und England handeln. Auch ›Bilder aus der Heimat‹ und eine ›Naturgeschichte für das Volk‹ tragen seinen Namen. In den ärmlichsten Verhältnissen starb dieser unermüdliche, blinde Wanderer, erst zweiundvierzig Jahre alt, im Jahre 1847.

An dieser Stelle sei auch ein anonymer Gast der Vergessenheit entrissen, der 1831 in Cottas Morgenblatt fortlaufend ›Miscellen aus Neapel‹ veröffentlichte und darin auch auf seinen in das gleiche Jahr fallenden Ausflug nach Ischia zu sprechen kommt. Bei dieser Gelegenheit überliefert er uns, daß jener gewaltige Feigenkaktus, der in Don Tommasos Gasthaus im Hof neben der Treppe stand und nicht nur Mendelssohn, sondern wohl alle aus dem Norden kommenden Gäste beeindruckte, von Elisa von der Recke gepflanzt worden war, als sie im Jahre 1805 hier mit Tiedge weilte. Wie oft wird das der Canonico den Fremden erzählt haben! Auch einen kleinen Beitrag zur Geschichte des Fungo in Lacco enthalten die wenigen Seiten, wenn wir lesen, daß er eine willkommene Möglichkeit bot, größere Schiffe im tieferen Wasser anzubinden und daß man, wenn es galt, die vollen Weinfässer zu verladen, diese einfach ins Meer rollte und schwimmend bis an die Schiffe flößte. Mit einer begeisterten Schilderung des Sonnenunterganges, den er auf dem Epomeo erlebte, schließt sein Bericht.

Von dem Architekten Roller oder von Herrn Baumann hat sicher keiner der Leser vorher jemals gehört und bezüglich Herrn von Lüdemann dürfte das gleiche gelten. August Mayer ist dank der teilweisen Übersetzung Lidia Croces wenigstens ernstlich an Neapel interessierten Kreisen bekannt geworden. Aber nun betritt eine Persönlichkeit von besonderer Prägung die Insel, welche aus dem Geistesleben des vergangenen Jahrhunderts nicht wegzudenken ist: *Victor Hehn.* So verschiedene Gebiete auch seine Veröffentlichungen behandeln – die immer wieder aufgelegten und auf den jeweiligen Stand gebrachten ›Kulturpflanzen und Haustiere in ihrem Übergang aus Asien nach Griechenland und Italien‹, die Studie über ›Das Salz‹, die ›Gedanken über Goethe‹, ›Italien, Ansichten und Streiflichter‹, die linguistischen Studien –, stets steht hinter ihnen die gleiche bedeutende, historisch, sprach- und naturwissenschaftlich interessierte Persönlichkeit, welche zugleich die Fähigkeit hatte, alles, was sie schrieb, in eine meisterhafte Form zu gießen.

Victor Hehn kam 1813 in Dorpat als Sohn eines bereits hochkultivierten, die antike wie die deutsche Dichtung verehrenden Mannes auf die Welt, studierte in seiner Vaterstadt Philologie und Geschichte und setzte später seine Ausbildung an der Berliner Universität fort. Von dort trat er dann sechsundzwanzigjährig, dank seiner Studien wie wenige vorbereitet, im Sommer 1839 seine erste Italienreise an, bei der Rom das Standquartier war, von wo aus er auch den Süden kennenlernte. Das Tagebuch, das er damals führte, überarbeitete er später sorgfältig in der Absicht, es drucken zu lassen. Aber aus Gründen, die wir nicht kennen, konnte er sich doch nicht entschließen, es der Öffentlichkeit zu übergeben. Erst 1894, vier Jahre nach seinem Tode, erschien es bei Cotta. Wenn man in ihm auch nicht die abgeklärte Reife erwarten darf, die Hehns späteres Italienbuch auszeichnet, so verrät es doch schon den künftigen Meister der Sprache und läßt den Leser unmittelbar an all seinen Erlebnissen und Eindrücken teilhaben. Es war bereits November, als Hehn nach Neapel aufbrach, nicht etwa zu Fuß, wie Roller und Baumann, sondern mit allerlei anderen Leuten in der Kutsche. Was die Reisenden an der Stadtgrenze Neapels vor der Dogana erlebten, ist so bezeichnend für die Mentalität der damaligen Zöllner, daß wir die betreffende Stelle wörtlich anführen wollen. Der Vetturino hatte schon kurz vorher seine Gäste beschworen, zusammenzusteuern und dem Beamten eine kleine Summe in die Hand zu drücken, damit man nicht unnötig aufgehalten würde.

Es waren einige in der Gesellschaft, die sich weigerten, dies zu thun, andre erklärten sich bereit; während noch verhandelt wurde, hielten wir vor der Schranke. Einige Herren vom Zollamte und einige Packknechte umschwärmten unseren Wagen wie Haifische das Schiff, ohne weiter zu verlangen, daß abgeladen wurde: sie erwarteten klingende Münze. Da wir nicht einig werden konnten, blieb es dabei, daß nichts gezahlt wurde. Dies setzte die würdigen Beamten in Verlegenheit; durch das Organ bald des Vetturino, bald eines Lazzaroni ließen sie uns eine immer kleinere Summe anbieten. Visitiert, war unsere Antwort. Dazu hatte aber keiner von ihnen Lust: eine solche Mühe bei Nacht, und noch dazu ohne Geldgewinn, zu übernehmen, hatte nichts Einladendes. Mit einigen Flüchen ließen sie uns denn auch wirklich weiterfahren, ohne daß ein Koffer berührt worden wäre.

Ein Zimmer zu finden, war auch nicht leicht, alles war besetzt, Hehn mußte von Haus zu Haus gehen, bis sich endlich wenigstens vorläufig für ihn und seinen Begleiter, den er nicht näher bezeichnet, in einem kleinen Gasthaus ein solches fand. Als es dann an die Entlohnung des Packträgers ging, verlangte dieser eine unerhörte Summe. Nicht weniger als »due pezzi«, das heißt zwei Piaster – fast drei Taler – wollte er haben und rückte, als Hehn ihm seine Unverschämtheit vorhielt, »mit drohender Gebärde und blitzenden Augen« näher. Nun legte dieser eine angemessene Summe auf den Tisch, aber der Packträger schleuderte ihm das Geld an den Leib. Das wurde Hehn denn doch zu viel. Er griff nach dem Stock, packte den Kerl an der Brust und rief: »Auf die Polizei!« »Gut, auf die Polizei!« war dessen Antwort. Natürlich hatten sich inzwischen sämtliche Hausgenossen um die Streitenden versammelt; der Freund rief ihm noch nach, er solle vorsichtig sein, denn das Messer sitze diesen Leuten locker. Das am Boden liegende Geld hatte der Packträger schnell an sich genommen. Schon schlossen sich allerhand Leute auf der Straße an, da war der Facchino plötzlich in einer Seitenstraße verschwunden. Eine ähnliche Szene sollte sich dann, als man am nächsten Tag in die endlich gefundene Wohnung ziehen wollte, mit der Wirtin abspielen, die behauptete, sie hätten für einen Monat gemietet. Beim ersten Spaziergang wurde Hehn auch noch sein seidenes Tuch aus der Tasche gezogen.

Ein bißchen erinnert uns bei solchen Erlebnissen der junge Hehn an Roller, der sich ja nie über diese unerquicklichen Seiten der mit den Fremden in Berührung kommenden Bevölkerung beruhigen konnte; aber nachdem er in späteren Jahren noch zweimal – 1860, 1863 – in Italien gewesen war und tiefere Einblicke in den Charakter des Volkes gewonnen hatte, dachte Hehn ähnlich wie Mayer. Schreibt er doch 1864 in ›Italien. Ansichten und Streiflichter‹:

Wer die Italiener zu nehmen weiß, der findet in ihnen die liebenswürdigsten und zutraulichsten Menschen, die, wenn man ihnen freundlich zuspricht, auch gern Vernunft annehmen; aber das hochfahrende Wesen der meisten Reisenden, verbunden mit Unkenntnis der Sprache, die Heftigkeit und der Ausdruck der Verachtung, die Schimpfworte und Drohungen sind gerade das Mittel, Kutscher, Verkäufer und so weiter in ihren unbilligen Forderungen zu bestärken.

Wie so viele andere, verknüpften auch Hehn und sein Freund den Besuch der Phlegräischen Felder mit einem kurzen Ausflug nach Ischia. Sie übernachteten dabei in Pozzuoli. Am nächsten Tag widmeten sie sich dem Lago Averno, besuchten die Grotte, welche man damals für die der Sibylle hielt; Hehn suchte sich, während sein Begleiter die Ruine des sogenannten Apollo-Tempels zeichnete, klar zu machen, wie wohl die Verbindung des ehemaligen Kriegshafens mit dem Lago Lucrino und dem Meere gewesen sein mochte. In Baia wurden die beiden von einer siebzigjährigen Führerin durch die unterirdischen Räume der verschiedenen Thermen geführt, welche ihnen »in ihrer edlen Haltung, mit hochgehobener Fackel leuchtend und weisend wie eine alte Sibylle« vorkam. Nachdem dann schließlich auch die Piscina mirabilis gebührend bestaunt worden war, bestiegen sie ein Boot, das sie mit seinen vier Ruderern nach Ischia bringen sollte. Als man um das Kap Misen bog, merkte man, daß der heftige Sturm, den sie in Pozzuoli verspürten, sich keineswegs ausgetobt hatte. Hehn wurde alsbald seekrank.

Kühn und herrlich türmte sich der Berg Misenum, es spritzten die Wellen tosend an seinem Felsenknie empor. Auch das Vorgebirge von Procida stand schäumend im Dampf des zischenden Meeres, und so schön dies alles war, so traurig war mein Zustand. Die Fahrt wollte nicht enden, der Wind blies entgegen und das Segel war unnütz. Ein Platzregen machte das Ungemach vollkommen; endlich war alles überstanden. Ein langer Schlaf in Ischia stärkte mich vollständig.

Für den nächsten Tag war natürlich ein Ritt auf den Epomeo geplant; man wagte ihn, obwohl ein kühler Wind wehte und Wolken und Sonne miteinander stritten. Längs der Buceto-Wasserleitung ging es hinauf; als der Pfad zu steil wurde, ging man zu Fuß, »die köstliche Aussicht, die sich von Zeit zu Zeit öffnete, ward immer umfassender«. Aber oben war es empfindlich kalt und es fehlte die Sonne. »Ach, wie wünschten wir einen südlichen, kristallenen Tag, wie freuten wir uns der kurzen Augenblicke, wo in der Ferne oder in der Nähe eine Insel, ein Vorgebirge oder ein Streif Meeres in wärmerem Sonnenlicht leuchtete«, trug Hehn in sein Tagebuch ein. Zurück ging es über Casamicciola, den üblichen steilen Abstieg. »Es war, als ließen wir uns an einer senkrechten Felswand auf das reizende Städtchen, das unter unseren Sohlen hing, hernieder.« Dann ritten sie zurück nach dem Borgo »längs des Meeres, an Lavafeldern, durch Agrumen und Reben auf der schönsten Straße. Herrliche Insel! Ein liebenswürdiges Volk!«

Mit diesem wenigen müssen wir uns begnügen. Dem Ausflug nach Capri widmete Hehn hingegen etwa zehn Seiten, von denen freilich ein gut Teil von der wieder besonders stürmischen Hin- und Rückfahrt handelt.

Der Umstand, daß wir in diesem Kapitel bisher vornehmlich von Reisenden erzählt haben, deren Budget begrenzt war, die womöglich mit dem Tornister auf dem Rücken durch das Land zogen, sich oft mit bescheidenen Nachtlagern begnügten und immer wieder gegen die übertriebenen Forderungen kämpfen mußten, könnte ein falsches Bild von dem Tourismus in den dreißiger und vierziger Jahren des vergangenen Jahrhunderts entstehen lassen. In Wirklichkeit wurde Neapel in dieser Zeit in zunehmendem Maße von wohlhabenden Ausländern aufgesucht. Hat man doch ihre Zahl im Jahre 1837 auf über siebentausend geschätzt, und viele von diesen blieben Monate und Jahre, richteten sich häuslich ein und verkehrten untereinander sowie mit der vornehmen neapolitanischen Gesellschaft, ohne pekuniäre Sorgen zu haben. In der Countess of Blessington und der Herzogin von Sagan sind uns ja bereits zwei Vertreterinnen dieser Art von Reisenden begegnet. Wenn wir jetzt über einen freilich sehr kurzen Ausflug des weltbekannten Autors der Lederstrumpferzählungen *James Fenimore Cooper* berichten, so zählt auch er zu den auf großem Fuß lebenden Gästen Ischias.

Cooper reiste mit seiner Familie im Oktober 1827 von Mailand nach Florenz und entließ dann seinen Kutscher, weil er die Wintermonate dort zu verbringen dachte. Es genügt, die Schilderung der in Florenz gemieteten Wohnung zu lesen, um sich ein Bild von seinen Ansprüchen zu machen.

Zwei vornehme Schlafzimmer, außer einigen kleineren, ein großer Wohnraum, ein noch größeres Eßzimmer, ein gutes Kabinett für mich, ein Vorzimmer, Bäder, Wirtschaftsräume usw., usw., alles möbliert, für den mäßigen Preis von 60 Dollar im Monat. Wir haben insgesamt zehn gute Räume außer den Wirtschaftsräumen.

Im kommenden Jahr ging es dann in einer genuesischen Feluke nach Neapel, wo man in einem Hotel nahe am Meer wohnte. Von ihm erzählt uns Cooper nur, daß gegenüber ein kleiner an das Meer grenzender Garten war, welcher der Krone gehörte und in dem sie von ihrem Balkon aus die nicht immer folgsamen jüngsten Kinder Ferdinands I. beobachten konnten. Cooper teilt uns bei dieser Gelegenheit mit, daß das eine der Conte d'Aquila war, der etwa vier Jahre zählen mochte, und das andere ein ungefähr zwei Jahre älteres Mädchen. Da aus dem 1838 erschienenen Buch nirgends klar hervorgeht, wann diese Reise gemacht wurde, kann man daraus auf das Jahr 1828 schließen. Bestätigt wird diese Annahme durch eine weitere Stelle, an der Cooper gelegentlich eines zweiten Neapel-Aufenthaltes im folgenden Jahr schreibt, daß Maria Christine eben den spanischen König geheiratet habe, was im Jahre 1829 geschah.

Nachdem die Familie die Stadt und ein Gutteil der Umgebung kennengelernt hatte, zog sie gegen Ende August nach Sorrent, wo sie eine einzig schön, hart über dem Meer gelegene Villa mietete, in der angeblich Tasso das Licht der Welt erblickt hatte. Cooper beschreibt den herrschaftlichen Palazzo mit seinen festlichen Räumen, der Loggia und der märchenhaften Aussicht über den Golf und die Inseln eingehend und erklärt, daß sie nie, weder in Europa noch außerhalb, eine Wohnung so genossen hätten wie diese. Es handelt sich um einen Teil des heutigen Hotel-Komplexes ›Tramontano e Tasso‹. Von hier aus wurde nun endlich auch der Ausflug nach Ischia gemacht. Man war gewohnt, für solche weiteren Fahrten ein Schiff mit zwanzig Ruderern zu mieten, das sonst dem Verkehr nach Neapel diente. Es hieß ›Divina Providenza‹ und kostete pro Tag fünf »neapolitanische Dollar«, was Cooper wieder sehr billig vorkam. Geradenwegs ging es quer über den Golf, und kurz vor Sonnenuntergang landete man im Borgo d'Ischia, wo das Kastell bestimmt war, einen selten tiefen Eindruck auf Cooper zu machen.

»Es bot sich uns eine Szenerie, die eher einem phantastischen Gemälde als den Wirklichkeiten unserer Alltagswelt glich. Ich glaube, es war das Hinreißendste, was ich auf dieser Reise gesehen habe«, schreibt er in seinen Memoiren. Die steilen Wände, bekrönt von all den alten Gebäuden, der Burg und den Kirchen, das alles schien ihm so unwirklich, wie wenn man es nur aufgebaut hätte, um die Wirkung des ganzen Bildes mit den Silhouetten der verschiedenen Vulkane und den über die Hänge verstreuten Häusern noch mehr zu steigern. Hier erst sei ihm aufgegangen, daß die Schönheit der italienischen Landschaft die aller anderen Länder übertreffe. Dann vergleicht er Italien mit den Bergen der Schweiz, deren Großartigkeit er keineswegs leugne, die aber auf die Dauer ob ihrer Trostlosigkeit Angst mache, während man die italienische Landschaft schließlich wie einen Freund liebe. Diese Begeisterung für das Kastell steht in der ganzen älteren Ischia-Reiseliteratur sehr vereinzelt da. Nur aus den Briefen der Frau von Humboldt kann man schließen, daß auch sie ähnlich empfunden hat.

Da in dem Städtchen kein Nachtquartier zu finden war, mußte sich die Familie nach diesem Erlebnis, das sicher durch die abendliche Beleuchtung noch intensiver geworden war, auf den Weg machen, um anderweitig ein Unterkommen zu finden. Sie hatten zwei bis drei Meilen längs der Küste durch Lavablöcke zu wandern, die ihnen so frisch erschienen wie die eines jungen Vesuv-Ausbruches, bis sie an ein Gasthaus kamen, wo sie Aufnahme fanden. Zweifellos hat es sich dabei um jene Pension des ›Tenente‹ gehandelt, in der im gleichen Jahr Prinz Friedrich von Sachsen und Carus übernachteten. Das Nachtlager war freilich »sehr einfach«! Die meisten Matrazen lagen auf dem Boden, aber jeder bekam immerhin eine eigene. Hinterher stellte Cooper freilich fest, daß »Gelsomina« in einer offenen Halle und »Roberto« im Keller geschlafen hatten. Wer sich hinter diesen Namen verbirgt, können wir nicht sagen, vermutlich Dienstpersonal. Das Abendessen war gut, Tee hatte man mitgebracht.

Bei Sonnenaufgang sagt die Gesellschaft bereits der Insel wieder Lebewohl, denn es bestand die Absicht, Procida zu Fuß zu durchwandern, hinter dem Kap Misen abermals an Land zu gehen, die Altertümer von Bacoli und Baia zu besichtigen und dort wieder die ›Divina Providenza‹ zu besteigen. Bei Mondschein landeten sie in Sorrent, und vor 9 Uhr waren sie glücklich wieder in ihrer ›Casa detta del Tasso‹, wo sie blieben, bis im November die Stürme den Gischt der Wellen bis auf ihre Terrasse trugen und sich alles um den einzigen Kamin sammelte. In Neapel verbrachte die Familie abermals einen Monat, um die Stadt noch besser kennenzulernen, in Rom nicht weniger als fünf Monate, bevor man über Venedig und den Brenner nach Dresden kam, wo man wieder längere Zeit zu bleiben dachte.

Sehr lebendig schildert uns *Robert von Mohl*, der bedeutende schwäbische Staatsrechtslehrer und Führer des Liberalismus, welcher sich monatelang in Neapel aufhielt, in seinen ›Lebenserinnerungen‹ einen Ausflug nach Ischia, den er zusammen mit zwei anderen Deutschen im Jahre 1842 machte. Sie wählten, wie so viele, den ›Landweg‹, fuhren also mit einem Wagen nach Pozzuoli, wo seine mit den Landessitten besser vertrauten Begleiter »unter mächtigem Zulaufe aller Lungerer und unter heillosem Geschrei« eine Barke mit vier Ruderern mieteten, während Mohl inzwischen zur Bewachung des kleinen Reisegepäcks im Wagen blieb und sich kaum einer Schar von Altertumshändlern erwehren konnte, die vor allem natürlich gefälschte Statuetten anboten. Zuerst ging es nach Procida, wo zu ihrer Überraschung zwei Kriegsschiffe lagen. Sie hatten einige hundert Sträflinge aus Sizilien gebracht, die teils auf Procida, teils auf Ponza ihre Vergehen büßen sollten. Es war ein Anblick, der sie tief beeindruckte. »Die Sträflinge in ihren roten Kleidern, schwer gefesselt, ringsum ein Viereck von Soldaten mit geladenen Gewehren, selbst rückwärts noch die Straßeneingänge mit starken Abteilungen gesperrt.« Die drei gingen durch die Reihen und betrachteten die meist ganz jungen Leute mit ihren sonnengebrannten scharfen Gesichtern und schwarzen Bärten. Die Wachen bezeichneten ihnen bald diesen, bald jenen als einen berühmten Räuber oder Mörder, und sie waren froh, als sie einer der Fischer aus dem Viereck herausholte und quer durch die Insel nach der Chiaiolella führte, wo sie ihr Boot wieder besteigen sollten. Unterwegs begegneten sie wohl hie und da noch einer alten Frau in der »griechischen« Tracht, aber diese war damals schon stark im Rückgang und viele machten sich bereits, wie es ja auch Roller und seine Begleiter erlebt hatten, ein Geschäft daraus, sich neugierigen Fremden für einen Piaster in ihr zu zeigen. Da das Boot noch nicht da war, brachte man ihnen in der Chiaiolella einige zerfallene Strohstühle, die beim Weggang bezahlt werden mußten.

Man landete am Kastell und schlug ebenfalls den Weg zur Locanda des ›Tenente‹ ein, die auch ihnen empfohlen worden war. Ihre Regenmäntel, Schirme und Reiseschatullen hatten sie dem Fischer aufgeladen, der sie bereits durch Procida geführt hatte. Eine ganze Karawane von Bettlern, Kindern, Eseltreibern und Eseln folgte ihnen, um sich und andere anzubieten, für sich und andre von den »fremden Exzellenzen« etwas zu erhaschen. Der Weg war länger als sie dachten, seit geraumem hatten sie das Städtchen hinter sich und noch kein ›Tenente‹. Aber endlich standen sie vor der Gaststätte.

Mitten in diesen Lavastrom hatte unser Tenente den guten Gedanken gehabt, seinen Gasthof zu erbauen. Das Haus sah rationell genug aus. Im Erdgeschoße breit und weit angelegt, mit großem Eingangsthore und weiten Fenstern, war der Bau des ersten Stockwerkes unterbrochen worden. Wand und Fenster waren hier bis zu halber Höhe gemauert, alles übrige fehlte. Von Dach keine Rede, zu der Eingangsthür führten keine ordentlichen Stufen, sondern einige rohe, übereinandergeworfene Lavablöcke, eine die Hofseite des mit rückwärts gehenden Flügeln versehenen Hauses umfassende schöne Terrasse hatte kein Geländer, und eine steinerne Freitreppe führte von ihr aus zu den noch nicht bestehenden höheren Stockwerken. Sichtbar war dem ehrenwerten Leutnant das Geld ausgegangen, und so mochte das Haus bessere Zeiten erwarten, konnte es doch im Erdgeschoß immerhin benutzt werden. Freilich zum englischen Komfort war weithin, allein da eine breite, niedrige Bettstelle mit Maisstrohsack, eine Waschschüssel auf ihrem Dreifuße und zwei Strohstühle unseren Bedürfnissen genügten, die noch vorhandene Kommode sogar für uns Luxus war, so wur-

den wir nach gehörigem Feilschen handelseinig für die Nacht. Jeder hatte ein Zimmer, in welchem er hätte ein Pferd müde reiten können.

Die nächsten Unterhandlungen betrafen das Abendessen. Die Begleiter von Mohls waren sichtlich vertraut mit der Art, wie man bei dergleichen vorgehen mußte, um nicht zu kurz zu kommen. Die Koteletten wurden erst besichtigt, die Dicke festgelegt, die Fische, Kartoffeln, Salat, die Sorte der Makkaroni, alles genau vereinbart. Nachdem dann die Bootsleute entlohnt waren, mußte noch ein Vertrag mit den Eseltreibern geschlossen werden, denn am nächsten Tag wollte man bei Morgengrauen auf den Epomeo reiten.

Zuerst wurden alle Eseltreiber nach Anhörung ihrer Forderungen einfach zur Thür hinausgeworfen mit scharfer Bedräuung, sich gar nicht mehr sehen zu lassen, weil sie die Frechheit gehabt hätten, uns für ›frische‹ Engländer zu halten. Zwei bis drei spätere Meldungen durch die verschlossene Thür wurden gar nicht angenommen. Endlich ließ man sich erweichen, mit einem Treiber durch das Fenster zu sprechen; allein erst, als er die drei grauen Bucephale in natura vorgeführt, Sattel und Zeug vorgewiesen und die begleitenden Jungen vorgestellt hatte, kam es zum Abschlusse... Schließlich wurde die resolutive Bedingung festgestellt, daß kein Gran bezahlt würde, wenn der Treiber nicht um zwei Uhr, die Esel nicht Schlag drei Uhr andern Morgens vor der Tür stehen.

Über alledem war Nacht geworden und man hatte noch Zeit, bei herrlichem Mondschein am Meeresufer spazieren zu gehen. In einer nahen Kapelle hörten sie die Ave-Maria-Gebete mit an. Es kann nur die Cappella di S. Girolamo gewesen sein, die damals ebenso einsam wie ihr Gasthaus in dem öden Gelände lag, von dem der Blick unbehindert hinab zum Strand und zu dem Hügel von S. Pietro am Lago del bagno ging. Eine reizende Zeichnung von Carelli, welche das Kirchlein und seine Umgebung wiedergibt, vermittelt uns eine Vorstellung davon, wie es damals dort aussah, wo heute die Fahrstraße nach Barano abzweigt. Herr von Mohl und seine Freunde aber waren entzückt von der herrlichen Stille und Ruhe der abendlichen Insel. Als dann das Zeichen zur Mahlzeit kam, stellte sich heraus, daß der ›Tenente‹ nicht nur den Vertrag einhielt, sondern darüber hinaus noch für allerlei Zugaben gesorgt hatte. Der Wirt setzte sich zu ihnen und erzählte von seiner militärischen Laufbahn, die er schon unter Murat begonnen hatte.

Der Blick von der halsbrechenden Terrasse gegen den Epomeo über den Arso und die Wein-, Feigen- und Pomeranzengärten weg im Mondschein war wirklich bezaubernd.

Der Eseltreiber hatte offenbar Respekt vor diesen drei Herren bekommen, denn statt um 2 Uhr trommelte er bereits um 1 Uhr an ihren Fenstern. In finsterer Nacht ritten sie los, ohne zu wissen, wo sie eigentlich waren. Als die Sonne gerade über dem Vesuv aufging, rasteten sie bereits hoch oben im Kastanienwald. Wie alle, waren auch sie von der Aussicht auf dem Gipfel entzückt, obwohl nach einiger Zeit Nebel aus dem Meer aufstieg und sie schließlich in weiße Wolken gehüllt waren. In Forio war gerade ein Kirchenfest, so daß sie Gelegenheit hatten, sich über die Frauen mit ihren Schleiern, den reich mit Gold verzierten Jäckchen und dem vielen goldenen Schmuck zu freuen. Auch ein Mädchen und einen Jungen von sechs bis acht Jahren bekamen sie zu sehen, die phantastisch als Engel gekleidet eben von der Feier kamen.

Sie waren mit falschem und echtem Geschmeide und Gold ganz überhangen, und die schönen, klugen Gesichtchen sahen aus dem wunderlichen Putze höchst vergnügt hervor.

Die Herren dachten in der Grande Sentinella zu Mittag zu essen. Der erste Eindruck war nicht schlecht. Im Hofe war ein Durcheinander von Eseln, Treibern und Engländern, in einer schönen, aussichtsreichen Laube ließ sich Herr von Mohl, dem die Füße von dem langen Ritt arg schmerzten, nieder, während seine Freunde das Menü vereinbaren wollten. Da kam die Nachricht, daß ihres Bleibens nicht war. Ein Dampfboot sei heute angelangt, und seine zahlreichen Passagiere hatten alles, aber auch alles im Hause in Beschlag genommen. Es sei nichts zu essen, ja nicht einmal ein Teller, ein Messer, ein Glas für sie übrig gelassen. Das war natürlich nicht mehr das »kleine, allerliebste Häuschen«, in dem Lili Parthey 1825 auf ihrer Hochzeitsreise einkehrte, sondern es war das stattliche Gebäude, das uns eine Zeichnung Senapes überliefert und das sich erst in dieser Form die Große Sentinella nennen konnte. Angesichts solcher Überfüllung blieb keine andere Wahl, als es in der tiefer gelegenen und daher nicht so aussichtsreichen Piccola Sentinella zu versuchen. Mißmutig stiegen also die drei wieder auf ihre Esel, aber es gab dort wenigstens etwas zu essen. Ein Pavillon im Garten wurde ihnen inzwischen zur Siesta angewiesen, aber auch mit dieser war es schlecht bestellt. Die Zikaden machten in der Mittagshitze einen furchtbaren Lärm, und zu allem Überfluß erhob sich in einem Garten unter ihrer Terrasse ein unerhörtes Zankgeschrei. Worüber man sich so aufregte, konnten sie natürlich nicht verstehen-

Es waren gar keine menschlichen Töne, was die Megären hervorstießen, die beiden Weiber schäumten förmlich und tanzten in der Verzweiflung ... Endlich kamen Männer und trieben sie auseinander, allein noch aus weiter Ferne hörten wir die heulenden Töne der einen.

Während sie auf einer Loggia speisten, von der der Blick hinunter zur Marina ging, sahen sie dort das Dampfboot ›Francesco‹ liegen, das gegen Abend nach Neapel zurückkehren sollte. Noch waren sie sich nicht klar, ob sie es nehmen oder lieber am anderen Morgen wieder eine Barke mieten sollten. Aber schließlich schreckte sie die Aussicht auf ein schlechtes Nachtlager in dem ebenfalls überfüllten Haus ab. Als der zweite Schuß von dem Dampfer ertönte und rundum alles aufbrach, schlossen auch sie sich an. Auf dem steilen Weg zum Ufer wurden sie von Schwärmen von Kindern und Alten begleitet, die schnell noch etwas von ihren niedlichen Stroharbeiten zu verkaufen hofften. Ein Junge bot einem Begleiter Mohls einen aus Stroh geflochtenen Stock an, ein nettes, aber unbrauchbares Spielzeug, für das er einen Piaster wollte. Als dieser, nur um ihn loszubekommen, fünf Grani, das heißt den vierundzwanzigsten Teil eines Piasters, anbot, bekam er zu hören: »Eccolo, Eccellenza!«

An der Marina war ein tolles Treiben, eine Menge Menschen aller Nationen drängte sich in die Boote, die zu dem Dampfer führten, den Mohl eine wahre Arche Noah nannte. Er schätzte, daß mehrere hundert Passagiere darauf waren. Als sie anlangten, fanden sie alle Bänke und Stühle schon besetzt und es blieb ihnen nichts anderes übrig, als die Mäntel auf das Verdeck zu breiten und sich so ein ziemlich hartes Lager zu schaffen.

Die Schilderung dieses kurzen Ausfluges führt uns recht eindrucksvoll vor Augen, daß damals eine neue Zeit im Anbruch war: ein überfüllter Dampfer, überfüllte Gaststätten, auf ein Signal hin rennt alles schnell zur Marina, um noch mitzukommen: Ischia, das internationale Ziel von Tagesausflügen. Die Zeiten, in denen ein Graf Stolberg, eine von der Recke, eine Frau von Humboldt nach Ischia kamen, sind vorbei. Aber trotzdem schließt Herr von Mohl die Schilderung seines Ausfluges mit den Worten:

Erst als ich ruhig zu Hause in meinem Lehnstuhl lag und die Phantasmagorie der letzten dreißig Stunden an mir vorübergehen ließ, wurde mir ganz klar, daß ich wohl noch nie in so kurzer Zeit eine so reiche Abwechslung der schönsten und lieblichsten Bilder genossen habe und wie mir für mein ganzes Leben eine reizende Erinnerung geworden sei.

Vier Jahre später stoßen wir abermals auf dieses Gasthaus inmitten des Arsostromes, aber nun trägt es bereits den Namen ›Villa Drago‹, eine Bezeichnung, die heute noch lebendig ist und zweifellos davon herrührt, daß der Besitzer einst bei den Dragonern diente, die ja ursprünglich den Drachen auf ihren Fahnen trugen. Diesmal nächtigte hier *Ernst Willkomm*, der damals schon durch seinen Roman ›Die Europamüden‹ bekannt geworden war und sich in der Folge zum ersten Vertreter des sozialen und sozialistischen Romans entwickelte. »Einsam, hoch, mit prachtvoller Aussicht auf

Procida und das Festland, liegt das Gebäude mitten in der grauen Schlackenwildnis«, schreibt er in den ›Italienischen Nächten‹. Auch er und seine Begleiter fanden »gute Aufnahme, erträgliche Kost und nicht zu theures Quartier«. Wie Mohl, mieteten sie sogleich ihre Esel für die geplante Epomeotour und plauderten dann abends bei süßen Feigen und trefflichem Wein mit dem gesprächigen Wirt.

Nun gab es nichts mehr zu kritisieren, wie damals, als 1828 Carus und Cooper hier wohnten. Die durch den steigenden Fremdenverkehr nötig gewordene Vergrößerung war sichtlich vollendet worden, aber die Umgebung war auch 1846 immer noch kahl geblieben, sonst hätte Willkomm nicht von einer prachtvollen Aussicht erzählen können. Es war ein wolkenloser Tag des Januar, an dem sie über Fiaiano auf den Gipfel ritten, und oben genossen sie eine denkbar weitreichende Fernsicht.

Die großen reizenden drei Golfe von Gaeta, Neapel und Salerno überschaut man mit einem Blick vom Cap Circello bis zur Punta Accioroli nebst allen großen und kleinen Inseln, die wie blaurothe Wolken auf dem dunkleren Spiegel des Meeres schwimmen. Selbst die Klippengruppe der Sireneninseln wird sichtbar und weit, weit im Süden verräth ein wolkig zerflatternder Duft die aus Stromboli's vulkanischer Esse aufwirbelnde Rauchsäule. Alle Schneegebirge Italiens, hoch, steil, zerklüftet, in den blitzendsten Farbtönen zitternd, von Calabrien bis zu der fernen Apenninenkette hinter Rom, liegen in langer ununterbrochener Reihe, hundertfach gestaltet, vor dem trunkenen Blicke, und zahllose Städte, Flecken und Villen leuchten aus saftigem Wiesengrün oder schattigem Blaugrau ausgedehnter Olivenwaldungen hervor. Die Segel der Schiffe gleichen silberbeschwingten Vögeln, die in tausend graziösen Wendungen über das Wasser flattern. Man wird versucht, den armen Einsiedler zu beneiden, der hier sein Leben, von weicher Himmelsluft umspielt, zubringen kann, abgeschieden vom Geräusch der Welt und ihrem nüchternen, egoistisch kleinlichen Treiben, und doch täglich harmlos mit ihr verkehrt. Denn wie viele Tausende aus allen Nationen kehren nicht ein in seiner Klause und nehmen dankend aus seiner Hand die saftigen wohlschmeckenden Trauben, die er jedem Fremdlinge zur Erquickung reicht!

In jeder Hinsicht kann man diesen poetischen Worten freilich nicht zustimmen. Von Wiesengrün kann man auf Ischia wirklich nicht reden, und ausgedehnte Haine von Ölbäumen gibt es auch nicht. Das Leben der Einsiedler, wenn es wochenlang dort oben stürmt oder regnet, ist in jenen feuchten Grotten alles andere als beneidenswert.

Von besonderem Interesse sind hingegen die Reiseerinnerungen, welche der in München lebende Maler *Friedrich Pecht* in seinem ›Südfrüchte‹ benannten Buch hinterlassen hat, denn er ist, soweit unsere Kenntnisse reichen, der letzte Gast auf der Pannella, der von seinem Aufenthalt in der einst so berühmten Gaststätte erzählt. Damals kam sie offensichtlich nicht mehr, wie in ihren goldenen Tagen, für gekrönte Häupter in Frage. Hören wir, wie es im Jahre 1852 bei Don Tommaso De Siano aussah:

Zu meiner Stube gelange ich nur durch ein allerliebstes Gewirr von Bogen, Treppen, Gängen und Lauben emporsteigend, wo die Weiber spinnen, Kinder schreien, während der Herr Abbate, mein Wirth, mit herablassender Würde und heraufgeschürzter Sutane auf einer Leiter steht, wo er Orangen pflückt, und das ganze zahlreiche weibliche Publikum vor den Hausthüren mich mit den muthwilligsten Grüßen und Neckereien empfängt, von denen ich nun leider nicht viel capire, da der hiesige Dialekt selbst den übrigen Italiänern schwer verständlich ist.

Von Forio auf Ischia sagt Pecht, daß es nur selten von Fremden besucht werde; ja in Forio, dessen Umgebung ihm am besten gefällt, gäbe es trotz der achttausend Einwohner nicht einmal ein Wirtshaus! Nicht minder wundert er sich darüber, daß es auf der ganzen Insel keine Post gibt, so daß man sich seine Briefe selbst vom Postamt in Neapel holen muß. Mit der Bevölkerung verstand er sich sichtlich sehr gut. Er fand sie viel liebenswürdiger als die Neapolitaner und war, im Gegensatz zu anderen, überrascht, daß man trotz der vielen Fremden nur selten angebettelt wurde. Auch an den mannigfachen, aus Stroh geflochtenen Andenken, die überall von den Mädchen und Frauen, die sie herstellten, feilgeboten wurden, hatte er seine Freude, und mit einer solchen Verkäuferin hatte er ein Erlebnis, das wir nicht unterschlagen wollen. Es war ein hübsches Mädchen mit einem Gesicht, das bald lustig, bald schüchtern unter dem großen Tuch hervorguckte, mit dem ihr Kopf bedeckt war. Kein Wunder, daß ihn die Lust ankam, sie zu malen. Das Mädchen war bereit, Pecht erklärte ihr, wo er wohne, und Tag und Stunde wurde vereinbart. Zufällig begegneten sich die beiden schon auf dem Weg zur Pannella. Vittoria aber – so hieß das Modell – hatte nicht verstanden, daß er bei Don Tommaso wohnte, der unglücklicherweise ihr Onkel war. So stand das überraschte Mädchen, das in seiner ersten Bestürzung nicht sogleich kehrtmachte, vor dem Canonico, der wieder einmal, mit Orangen schwerbeladen, aus dem Garten kam und auch die Treppe hinaufgehen wollte, auf der einst Mendelssohn saß, um den Hof zu zeichnen. Die Folge war eine Flut von Scheltworten, die vor allem die alte Schwester des Onkels unter heftigen Gestikulationen ausstieß. Die fremden Maler standen offenbar nicht im besten Ruf. Pecht begriff natürlich das wenigste, aber ›bastone‹ und ›ammazzare‹ verstand auch er; schließlich gelang es ihm aber, die Tante durch gutes Zureden zu beruhigen.

Endlich zähmte ich den alten Drachen doch durch pathetische Betheuerungen meiner Unschuld, verschiedene Schmeicheleien und vorzüglich durch das Hervorheben der großen Ähnlichkeit der Tante mit der hübschen Nichte so weit, daß sie versprach, es der Mutter nicht zu verraten und auch den Onkel Abbate begütigen zu wollen.

Kurz nach dem Maler Pecht kam jener *Herr von Orlich* nach Casamicciola, von dem schon einmal kurz die Rede war, weil er uns allerlei über jenen Geistlichen und seine Pension erzählt, in der auch Wolf Goethe während seiner ersten Kur auf Ischia wohnte. Ursprünglich preußischer Gardeoffizier, nahm er als Major seinen Abschied und lebte viel auf Reisen durch verschiedene Länder Europas. Er hinterließ eine Reihe historischer, geographischer und sozialpolitischer Schriften und berichtete, als er 1842-43 auf seiten der Engländer gegen Afghanistan kämpfte, in zwei Bände füllenden Briefen an Alexander von Humboldt und Karl Ritter über seine Reise nach Indien. Als Frucht eines längeren Aufenthaltes auf Ischia erschien 1854 in der Zeitschrift für allgemeine Erdkunde ein längerer Aufsatz, der von der Geographie und Geologie der Insel handelt, aber daneben auch so manche Einzelheiten über Verbindungen, Wohnmöglichkeiten, Badewesen und dergleichen enthält, welche helfen, das Bild der Insel, wie es sich um die Mitte des 19. Jahrhunderts bot, abzurunden. Es gab damals zwei Dampfer, welche an vier Tagen der Woche verkehrten. Der eine, ›Wenefrede‹ genannt, brauchte gute drei Stunden und ließ sich dafür doppelt so viel zahlen als der ›Golfo di Napoli‹, der bei gutem Wetter nur zweieinhalb Stunden benötigte. Außerdem ging täglich ein Segelboot, allgemein nur die ›lancia‹ genannt, das eigentlich für Regierungsdienst bestimmt war, aber daneben auch Passagiere mitnahm und das viele Mineralwasser, das laufend nach Neapel ging, beförderte. Der ›Golfo di Napoli‹, mit dem Orlich fuhr, ankerte vor Procida, bei dem Kastell und vor Casamicciola. Bei schlechtem Wetter unterblieb freilich die Fahrt nach Casamicciola, und die Passagiere mußten dann wohl oder übel vom Borgo an zu Fuß gehen oder reiten.

Aus dem, was Leopold von Orlich über die Gasthäuser sagt, geht hervor, daß sich allmählich so manches geändert hat. Wird doch Don Tommasos Pannella überhaupt nicht erwähnt, und von der Grande wie von der Piccola Sentinella heißt es, daß sie für Gäste mit beschränkten Mitteln in Frage kämen; die erstere habe allerdings eine sehr gesunde Lage, aber die letztere sei in Regentagen sehr feucht und im Sommer unerträglich heiß. An erster Stelle aber werden die Villa Sauvé, das Sanatorium von Chevalley de Rivaz, die Casa Purgatori und die Casa Zavotta genannt. Dies gibt uns willkommene Gelegenheit, auf diese Gaststätten, die uns ja mit Ausnahme der Casa Purgatori bisher nicht begegnet sind, mit einigen Worten einzugehen. Chevalley de Rivaz war bis zu seinem Tode im Jahr 1863 der bedeutendste Badearzt der Insel. In Vevey im Kanton Vaud geboren, studierte er in Paris, wurde mit kaum einundzwanzig Jahren Arzt an der französischen Gesandtschaft in Neapel und ließ sich 1830 in Casamicciola nieder. Seine ›Description des eaux minéro-thermales et des étuves de l'île d'Ischia‹, welche sechs Auflagen, darunter eine italienische, erlebte, war für das 19. Jahrhundert, was Jasolinos Buch für das 16. bis 18. Jahrhundert bedeutete. Der vielseitig interessierte Arzt war offensichtlich auch ein kluger Geschäftsmann, denn in Bälde entwickelte sich aus seinem ›retraite campêtre‹ in der schönen Castagnita genannten Gegend, nicht weit von den beiden Sentinellen, eine ›Maison de santé‹, die allen Ansprüchen der Zeit gerecht wurde. Der gepflegte Garten, die schattigen Lauben, die Orangenbäume waren das Entzücken der vielen Kranken, die, vornehmlich aus den nordischen Ländern kommend, hier Heilung suchten.

Erfreulicherweise hat sich das Buch erhalten, in welches sich von 1844 bis zum Tode Chevalleys die Gäste des Sanatoriums eintrugen. Wenn man diese vergilbten Seiten überfliegt, bekommt man eine lebendige Vorstellung, welch vornehme Gesellschaft hier gewöhnlich für längere Zeit, nicht selten für zwei, drei, ja vier Monate wohnte. Die Ausländer dominieren dabei weit über die Italiener. Am zahlreichsten sind Engländer, Amerikaner und Franzosen vertreten, nicht selten erscheinen auch Russen und Polen, gelegentlich aber auch Rumänen, Belgier, Schweden oder Schweizer, und immer wieder stößt man auf bekannte Familiennamen und hochgestellte Personen. Dabei hat man bald den Eindruck, daß die Worte des Dankes wirklich von Herzen kommen. Ausdrücke wie ›soins paternels‹, ›excessive obligeance‹, ›desinteresse straordinario nell'ospitalità‹ und ähnliche trifft man auf Schritt und Tritt. So manche richteten Verse an den Hausherrn, und ein junger Italiener, der hier für Leib und Seele Heilung fand und dafür in einem langen Hymnus auf die Insel dankte, redet Chevalley in der Widmung mit folgenden überschwenglichen Worten an: »Du Unvergeßlicher, Du halfst mir wie ein Vater, wie ein Bruder, wie ein rühriger Freund, ohne persönliches Interesse, voll Menschenfreundlichkeit, wie ein von Gott gesandter Engel.« Dazwischen liegen auch etliche Briefe, in denen mit Sehnsucht der Zeit in diesem Hause und der Familie des Arztes gedacht wird. Zu alledem paßt schlecht, daß Orlich in seinem Aufsatz über die hohen Preise Chevalleys klagt. Ein Freund von ihm und ein Lord F. hätten in dieser Hinsicht schlimme Erfahrungen gemacht und es sei daher zu empfehlen, die Kosten vorher zu vereinbaren.

Die ebenfalls von Orlich genannte Villa Sauvé lag gegenüber von Chevalleys Sanatorium. Sauvé war ein Franzose, der in Neapel eine Wechselstube innehatte und dessen Tochter der Arzt 1832 geheiratet hatte. So ist es kein Wunder, daß dieser von der 1846 erschienenen fünften Auflage seines Bäderbuches an in einer langen Fußnote diese Gaststätte den Fremden ganz besonders empfahl. Die prächtige Villa lasse dank ihrer geschmackvollen Einrichtung, ihrer Weitläufigkeit, ihrer Terrassen und Gärten und nicht zuletzt ihrer reizenden Badekabinen alle anderen Wohnmöglichkeiten auf der Insel weit hinter sich. Seit drei Jahren stünden in ihr auch zum ersten Mal die modernen Duschen zur Verfügung, wie man sie in den vornehmsten Bädern Frankreichs und Deutschlands fände.

Von der Casa Zavotta, der heutigen Villa Parodi, welche westlich von dem ehemaligen Casamicciola di sopra auf dem gegen die Fundera und Lacco schauenden Hang in aussichtsreicher Höhe liegt, sagt Orlich lediglich, daß es sich um ein neues, mit allem erdenklichen Komfort eingerichtetes Gebäude handle. Aber auch von ihr hat sich ein Gästebuch erhalten, das uns einen Einblick in ihren erlesenen Kundenkreis gestattet. Daß es erst mit dem Jahre 1864 beginnt, ist vielleicht kein Zufall. War dies doch das Jahr, in dem Garibaldi, der nach seiner Verwundung in der Schlacht bei Aspromonte zur Nachkur nach Casamicciola gekommen war, in die Villa Zavotta flüchtete, um sich vor der Unruhe und den vielen Besuchen zu retten. Nur ein paar Namen aus der Zeit von 1864-69 seien genannt, um den hohen Ruf zu belegen, dessen sich diese Gaststätte erfreute. Da erscheint zum Beispiel ein Principe di Lampedusa mit seiner Familie, ein C. von Bülow mit anderen Preußen, ein dänischer Marineminister A. von der Recke, also ein Verwandter von unserer Elisa von der Recke, ein Herzog von Urach aus Stuttgart, ein Graf Rechberg und Graf Berchem, ein Freiherr von Münchhausen aus Potsdam, ein Baron Uexküll aus Rußland und so fort. Daß auch Vertreter der Geisteswelt nicht fehlten, wird unser letztes Kapitel lehren.

Als Orlich eines Tages das Kastell besichtigen wollte, kam er auch an der Villa Drago vorbei, in die wir ja so manche Gäste haben einkehren sehen. »Nahe dem Arso«, schreibt er hierzu, »liegt ein Gasthaus, das in dieser Öde, weder von schattigen Bäumen noch Weingeländen gegen Sonnenstrahlen geschützt, einen sehr melancholischen Eindruck gewährt.« Aber das Kastell zu besuchen war ihm versagt! Daran waren die beiden berühmten Briefe Gladstones an den Earl of Aberdeen schuld, in denen er 1851 die unmenschlichen Zustände in den Gefängnissen des Königreiches schilderte, in die er sich einen Einblick verschafft hatte, während er längere Zeit auf einer Vergnügungsreise in Unteritalien weilte. Eine der Konsequenzen dieser nur zu sehr berechtigten Anprangerung war die Verordnung, daß in Zukunft Außenstehenden der Besuch der Gefängnisse nicht mehr gestattet werden dürfe. Daß schon um 1830 in dieser Hinsicht manches auf dem Kastell zu bemängeln war, hat uns ja bereits Baumann berichtet. Orlich hatte aber während seines Ischia-Aufenthaltes auch selbst erfahren, wie brutal die neapolitanische Polizei sein konnte. Erzählt er doch, daß die Ruhe seiner letzten Tage auf Ischia durch einen Akt schlimmer Willkür unterbrochen wurde. Um Mitternacht seien plötzlich Polizeibeamte und bewaffnete Soldaten in die Häuser der sorglos Schlafenden eingebrochen und hätten sich der arbeitsfähigen jungen Männer bemächtigt. Ohne viele Umstände seien sie mit Gewalt auf bereitstehende Boote geführt und nach Neapel geschafft worden, wo sie beim Eindämmen des dortigen Militärhafens verwendet wurden. Die Bezahlung war nämlich so gering, daß selbst die Ärmsten von Neapel sich nicht dazu bereit fanden. Dort zu solch brutalen Mitteln zu greifen, hatte man doch nicht den Mut.

Nicht ohne Interesse ist auch, was wir von diesem Gewährsmann über den Monte di Vico erfahren. Der Leser erinnert sich vielleicht daran, wie ältere Reisende, zum Beispiel Frau von Humboldt, immer wieder von der fast exotisch wirkenden Wildnis auf ihm schwärmen. Nun heißt es bei Orlich:

Noch vor wenig Jahren waren Gipfel und Abhänge des Berges mit Ficus indica bewachsen, heute sind sie nur noch in den Felsspalten, denn man hat Reben und Ölbäume gepflanzt. Wenn die Kultur so fortschreitet, wird der kahle Berg in wenig Jahren mit dem Grün der Reben bedeckt sein.

Daß von all den Reisenden, welche in diesem Kapitel an uns vorübergezogen sind, der Lago del Bagno mit dem Palazzo Reale nicht erwähnt oder höchstens kurz gestreift wird, darf nicht wundernehmen. Die Gegend um den See war trotz ihrer Anmut immer noch das Aschenbrödel der Insel geblieben. Wer zum Gebrauch der Bäder kam, fand wohl in den Privathäusern Unterkommen, aber eine etwas lebhaftere Bautätigkeit entwickelte sich nur zögernd, obwohl das ehemalige Casino des ›Protomedico‹ unter Franz I. und Ferdinand II. wesentlich vergrößert und verschönert wurde und beliebte Sommerresidenz der königlichen Familie geworden war. Die am Ufer gelegenen Thermen blieben die längste Zeit in einem kläglichen Zustand; erst 1845 war endlich eine etwas würdigere Anstalt an ihre Stelle getreten, aber sie erfreuten sich trotzdem keines sehr lebhaften Zuspruchs. Gab es doch in Villa dei Bagni nicht einmal ein Gasthaus, geschweige denn andere Bequemlichkeiten, welche den Kurgästen das einsame Leben etwas freundlicher hätten gestalten können.

Ein hübsches Bild Gigantes in Neapel, aus dem Jahre 1836, zeigt uns, wie es damals dort aussah, wo sich heute das Café Diaz und ein Zeitungskiosk befinden. Auf der Landseite der Straße gab es noch keine Häuser und der Blick auf den Palazzo Reale und das heute verdrängte Gemüseland, welches damals auch ob seiner vorzüglich gedeihenden Baumwollpflanzungen berühmt war, war frei; auf dem kleinen Platz aber boten ein paar Bäuerinnen ihre Produkte feil. Die Chiesa del Purgatorio, die man heute zumeist Chiesa di S. Pietro nennt und die der Parocco Moraldi schon 1781 großenteils aus eigenen Mitteln hatte errichten lassen, lag bereits außerhalb der Ortschaft und dominierte auf der Höhe des Arsostromes. Der anschließende Weg nach dem Borgo d'Ischia hatte, wie wir eben von Orlich hörten, noch nichts von seiner Trostlosigkeit verloren. Wohl hatte man um die Mitte des Jahrhunderts mit der Anpflanzung von Pinien begonnen, aber D'Ascia, der verdiente Verfasser der ›Storia dell'Isola d'Ischia‹, spricht 1867 immer noch von der »strengen Melancholie« der Straße, und der Romanschriftsteller Richard Voss 1883 von einem jungen Pinienwäldchen, das versuchte, sich auf dem unwirtlichen Boden zu entwickeln. Diese Anpflanzung war aber keineswegs etwa in der Absicht unternommen worden, die Insel um einen Anziehungspunkt zu bereichern, wie ihn die heute unter Naturschutz stehende Pineta darstellt, sondern in der Hoffnung, auf diese Weise aus dem brachliegenden Gelände wenigstens Bauholz gewinnen zu können. Außer der Villa des Tenente, dem Kirchlein von S. Girolamo und dem oder jenem kleinen Haus, das sich in diese Öde gewagt hatte, unterbrach nichts die unerfreuliche Strecke (vgl. Radierung S. 152-153).

Ein entscheidender Wandel wurde in diesem Teil der Insel erst eingeleitet, als Ferdinand II. 1853 den Entschluß faßte, den See in einen Hafen zu verwandeln. Gegen Ende Juli begann man bereits mit dem Durchstich. Wo heute die Werft ist, wimmelte es nun von Arbeitern, die man großenteils aus den Gefängnissen des Kastells holte; zwischen Bergen von Sand, die sich hier auftürmten, entstanden Zelte und Hütten, und die Gegend hallte wider von den Hämmern, welche die Planken in den Boden trieben. Beträchtliche Schwierigkeiten machte die Seichte des Sees, der kaum zwei Meter tief war, so daß ungeheure Mengen von Sand, Schlamm und Felstrümmern aus ihm entfernt werden mußten. Der Lavafelsen, den uns die alten Bilder in seiner Mitte zeigen, verschwand in einem Rondell, und damit mußte auch das kleine Gebäude auf ihm fallen, das einst zu Jasolinos Zeiten eine S. Nicola geweihte Kapelle darstellte und später dem Wächter der Fischerei diente.

Am 31. Juli 1854 fuhr zum ersten Mal der königliche Dampfer ›Delfino‹ in den ehemaligen See, aber die feierliche Einweihung und die Grundsteinlegung der Kirche von Porto Salvo erfolgte erst am 17. September. Die königliche Familie, die schon seit Monaten auf der Insel weilte, um vor der wieder einmal in Neapel herrschenden Cholera sicher zu sein, hatte ihren Platz dort, wo in der Folge nahe an der Einfahrt in einer zur Villa Reale gehörigen Anlage ein chinesischer Pavillon entstand, an den heute noch die Bezeichnung ›alla Pagoda‹ erinnert. Etwa zweihundert flaggengeschmückte Dampfer, Segelschiffe und Barken füllten damals den Hafen und führten in ihm unter den Klängen der Musik und dem Krachen der Salven kunstvolle Bewegungen aus. Nur die Mitglieder der Gemeindeverwaltung hielten sich fern. Sie hatten sich vergebens gegen die Neuerung gesträubt, die die Gemeinde um die Pachtsumme für die Fischerei im See und vor allem um die jährlichen 850 Dukaten brachte, welche die große Tonnara eintrug, die vor der jetzigen Hafeneinfahrt lag und daher weichen mußte.

Wer konnte auch damals ahnen, welche Vorteile der neue Hafen nicht nur der Gemeinde Ischia, sondern der ganzen Insel bringen würde!

Die Kirche, welche auf Kosten des Königlichen Hauses erbaut und erhalten wurde, konnte 1856 eingeweiht werden, und um die gleiche Zeit baute sich Carlo Garavini, Inhaber einer Ischia mit Neapel verbindenden Dampfschiffahrtslinie, jenes monumentale Haus, das heute der Weinhändlerfamilie D'Ambra gehört und ein so beliebtes Motiv der Maler darstellt.

Es wäre aber verfehlt, wenn man glauben würde, daß die Schaffung des Hafens alsbald eine wesentliche Steigerung des Verkehrs und der Bautätigkeit ausgelöst hätte. In der zweiten Hälfte des Jahrhunderts konzentrierte sich der Fremdenverkehr zunächst immer mehr auf Casamicciola, während Lacco stark in den Hintergrund gedrängt wurde.

KAPITEL 9

Dänen, Schweden und Norweger auf Ischia

Wenn man in den alten Fremdenbüchern der Insel blättert, stößt man auffallend oft auf Dänen und begegnet ihnen nicht selten in kleinen Gesellschaften von fünf, sechs, ja acht Personen, während Schweden und Norweger sichtlich weniger reiselustig waren. Der erste Däne, der, soweit unsere Kenntnisse reichen, etwas von seinen Eindrücken auf Ischia erzählt, ist *Johann Carsten Hauch*, ein romantischer Dichter, der sich zugleich ernstlich für Zoologie und vergleichende Anatomie interessierte. Mit dem jüngeren Andersen, der ihn in ›Das Märchen meines Lebens‹ eine der edelsten Naturen nennt, die er kenne, verband ihn bis an sein Ende herzliche Freundschaft. Als Hauch im Juni 1824 mit dreiunddreißig Jahren nach Casamicciola kam, hoffte er – leider vergeblich –, in den Thermalbädern Heilung von einem hartnäckigen Leiden zu finden. Es waren schon viele Monate vergangen, seit sich auf seiner ersten Auslandsreise in Nizza eine Entzündung des linken Fußes eingestellt hatte und er dann im Bad Valdière, in Mailand und Genua umsonst auf Besserung wartete. Nun sollte die Gurgitello-Quelle das ihre tun. Der Umstand, daß ihn sein Leiden nahezu völlig an das Haus fesselte, hat dem, was er auf zwanzig Seiten von Ischia erzählt, seinen besonderen Charakter gegeben. Von Ischias Schönheiten hat er ja in den vier Monaten, die er auf der Insel weilte, kaum mehr gesehen als die weite Aussicht von seiner Wohnung, die ihn besonders abends, wenn der Himmel im Westen aufglühte, aufs tiefste beeindruckte. So kam es, daß er ausschließlich von dem Leben mit seinen einfachen grundanständigen Hausleuten und von den Besuchen, die hie und da aus der Nachbarschaft kamen, erzählt. Nicht einmal über die Kur, die er so lange über sich ergehen ließ, berichtet er uns Näheres.

Nachdem Hauch einige Tage in Neapel in einem Gasthof verbracht hatte, holten ihn drei Männer aus Casamicciola ab, zwei von ihnen ruderten, der dritte war Giuseppe, in dessen hochgelegenem Haus er wohnen sollte. Wo es sich befand, geht aus Hauchs Aufzeichnungen nicht klar hervor. Es lag am Ende eines Dörfchens, das von der Piazza Bagni mehr als eine Viertelstunde entfernt lag, so daß ihn ein Esel, den Giuseppe zu billigem Preis besorgte, täglich zu den Bädern tragen mußte. Man wird wohl an die Gegend von Majo denken müssen. Hundert Schritte von dem Hause entfernt war eine kleine Kirche, deren Geläute alles andere als weihevoll war und Hauch eher an die Tarantella und die Melodien anderer Tänze erinnerte. Nur bei Sonnenuntergang konnte man einige starke, ernste Töne hören, auf die hin in allen Häusern gebetet und zu Ehren der Madonna gesungen wurde.

Das Haus war ordentlich, aber nicht viel anders, als die sonstigen Bauernhäuser. Es gab nur zwei Zimmer in ihm, seines, das groß war und die schöne Aussicht bot, und ein weiteres, das der Familie diente. Die Fliegen und Mücken quälten den Mieter arg, und abends, wenn das Licht angezündet wurde, schwirrte regelmäßig eine Menge Fledermäuse über seinem Kopf. Wenn er trotzdem froh war, daß er zu diesen einfachen Leuten gekommen war und nicht in einem komfortableren Hause wohnte, so hatte dies nicht nur darin seinen Grund, daß sie so gutmütig waren und taten, was sie konnten, um ihn zufrieden zu stellen, sondern weil er hier wirklich mit dem Volke lebte und es gründlich kennenlernen konnte. Der Alte, ein breitschultriger, kräftiger, untersetzter Sechziger mit von Wind und Wetter gebräuntem Gesicht, besaß ein wenig Ackerland und Weinberg, ging im Winter fischen und verdiente im Sommer nicht schlecht als vertrauenswürdiger ›Corriere‹, der jede Woche mehrmals nach Neapel fahren mußte, um Einkäufe oder Kommissionen zu erledigen. Giuseppes Frau war nicht gerade eine Schönheit, eine gutmütige alte Bäuerin von fast zigeunerhaftem Aussehen, aber die einzige Tochter, die fünfzehnjährige Teresa, hatte strahlende schwarze Augen, wie man sie nach Hauch selbst im Süden selten zu sehen bekommt.

Fast jeden Nachmittag kamen Frauen und Mädchen aus der Nachbarschaft und saßen dann mit Hauchs Wirtin vor dem Haus; die einen strickten, die anderen spannen Fäden auf die Handspindel wie auf den antiken Vasen, aber alle plauderten und scherzten und zogen auch die Vorübergehenden ins Gespräch. Hauch war zwar kein Meister im Gitarrenspiel, aber trotzdem versammelte sich jedesmal, wenn er spielte, ein kleiner Kreis von Zuhörern um ihn. Da es auch einige andere junge Männer im Dorf gab, die sich darauf verstanden und ihre Lieder begleiten konnten, lernte er bald allerlei Kunstgriffe von ihnen, die ihm ermöglichten, zu ihren Tänzen zu spielen. Nun sehen wir den armen Kranken des Abends inmitten der lustigen Burschen und Mädchen sitzen, die zu seiner Musik Tarantella und Fandango tanzen, wobei sich nicht selten auch schon grau gewordene Männer und alte runzelige Frauen voll Eifer und Gewandtheit unter die Jugend mischen.

Teresa war eine von denen, die am besten das Tamburin zu handhaben verstanden, aber sie besaß kein eigenes Instrument. Hauch wollte ihr eines schenken und bat den Vater, es in Neapel zu besorgen. »Für drei Dukaten« – die neapolitanischen Dukaten hatten keinen sehr großen Wert – »kann man ein Tamburin bekommen, so gut, daß auch die vornehmste Signorina auf der Insel kein besseres besitzt«, meinte er. Teresa war natürlich glücklich, denn es gab wirklich einen weit stärkeren Klang, als alle die Instrumente, welche die anderen Mädchen hatten. Alle kamen, sie zu hören und zu bewundern, und seitdem waren die Tanzabende noch viel besuchter. Hie und da gab es dabei auch unangenehme Zwischenfälle. So brach einmal ein so heftiger Streit zwischen zwei Burschen aus, daß man sie entfernen mußte. Ein andermal erschien, als gerade eine hübsche Nachbarin Tarantella tanzte, plötzlich ihr alter, von Eifersucht geplagter Mann – er war häßlich und sah bösartig aus, schreibt Hauch –, ergriff sie bei den dichten schwarzen Haaren, daß sie offen über ihre Schulter fielen, und zog sie nach Hause. Seitdem erschien sie nie wieder. Warum hat sie den Alten auch materieller Vorteile wegen geheiratet, meinten die Leute. Daß dieser Zulauf der Frau des Hauses allmählich etwas zu viel wurde, ist begreiflich. »Bis drei Stunden nach dem Ave-Maria dürft ihr tanzen, aber nicht länger; der kranke Herr bedarf doch auch seiner Ruhe«, bestimmte sie eines Tages. Hauch spielte aber nicht nur zum Tanz auf, sondern hatte auch eine Menge italienischer Volkslieder gesammelt und spielte und sang diese nun vor seinen Zuhörern, die sich dann besonders zahlreich einfanden. Ernste Gesänge, von denen er auch eine Anzahl mitgebracht hatte, fanden freilich wenig Beifall, aber um so mehr gefielen heitere und satirische Lieder.

Über alledem vergaß er jedoch keineswegs seine naturwissenschaftlichen Interessen und die diesbezüglichen Bücher, die er mitgebracht hatte. Ein gut Teil seiner Zeit verwandte er auf die Abfassung einiger Abhandlungen, von denen eine die rudimentären Organe der Wirbeltiere behandelte, eine andere die Entwicklung des Brustbeines der Raubvögel. Von diesen Dingen wird der Kreis um ihn kaum viel erfahren haben, aber ein anderer Umstand steigerte die Gunst, in der er bei den Dorfbewohnern dank der lustigen Tanzabende stand, noch ganz wesentlich. Da die Fliegenplage immer schlimmer wurde, die Mittel, welche die Wirtin dagegen anwandte, nichts nützten und er sich nicht mit ihrem ständigen »ci vuol pazienza, Signor mio« abfinden wollte, ließ er sich eines Tages ein Stück Leder bringen, schnitt es zurecht, heftete es an ein Rohr und veranstaltete damit ein gewaltiges Morden. Niemand im Dorf hatte je eine Fliegenklappe gesehen, alle hielten Hauch für den Erfinder, und in vielen Nachbarhäusern wurde das neue Instrument eingeführt!

Hie und da erhielt Hauch immerhin auch Besuch von ›besseren Leuten‹. Am häufigsten stellte sich ein ehemaliger Vizekonsul Don Vincenzo ein, ein wohlhabender Mann, der sich unweit ein großes, »mit griechischen Säulen« geschmücktes

Haus gebaut hatte. Er kam fast immer mit seinem Hund, von dem er ständig die unglaublichsten Dinge erzählte. Bei solch einer Gelegenheit meinte er eines Tages, er wisse wohl, daß in Hauchs Heimat Hunde die Schlitten ziehen müßten – er hatte die Dänen mit den Eskimos verwechselt! Als Hauch ihm dann klar machte, daß es bei ihm zu Hause herrliche Sommertage, Felder und Wiesen voll der schönsten Blumen gäbe und daß Hunderte und Aberhunderte von Vögeln in ihren Wäldern sängen, wollte es Don Vincenzo kaum glauben und fragte, warum er denn dann nicht daheim bliebe. Hauch, der bei all seinem Leiden den Humor nicht verloren hatte, schrieb bei dieser Gelegenheit in sein Tagebuch, daß dieser so wenig intelligente Herr es sicher geglaubt hätte, wenn er ihm weisgemacht hätte, »daß man bei mir zu Hause auf zahmen Eisbären reite und die Seehunde mit Eimern aus den Brunnen schöpfe«. Eine andere ›gebildete‹ Dame fragte ihn eines Tages, ob es in seiner Heimat auch Städte gäbe. Als dabei das Wort Kopenhagen fiel, brach sie in Gelächter aus und meinte, sie habe nie zuvor einen so närrischen Namen gehört, »... ma Lei vuol' burlarsi di me – ... Sie wollen mich zum besten halten«.

Auch die aus Korfu stammende Gattin eines reichen neapolitanischen Kaufmanns lernte er kennen, als sie Giuseppe besuchte, der ihr und ihrem Mann seit zwanzig Jahren treue Dienste geleistet und das absolute Vertrauen der beiden genoß. Als Giuseppe eines Tages aus Neapel kommend höchst intime Dinge erzählte, die ihm in ihrem Hause anvertraut worden waren und Hauch nicht umhin konnte, seine Verwunderung darüber auszudrücken, daß man dergleichen Giuseppe mitgeteilt habe, war eine vorübergehende Verstimmung des einfachen, aber feinfühlenden Mannes die Folge, der sehr wohl empfand, daß sein Mieter dabei an das so verschiedene gesellschaftliche Niveau dachte. Die Wolke zog bald vorüber, aber Hauch wurde es bei dieser Gelegenheit so recht bewußt, »daß das, was wir Feinheit und edle Bildung nennen, sich oft auch ganz von selbst bei Männern von

Der Lago del Bagno vor dem ersten Durchstich von 1670
Gemälde eines anonymen Meisters
Porto d'Ischia, Privatbesitz

Der Hafen während der Arbeiten des Durchstichs 1853–54
Gemälde von Francesco Giovanni Mancini
Porto d'Ischia, Privatbesitz

Blick vom Epomeo auf Procida und das Festland

Ischia vom Meere aus

farb. Aquatintablätter aus: *William Hamilton,*
Campi Flegrei ou les Observations sur les Volcans
des deux Siciles, Neapel 1776–1779
München, Bayerische Staatsbibliothek

Castello d'Ischia

Ausschnitte aus einem Kupferstich nach Jakob Philipp Hackert, 1789
Porto d'Ischia, Privatbesitz

Ischia Ponte

Die heutige Via Vittoria Colonna in Porto d'Ischia
bei dem Kirchlein S. Girolamo, das damals noch einen Vorbau besaß
Federzeichnung von Gonsalvo Carelli
Neapel, Museo San Martino

geringem Stand entwickeln kann, und zwar besonders im Süden, wo eine beglückende Natur vieles von dem ersetzt, was die Erziehung bei uns entwickelt, und wo die schönsten Blüten oft wild im Walde blühen«.

Schließlich erlebte Hauch auch noch die Weinlese, welche wie heute ohne jede Festlichkeit erledigt wurde, und die Tage auf Ischia gingen allmählich zu Ende. Er hatte mehr Bäder genommen, als vorgeschrieben war, aber von Erfolg war nichts zu spüren. Wie üblich, tröstete man ihn damit, daß dieser sich erst später einstellen werde. Um diese Zeit kam auf die Insel ein junger, auf ihr geborener Arzt, der auch als Chirurg in Neapel einen guten Ruf hatte. Er forderte Hauch auf, zu ihm zu ziehen, damit er alles versuchen könne, um eine Amputation zu vermeiden. Es war das erste Mal, daß dieses Wort fiel! Der Arme wollte lieber sterben, als seine Lebzeit verstümmelt zu sein, und er entschloß sich schließlich, zunächst diesem Rat zu folgen. Der Abschied fiel ihm schwer, die Hausleute trösteten ihn damit, daß er im nächsten Sommer geheilt zurückkehren werde. »Bei uns haben Sie einen guten Hafen gefunden und Leute, die Sie lieben, darum sollten Sie sich hier niederlassen und Ihr ganzes Leben bleiben«, meinte die Alte. Als Hauch dann in Neapel war, besuchte ihn Giuseppe jede Woche und brachte Grüße und Obst. »Selten habe ich einen Mann gekannt«, schreibt Hauch am Schluß des Ischia-Kapitels, »zu dem ich mich so hingezogen fühlte und zu dem ich solches Vertrauen hatte, wie zu diesem armen ischitanischen Fischer.«

Hauch verbrachte den Winter in Neapel, ohne daß eine Besserung eingetreten wäre. Im Gegenteil, die Krankheit nahm immer ernsteren Charakter an, an dem offenbar nicht zuletzt die Bäder schuld waren. Die Amputation wurde auch von einem angesehenen deutschen Arzt für unvermeidlich erklärt und schließlich im März 1825 von einem Chirurgen namens Mancini vorgenommen. Die dänische Kolonie und mancher Fremde, auch die uns wohlbekannte Friederike Brun, ließen Hauch in seiner Leidenszeit nicht allein. Das

Bein heilte gut und dieser so sympathische Ischia-Gast, der erst mit einundachtzig Jahren starb, spielte in der Folge nicht nur als Dichter, sondern auch als Professor für Literaturgeschichte und Theaterzensor im geistigen Leben Kopenhagens eine Rolle.

Zehn Jahre später – 1834 – begegnen wir *Hans Christian Andersen* auf Ischia. Es war dies auf seiner ersten Italienreise, welche ihm ein staatliches Stipendium ermöglichte. Leider handelte es sich aber nur um einen sehr flüchtigen Ausflug, der noch dazu bei denkbar ungünstigem Wetter unternommen wurde. In seiner Selbstbiographie ›Mit Livs Eventyr‹ findet sich darüber nur ein einziger Satz: »Ischia ist unter den Inseln diejenige, die mich am wenigsten berührte; wiederholte Besuche haben sie nicht in den selben Rang emporheben können, wie die Insel des Tiber.«

Aber an Hand seiner Tagebücher und eines Briefes, den er am 18. März 1834 an seine Freundin Henriette Wulff geschrieben hat, können wir uns doch ein Bild von dem Verlauf dieses Ausfluges machen. Nachdem der römische Karneval zu Ende gegangen war, trat Andersen in Gesellschaft des Dramatikers Henrik Hertz, der ebenfalls ein Reisestipendium erhalten hatte und bereits in Rom viel mit ihm zusammen gekommen war, die Reise nach Neapel an. In Terracina und Formia erlebten die beiden zum ersten Mal die Wonnen des Südens, die Zitronen- und Orangengärten, die üppigen indischen Feigen, die zahlreichen Palmen. Der von den Farben berauschte Andersen warf damals eine reife Orange in das strahlende blaue Meer und konnte sich kaum von all der Herrlichkeit trennen. In Neapel wartete auf sie das Erlebnis einer heftigen Eruption des Vesuvs. Als ihn die beiden bestiegen, wurden sie von dem Blick auf den abendlichen Golf nicht weniger hingerissen als von dem glühenden Strom, der sich meerwärts wälzte.

Zwischen blauen Bergen träumt / gleißend weiß Neapels Stadt.
Ischia liegt, vom Meer umsäumt, / wie ein purpurfarbenes Blatt.

Als die beiden Dichter Paestum besuchten, wurde Andersen von einem blinden, in Lumpen gehüllten Mädchen, das da auf den Stufen eines Tempels saß, so im Innersten ergriffen, daß es heute noch in der Gestalt der Lara in seinem ›Improvisator‹ lebt. In Capri war es dann die Blaue Grotte, deren Farbenzauber es ihm antat. Als einer der ersten hat er sie ja auch in weiteren Kreisen bekannt gemacht.

Endlich, am 14. März, sollte auch Ischia an die Reihe kommen. Außer Hertz schlossen sich diesmal noch drei weitere Landsleute an, so daß sie zu fünft waren, als sie in Pozzuoli, dem sehr bewegten Meere zum Trotz, ein Boot nahmen, das sie zunächst nach Procida bringen sollte. Andersen schreibt:

Die Sonne ging unter, Wind und Strömung waren gegen uns, wir mußten die Segel einziehen, es war fast unmöglich, gegen die Wellen zu kämpfen, sie hoben das Boot in die Höhe und schäumten schneeweiß, ich hielt mich an beiden Seiten fest und schaukelte so ununterbrochen, daß ich fast krank wurde. Die Küste schien immer gleich weit weg zu sein, auf einmal sahen wir, wie in der Richtung Gaeta eine große Windhose aus dem Meer ragte und die Bootsleute erzählten uns, wie durch eine solche alles entweder wie in einem Trichter verschluckt oder mit in die Höhe gerissen werde. Sie ruderten nun mit allen Kräften, aber es war, wie wenn uns die Wellen zurückstoßen würden. Auf einmal wurde die Windhose blutrot, obwohl die Sonne schon untergegangen war – mir war nicht gut zumute.

Den Plan, in Procida zu landen, hatten sie längst aufgegeben und waren froh, als sie endlich im Dunkeln am Borgo d'Ischia anlegten.

Wir fanden hier ein Privatquartier bei einfachen Leuten, die gaben, was sie hatten, Wurst, Salat, Eier und Früchte; der Wein war ziemlich gut, die ganze Familie schaute uns zu. Ein Offizier kam und machte uns eine Visite. Er bekam auch ein Glas, der Soldat bekam 1 Carlin, da wir keine Pässe hatten. Das Nachtgeschirr bestand in einem Weinkrug. Zeuthen – (einer der Begleiter) – besoffen und wütend. Wir schliefen alle fünf in einem stockfinsteren Zimmer.

Daß man in solchen Fällen mit einem kleinen Trinkgeld alles regeln konnte, erlebt man immer wieder. August Mayer

(1834) erzählt zum Beispiel, daß er, als er einen Ausflug nach Paestum machte, beim Verlassen der Stadt auch keinen Paß vorzeigen konnte, auf Rat seines Kutschers aber dem Polizeibeamten fünf Grani in die Hand drückte und dieser mit tiefer Verbeugung dankte.

In Andersens Tagebuch heißt es dann weiter:

Wie ich diese Nacht an Durst litt! Mein Mund wurde inwendig rissig. Um 7 Uhr nahmen die anderen Esel, ich allein zog es vor, zu laufen. Es war ein etwas beschwerlicher Weg, hinauf durch die Weingärten, es hatte in der Nacht geschneit, so daß wir hier vollständigen Winter fanden. Nackte Bäume und Büsche; rings umher eine dünne Lage Schnee. Wir bestiegen den alten ausgebrannten Krater und sahen über das Lavafeld zum Strand hinunter.

Das ist alles, was Andersen vom Gipfel und seiner Aussicht zu sagen hat. Als es dann den steilen Weg nach Casamicciola hinabging, freute er sich, daß die anderen zeitweise auch vom Esel steigen mußten. An der Piazza Bagni angelangt, besichtigten sie das Spital des Monte della Misericordia mit seinen neuen Einrichtungen für Schwitz- und Sandbäder.

Es muß eine zum Teil seltsame Gesellschaft gewesen sein, in der sich Andersen damals befand. Hören wir, was im Tagebuch verewigt wird:

Wir kehrten jetzt in eine mittelmäßige Trattoria ein, wobei wir, um in den zweiten Stock zu kommen, durch einige Straßen geführt wurden. Die Frau hatte neun Kinder, ziemlich hübsch; Zeuthen, der ja schon am Vorabend wütend und besoffen war, fand Vergnügen daran, seinen Stock in den Mund eines der Kinder zu stecken. Als ich wirklich Angst für das Kind hatte, sagte ich: »Sei doch vorsichtig!« »Oh«, antwortete er, »das ist die dumme Phantasie!« Wir haben ihn ausgelacht. Jeder bezahlte mir jetzt für die gemeinsame Kasse einen halben Scudo, man legte das Geld auf den Tisch, wo ich die Kosten ausrechnete; als ich sie nehmen wollte, fehlte einer. Herts, Lendel und Berg kannten ihre Geldstücke, und Zeuthen behauptete, er habe seines auch hingelegt, es müsse also gestohlen worden sein. Begann grob zu werden, ich bat ihn ruhig zu sein, der Verlust wurde von mir getragen, im Grunde glaube ich aber, er habe es nicht hingelegt, sondern nur geglaubt, es getan zu haben.

Dem immer noch erregten Meer zum Trotz bestiegen die fünf am gleichen Nachmittag ihr Boot wieder und kamen nur mit Mühe um das Kap Misen herum, wo sie beinahe an die Felsen geschleudert worden wären; die Wellen schlugen Andersen ins Gesicht, und alle waren froh, als sie schließlich an einer sandigen Stelle ans Land getragen wurden.

Im Jahre 1841 kam Andersen abermals nach Neapel. Diesmal war er mit *Hans Peter Holst* gekommen, einem sechs Jahre jüngeren dänischen Dichter, den er bereits in München getroffen hatte und der dann in Rom wieder zu ihm gestoßen war. Andersen schätzte ihn als einen »wahren guten Kameraden, umgänglich und teilnehmend«. In Neapel trennten sich jedoch die beiden; Andersen ging nach Griechenland und nach Konstantinopel, Holst nach Ischia. Er mietete sich in Casamicciola bei einem Weinbauern namens Vincenzo ein, der schon öfters Dänen beherbergt hatte. Wir wissen es zum Beispiel von dem Maler Wilhelm Nicolai Marstrand und dem Komponisten Henrik Rung, der Chordirigent der Kopenhagener Oper war. Als Holst einmal während seines Ischia-Aufenthaltes nach Neapel kam und bei dieser Gelegenheit *Auguste Bournonville* besuchte, den Sohn eines Franzosen, der der Begründer der berühmten dänischen Ballettschule werden sollte, hatte dies zur Folge, daß auch dieser zusammen mit Holst bei jenem Vincenzo eine Woche unvergeßlich schöner Tage verlebte.

Beide haben über diese ihre auf Ischia verbrachte Zeit geschrieben. Bournonville erzählt in seiner Biographie ›Min Theaterliv‹, daß er mit Holst die ganze Insel durchstreift habe und daß sie dabei natürlich auch auf den Epomeo geritten seien. Die patriarchalische Schlichtheit und die Gutmütigkeit der Hausleute machten tiefen Eindruck auf ihn und mahnten ihn wie einst den Grafen Stolberg an ein längst vergangenes goldenes Zeitalter. Die Leute hatten erfahren, daß er ein berühmter Tänzer war und hätten begreiflicherweise gar zu gerne einmal eine Probe seiner Kunst gesehen. Da er aber ohne einen geeigneten Raum und ohne Kostüme nicht tanzen wollte, improvisierte er wenigstens zur großen Freude der Zuschauer zusammen mit Holst eine Galoppade im Takt der Tarantella. Neugierig fragte daraufhin Carolina, die hübsche Tochter des Hauses, wieviel er denn als Ballettmeister in Kopenhagen jährlich verdiene. Als er verriet, daß er eintausend Scudi beziehe, schlug sie die Hände über dem Kopf zusammen und wollte wissen, wieviel dann erst Holst bekäme, dessen Tanz ihr noch viel mehr imponiert hatte, als der des berühmten Bournonville, dessen Standbild im Kopenhagener Hoftheater heute noch alljährlich an seinem Geburtstag mit Lorbeer geschmückt wird!

Während Bournonville seinem Ischia-Aufenthalt nur eine Seite widmete und außerdem durch das allerorts gehörte ›Io ti voglio bene e tu non pens' a me‹ zu einem Ischia-Lied angeregt wurde, enthält Holsts ›Ude og Hjemme‹ – ›Draußen und Daheim‹ – einen sechsundvierzig Seiten langen Aufsatz über Ischia und die Ischitaner und eine ganze Reihe von Gedichten, die sich auf die Insel beziehen. Uns interessiert dabei vor allem, was Holst auf Grund eigenen Erlebens über die Bevölkerung und ihre Sitten erzählt. Eingehend schildert er zum Beispiel, wie sich ein Verlöbnis anzubahnen pflegt, wie schließlich der Ehekontrakt zustande kommt und dann kurz vor der Hochzeit die Aussteuer öffentlich von Frauen berufsmäßig abgeschätzt wird, eine Sitte, die ja auch heute noch nicht völlig ausgestorben ist. Beide Teile brachten hierzu eine ›maestra‹ mit, die im Stande war, jegliches Stück zu ›apprezzare‹. Jäckchen und Mieder, Röcke, Hemden, Strümpfe, Bett- und Handtücher, Ohrringe, Halsketten, Fingerringe und so weiter wurden dabei Stück für Stück betrachtet, gelobt oder kritisiert und bis auf den Pfennig abgeschätzt, gelegentlich aber auch zurückgewiesen. Daß es dabei leicht zu allerlei komischen Streitigkeiten, ja selbst zu Handgreiflichkeiten kommen konnte, wird bei dem Temperament der Ischitaner nicht wundernehmen. Auch die oft erst nach langem Hin und Her festgelegte Mitgift wurde bei dieser Gelegenheit vor den anwesenden Verwandten nachgezählt.

Noch seltsamer mußte Holst anmuten, was er, um nicht Anstoß zu erregen, in einem Beichtstuhl verborgen, in der Pfarrkirche in Casamicciola während der Karwoche erlebte. Er wolle nur berichten, was er gesehen habe, und es jedem überlassen, sich seine Gedanken darüber zu machen. Zuerst hielt ein junger Geistlicher eine Predigt, die wenig Beachtung fand. In seinem Ärger über die mangelnde Aufmerksamkeit riß er mitten in seiner Rede die Kappe von der Tonsur und schleuderte sie auf zwei miteinander plaudernde Frauen. Dann bestieg der alte Bischof von Ischia die Kanzel – es kann sich nur um Giuseppe d'Amante gehandelt haben, der zwei Jahre darauf starb – und hielt eine donnernde Rede über das sündige Leben seiner Zuhörer. Immer eindringlicher redete er ihnen ins Gewissen; die Frauen wurden zuerst weich und heulten und weinten, aber schließlich hielten auch die Männer nicht mehr stand, und die ganze Gemeinde warf sich ohne Unterschied wehklagend auf den Boden. Nun zog der Bischof eine Geißel hervor und begann sich damit zu schlagen, daß es durch die ganze Kirche schallte. Gleichzeitig zogen etwa zwanzig Priester mit Dornenkronen auf den Köpfen hinter einem Kruzifix durch die Kirche und geißelten sich ebenfalls ohne Unterlaß. Ein schier unglaubliches Geheule erfüllte die Kirche. Immer noch mehr stachelte der Bischof die Gemeinde, Kerzen schwingend, durch seine Zurufe auf, die Frauen schlugen sich auf ihre Brüste, die Männer, alte und junge, selbst Knaben, zogen Peitschen hervor und mißhandelten sich ohne Ende mit ihnen. Schließlich wurden die Frauen nach Hause geschickt, damit sie dort den ihnen auferlegten Bußübungen oblagen. Die Männer aber mußten noch dableiben und zum Zeichen ihrer Reue auf den Knien in der dunklen Kirche umherrutschen und das Pflaster des Bodens ablecken. Welch ein Motiv für einen Goya oder Magnasco!

Aber solch düstere Eindrücke vermochten das Bild der Insel, das Don Giuseppe – so nannten Holst seine Hausleute – im Herzen trug, als er sie nach Monaten verließ, nicht zu trüben. Wenn er an den frohen Festen, mit denen die Heiligen gefeiert wurden, teilnahm und seine Freude an den bunten Trachten der Frauen und Mädchen hatte, waren sie rasch vergessen. Sein Aufsatz schließt mit der Versicherung, daß die Zeit auf Ischia zu seinen glücklichsten Reiseerinnerungen zähle.

Die dritte Italienreise *Andersens* fällt in das Jahr 1846. Auf ihr verbrachte er fast den ganzen Mai und Juni in Neapel und kam eines Tages auch noch einmal nach Ischia, aber nicht etwa, um diesmal die Insel besser kennenzulernen, sondern lediglich in der Absicht, einer Landsmännin einen kurzen Besuch abzustatten. Er galt der Tänzerin Caroline Fjeldsted vom Königlichen Theater in Kopenhagen, welche im vergangenen Jahr gelegentlich der Premiere eines Balletts von Bournonville ihr Knie verletzt hatte und mit staatlicher Unterstützung gekommen war, um es mit Hilfe der Thermalbäder völlig zu heilen. Im ›Märchen meines Lebens‹, dessen erste Fassung zum größten Teil auf dieser Reise entstand, berichtet Andersen nur in aller Kürze, sie sei »durch die Bäder dermaßen gesundet, daß sie abends unter den Orangenbäumen mit den jungen Mädchen zusammen den Saltarello tanzte, wobei sie die Jugend in solche Begeisterung versetzte, daß sie ihr eine Serenade brachte«. Auch bei dieser Gelegenheit konnte Andersen nicht umhin, noch hinzuzufügen, daß ihm indessen Ischia niemals in solchem Maße zugesagt habe wie anderen Reisenden; die Sonne habe auch viel zu heiß geglüht, und alle hätten geraten, Ruhe und Schatten in Sorrent zu suchen.

Aber in seinem Tagebuch notierte er erfreulicherweise noch allerlei Bemerkenswertes von diesem Ausflug. Er fuhr mit einem Dampfer ›Duca di Calabria‹ nach Ischia. Die Hitze war so groß, daß man rundum Segel aufgehängt hatte, so daß man wie in einem Sack stak. Auf dem Schiff war auch der schwedische Minister Bergmann, der ihn einem genuesischen Marchese Coldeviin vorstellte. In Procida stieg noch ein kranker Türke ein, welcher dänischer Konsul in Kairo war und auf Ischia ein Haus für seine Frau und deren Schwester gemietet hatte. Da er das Schiff eine halbe Stunde auf sich warten ließ, mußte er einunddreißig Piaster Zuschlag zahlen. Wie immer war großes Geschrei bei der Landung in Casamicciola. Der Zufall wollte es, daß er dabei den Diener Ottilie von Goethes traf, die ja zur gleichen Zeit in Lacco weilte. Andersen hatte sie bereits auf seiner Rückkehr aus der Türkei in Weimar kennengelernt, und als er jetzt auf dieser Reise am 2. April in Rom seinen Geburtstag feierte, hatte sie ihm einen großen Blumenstrauß mit der Aufschrift ›Aus dem Garten des Improvisators‹ geschickt, da sie zufällig im gleichen Hause wohnte, in dem der Dichter seinen Improvisator hatte aufwachsen lassen. Er hätte sie gerne in Lacco besucht, aber da es sich nur um einen Tagesausflug handelte, fehlte die Zeit dazu. Mit ihrem Diener aber, den sie sich sichtlich aus Rom mitgebracht hatte, ritt Andersen zunächst zu jenem Vincenzo, bei dem Holst und Bournonville und vor diesen schon Marstrand und Rung gewohnt hatten. Hier zeigte man ihm die Stelle, wo Holst in die Fensterscheibe ›Amalia, Adam og H. P. Holst‹, das heißt die Namen seiner Frau und des Sohnes und seinen eigenen eingeritzt und umrahmt und dabei wohl ihrer sehnsüchtig gedacht hat, was ihn freilich nicht abhielt, auch an den hübschen Mädchen der Insel seine Freude zu haben. Andersen hingegen fand die Inschrift »affektiert«.

Dann ging es zu der Piccola Sentinella, die für die Dänen eine besondere Anziehungskraft hatte. War sie doch einst Eigentum des früheren dänischen Geschäftsträgers der neapolitanischen Regierung Voght, und die Bevölkerung hatte nicht vergessen, wie hilfsbereit und gastfreundlich dieser war, als beim Erdbeben von 1828 in Casamicciola viele Häuser einstürzten, seine Villa aber unversehrt geblieben war.

Andersen speiste mit Fräulein Fjeldsted zu Mittag und machte bei dieser Gelegenheit auch im ersten Stock bei der Familie von Schwanenfeld Besuch, von der ja auch in den Briefen Ottiliens und Wolfs die Rede war. Bei ihr wohnte auch Fräulein Lewald, die er wohl auch schon in Neapel kennengelernt hatte, denn er notiert von ihr, daß sie viel hübscher geworden sei. Dann machte er einen kleinen Spaziergang, um etwas von der Aussicht zu sehen, fühlte sich aber gar nicht wohl, so daß er seine Tropfen nahm und auf dem Sofa von Fräulein Fjeldsted ausruhte. In Begleitung der jungen Damen ritt er dann hinunter zur Marina. Beim Einbooten in den Dampfer wäre er beinahe gefallen und beschmutzte seine Hosen mit der roten Farbe der Barke. Wie bei der ersten Fahrt nach Ischia, war das Meer so bewegt, daß er nahe daran war, seekrank zu werden. Aber für die Farben des Sonnenunterganges hatte er doch noch Augen, denn er schrieb in sein Tagebuch: »Gold war der Himmel, das Meer dunkelblau, Ischia erschien rosenrot; hinter dem dunklen Procida wirkte die Röte noch stärker.« Nach dreistündiger Fahrt war er glücklich wieder zu Hause.

Der so wenig günstige Eindruck, den Andersen von unserer Insel bekam, begleitete ihn auch weiterhin. Als ihn sein Freund, der Gerichtspräsident Adolph Driewsen, 1856 vor einer Italienreise um Ratschläge bat, schrieb er ihm: »Besuchen Sie, wenn Sie können, die Insel Ischia, aber vor allem, gehen Sie unbedingt und nicht zu kurz nach Capri.«

So schmerzlich es uns berühren muß, daß der größte dänische Dichter sich gegenüber Ischias Zauber derart verschloß, so können wir es doch begreifen. Trafen doch bei dem ersten Besuch zu viele unglückliche Momente zusammen – der schwere Sturm auf der Hin- und Rückfahrt, das wenig erfreuliche Nachtquartier, der Schneefall und das winterliche Aussehen der Insel, die Gegenwart des nicht sonderlich sympathischen Zeuthen –, und bei dem zweiten Besuch war es die Hitze, die ihn quälte. Auch handelte es sich ja beidemale um kurze Ausflüge, auf denen er sich kein Bild von der

Insel machen konnte. Nichts der Blauen Grotte Vergleichbares, keine Lara war ihm begegnet, keine so theatralischen Formen, wie sie Capri bot, hatte er zu sehen bekommen, und das einzige tiefergehende Erlebnis auf der Fahrt nach Ischia, die Angst erregende Windhose, verlegte er auch nach Capri, wo sie im ›Improvisator‹ Antonio in die Blaue Grotte spülte, in der er später bewußtlos aufgefunden wurde.

Bevor wir Wilhelm Bergsöe und damit den Dänen vorstellen, der am ausführlichsten und amüsantesten von seinen Ischia-Erlebnissen erzählt, müssen wir aus Gründen der Chronologie zwei Schweden das Wort geben. Den ersten können wir dabei freilich nicht bei seinem Namen nennen. Es ist ein Anonymus, der 1825 in der Zeitschrift ›Athenaeum‹ einen dreiunddreißig Seiten langen ›Bref från ön Ischia‹ veröffentlicht hat. In der Nacht ließ er sich mit einigen nicht näher bezeichneten Bekannten von S. Lucia nach Casamicciola rudern. Um bis Nisida zu kommen, mußten sie zwei Stunden lang gegen die Wellen ankämpfen, aber dann konnten die Segel gesetzt werden, die acht ›marinai‹ ließen einen Krug Wein herumgehen und sangen das Lieblingslied ›Di tanti palpiti‹. Trotz mancher Mängel hätte es in dieser Stimmung, auf dem im Mondschein funkelnden Meer, von keiner Bühne mehr zu Herzen gehen können. Daß dann die übliche Schilderung einer tumultuarischen Landung folgt, überrascht uns nicht mehr, aber hier wird sie um ein von keinem berichtetes Motiv bereichert!

Kaum war der Anker niedergegangen, da wateten uns zwanzig bis dreißig Männer mit hochgekrempelten Hosen entgegen und suchten sich mit allen Kräften unser und unseres Gepäcks zu bemächtigen. Es war ein regelrechtes Entern. Hier kämpften zwei untereinander, dort riß einer dem anderen einen Koffer aus der Hand. Es war ein Schreien und Lärmen, wie wenn ein allgemeiner Streit unter ihnen herrschen würde. Ja, man riß mich auf der kurzen Strecke bis zum Ufer zweimal von einer Schulter auf eine andere. Der jeweils Stärkere siegte und niemand kümmerte sich um meinen Protest.

An Land war dann natürlich erst noch der Kampf mit den Eseltreibern auszufechten, bevor man endlich zur Sentinella hinaufziehen konnte. Hier war der Schwede aber recht zufrieden.

Die Miete ist bescheiden. Don Andrea, der alte Herr des Hauses, läßt mir nichts abgehen und seine Auskünfte sind mir sehr wertvoll. Es gibt aber fast keinen Tropfen frisches Trinkwasser. Man hilft sich mit Eis, das jeden Morgen von einer Barke aus Castellammare gebracht wird. Ich zittere bei dem Gedanken, daß schlechtes Wetter einmal den Transport verhindern könnte.

Sonst hat er hinsichtlich der Unterkunftsmöglichkeiten manches zu rügen. Man habe zu wenig getan, um für die Badegäste dezente Wohnmöglichkeiten zu schaffen. Nirgends gäbe es ein Wirtshaus, so daß der Fremde die Wahl habe, sich mit dem Essen der Hausleute zu begnügen, was denen, welche die lokalen Gerichte nicht gewohnt sind, schwer fallen dürfte, oder sich selbst das Essen zu bereiten und dazu das meiste aus Neapel kommen zu lassen. Aber jedes Privathaus, das Gäste aufnimmt, verfüge wenigstens über die nötigen Einrichtungen, um dort baden zu können.

Nur der Kanoniker Tommaso De Siano vereinigt in seinen geräumigen Gebäuden eine vorzügliche Tafel mit guten Zimmern. Freilich läßt er sich seine Bequemlichkeiten auch bezahlen, aber dafür fühlt man sich in jeder Hinsicht wohl, und genießt obendrein eine Aussicht, die nur von der mehr ländlichen Sentinella übertroffen wird.

Der namenlose Gast der Insel zählt zu denen, welche sie gründlich durchwandert haben. Erscheinen in seinen Briefen ja auch die 355 Stufen, die von Testaccio nach dem Marontistrand führen, die Cava Petrelle, das einst kaum besuchte Sant' Angelo und das Kap San Pancrazio! Natürlich fehlt auch der Ausflug auf den Epomeo nicht; als eine größere Gesellschaft von Deutschen in der Sentinella erschien, benützte er die Gelegenheit und schloß sich ihnen an. Am meisten gefiel es ihm aber in der Umgebung von Lacco. Die Blicke vom Monte di Vico und von den ›Stufe di S. Lorenzo‹ böten dem Landschaftsmaler die schönsten Motive auf der ganzen Insel. Die ›Stufe von S. Lorenzo‹ sind zwar zweifellos die am besten eingerichteten, aber manches könnte auch dort besser sein. Das Knie eines Bekannten von ihm ist in ihnen nach wenigen Tagen wieder beweglich geworden. Mit vielen Freunden hat er unter der Pergola der Hütte des dortigen Wächters heitere Abende verbracht. Wo von den ebenfalls viel benützten Sudatorien von Castiglione die Rede ist, bemängelt er, daß es dort keine Möglichkeit gäbe, sich nach dem Schwitzbad auszuruhen. In diesem Zusammenhang würde ein an der Geschichte des ischitanischen Badewesens Interessierter gerne wissen, wann unser Anonymus auf Ischia war, denn 1837 werden bereits zwei diesem Zweck dienende Räume erwähnt, die auch heute noch erhalten sind. Sie schließen unmittelbar an die in den Felsen gehauene Schwitzkammer an, welche in erster Linie für die lokale Behandlung einzelner Körperteile diente und ermöglichte, daß mehrere Personen gleichzeitig behandelt wurden. Den quadratischen Raum umzieht nämlich auf drei Seiten eine Bank, hinter, auf und unter der aus Öffnungen der heiße Dampf kommt, der, wenn nötig, mit Tonröhren leicht auf bestimmte Stellen geleitet werden konnte. Da jener Schwede offensichtlich mehrfach aus dem 1822 erschienenen Ischia-Buch des Ultramontain schöpft und sein Aufsatz 1825 herauskam, ergibt sich, daß er wohl 1823 oder 1824 auf der Insel weilte, und daß die Vergrößerung um 1830 vorgenommen wurde.

Das sehenswerte Sudatorium, um dessen Wiederherstellung ich mich bemüht habe, ist in Privatbesitz. Bis vor wenigen Jahren gab es ganz in der Nähe ein zweites, etwas tiefer gelegenes. Daß es, um Platz für den Zugang zu einer auf dem Hügel errichteten Villa zu schaffen, zerstört wurde, ist besonders bedauerlich; stellte es doch in höchst primitiver Form den häufigeren Typ dar, bei dem der Kranke nackt in eine Grube stieg, aus deren Wänden der heiße Dampf strömte, um dann mit einem Tuch zugedeckt zu werden, das nur den Kopf frei ließ.

Wo der Verfasser über die Geschichte der Insel, die verschiedenen Ortschaften oder die vulkanische Natur berichtet, werden seine Briefe etwas trocken, aber andererseits spricht aus ihnen, daß er für alles Interesse hatte und daß es ihm auch nicht an Verständnis für die Bevölkerung fehlte. Schreibt er doch im letzten Brief:

Erlaubt mir nun, daß ich noch einige allgemeine Worte über die Inselbewohner sage; ich tue das sehr gern, denn ich kann nur Günstiges über sie berichten. Dank ihrer natürlichen Güte und der Einfachheit ihrer Sitten gewinnen sie sich die Zuneigung aller Fremden. Wenn sich darunter auch ein bißchen Egoismus verbirgt, so läßt sich der leicht mit einer lächerlichen Kleinigkeit befriedigen. Diebstähle kommen nicht vor, Raub oder Mord sehr selten. Türen und Fenster bleiben Tag und Nacht offen, auch wenn niemand im Hause ist. Jedermann kann ungefährdet in den entlegensten Gegenden herumstreifen . . . Die Männer sind zumeist von harter Art, unermüdlich, wenn es gilt, das Brot für sie und ihre Familie zu verdienen; unglaublich ist, welch harte Arbeit sie mit nackten Füßen und mit ihrer kärglichen Kost zu leisten vermögen. Oft nehmen sie während des ganzen Tages nicht mehr als ein paar Feigen, einige Zwiebeln und ein Glas Wein zu sich. Ochsenfleisch kennen sie nur dem Namen nach, selbst Brot zählt nicht unbedingt zu ihrer täglichen Kost.

Sein letzter Brief schließt mit den Worten:

Du schöne gesegnete Insel! . . . Du bist so anziehend für unsere Phantasie, so still, so ruhig, als ob der ewige Frieden des Himmels über Dir ruhte. Werde ich je auf dieser Erde auch nur einen Schatten von Dir wiederfinden?

Außer dem namenlosen Autor ist uns leider nur noch ein weiterer Vertreter Schwedens bekanntgeworden, welcher in der von uns behandelten Zeit nach Ischia kam und etwas über seinen Aufenthalt veröffentlichte. Es ist dies *Fredrika Bremer*, eine überaus fruchtbare Schriftstellerin, die über fünfzig Bände Romane, Novellen und Reisebeschreibungen hinterlassen hat. In einer der letzteren, die sich ›Zwei Jahre in der Schweiz und in Italien‹ nennt, berichtet sie eingehend über ihren in das Jahr 1858 fallenden Ischia-Aufenthalt. Zum Glück gibt es von ihr auch eine englische Ausgabe, so daß wir diesmal keine nordischen Freunde um ihren Beistand bitten mußten.

Fredrika Bremer war eng mit Andersen befreundet, hat sich aber erfreulicherweise nicht durch seine ablehnende Haltung beeinflussen lassen. Als dieser 1837 zum ersten Mal nach Schweden kam – sein ›Improvisator‹ war kurz vorher erschienen –, hatte er den sehnlichen Wunsch sie kennenzulernen, und ein glücklicher Zufall wollte, daß sie, von einer Reise nach Norwegen kommend, unterwegs das Schiff bestieg, auf dem Andersen durch die Seen und Schleusen des Kanals nach Stockholm fuhr, wo Fräulein Bremer zu Hause war. »Es war eine Bekanntschaft von großem Interesse und nicht ohne Einfluß auf mich«, schreibt er in dem ›Märchen meines Lebens‹. Ein andermal nennt er sie »eine edle Frau, welche die großen trostreichen Wahrheiten der Religion, das Poetische in den stillen Einzelheiten des Lebens tief durchdrungen haben und die den Genius besitzt, es äußern zu können«. Die beiden blieben in ständigem Briefwechsel und Fredrika machte in Schweden eifrig Propaganda für Andersens Veröffentlichungen; als sie einen Winter in Kopenhagen verbrachte, widmete sie ihm anläßlich einer Abschiedsfeier zum Andenken einen Becher und ein ihn verherrlichendes Gedicht. Bei einer späteren Gelegenheit wurde Andersen in Stockholm von Fredrikas Mutter wie ein Kind des Hauses aufgenommen.

Fredrika Bremer kam mit einem ihr sehr lieben Fräulein M. und zwei Herren, deren Namen sie uns auch nicht verrät, nach Ischia. Einer der letzteren war ebenfalls ein Schwede. In Baia hatten sie ein Boot gemietet. Es war eine herrliche, sternenklare Nacht, vom Vesuv floß glühende Lava, aber die üblichen Rufe, mit denen sich die beiden Ruderer aneiferten, paßten wenig zu dieser Stimmung: »Andiamo mangiare i maccaroni! Andiamo a Ischia per ballare la tarantella! Viva il Re di Napoli! E gli maccaroni, si! Ma – amo più i maccaroni, che il Re di Napoli!« Als sie gegen Mitternacht in Casamicciola ankamen, gingen sie wohl in die ja allgemein gerühmte Piccola Sentinella, aber am anderen Morgen zog man vor, in die nahe Villa Pisani, in der wir später auch Ibsen treffen werden, überzusiedeln und blieb in ihr nahezu einen Monat. Der Schwede mußte wieder nach Neapel zurück, aber das Fräulein und der andere Herr blieben bei Fredrika. Da jeder der drei einer anderen Nationalität angehörte, sprach man französisch miteinander. Mit dem jungen, gesprächigen Wirt Crescenzo und den Speisen, die er kochte, waren sie sehr zufrieden, und Fredrika war vor allem froh, daß sie außer ihrem Schlafzimmer ein von Klematis beschattetes Plätzchen hatte, wo grüne Eidechsen die einzigen stummen Gäste waren, und an dem sie ungestört einer Novelle, die sie eben beschäftigte, die endgültige Form geben konnte.

Fräulein M. und der zurückgebliebene Herr streiften inzwischen durch die Insel, waren immer beisammen und spürten nichts von der sommerlichen Hitze, die Fräulein Bremer allmählich quälte. Sie hatten sich rasch ineinander verliebt und dachten ernstlich ans Heiraten. Fredrika hingegen hoffte, in Sorrent mehr Kühle zu finden und hatte, allen Vorstellungen des Wirtes zum Trotz, schon den Tag der Abreise bestimmt, ja das Gepäck war bereits in das Boot gebracht worden, da kam ihr Landsmann bleich und in bedenklichem Zustand aus Neapel und berichtete von den unerträglichen Zuständen in der Stadt, wo die Dysenterie wütete. Ihm zuliebe und einer inneren Stimme folgend, welche die Dichterin geheimnisvollen magischen Kräften der Insel zuschrieb, entschloß sie sich, nun doch zu bleiben und ließ ihr Gepäck wieder in die Villa Pisani schaffen. Das Paar aber zog es vor, zu reisen, denn das »ungewöhnlich liebenswerte Mädchen« wollte in Rom die für die Heirat nötigen Schritte tun.

Damit begann eine zweite Periode des Ischia-Aufenthaltes, in der sich abermals eine Fredrika noch viel näher gehende Liebesgeschichte abspielen sollte. Den Auftakt bildete schon am nächsten Tag ein gewaltiges, alles erfrischendes Gewitter. Die Stürme hielten noch etliche Tage an, und Fredrika fühlte sich in der unerhofften Kühle wie neugeboren. Der Zufall wollte, daß an einem dieser stürmischen Tage zwei weitere Gäste in der Villa Pisani erschienen, an denen sie in Bälde innigsten Anteil nahm: ein besonders stattlicher Italiener, der sich dann als der wohlhabende Inhaber einer Bank in Turin entpuppte, welcher zu seinem Vergnügen umherreiste und die Absicht hatte, anschließend nach Griechenland und dem Nahen Osten zu reisen, und ein reizendes Mädchen, ein Waisenkind aus Rocca Tarpeia. Es war allein bei diesem Unwetter angekommen und sah sich hilflos dem üblichen Ansturm der Führer und Zimmervermieter an der Marina preisgegeben. Da befreite jener nicht mehr junge Kavalier, der auch eben erst angekommen war, das Mädchen mit seinem Stock und seinen kräftigen Händen von der aufdringlichen Gesellschaft und führte es hinauf zur Villa Pisani. Fredrika war vom ersten Augenblick an entzückt von der zierlichen Gestalt, dem seelenvollen Blick, der Pracht ihrer Haare und schloß innige Freundschaft mit ihr. Sie nennt sie in ihren Memoiren ihr »Sommerkind«, ihre »Prinzessin Elsa«. Aber auch das ernste, sichere Wesen des reifen Begleiters gefiel ihr sehr gut, so daß sie zusammen mit dem zurückgekehrten Schweden vom ersten Tag an ein harmonisches Quartett bildeten.

Alltäglich gingen sie nun miteinander an den Strand, wo sie in einer Grotte badeten, die Abende verbrachten sie zusammen, die »Sommertochter« sang deutsche und neapolitanische Lieder. Des öfteren kamen jetzt in der Hochsaison auch Musikanten aus Neapel, die freilich keine so schöne, reine Stimme hatten, wie das junge Mädchen. Fredrika schloß es immer mehr ins Herz, aber auch der Herr aus Turin gewann sie immer lieber und begann, ihr des Morgens Blumensträuße vor die Türe zu legen, bis er das Waisenkind eines Tages fragte, ob es ihn heiraten wolle. Begreiflicherweise erhielt der wesentlich Ältere nicht sogleich ein Jawort. Beide zogen Fredrika ins Vertrauen, die dem Mädchen natürlich riet, sich wohl zu prüfen. Der Bewerber hatte Verständnis für dies Verhalten, umgab es auch weiterhin mit seinen Aufmerksamkeiten und wartete geduldig auf die Entscheidung.

Aber wir dürfen nicht glauben, daß Fredrika nur von solchen Liebesgeschichten spricht, wie sie sich gewiß oft unter den Gästen der Insel anspannen. Wie die meisten Nordländer, vermißte auch sie bei der Bevölkerung tieferes religiöses Empfinden. Die Musik, die sie in einer nahen Kirche zu hören bekam, fand sie entsetzlich, ein Gemisch von Militär- und Tanzmusik; bei einer Prozession am S. Antonio-Tag erschienen ihr die Priester, von denen einer gar die Zeitung las, die am wenigsten Andächtigen. Andererseits hat aber auch wieder eine Szene, die sie des öfteren beobachtete, tiefen Eindruck auf sie gemacht. Zwischen zwei sich gabelnden Wegen lag in Casamicciola eine halbrunde, offene Kapelle, ›il Calvario‹ genannt, in der fünf schwarze Kreuze standen. Vor dem mittleren, größten, das mit den Marterwerkzeugen geschmückt war, brannten jeden Abend Kerzen; frische Rosensträuße standen neben der Muttergottes und Männer und Frauen knieten in tiefster Trauer davor.

Von besonderem Interesse ist, was Fredrika Bremer über den Besuch des Königs Ferdinand II. erzählt, der eines Tages auf einem prächtigen Dampfer mit seiner zweiten Gattin Maria Theresa und seiner Kinderschar – sie hatte ihm zehn Kinder geboren – kam, um die heiße Zeit in dem Palazzo zu verbringen, den Francesco Buonocore vor mehr als einem Jahrhundert erbaut hatte. Es sollte der letzte Sommer sein, den er auf Ischia verbrachte, denn schon im Mai des kommenden Jahres starb er. Die einheimische Bevölkerung sah diese sommerlichen Besuche wenigstens zum Teil nicht ungern, denn wir lesen, daß so manche Häuser Fahnen aufgezogen hatten und abends illuminierten, aber auch auf Ischia gab es natürlich wie überall im Reich erbitterte Bourbonenfeinde. Die Angst vor Attentaten, wie sie schon mehrmals versucht worden waren, verließ den König jedenfalls auch auf Ischia nicht und wirkte sich auf die Fremden in recht unangenehmer Weise aus. Die peinliche Überwachung der Straßen und der Personen war für die Nordländer etwas völlig Neues. Auf allen Wegen gab es Bewaffnete, und in die Villa Pisani kamen die Polizisten dreimal, um die Pässe zu kontrollieren und die Gäste auszufragen. Jeder wurde einzeln verhört, nur das Mädchen nicht, das es fast übel nahm, daß sie nicht für voll galt. Am nächsten Abend kamen sie wieder, diesmal begleitet von einem Soldaten, der Handschellen bei sich hatte. Man suchte den Verfasser eines an den König gerichteten Drohbriefes, von dem man annahm, daß er auf der Insel weile, und hatte für den, der ihn ausfindig machen würde, fünfzig Scudi ausgesetzt. Kein Wunder, daß so mancher Badegast es vorzog, ob solcher Belästigung die Insel zu verlassen.

Hie und da begegneten sie auf ihren Spaziergängen dem König, bald in Begleitung der Königin, bald mit seinen Kindern. Er kutschierte dann selbst den kleinen Wagen, sah wie ein wohlhabender Metzger aus mit seinem nicht häßlichen, aber viel zu fetten Gesicht, und pflegte ruhelos und ängstlich um sich zu blicken. Der immer noch hübschen Königin, die liebenswürdig grüßte, sah man an, daß sie sich der bedenklichen Lage des Königlichen Hauses wohl bewußt war. Erwartete man den König irgendwo, so wurden vorher Wachen stationiert, welche die Straßen von Personen reinigten, die ihn sehen oder vielleicht auch eine Bittschrift überreichen wollten. Ein italienischer Zeitgenosse und Bourbonenfeind, der Advokat Enrico Di Martino, berichtet in seinen Memoiren ganz ähnlich über die unerfreulichen Begleiterscheinungen der königlichen Sommerfrische. Überall wimmelte es dann von Spionen, auch schon auf den Schiffen, die von Neapel kamen, und natürlich auch an den Landestellen.

Während die Bourbonenfeinde immer kühner wurden, trieb die Mentalität der Königstreuen manchmal groteske Blüten. Erzählt uns doch dieser Advokat, daß der König und die Königin einmal – es war im Jahre 1853 – einen Ausflug zur Südseite der Insel machten. Oberhalb von Barano verließen sie ihre Sänften, um die Aussicht zu genießen. Aber der Königin war dies nicht möglich; sie war bleich, schier verkrampft, konnte nicht still stehen und flüsterte schließlich dem König etwas ins Ohr. Daraufhin führte dieser sie rasch in ein nahes Haus, an den Eingang trat eine Wache, und schon kam auch der Besitzer Sebastiano Di Meglio gelaufen und eilte zu seinen hohen Gästen. Als diese das Haus kurz darauf wieder verließen, stiegen sie sogleich in ihre Sänften und verschwanden. Noch heute erinnert eine Inschrift an diesen Besuch, in dem Salotto des Hauses aber stand bis zum Jahre 1860 eine geschliffene Flasche mit einer gelblichen Flüssigkeit, und am Namenstag der Königin Theresa wurden alljährlich, wie vor einem Heiligenbild, zwei Kerzen neben dieser Flasche angezündet. Di Martino versichert, daß er diese Reliquie selbst gesehen habe und berichtet außerdem, daß der königstreue Ischitaner nach Eröffnung des Hafens zum Wächter des Leuchtturmes ernannt wurde und daß seine Fürsprache bei Hof so manchem von Nutzen war. Als ich die Flasche auch sehen wollte, konnte man mir nur noch den originalen Topf zeigen.

Unser Quartett ließ sich durch die polizeilichen Maßnahmen nicht stören; man nahm weiterhin die Bäder im Meer und machte allerlei Ausflüge. Einmal ließen sie sich zum Beispiel nach der Villa dell'Arbusto in Lacco rudern, wo damals eine englische Familie namens Stuart gemietet hatte. Da sang auf der nächtlichen Rückfahrt das »Sommerkind«, während das Boot von leuchtenden Medusen umgeben war und feurige Tropfen von den Rudern fielen, das Santa Lucia-Lied, dessen Text Fredrika in ihre Memoiren aufnahm, hoffend, daß sich auf diese Weise jemand fände, der es ins Schwedische übersetzen würde. Die beiden dort bei der S. Lucia-Feier gesungenen Texte entstanden jedoch unabhängig von dem italienischen Lied erst im 20. Jahrhundert.

Ein andermal ging es nach Procida, ja eines Tages wurde sogar eine Rundfahrt um die Insel gemacht, ein Unternehmen, das bisher in keiner der Reiseerinnerungen aufgetaucht ist. Zwischen dem Monte di Vico und der Punta dell'Imperatore hatten die fünf Bootsleute schwer gegen den Gegenwind zu kämpfen, aber dann wurde es besser. Hinter Sant' Angelo stieg die Gesellschaft an Land, oder genauer genommen, ließ sie sich an Land tragen, denn das Ufer war immer noch allzusehr von den Wellen überspült und das Boot mußte weiter außen verankert werden. Ein über den Sand gebreitetes Segel diente als Tischtuch.

Fremde am Marontistrand waren sichtlich damals noch ein Ereignis, denn Fräulein Bremer erzählt, daß allerlei Leute von den Höhen herabkamen, um zu sehen, wer hier tafelte. Der Herr aus Turin machte sich den Spaß, ihnen Rum anzubieten, und man amüsierte sich über die Gesichter, auf denen sich teils Schreck, teils Behagen widerspiegelte. Dann setzte die Gesellschaft die Fahrt zum Borgo d'Ischia fort, und nach insgesamt neun Stunden war sie wieder in ihrer Villa Pisani. Fredrika aber war während der ganzen Zeit wie berauscht von den Farben des Meeres, dessen Wellen in der Sonne glitzerten »wie die Facetten eines ungeheuren Sapphirs«.

Ganz im Gegensatz zu ihrem Freund Andersen verfiel sie von Tag zu Tag mehr dem Zauber der Insel. Daran konnte auch der Umstand nichts ändern, daß die bettelnden Kinder, die mit den ›bajocchi‹ und ›grani‹, die man ihnen gab, nicht zufrieden waren, des öfteren mit Steinen nach ihnen warfen. Aber schließlich hieß es doch Abschied nehmen von Ischia. Mitte Juli gingen alle vier nach Sorrent. Der Herr aus Turin hatte seine weiteren Reisepläne aufgegeben und wollte weiter auf seine stille, vornehme Art um das Jawort von Fredrikas »Sommertochter« werben, die ihm im Grunde bereits sehr zugetan war.

Im Gästebuch der Villa Pisani findet sich wohl eine sehr kurze Eintragung der Bremer, aber die Namen ihrer Begleiter lassen sich in ihm nicht feststellen.

Am 3. Mai 1867 kam in Casamicciola jener Däne an, den wir bereits angekündigt haben und dem der Chronist der Insel insbesondere deshalb dankbar sein muß, weil er uns ein lebendiges Bild von dem intimen Leben Ibsens auf Ischia hinterlassen hat. *Wilhelm Bergsöe* hatte zwar vor einigen Jahren auf Grund einer zoologischen Studie an der Universität Kopenhagen promoviert und anschließend auch noch eine Studie über die Tarantel und die Geschichte des Tarantismus in alter und neuer Zeit veröffentlicht, war aber keineswegs nur Zoologe, sondern zugleich ein Schriftsteller, der es verstand, in amüsanter Weise aus seinem Leben zu erzählen. Ibsen hatte er erst vor kurzem während seines römischen Aufenthaltes kennengelernt, aber die beiden müssen sich dort doch schon recht nahegekommen sein, denn Ibsen gab auf Ischia Bergsöe vom ersten Tag an allerlei scherzhafte Namen, nannte ihn Jakob statt Wilhelm oder gar ›skomager‹, also Schuster. Sie reisten nicht etwa gemeinsam, sondern Bergsöe kam, nachdem er vorher in Begleitung seines Freundes Edvard Collin bereits der Insel einen kurzen Besuch abgestattet hatte, um sich hinsichtlich der Wohnmöglichkeiten zu orientieren, mit seinem Bruder und der Schwester Clara schon mehrere Wochen vorher an. In Neapel hielt er sich nur einen Tag auf, denn als er den dortigen dänischen Konsul aufsuchte, erfuhr er, daß in gewissen Armenquartieren wieder einmal die Cholera ausgebrochen sei. So bestiegen sie schon am kommenden Morgen »einen merkwürdigen kleinen Dampfer, der am ehesten einer Kaffeemühle ähnelte. Es war ein kleines, stinkendes Ding, verraucht, verschmutzt und dicht bevölkert von Ischitanern, die, nachdem sie ihre Fische und ihr Obst auf dem Markt verkauft hatten, wieder nach Hause fuhren«.

Die Ankunft war auch damals noch reichlich tumultuös. Kaum war der Anker vor dem Strand von Casamicciola ausgeworfen, da fiel die Bevölkerung »wie ein Schwarm Fliegen« mit solchem Gestikulieren und Brüllen über die armen Fremden her, daß es eine Weile dauerte, bis sie ein Boot bekamen, das sie an Land brachte. Aber da wiederholte sich der Ansturm in womöglich noch heftigerer Form:

Die ganze Marina war voll von Eseltreibern und ihren Tieren, von Führern und Leuten, die Zimmer anboten, oder das Gepäck tragen wollten. Da aber ein jeder von diesen nur ein Stück desselben ergriff, sah ich mich von zehn bis zwölf jungen Leuten umringt, von denen jeder etwas von unserem Reisegut in der Hand hatte. Da fiel mein Auge auf einen großen schmucken Mann, der sich mit seinem Esel im Hintergrund hielt. Dieses bescheidene Zurückhalten war mir sympathisch, so daß ich zu ihm ging und ihn bat, mir die vielen jungen Kerle vom Hals zu schaffen. Zu meinem Erstaunen geschah dies im Handumdrehen und in einer ganz unerwarteten Weise. Rechts und links fielen ein paar kräftige Ohrfeigen, einige wohlgezielte Fußtritte streckten andere in den Sand, im Nu waren meine Koffer gesammelt, so daß sich die kleine Karawane in Bewegung setzen konnte.

Während der Zug hinauf nach Casamicciola ging, bot sich Francesco Mattera – so hieß der Mann – als Führer für die kommenden Tage an, Bergsöe war damit einverstanden, und von dem Augenblick an waren die beiden unzertrennlich. Ihm hatte er es zu danken, daß er die entlegensten Teile der Insel gründlich kennenlernte und daß er eine Menge Sagen zu hören bekam, die er später in seinen ›Italienischen Novellen‹ und ›Gespenstergeschichten‹ verwertete, welche bereits zwei Jahre, nachdem sie 1874 dänisch erschienen waren, auch bei Reclam übersetzt herauskamen. Vor achtunddreißig Jahren erhielt ich von einem Sohn jenes Bergsöe, dem Archäologen und Techniker Paul Bergsöe, einen Brief, in dem er mir mitteilte, daß er, als er 1911 nach Ischia kam, sich auch eines solchen Führers bediente und er diesen eines Tages, jener Märchen gedenkend, fragte, ob es denn immer noch auf der Insel so viele ›monacelli‹ gäbe, die ob ihrer Sünden keine Ruhe im Grabe fänden. »Nur mein Vater kann Ihnen diese Geschichten erzählt haben!« war die Antwort, und in der Tat, sein Führer war der Sohn jenes Francesco. Dieser war noch am Leben, und so wurde die Freundschaft zwischen den beiden Familien noch herzlicher, und der jüngere Mattera kam sogar eines Tages zu Besuch nach Kopenhagen.

Aber wir wollen die eben Angekommenen nicht allein lassen! Ihr Landsmann, der Dichter Chr. Molbech, hatte ihnen gewisse fromme Schwestern empfohlen, die in einem nicht weit von der Piccola Sentinella gelegenen Haus hübsche Zimmer mit prächtigem Blick vermieteten. Wie Francesco hörte, wohin er die drei führen solle, lächelte er, ohne ein Wort zu verlieren, etwas seltsam und zwinkerte mit den Augen. In der Folge sollte Bergsöe seine skeptische Reaktion nur zu gut verstehen. Die Kost entsprach nämlich keineswegs den bis ins einzelne getroffenen Verabredungen; die drei Nonnen, welche zumeist außer Haus waren und ihre Armenbesuche machten, überließen die Gäste einer völlig tauben Alten und entschuldigten sich Tag für Tag, daß die besseren Lebensmittel aus Neapel erst kommen könnten, wenn ihr leider erkrankter Bote wieder genesen sei!

Inzwischen hatte Bergsöe die Piccola Sentinella gesehen und entschloß sich schließlich, dorthin zu ziehen. Aber seine Absicht in die Tat umzusetzen, war keineswegs leicht. Niemand wollte etwas damit zu tun haben. Die Packträger und Eseltreiber zuckten mit der Achsel und erklärten, sie wären bereits beschäftigt, und selbst der gute Francesco hatte keine Lust, es mit den Nonnen zu verderben und meinte, er würde sich nur sehr ungern mit der Sache befassen. Die anfangs mehr komische Situation begann allmählich tragisch zu werden, denn auch das Hotel erklärte, daß es sich nicht mit dem Umzug abgeben könne. Ratlos stand eines Tages Bergsöe auf der Terrasse, da nahte völlig unerwartete Hilfe. Eine ganze Gesellschaft von Landsleuten, die er alle schon teils von Rom, teils von Kopenhagen her kannte, zog lustig die Straße daher. Kaum hörten sie von der peinlichen Lage, da füllten sie schon die Zimmer der wenig entzückten Schwestern und bemächtigten sich der Gepäckstücke.

Besitzer der Piccola Sentinella war damals ein mit einer Engländerin verheirateter Herr Dombré. Das Hotel war daher zum großen Teil von Engländern besetzt, welche ein volleres Portemonnaie hatten als Bergsöe. Aber schließlich wurden die drei Geschwister doch in einem gewöhnlich unbewohnten Pavillon mit zwei Zimmern und Loggia untergebracht, in dem die volle tägliche Pension nur zwanzig Franken kostete, und sie blieben hier, in jeder Hinsicht zufrieden, den ganzen Sommer.

Eines Tages – es war der 21. Mai 1867 – hörte man schon am frühen Morgen rasche Schritte, und eine Stimme rief: »Hallo, Schuster Jakob, bist du auf? Mach' auf, Jakob!« Es war *Henrik Ibsen*, der am Tag vorher angekommen war und wie Fredrika Bremer in der nahen Villa Pisani, der heutigen Villa Ibsen, gemietet hatte. Von diesem Augenblick an verging kein Tag, an dem sich die beiden nicht getroffen hätten, sei es, daß sie gemeinsame Spaziergänge unternahmen oder in der kleinen gemütlichen Osteria an der Piazza Bagni saßen. Ibsen war nicht nach Ischia gekommen, um der Ruhe zu pflegen. »Ja, nun muß ich arbeiten, ich fühle mich wie ein steigender Hengst, der springen muß!« Es waren nun schon drei Jahre vergangen, seit er Norwegen mit einem staatlichen Stipendium von 1600 Kronen verlassen hatte, und bald darauf war auch seine Gattin Susanna mit der Tochter Sigurd zu ihm nach Rom gekommen. Seine Mittel waren damals noch recht beschränkt, und hin und wieder mußte private Hilfe wenigstens für das Minimum Sorge tragen, welches zu einem dezenten Leben nötig war. Bergsöe erzählt uns, daß Ibsen einmal, nachdem er sich einige von den furchtbaren Zigarren gekauft hatte, welche die Einheimischen rauchen, die kleine Ausgabe im Notizbuch eintrug. »So etwas schreibst du auf?« frug er ihn. »Ja, seit ich verheiratet bin, muß ich strenge Rechnung über alle unsere Ausgaben führen. Als ich noch jung war, habe ich das nie getan«, gab der künftige Millionär zur Antwort.

Im vorhergehenden Jahr hatte Ibsen den ›Brand‹ geschrieben, und nun formte sich in seinem Kopf ›Peer Gynt‹. Er war ja kein Dichter momentaner Inspirationen, sondern einer, der sich monatelang in einen Stoff vergrub und ihn in allen Einzelheiten formte, bevor er ihm die äußere Form gab. Die Idee des ›Peer Gynt‹ war ihm bereits in Rom gekommen, Bergsöe erzählt uns, daß er, wenn man ihm in dieser Zeit auf dem Monte Pincio begegnete, schweigsam und verschlossen war und nichts von dem üblichen heiteren Geplauder der Künstler wissen wollte. Auf Ischia hielt er sich mit einer, um mit Bergsöe zu reden, kontormäßigen Pünktlichkeit an die einmal gewählte Tageseinteilung. Er stand am frühen Morgen auf, machte einen Spaziergang, nahm seinen Morgenkaffee und begann punkt 10 Uhr zu schreiben. Frau und Tochter mußten aus dem Hause, denn er wollte, wenn er arbeitete, völlig allein sein. Meist weilten die beiden irgendwo am Ufer des Meeres. Um 2 Uhr hörte er auf zu arbeiten, machte eine Siesta und aß anschließend zu Mittag. Am Nachmittag wurde die Tagesleistung nochmals durchgesehen und nahezu kalligraphisch ins reine geschrieben. Ibsen war ständig von der Angst gequält, es könne ihm jemand sein Manuskript rauben, und schloß es daher jedesmal mit großer Umständlichkeit ein. Kam dann die Abendkühle, so erschien er unter dem Fenster des Freundes und rief: »Hallo! Jakob, nun wollen wir aber mal einen guten Schluck tun!«

So begann der Abendspaziergang, den sie tagaus, tagein auf der vom heutigen Majo nach Forio ziehenden aussichtsreichen Straße machten. Anfangs erzählte der ja niemals gesprächige Ibsen wenigstens noch dieses oder jenes, aber je mehr sich die beiden Forio näherten, desto schweigsamer wurde er, und schließlich steigerte sich dieser Zustand zu völliger Geistesabwesenheit, die auch Bergsöe verstummen ließ. Allmählich rötete sich der Himmel und sie erreichten eine kleine Kapelle, in der vor einer reichgeschmückten Madonna eine Lampe brannte. Hier pflegte Ibsen stehen zu bleiben, blickte über das Meer auf die fernen Ponza-Inseln und sagte in tiefem Ernst: »Lad os vende! – wir wollen umkehren.« Schweigend kehrten die beiden auf dem gleichen Wege nach Casamicciola zurück.

In welchen Zustand völliger Abwesenheit Ibsen auf diesen Wanderungen geriet, vermittelt uns eine Erzählung seines Freundes. Eines Abends standen sie wieder einmal vor jener Kapelle und Ibsens Augen glitten über die Gegend, da sagte er plötzlich: »Welch' herrlicher Hopfengarten liegt doch dort!« Als Bergsöe verwundert erwiderte, das sei ja kein Hopfen, sondern ein Weinberg, bekam er zur Antwort: »Ja, du hast recht, ich muß mich manchmal selbst an den Ohren nehmen, um nicht zu vergessen, daß ich nicht in Norwegen bin.« Daraufhin fragte Bergsöe, warum er denn dann nicht nach Hause führe. In Erinnerung an all das, was er dort erlebt hatte, straffte sich Ibsen und antwortete mit funkelnden Augen: »Zurück? Glaubst du, daß ich mich von Gänsen tot reden lasse? Ich gehe nicht zurück nach Norwegen, bevor Norwegen mich ruft.« In der Tat blieb er ja siebenundzwanzig Jahre im Ausland, vor allem in Dresden und München, und weilte etliche dieser Jahre auch nach 1867 in Italien.

An Selbstbewußtsein fehlte es ja Ibsen keineswegs. Des öfteren äußerte er Bergsöe gegenüber, daß er nicht für die Zeit, sondern für die Ewigkeit arbeite, und als er dann hören mußte, daß kein Ding so weit reiche und daß auch die größten Geister schließlich nach Tausenden von Jahren vergessen würden, da fuhr er wütend auf. »Bleib' mir vom Leibe mit deiner Metaphysik, raubst du mir die Ewigkeit, raubst du mir alles.« Wenn Ibsen in ständiger Angst vor dem Tode oder einem Unglücksfall lebte, so war das nicht etwa ein Zeichen der Feigheit, sondern seiner Furcht, es könne ihm versagt werden, den Höhepunkt seines stets erträumten Ruhmes zu erleben. Das war auch letzten Endes der Grund, warum er so regelmäßig lebte, nie an den langen Ausflügen teilnahm, die Bergsöe mit seinem Francesco machte, ja nicht einmal einen Esel bestieg, nachdem er einmal in Genzano einen kleinen Unfall erlebt hatte.

Nur in einer Hinsicht blieb er nicht konsequent. Der Abend gehörte Bacchus! Da wanderten sie dann in der Dunkelheit durch die duftenden Akazienalleen, in denen die

Glühwürmchen blinkten, zur kleinen Osteria an der Piazza Bagni. Hier wurde Ibsen ein völlig anderer, erzählte unbeschwert allerlei Geschichten aus Norwegen und ließ sich den Ischiawein schmecken, bis er schließlich zu sagen pflegte, es sei jetzt wohl an der Zeit, nach Hause zu gehen. Das war aber meist nicht ganz ernst gemeint, denn wenn Bergsöe sich damit einverstanden erklärte, bat er ihn gewöhnlich in höchst komischer Weise, ihm doch noch wenigstens ein letztes Viertel zu gestatten. »Aber nein, es könnte mir vielleicht etwas zustoßen. Ich bin ja gar nicht sicher, ob ich noch vom Stuhl aufstehen kann. Aber geh, Jakob, schenk mir trotzdem noch ein Glas ein, du bürgst mir ja für eine gute Heimkehr!« So tranken sie eben dann doch noch einen Schoppen, bevor sie, munter plaudernd, im Mondschein nach Hause gingen.

Begreiflicherweise begannen die täglichen Spaziergänge in Richtung auf Forio Bergsöe mit der Zeit etwas langweilig zu werden. Aber Ibsen wollte im allgemeinen nichts von anderen Vorschlägen wissen, und in der Tat endete der Ausflug, wenn es doch einmal gelang, ihn zu einem solchen zu überreden, fast immer übel. So zum Beispiel, als er sich zur großen Überraschung Bergsöes eines Tages bereit erklärte, die sogenannte Valle del tamburo oberhalb der Piazza Bagni zu besuchen, die dank ihrer heißen Quellen und Fumarolen und der interessanten thermophilen Flora auch Bergsöe begeisterte. Solange die Schlucht noch breit und der Pfad einigermaßen gangbar war, ging alles gut, aber als sie immer dunkler und unheimlicher wurde und man schließlich nur noch auf den im heißen Bach liegenden Steinen sich vorwärts bewegen konnte, da weigerte sich Ibsen, weiter zu gehen. »Wohin willst du mich denn bringen? Willst du mich in das Innerste des Berges führen? Ich gehe nicht weiter, der Berg könnte sich ja über uns schließen!« Vergeblich suchte Bergsöe ihn zu beruhigen. »Wie leicht kann ein Felsblock auf uns stürzen und uns zerquetschen, ich will heraus, ich will nach Hause!« Ohne auf die Rufe des Freundes zu achten, eilte er zurück und ließ sich den ganzen Abend nicht mehr blicken.

Der Versuch, an einem stürmischen Tag vom Citarastrand aus die Punta dell'Imperatore zu erreichen, endete auf ähnliche Weise. Während Bergsöe nicht ohne Mühe eine der steilen Klippen erreichte, von denen aus er das Meer zu seinen Füßen gegen die Felsen toben sah, blieb Ibsen zurück, und als Bergsöe sich nach ihm umdrehte, sah er ihn, einen Felsblock mit beiden Händen umklammernd, am Boden liegen. Wie rasend schrie er: »Du willst mich umbringen! Warum kamst du nicht, als ich dich rief?« Bergsöe hatte ihn bei dem Tosen der Brandung nicht gehört. »Niemals werde ich dich wieder auf diesen Pfaden, die du die Wege des Naturforschers nennst, begleiten!«

Ein andermal wollte Ibsen die Casa Zavotta besuchen, welche, wie wir hörten, damals zu den vornehmsten Gaststätten der Insel zählte. Als sie im Dunkeln auf dem Heimweg waren, stießen sie auf einen Hund, der den Eingang zu einem Garten bewachte. Statt ruhig vorbeizugehen, begann der ängstliche Ibsen zu laufen, der Hund schnappte nach ihm und ritzte dabei die Hand. Diese Begegnung und vor allem die Angst, das Tier könne tollwütig gewesen sein, lösten einen tagelangen schweren Erregungszustand aus.

Als es schließlich Bergsöe nach manchen vergeblichen Versuchen endlich doch gelang, Ibsen zu einer Fußtour auf den Epomeo zu bewegen und man dazu sogar den steilen, mühsamen Aufstieg von Casamicciola wählte, wäre das Unternehmen beinahe wirklich schlecht ausgegangen. Ohne eine List Bergsöes hätte sich Ibsen nach den bisherigen Erfahrungen freilich kaum dazu bereit finden lassen. Er hatte von einer unflätigen Kritik gehört, die in der dänischen Zeitschrift ›Patria‹ über des Freundes erste Dichtungen erschienen war, und wollte sie durchaus zu lesen bekommen. Da Bergsöe sie ihm jetzt als Lohn versprach, gab er schließlich seinem Drängen nach.

Die Tage waren inzwischen bereits ziemlich heiß geworden, so daß man schon um 5 Uhr, als es noch kein Frühstück gab, aufbrach. Anfangs ging alles gut, aber als der Pfad immer steiler und die Hitze immer empfindlicher wurde, begann Ibsen bereits alle Augenblicke stehen zu bleiben, um sich den Schweiß abzuwischen, und schließlich erklärte er, daß er nicht weiter könne; er habe nichts gegessen und sei jetzt hungrig und müde. Bergsöe erinnerte sich eines nicht zu fern gelegenen Bauernhauses, wo man sicher etwas zu essen und zu trinken bekommen könne. Bald saßen die beiden vor einer dampfenden ›Frittata‹, die freilich mit so viel Knoblauch gewürzt war, daß den beiden Nordländern der Appetit verging. Desto mehr waren sie aber von dem Wein begeistert, der aus dem nahen Keller kam. »Wir wollen doch, bevor wir aufbrechen, noch einige Viertel trinken, ich habe nie einen so guten Wein gekostet«, sagte Ibsen, und der Bauer mußte noch mehrmals in den Keller gehen. Jetzt war der Augenblick gekommen, in dem Bergsöe die Zeitung hervorholte und die schlimme Besprechung vorlas. Jedesmal, wenn einer von den groben Ausdrücken kam, hob Ibsen sein Glas: »Auf dein Wohl, Jakob!« Welch seltsame Szene spielte sich damals in jenem Bauernhaus oberhalb Casamicciola ab! Als die Vorlesung beendet war, ließ sich Ibsen die Zeitschrift geben und steckte sie mit den rätselhaften Worten ein: »Ich werde dir zeigen, wie man dergleichen benützen muß.«

Endlich schlug Bergsöe vor, aufzubrechen, und Ibsen war nach einem weiteren Viertel einverstanden. »Aber jetzt geschah etwas sehr Seltsames«, lesen wir in den Memoiren, »der alte Vulkan begann zu zittern, so daß es uns, allen Anstrengungen zum Trotz, nicht möglich war, gerade zu gehen. Es war, wie wenn man auf schwingendem Boden ginge.« »Was ist das«, frug Ibsen, »ich glaube, es ist ein Erdbeben.« »Ach was! Das ist die Wirkung des Epomeo-Weines! Es wird besser sein, wir kehren um«, antwortete der vernünftigere Freund. Ibsen war der gleichen Meinung und fing an, so schnell, »mit kleinen, steifen Schritten, wie ein Tanzlehrer« zu laufen, daß der andere ein gut Teil zurückblieb. Da schrie Ibsen: »Hier gibt es einen Abschneideweg!« und bog nach rechts ab. »Nein, nein, wir müssen auf dem alten

Pfad bleiben, es gibt keinen anderen«, rief der Freund zurück. Als er dann an die Stelle kam, sah er sogleich, daß es sich um einen Bergrutsch handelte, wie sie in diesem mit Lockermaterial – Bimssteinen, Aschen- und Tuffblöcken – bedeckten Gebiet häufig sind. »Halt, halt«, rief er, »das ist kein Weg, es ist ein Bergrutsch, du wirst fallen!« Aber Ibsen, hartköpfig wie er war, ließ sich nicht überzeugen und nötigte so Bergsöe, ihm zu folgen. Er erwischte ihn an seinen Rockschößen; da wurde Ibsen böse und schrie: »Laß mich los! Du kannst gehen, wo du willst, ich nehme diesen Weg.« Energisch machte er sich frei, aber bei diesem Kampf begann der Boden zu rutschen und die beiden glitten, erst langsam und dann immer schneller, in einer Wolke von Staub und Sand den Berg hinab, stießen dabei an einen harten Gegenstand und kollerten von da an über Sand, Lapilli und Felsbrocken wie in einem Nebel, ohne vor oder neben sich etwas zu sehen, den steilen Hang hinunter, bis sie vor einer Mauer lagen, die den Weg begrenzte, auf dem sie hätten bleiben sollen. Als sie wieder auf den Beinen standen, waren wohl ihre Kleider voll Staub, aber, von etlichen Kratzern abgesehen, war ihnen glücklicherweise nichts passiert. Ibsen stand für einen Augenblick still und atmete tief, dann schaute er zurück und meinte: »Das war ein verteufelter Abstieg!« Mit dem Gefühl, dem Tode entronnen zu sein, gingen sie von nun an stumm ihres Weges.

Bevor sie an die Piazza Bagni kamen, reinigten sie sich, so gut es ging, dann machte Ibsen aus der Zeitung eine Art Trompete und meinte: »Jetzt wollen wir auf diese Kritik pfeifen.« Wie ein Musikant tänzelte er, das papierne Instrument am Mund, zur großen Verwunderung der Leute, die vor dem Café saßen, quer über den Platz.

Das war der letzte ›Naturforskerudflugt‹, zu dem Ibsen sich verführen ließ. Von nun an beschränkte er sich wieder auf den gewöhnlichen abendlichen Spaziergang.

Allmählich wurde die sommerliche Hitze immer schlimmer. Auch Bergsöe litt nicht wenig unter ihr, und wenn er

Ibsen traf, fand er ihn derart aufgelöst, daß er um seine Gesundheit bangte und ihm riet, er solle doch seine Arbeit für eine Weile unterbrechen; aber Ibsen wollte nichts davon wissen, er sei dem Ende seines Stückes nahe und müsse arbeiten. Damals war es auch, daß Ibsen, der sonst nie über den Stoff, mit dem er sich befaßte, sprach, auf einem der Abendspaziergänge Bergsöe fragte, ob man wohl einen Mann auf die Bühne bringen könne, der mit einer Schmelzpfanne, so groß, daß man Menschen darin umschmelzen könne, durch den Wald läuft. Es war die seltsame Figur des Knopfgießers, der am Ende Peer Gynt begegnet, und die ihm damals im Kopf herumging.

In der ersten Augusthälfte wurde Bergsöe von einem überaus heftigen, drei Tage dauernden Fieber überfallen und fühlte sich noch recht elend, als er am 14. August frühzeitig zu Bett ging, aber keinen Schlaf finden konnte. Er hörte daher, wie es in Casamicciola 12 Uhr schlug, kurz darauf erschreckte ihn jedoch eine gewaltige Detonation. Es war, wie wenn Tausende von Metallplatten oben am Epomeo zersprungen wären, dann schien es, wie wenn ein großer Zug mit höchster Geschwindigkeit den Berg herunterrase, und gleich darauf vernahm man ein mächtiges unterirdisches Getöse. Die Mauern schwankten, das Bett rückte einen halben Meter von der Wand, die Türen sprangen auf, obwohl sie verriegelt waren, und schwangen hin und her, der Verputz fiel von der Decke. Es war eines jener Beben, die dem so katastrophalen von 1883 vorausgingen, von denen man aber des Fremdenverkehrs wegen möglichst wenig Aufhebens machte. Auch Herr Dombré beruhigte lächelnd seine Gäste. Es sei ja kein Erdbeben, sondern nur eine ›scossa di terra‹ gewesen, wie sie auf Ischia nichts Besonderes darstellten, deshalb bräuchten die Herrschaften nicht abreisen.

Merkwürdigerweise überliefert uns Bergsöe gar nichts über den Eindruck, den diese Nacht auf Ibsen gemacht hat. Aber zwei Tage später sollte es sich zeigen. Die beiden machten den üblichen Abendspaziergang, kamen aber nur bis zur

Pfarrkirche in Casamicciola di sopra, weil Bergsöe sich noch allzu schwach fühlte. Ihr Turm hatte einen so breiten Riß bekommen, daß Ibsen leicht seine Hand hineinlegen konnte. Wortlos sah er seinen Freund an und verließ am nächsten Tag die Insel, um in Sorrent sein Werk zu vollenden. Bergsöe und seine Geschwister blieben noch eine Woche, aber die meisten Neapolitaner folgten dem Beispiel Ibsens.

Wir haben bisher die interessantere Gestalt des großen Dramatikers, die dank den Erzählungen Bergsöes so lebendig vor unseren Augen steht, in den Vordergrund gerückt. Er war mit neununddreißig Jahren nach Ischia gekommen, in einer Zeit, in der er die Gewohnheiten des Bohemiens abgelegt hatte und begann, sich mit einer gewissen Eleganz zu kleiden. Er rasierte jetzt das charakteristische Kinn und ließ nur den dichten Backenbart stehen. Auch ein schlankes Spazierstöckchen mit silbernem Knopf durfte nicht fehlen. Seiner Umgebung gegenüber hatte er eine gewisse Zurückhaltung angenommen; nur wenn er mit Bergsöe zusammen war, vergaß er jede Pose und gab sich, wie er wirklich war. Aus allem, was dieser uns berichtet, geht deutlich hervor, daß er keinerlei Interesse daran hatte, die Insel genauer kennenzulernen und daß ihn ihre Schönheiten kaum beeindruckten. Entrückt von allem, was ihn umgab, lebte er in der phantastischen Welt Peer Gynts, und wenn er sich gelegentlich den Ischia-Wein allzu gut schmecken ließ, so war das für ihn das einzige Mittel, die Gespenster zu verscheuchen, die ihn den ganzen Tag gefangen hielten.

Nachdem bereits 1928 an der Marina von Casamicciola zum Gedächtnis an Ibsens Aufenthalt eine Marmortafel mit seinem Porträt angebracht worden war, wurde 1956 gelegentlich seines 50. Todestages in Casamicciola im Freien an der Stelle der ehemaligen Grande Sentinella ›Ein Puppenheim‹ aufgeführt und seiner auch in der Villa Ibsen in einem Vortrag gedacht. Aber die einzigartige Quelle über das intime Leben des großen Dramatikers auf Ischia war den verschiedenen Autoren, welche Beiträge zu den ›Celebrazioni

Ibseniane, Casamicciola 13.–15. luglio 1956‹ geliefert hatten, unbekannt geblieben.

Die Mentalität Bergsöes aber war eine ganz andere. Er durchstreifte die Insel mit offenen Augen und es gab nichts, was ihn nicht interessierte. Er lachte über die Fremden, die mit dem Reiseführer in der Hand entsprechend seinen zwei Sternchen den Ausflug auf den Epomeo und den Besuch im Borgo d'Ischia zu machen pflegten.

Wenn sie das absolviert haben, dampfen sie wieder ab, ohne die geringste Ahnung von der Herrlichkeit dieser Insel zu haben, denn es gibt keinen Ort in Italien, der so bezaubernd wirkt, und so gefangen nimmt, wie Ischia, wenn er auf die richtige Weise erlebt wird.

Bergsöe durchstreifte die Insel mit den Augen des Naturforschers, der sich für die Tierwelt, die Flora, die Geologie interessiert, und beschreibt getreulich den seltsamen Verlauf seiner Thermalkur, verfaßte aber auch gleichzeitig ein auf Ischia spielendes Lustspiel, und der Romantiker in ihm wurde von all den Fabeln, die ihm sein Führer erzählte, so beeindruckt, daß ihm schließlich, wenn er in Mondscheinnächten durch die Felsgebilde des Zarastromes streifte, die Gekos schrien und unten das Meer grollte, dessen Gespenster erschienen. Daß die Phantastereien Francescos und seine eigenen Eindrücke ihm später den Stoff für eine Reihe von Novellen lieferten, haben wir ja schon gehört.

Jenes Lustspiel entstand auf Anregung Ibsens, der ihn eines Tages fragte, warum er denn nicht auch etwas für das Theater schreibe, er solle doch seine Zeit nicht so vertrödeln. Immer wieder drängte er ihn dazu, und schließlich entstand ein Stück, das sich ›Ein Abend auf Ischia‹ nannte. In ihm kommt eine sehr bürgerliche Familie aus Kopenhagen nach Ischia, begleitet von einem Verwandten, der Kunstkritiker und unsterblich in eine der Töchter verliebt ist. Sie besuchen einen verschlossenen nordischen Dichter, der alles andere als liebenswürdig ist, und keiner, auch nicht der Kritiker, von dem man es hätte erwarten sollen, hat Verständnis für die

Größe dieses Mannes. Nur das junge Mädchen fühlt das Genie und wird tief von ihm beeindruckt. Der Dichter war natürlich Ibsen, und der Kritiker trug so deutlich die Züge jenes einflußreichen Petersen, der die schamlose Besprechung verfaßt hatte, mit der Bergsöe den Freund hatte auf den Epomeo locken wollen, daß das Stück begreiflicherweise vom Königlichen Theater in Kopenhagen abgelehnt wurde. Ibsen hingegen, dem es der Verfasser in einem Kastanienwäldchen oberhalb Casamicciolas vorlas, gefiel es recht gut.

Die Beschreibung des Festes der S. Restituta, das damals wie heute am 17. Mai die Bewohner der ganzen Insel nach Lacco zog, hat ein besonderes Interesse, weil es sich in mancher Hinsicht anders als heute abspielte.

Unter Gesang und Orgelklang kam am Vormittag die bunte Prozession aus der Kirchentüre. Junge Mädchen, als Engel gekleidet, eröffneten sie, dann kamen kleine Kinder, die mit strahlenden Augen auf eine hohe Stange blickten, die am Ende des Platzes errichtet war. Hoch in der Luft wehte auf ihr ein scharlachroter Teppich. Als dieser herunterfiel, wurde ein Engel mit weißen Flügeln sichtbar, der in der einen Hand die Lilien der Heiligen und in der anderen ein weißes Tuch hielt. Unter brausenden Fanfaren sauste nun dieser durch die Luft herab, hielt vor der Prozession und streute hier die Blumen aus. Dann öffnete er sein Kleid und drei weiße Tauben stiegen unter dem Jubel der Menge zum Himmel empor.

Der Engel hing dabei an einem Tau, und um auch seine Rückkehr in den Himmel darzustellen, hißte man ihn mit diesem auf recht prosaische Weise wieder hoch. An der Spitze angelangt, grüßte er das andächtige Volk mit einer theatralischen Geste und rutschte hierauf samt seinen Flügeln in aller Gemütsruhe wieder an der Stange herab. Man wird es Bergsöe nicht verübeln können, daß all dies etwas komisch auf ihn wirkte.

Aber damit war die Vorstellung noch nicht zu Ende. Wieder erklang eine Fanfare, und aus der Kirche kam eine Schar von Ministranten, die eine seltsame, wie eine Karikatur der Heiligen anmutende Gestalt schleppten. Die Puppe wurde an die Spitze der Prozession getragen, vom Bischof gesegnet und stieg dann mit großer Schnelligkeit in die Höhe. Das Ganze war eine nicht genügend ausbalancierte Ballonfigur, die daher allerlei Purzelbäume machte, während sie über dem Meer verschwand. Als dann aber gegen Sonnenuntergang Scharen von Booten die noch ihre alte Tracht tragenden Gäste von Ischia und Forio brachten, am Strand und auf dem Monte di Vico die Feuer aufleuchteten und Kirche und Häuser ihre bunten Lampen trugen, da hatte Bergsöe seine reine Freude an all dem Treiben, dem Markt, den Gesängen, der Tarantella und blieb, bis Raketen und zischendes Feuerwerk das Fest beschlossen. Ibsen war damals noch nicht auf der Insel, aber Bergsöe bedauerte das nicht, denn er war überzeugt, daß er doch nicht mitgekommen wäre.

In die erste Zeit seines Aufenthaltes fiel auch seine Bekanntschaft mit den Thermen und den Ärzten Casamicciolas. Bergsöe litt an einer schweren Gicht, und sein Arzt in Kopenhagen hatte ihm geraten, die so wirksamen Bäder zu benützen. Der Arme war zu bedauern, denn seine Hände waren so gekrümmt, daß er nur mit Mühe die Feder führen konnte, das linke Schultergelenk war steif, und seine Augen waren obendrein so empfindlich, daß er genötigt war, eine dunkle Brille zu tragen. Darum mußte er auch schon beim ersten Versuch seinen Plan, sich mit der Insektenfauna der Insel zu befassen, aufgeben. Der Arzt, den er bald nach seiner Ankunft aufsuchte, fand kein Ende, die Wirkung der Thermalbäder zu verherrlichen, empfahl ihm eine der vielen Anstalten in der Umgebung der Piazza Bagni und präsentierte eine Rechnung über zwanzig Franken, ohne ihn irgendwie näher zu untersuchen. In acht Tagen solle er sich wieder sehen lassen.

Wie dieser Besuch auf den Dänen wirkte, kann man sich vorstellen, jedoch der Eindruck, den das Bad machte, war noch schlimmer. Schon der Vorraum war so eng, daß man sich kaum umdrehen konnte, aber die Kabine, in die ihn ein halbnackter Mann führte, war von einer erschreckenden

Primitivität. Es gab in ihr nur eine quadratische Vertiefung im Boden mit einem Stein, auf den man seinen Kopf legen konnte, und einen Stuhl mit einem wenig sauberen Leintuch. In der Wanne dampfte bereits das Wasser. Statt Hähnen gab es nur einfache hölzerne Zapfen, so daß Bergsöe Angst bekam, sie könnten sich während des Bades von selbst öffnen. Dabei existierten damals schon die wesentlich besser eingerichteten Terme Belliazzi und Manzi!

Nachdem eine Woche vergangen war, ohne daß irgendeine Besserung zu verspüren gewesen wäre, stellte er sich wieder dem Arzt vor, der ihn damit tröstete, daß die Wirkung erst nach der Kur eintreten würde, und abermals zwanzig Franken einkassierte. Der dritte Besuch verlief in der gleichen Weise, aber nun verlor der Patient die Geduld und stellte die Bäder, die keinerlei Erleichterung gebracht hatten, ein.

Soweit würden die Erfahrungen Bergsöes natürlich keinen beachtlichen Beitrag zur ischitanischen Bädergeschichte darstellen, aber sie hatten damit keineswegs ihr Ende gefunden. Als er eines Tages unter einem Kastanienbaum den willkommenen Schatten genoß, ritt ein Bauer an ihm vorbei. Er grüßte ihn mit dem üblichen »andate in pace«, musterte ihn aber dabei in auffälliger Weise, machte bald darauf halt, stieg vom Esel und kehrte zu Bergsöe zurück, der, einen unfreundlichen Zusammenstoß fürchtend, aufsprang. Der Bauer grüßte ihn jedoch respektvoll und fragte: »Eure Excellenz ist krank?« »Ja, aber warum wollt Ihr das wissen?« »Weil ich Ihre Gicht heilen könnte, wenn Sie mir zwanzig Franken dafür zahlen.« »Wie gerne gäbe ich Euch hundert Franken, wenn Ihr mich davon befreien würdet!« antwortete Bergsöe, der zweifelte, ob er mit einem Verrückten oder mit einem Betrunkenen zu tun habe. Dieser aber nannte noch seinen Namen Patrizio und fügte hinzu, daß jeder Führer wisse, wo er zu finden sei, daß er jedoch, für den Fall, daß er den Versuch machen wolle, gegen Sonnenuntergang kommen müsse.

Als Bergsöe am anderen Tag seinen Francesco fragte, ob

er einen gewissen Patrizio kenne, erfuhr er, daß es sich um einen auf der ganzen Insel wohlbekannten Mann handle, den Besitzer einer Therme, die ob ihrer Wirkung berühmt sei. Selbst Bauern aus der römischen Campagna kämen zu ihm. Da auch Francesco überzeugt war, daß sein Herr dort Heilung finden könnte, führte er ihn noch am gleichen Abend zu diesem Patrizio. Aus der Beschreibung Bergsöes geht eindeutig hervor, daß es sich dabei nur um die Terme Rita handeln konnte. Nach einem längeren Ritt auf Francescos prächtigem Esel kamen sie in eine enge Schlucht voll Opuntien und blühenden Agaven. In ihrem Grunde lag ein einfaches Häuschen, und davor saßen etliche Bauern, deren Beine in großen Tongefäßen staken. Sonst war alles leer und verlassen. Der Führer rief nach Patrizio, der alsbald aus dem Gebäude kam und den Kranken bat, einstweilen auf einer einfachen Holzbank Platz zu nehmen. Sie stand neben einer engen Spalte, aus der heiße Dämpfe stiegen, die sich wie ein leichter Nebel im Tal ausbreiteten. Dann nahm der Mann ein riesiges Tongefäß, das Bergsöe an antike Amphoren erinnerte, band rund um die Mündung ein Seil und warf es in den dampfenden Schlund, in dem es mit dumpfem Klang verschwand. Bergsöe erzählt uns:

Nachdem er das Gefäß wieder herausgezogen hatte, wusch er es äußerlich ab, stellte es neben mich auf einen Schemel und bat mich, mich bis zum Gürtel zu entkleiden. Nachdem ich dies getan, ergriff er plötzlich meinen kranken Arm und tauchte ihn tief in die weiße, tonige Masse, die das Gefäß erfüllte. Sie war aber so heiß, daß ich ob des furchtbaren Schmerzes laut aufschrie und glaubte, mein ganzer Arm müsse verbrannt sein.

»Coraggio, coraggio, Eccellenza«, sagte der unerbittliche Patrizio und hielt den Arm so fest, daß Bergsöe ihn unmöglich zurückziehen konnte. Er war schier verrückt vor Schmerzen, aber der Mann hatte kein Erbarmen. Nach einiger Zeit ließ der Schmerz wohl etwas nach, aber nun mußte er auch noch den Rest des Armes in den Schlamm tauchen. Als so eine weitere Viertelstunde verstrichen war, kam Patrizio mit einem Pack Binden. Bergsöe hoffte, daß dies das Ende seines Martyriums bedeute, aber statt dessen kam jetzt erst der schmerzhafteste Teil dieser Roßkur. Ohne ein Wort zu verlieren, faßte Patrizio den schmerzhaften Arm und bog ihn so energisch, daß Bergsöe ihn schon gebrochen sah. Dann behandelte er auch die verkrümmten Finger in der gleichen Weise. Nachdem auch diese Quälerei überstanden war, wurde der Arm in eine Art vegetabilische Wolle gepackt und mit Binden umwickelt.

Als Bergsöe gebeten wurde, am nächsten Tag wiederzukommen, sagte er wohl zu, in seinem Innern hatte er jedoch schon längst geschworen, nie wieder seinen Fuß in dieses gräßliche Tal zu setzen. Aber – als er am anderen Morgen erwachte, fand er den ganzen Verband am Boden, stellte fest, daß die Schmerzen in dem Arm geschwunden waren und daß er die gestern noch unbewegliche Schulter und die Finger wenigstens etwas bewegen konnte. Die Besserung war so offensichtlich, daß er beschloß, die Kur fortzusetzen. Nachdem die gleiche Prozedur zehnmal wiederholt worden war, erklärte Patrizio mit einem zufriedenen Lächeln, daß seine Arbeit nun beendet sei, aber als Bergsöe ihm gemäß seinem damaligen Versprechen einen Scheck über hundert Franken aushändigen wollte, wurde dieser auf das energischste zurückgewiesen. »Meine bescheidene Anstalt zählt nicht zu jenen Thermen, in denen man derartige Preise zahlt. Ich heile Bauern und arme Leute. Wenn ich von einem einzigen Klienten eine solche Summe nehmen würde, würde es mein Bad in Verruf bringen. Gebt mir zwanzig Franken und ich bin vollauf zufrieden!« Bergsöe mußte an seinen Arzt in Casamicciola denken, der für jede kurze, nutzlose Konsultation soviel nahm, und war glücklich, als er diesen einfachen, ehrenhaften Mann schließlich dahin brachte, daß er wenigstens fünfzig Franken annahm, wobei er jedoch hoch und heilig versprechen mußte, niemandem davon zu erzählen.

Um die Bedeutung, welche diese so genaue Beschreibung

für die Bädergeschichte der Insel besitzt, würdigen zu können, muß man wissen, daß die Terme Rita die erste ischitanische Anstalt war, in der man Fango-Kuren machte. Nach Vincenzo Morgera, einem Arzt der Insel, der ein wertvolles Buch über die Bäder Ischias veröffentlichte, soll dieser Gebrauch in der Rita-Schlucht bis in das Ende des 18. Jahrhunderts zurückgehen und damit wesentlich älter als die Fango-Kuren bei den Gurgitello-Quellen sein. Tatsächlich findet sich in D'Aloisios ›Infermo istruito nel vero salutevole uso de'remedi minerali dell'Isola d'Ischia‹, der wichtigsten diesbezüglichen Veröffentlichung des 18. Jahrhunderts, kein Wort über dieses heute so bedeutende Heilmittel. Aber Chevalley de Rivaz erwähnt in der dritten Auflage seiner ›Description des eaux minéro-thermales‹ von 1837 und in den folgenden dort, wo er vom Bagno della Rita spricht, die erfolgreichen Kuren mit dem lokalen Fango, während man solche in den übrigen Kapiteln selbst in der letzten Auflage von 1859 vergeblich sucht.

Bergsöe nahm nicht etwa gleichzeitig auch Thermalbäder, aber aus der ›Guida alle acque minerali d'Italia‹ (1876) von Guglielmo Jervis geht hervor, daß die bescheidene Anstalt, die unser dänischer Gewährsmann aufsuchte, im Jahre 1866, also ein Jahr vor seiner Ankunft, »per uso degli abitanti« errichtet wurde und mehrere Räume für gemeinsame und Einzel-Bäder enthielt. Den Zugang beschrieb Jervis als »ripido e oltre modo malagevole« – also steil und schwierig. Jetzt bringt ein bequemer Autobus Klienten aus allen Ländern, die ein besonderes Vertrauen zu diesen Bädern haben, dorthin. Wenn man heute von den Terme della Santa Rita spricht, so muß der Chronist der Insel dazu bemerken, daß Giulio Jasolino, der Autor des 16. Jahrhunderts, von der ›fonte dello Rete‹ spricht, De Siano am Ende des 18. Jahrhunderts immer noch ›del Rete‹ schreibt, Jervis und seine Zeit vom ›Bagno della Rita‹ reden und erst viel später daraus eine Heilige wurde. In Wirklichkeit soll die Bezeichnung auf die vielen Frösche zurückgehen, die die feuchte Schlucht be-

Römische Bäderanlagen der Cava scura

Felsenhaus in den Weinbergen südlich von Forio

Außenwand des Felsenhauses südlich von Forio
mit einer Anlage, Geräte zu schleifen

Fotos von P. Buchner

völkern und im Dialekt ›rete‹ genannt werden. An der Stelle, an der vor fast hundert Jahren das bescheidene Häuschen errichtet wurde, reihen sich heute fünf Anstalten aneinander, welche sich alle im Besitz von Gliedern der Familie Castagna befinden. Der nordische, auch sonst auf Ischia nicht vorkommende Vorname Patrizio begegnet in ihr nicht, wohl aber Fabrizio. Es kann kein Zweifel darüber sein, daß aus ihm irrtümlicherweise Patrizio wurde.

Auch die Beschreibung, welche Bergsöe von dem Treiben an der Spiaggia dei Maronti gibt, hat ein gewisses Interesse für Ischias Bädergeschichte. Schon im Juli war nach Casamicciola ein Arzt namens Pinkoff gekommen, mit dem Bergsöe Freundschaft schloß. Von Geburt Holländer, praktizierte er früher in Petersburg und hatte nun in Neapel eine ausgedehnte Praxis. Er war gleichzeitig auch Chemiker und hatte den Auftrag, im Verein mit seiner Frau vergleichende Analysen der verschiedenen Heilwässer zu liefern. Bergsöe begleitete oft die beiden, wenn sie auszogen, um die einzelnen Proben zu sammeln, die dann zu Hause untersucht wurden, und es war, als er dann jenen schweren Fieberanfall bekam, selbstverständlich, daß Dr. Pinkoff ihn betreute. Als es Bergsöe wieder besser ging und Wasserproben von den Quellen der Südseite benötigt wurden, lud ihn sein Arzt ein, die Fahrt mitzumachen.

Was Bergsöe bei dieser Gelegenheit von dem Badeleben am Strand und von der ›Cava scura‹ erzählt, entspricht keineswegs dem jetzigen Zustand. Während heute das aus der Cava kommende Bächlein mit warmem Wasser geradewegs ins Meer läuft, verzweigte es sich damals in zahlreiche noch kleinere Bächlein, von denen jedes in eine flache Mulde mündete, die man in den Sand gegraben hatte, um schließlich, von Grube zu Grube fließend, wieder in den ursprünglichen Lauf zurück zu gelangen. Bergsöe wurde dabei an jene heimatlichen Pfannen erinnert, die für jedes Apfelküchlein eine ähnliche Vertiefung besitzen. Der Badebetrieb war in vollem Gang.

Männer, Frauen und Kinder lagen im Zustand paradiesischer Unschuld im Sande. Ihre ganze Bekleidung bestand aus einem Strohhut, der das Gesicht bedeckte, und einem Tuch, das über die Hüften gebreitet war. Freunde und Angehörige unterhielten sich, teils miteinander in den Gruben badend, teils zusammen in den heißen Sand eingegraben, auf das lebhafteste. Es war ein Geschnatter, wie an einem Markttag in Neapel. Es waren keine reichen, vornehmen Neapolitaner, die hier badeten, sondern einfache Inselbewohner.

Einen ›demokratischen‹ Badestrand in des Wortes eigenster Bedeutung nannte Bergsöe den Marontistrand vor hundert Jahren. Wer heute zu dem herrlichen ausgedehnten Marontistrand kommt, will dort vor allem im Meer baden, andere lassen sich in den am westlichen Ende heißen Sand eingraben oder steigen die ›Cava scura‹ hinauf zu den primitiven Kabinen, die man dort in die Steilwand der Schlucht gegraben hat und die sich mühelos mit dem auf gleicher Höhe fließenden Thermalwasser füllen lassen. Bergsöe aber erwähnt hier keine Bademöglichkeit und berichtet lediglich, daß sie auf eine etwa zehn Meter hohe Talstufe stießen, über die ein mächtiger, kochendheißer Wasserstrahl herabschoß. Damit harmoniert, daß auch Jasolino keine solche erwähnt und Chevalley De Rivaz in seiner letzten Auflage (1859) ebenfalls nichts von hier zu machenden Kuren weiß.

Nun wollen auch wir uns diese Cava und ihre Kabinen, vor die beim Gebrauch nur ein Tuch gehängt wird, ansehen, aber nicht an Ort und Stelle, sondern von der Höhe der gegenüber liegenden Wandung der Schlucht, zu der kaum ein Fremder kommt. Von hier aus ist auch die in unser Buch aufgenommene Fotografie gemacht worden. Von dort gesehen wird die Situation noch rätselhafter, denn nun erscheinen vor uns sogar zwei in einem Abstand von rund zehn Metern übereinander gelegene Reihen von Kabinen, die oberen gewölbt, die unteren rechteckig. In beiden Fällen liegt vor ihnen ein schmaler gangbarer Streifen. Die untere Reihe läßt erkennen, daß das von rechts kommende warme

Wasser zunächst in einen größeren Behälter geleitet wird und von dort nach Bedarf dank einer weiteren Rinne in die Kabinen gelangt. Ein so mächtiger Strahl, wie ihn Bergsöe gesehen, existiert nicht mehr, das Wasser überrieselt lediglich eine niedrige Stufe. Die obere Reihe ist heute unzugänglich und entgeht auch den Blicken der unten Badenden. Daß es aber vielleicht interessant wäre, sie genau zu untersuchen, geht aus Feststellungen hervor, die wir nun am eigentlichen Marontistrand machen wollen.

Jeder Besucher kennt die wechselnd hohe Rückwand des Marontistrandes. Würde er den an ihrem oberen Rande entlang ziehenden Weg gehen, so könnte er feststellen, daß er von Strandgeröll begleitet wird und daß zwischen diesem auch abgerundete Scherben zu finden sind, die der Archäologe als römische erkennt. Mit anderen Worten: der ganze Bereich des Marontistrandes hob sich in römischer Zeit zehn bis fünfzehn Meter! Nach dieser Feststellung betrachten wir unsere Abbildung mit ganz anderen Augen. Kann doch jetzt gar kein Zweifel mehr darüber bestehen, daß damals auch die obere Kabinenreihe gehoben und trocken gelegt wurde und sehr viel später erst ein Ersatz für sie entstand. Mußte doch das nach der Schilderung Bergsöes früher so heftige Thermalwasser die Schlucht erst soweit vertiefen, daß die Anlage einer neuen Badeanstalt möglich wurde. Nun verstehen wir, warum selbst Rivaz nichts von einer solchen weiß. Das Datum ließe sich vielleicht in den Akten der Gemeinde feststellen, aber vor allem möchte man wünschen, daß die römischen Bäder eines Tages untersucht werden, denn es ist ja sehr leicht möglich, daß sich dort oben in den Kabinen irgendwelche Reste erhalten haben. Werden ja sogar die heutigen in so manchen der Propaganda dienenden Artikeln, natürlich ohne Begründung, als ›römische Bäder‹ bezeichnet, so daß man eine lokale Tradition nicht von vornherein ausschließen möchte.

Mit den früher erwähnten, die heutige Insel aufbauenden Hebungen hat diese so geringe und begrenzte Bewegung sicher nichts zu tun. Aller Wahrscheinlichkeit nach ist sie auf eine der submarin bleibenden Ausbrüche vor der Südküste der Insel zurückzuführen, die uns das Relief des Meeresbodens verrät. Nun wollen wir aber zu Bergsöe und Pinkoffs zurückkehren.

Restaurants mit Speisekarten in verschiedenen Sprachen gab es damals freilich am Marontistrand noch nicht, aber der Bootsführer brachte seine Passagiere zurück nach Sant'Angelo und zeigte ihnen eine kleine Osteria, wo Frau Pinkoff und die Wirtin herrliche Makkaroni bereiteten, zu denen man einen Wein trank, der noch besser war, als der, dem Ibsen und Bergsöe auf jener Unglückstour allzusehr zusprachen. Als sie die Rückfahrt antraten, wurde es allmählich Nacht:

Der Mond ging auf, das Wasser begann zu glitzern, und es war, als ruderten wir in fließendem Gold. Von den vier Rudern tropften, wenn sie gehoben wurden, funkelnde Silberperlen, und das Kielwasser war in leuchtende Feuerstreifen getaucht, die sich allmählich draußen im Dunkeln verloren. Gegen die Steilküste schlugen die Wellen in breiter Dünung, aber jedesmal, wenn sie sich an den Klippen brachen, brausten sie in leuchtendem Schaum auf, fielen zurück und sprühten wieder auf, so daß es aussah, als ob glitzernde Kaskaden unter den Klippen hervorstürzten.

Erst um 10 Uhr kamen sie in Lacco an und wanderten von da zu Fuß nach Hause. Diese Fahrt war für Bergsöe das Schönste, was er je in Italien erlebt hat!

Bald darauf verließen Pinkoffs die Insel. Bergsöe begann sich allein zu fühlen, seine Gesundheit gestattete ihm keine größeren Ausflüge, und im Hotel waren nur einige langweilige deutsche Damen zurückgeblieben, die ihn von früh bis abend quälten, er möge ihnen dänische Verse in ihr Stammbuch schreiben, obwohl sie ja kein einziges Wort Dänisch verstanden. So entschloß auch er sich, Ischia Lebewohl zu sagen und ging am 24. August mit Bruder und Schwester nach Sorrent.

Alle drei trugen sich am Tag vorher in das Fremdenbuch ein, wobei Wilhelm Bergsöe als Dauer ihres Aufenthaltes in der Piccola Sentinella die Zeit vom 1. Mai bis 24. August angab. Nach seinem Bericht, dem wir im Vorangehenden folgten, kam er jedoch am 1. Mai in Neapel, am 3. Mai in Casamicciola an und blieb dann zunächst eine Weile bei den Schwestern.

Die lebendige Schilderung des von Einheimischen belebten Marontistrandes, die wir Bergsöe verdanken, steht einzig da. Die Gäste der Insel verlieren weder über ihre eigenen Bäder im Meer, welche freilich in älterer Zeit keine große Rolle spielten, viele Worte noch erzählen sie uns von den diesbezüglichen Sitten der Einheimischen. Noch zu meinen Zeiten begegnete man des öfteren der Gewohnheit, sich im Sommer an Stellen, wo das Meerwasser warm war, hart am Strande eine Art Badewannen zu graben, welche die Winterstürme natürlich jedesmal wieder zerstörten. Auf einer Fotografie, die vor etlichen Jahrzehnten an dem gegenüber dem Kastell gelegenen, ›Carta Romana‹ genannten Strand aufgenommen wurde, sitzen Frauen und Kinder völlig bekleidet in einer solchen Wanne, und bevor die heutige Überfüllung der Strände den Einheimischen ihre Bademöglichkeiten weitgehend raubte, konnte man oft erleben, daß erwachsene Frauen, mit einem alten Kleide angetan, ins Meer stiegen.

Zwischen Barano und Buonopane liegt die Nitroli-Quelle, welche bis vor kurzem keine Rolle spielte. Im Altertum aber war sie von allergrößter Bedeutung. Alle marmornen Votivtafeln, die heute im Museum in Neapel hängen und auf denen zumeist Wasser spendende Nymphen und Apollo mit der Leier dargestellt sind, wurden hier im 18. Jahrhundert gefunden. Ein Zusatz in der zweiten Auflage des Buches von Jasolino berichtet von einem neapolitanischen Arzt des 17. Jahrhunderts, der, als er die Stelle besuchte, auf Kinder stieß, die gerade Fragmente von zwei Tafeln und allerlei Münzen ausgruben. Letzteres überrascht nicht, denn es war eine weit verbreitete Gewohnheit, solche in die Heilquellen zu werfen. In jüngster Zeit wurde hier wieder eine Bademöglichkeit geschaffen – eine größere Anlage ist geplant.

KAPITEL 10

Spätere Gäste und die Katastrophe von 1883

Es freut den Verfasser, der ja sein Leben biologischen Forschungen gewidmet hat, daß er dieses Kapitel, das einer Reihe späterer Gäste gewidmet ist, mit dem Ischia-Aufenthalt zweier deutscher Biologen eröffnen kann. Bestanden doch bisher die naturwissenschaftlich interessierten ausländischen Besucher in erster Linie aus Vulkanologen und Mineralogen. Der erste der beiden ist *Christian Gottfried Ehrenberg*, Professor an der Berliner Universität, einer der ersten, welche die Fülle der mikroskopischen Lebewelt des Süßwassers mit den verbesserten Mikroskopen durchforscht haben. Auf einer zu seinem fünfzigsten Doktorjubiläum 1868 geprägten Medaille wird er als ›naturae investigator sagacissimus, latentium indigator admirabilis‹ bezeichnet. Für ihn war es selbstverständlich, daß er, als er 1858 nach Italien fuhr, sein Mikroskop mitnahm. Er wohnte in der Piccola Sentinella und durchstreifte von hier aus die Insel. In erster Linie interessierte ihn begreiflicherweise die pflanzliche und tierische Lebewelt der heißen Quellen. Hatte er ja auch schon 1836 das mikroskopische Leben am Rande der heißen Quellen in Karlsbad untersucht.

In einem Vortrag, den er aus Anlaß des Geburtstages Friedrich Wilhelms IV. in der Preußischen Akademie der Wissenschaften hielt, erzählte er von den Schluchten oberhalb der Piazza Bagni in Casamicciola, von dem heißen Wasser, das an verschiedenen Stellen in der Valle del Tamburo und einer Seitenschlucht derselben über die Felswände tropft und rieselt und das Gestein zu einer tonigen Masse zersetzt, von den Cyanophyceen, die bald grün, bald, wenn sie absterben, gelb und braun, wie ein Teppich die heißen, feuchten Wände überziehen. Von dieser verfilzten Masse nahm er eine Probe mit nach Hause, und als er sie auspreßte, ergab sich, daß sie von den verschiedensten Rädertierchen und Infusorien belebt war, die er namentlich aufführt. Das zersetzte Gestein aber stellte sich als von zahllosen Schalen zierlichster Kieselalgen durchsetzt heraus, welche sich auch lebend im Cyanophyceen-Rasen befanden, eine Feststellung, welche die Entstehung gewisser fast nur aus solchen Algenskeletten bestehender Gesteine verständlich macht.

Wenn der König bei dieser Festsitzung der Akademie anwesend gewesen wäre – er weilte aus gesundheitlichen Gründen an der Riviera –, dann wären seine Gedanken wohl sicher gelegentlich von dem Thema zur Grande Sentinella abgeschweift, in der er ja vor dreißig Jahren als Prinz mit Kopisch weilte und seine Freude an der kleinen Carminella hatte.

Als Ehrenberg in diesen Schluchten herumkletterte, war er bereits betagt und in Fachkreisen hochgeschätzt, während der zweite Biologe, der jetzt ein Jahr nach ihm auftritt, zwar als unbekannter junger Mann nach Ischia kam, sich aber in der Folge zu einer in ungleich weiteren Kreisen bekannten, wenn auch vielseitiger Kritik ausgesetzten Persönlichkeit entwickelte. *Ernst Haeckel* zählte erst fünfundzwanzig Jahre, hatte vor noch nicht zwei Jahren den Doktorgrad erworben und wollte sich nun, durch seine bedeutenden Lehrer Johannes Müller und Karl Gegenbaur angeregt, mit der marinen Tierwelt vertraut machen. Dergleichen war damals kein einfaches Unternehmen. Institute für marine Zoologie gab es ja in jener Zeit noch nicht – die weltberühmte Zoologische Station in Neapel öffnete erst im Jahre 1874 ihre Tore –, man mußte in einem Gasthaus oder in einem Privatquartier ein Laboratorium improvisieren und das Tiermaterial teils selbst sammeln, teils sich von den Fischern bringen lassen. Zunächst blieb Haeckel in Neapel; ein kleines, einfenstriges Zimmer gegenüber dem Castel dell'Ovo, wo jetzt die großen Hotels stehen, mußte als Arbeitsstätte, Wohn- und Schlafraum dienen. Die Lage war zwar für seine Zwecke insofern günstig, als vor dem Hause ein Fischmarkt war und die Villa Nazionale zu jener Zeit noch ein ursprünglicher Sandstrand begrenzte. Aber trotzdem hatte Haeckel seine liebe Not mit der Materialbeschaffung, und die Zeit, die er hier zubrachte, war in zoologischer Hinsicht wenig fruchtbar. Der Ärger mit den Hausleuten und den Fischern wollte kein Ende nehmen; er bekam den tollen Lärm auf der Straße, den Schmutz und die Hitze allmählich satt und beschloß, Anfang Juni Neapel zu verlassen, »um in der stillen Einsamkeit von Capri oder Ischia nur ganz meinen Studien zu leben«, schrieb er nach Hause. Dank den Briefen, die Haeckel an seine Kusine Anna Sethe, mit der er sich einige Monate vor der Abreise verlobt hatte, sowie an seine Eltern schrieb, und auf Grund längerer Rundschreiben, welche für den Freundeskreis bestimmt waren, wissen wir über die auf beiden Inseln verbrachten Tage gut Bescheid. Daß er dort einsam seinen Studien gelebt hätte, geht aus ihnen allerdings keineswegs hervor.

Nicht zuletzt war daran Schuld, daß der Zufall ihm einen Reisebegleiter schenkte, mit dem er rasch für das ganze Leben Freundschaft schloß. Am Tage der Abreise – es war der 16. Juni 1859 – nahm er in einem Café an einem Tisch Platz, an dem bereits ein Deutscher saß. Zwischen beiden lag eine Nummer der Allgemeinen Zeitung. Beide griffen gleichzeitig nach ihr und so stellten sie sich vor und begannen zu plaudern: »Ich fahre heute abend mit dem Marktschiff nach Ischia«, sagte Haeckel. »Ach, das trifft sich ja gut, ich habe die gleiche Absicht«, erwiderte der andere, und so beschlossen sie, zusammen zu fahren. Der andere war *Hermann Allmers*, der ostfriesische Marschendichter und Gutsbesitzer, welcher später zu Bölsches Haeckelbiographie eine kurze Schilderung dieses Zusammentreffens und ein an Haeckel gerichtetes Gedicht über die nächtliche Fahrt nach Ischia beisteuerte.

Das Boot ging um 9 Uhr abends ab, aber der Wind war so widrig, daß sie zwölf Stunden lang kreuzen mußten und erst gegen 9 Uhr morgens in Casamicciola landeten. Das hinderte aber nicht, daß die beiden, die einzigen Fremden auf dem Schiff, von der Fahrt hell begeistert waren. Es war eine wolkenlose Mondscheinnacht und sie hatten sich so viel von ihrer Vergangenheit und ihren Plänen zu erzählen, daß sie nur wenig zum Schlafen kamen. In Casamicciola fanden sie »in einer reizend gelegenen, trefflichen Pension Patelamo die beste Aufnahme« – der Wirt dürfte wohl in Wirklichkeit Patalano geheißen haben. Selten haben wohl Ischiabesucher eine Woche so ausgenützt, wie Haeckel und Allmers. Getreulich berichtet Haeckel darüber an seine Braut:

Den ersten Tag benutzten wir zur Besichtigung der nächsten Punkte der Nordostküste, des reizendsten Teils der Insel. Am zweiten Tag bestiegen wir den höchsten Punkt der Insel, den prachtvollen Epomeo mit der schönsten Aussicht, 1800 Fuß hoch. Am Sonntag, 19ten, Besuch der wundervoll malerischen Nordküste, der Stadt Forio, die durch Bau, Umgebung und Vegetation ganz nach Afrika versetzt, und des Monte Imperatore an der Westküste. Am 20. 6. wieder Nordküste bei Lacco und Casamicciola. Am 21ten besuchten wir die wundervollen, wilden Felsschluchten Sinigaglia und Val di Tresta mit wahrhaft tropischer Vegetation und heißen Quellen und gingen dann über den Monte Tabor, ebenfalls mit heißen Quellen, nach der Stadt Ischia an der Nordostspitze. Von hier am 22ten über das alte Lavafeld, den Arso, von der letzten Epomeo-Eruption im Jahre 1301 herrührend, nach der Südküste, die wir ganz durchwanderten, bis zu dem südlichsten Punkt S. Angelo. Am 23ten fuhren wir mit Barke beim köstlichsten Wetter nach Procida herüber, von da nach Cap Misen, von wo wir am Abend nach Bajae wanderten und hier übernachteten.

Es war schon äußerlich ein recht ungleiches Paar, das all diese Wanderungen zusammen machte. Von beiden gibt es Fotografien, die aus ihrer italienischen Zeit stammen: Haeckel als Tourist in weißem Hemd und weißer Hose, in der Hand einen Stock, der zugleich als Hammer und Pickel dienen konnte, an einem Riemen Botanisiertrommel und Feldflasche, neben sich den damals unentbehrlichen Reiseshawl und einen Regenschirm, mit schwärmerischen Jünglingsaugen in malerischer Pose auf ein Köfferchen gestützt; der wesentlich ältere Allmers in schwarzem Anzug, den schwarzen Regenschirm in der einen, den Strohhut in der anderen Hand, den zusammengefalteten Shawl kunstvoll derart von der Schulter schräg über die Brust zur Hüfte geschlagen, daß ein freies Ende bis zum Knie herabreicht, in straffer Haltung, mit ernstem, fast bitterem Blick. Wohl hatten sie so manche gemeinschaftlichen Interessen, auch Allmers hatte Verständnis für naturwissenschaftliche Dinge und sammelte Pflanzen, beide zeichneten und malten mit Leidenschaft, aber im Grunde waren sie doch sehr verschiedene Naturen. Der Friese war nicht nur der ältere, sondern auch der reifere, mit gründlichem Wissen auf kultur- und kunstgeschichtlichem Gebiet, mit dem nötigen Einfühlungsvermögen, das Haeckel so sehr abging, daß seine Briefe aus Florenz, Rom und Neapel stellenweise geradezu peinlich wirken. Das Schöne an dieser sich schon in den ersten Tagen für immer festigenden Freundschaft war, daß Haeckel alsbald die Überlegenheit Allmers' erkannte und sich von ihm führen ließ. Wieder in Neapel, schrieb er an seine Braut:

Ich kann Dir nicht sagen, welchen wohltätigen Einfluß diese köstliche und tiefpoetische, norddeutsche, innige Menschennatur auf mich ausgeübt hat. Sie hat Seiten in mir angeschlagen, Gefühle und Bestrebungen erweckt, die ich schon ganz erstorben glaubte, und mich in gewissem Sinne mir selbst wiedergegeben ... Alles, was mir an Gutem und Edlem fehlt, besitzt dieser herrliche Freund, und ich habe wieder Charakterseiten ausgeprägt, die die seinen ergänzen.

Vielleicht am tiefsten waren die beiden von den stellenweise nur schwer zugänglichen, engen Schluchten oberhalb der Piazza Bagni in Casamicciola und ihrer Pflanzenwelt beeindruckt, die ja auch Ehrenberg so sehr interessierte. In einem Zirkularbrief berichtet Haeckel über sie:

Vor allem sind es die Farnkräuter, an denen der subtropische Einfluß der Fumarolen bemerkbar ist. Überall von den Rändern und Spalten der Kluft hängen prachtvolle, mannslange Wedel der

Woodwardsia radicans herab, dazwischen die seltene Pteris longifolia. Auch das überaus zierliche Venushaar (Adianthum Capillus Veneris), das reizendste aller Farnkräuter, das die Felsen und Grotten Italiens überall aufs zierlichste begleitet, habe ich nirgends in solcher Fülle und Größe wie hier entwickelt gefunden. Dazwischen hängen prächtige, blaue Glockenblumen, weißblühender Kapernstrauch und rotblühende Brombeeren vom triefenden Felsen herab und würzige Labiaten erfüllen die Luft mit aromatischem Duft.

Merkwürdigerweise vergaß Haeckel dabei ein weiteres subtropisches Gewächs, das in ganz Europa ausschließlich auf Ischia vorkommt, hier aber nur in unmittelbarer Nachbarschaft der Fumarolen gedeihen kann, den Cyperus polystachius. Als die beiden Wanderer dann am Monte Tabore wieder auf die gleichen vulkanologischen und floristischen Phänomene stießen, gerieten sie in solche Ekstase, daß sie sich jubelnd umarmten, den Bruderkuß tauschten – und mit dem Rest der Feldflasche das künftige Du feierten.

Daß in Wirklichkeit nirgends von Zoologie die Rede ist, kann man noch begreifen, aber daß nicht nur sie, die die Insel nach allen Richtungen durchstreiften und noch dazu beide zeichneten und malten, sondern auch alle anderen Inselgäste, deren Berichte mir in die Hände kamen, mit keinem Wort von einer Eigentümlichkeit berichten, die einzigartig ist, ist schwer zu verstehen. Ischia ist die Insel der Felsenhäuser! Das nördliche und westliche Vorland des heutigen Epomeogipfels ist übersät mit größeren und kleineren Felsblöcken, deren Zusammensetzung dem Material des Gipfels entspricht. Zum Teil hängen sie noch am hohen Steilrand, wie wenn sie beim nächsten Sturm herunterkämen, andere liegen wie Fremdkörper mitten in den Weinbergen, in großer Zahl sind sie aber auch bis an das Ufer und selbst in das Meer gestürzt. Ein Teil von ihnen wurde in Häuser verwandelt und so manche von diesen sind auch heute noch bewohnt. Dabei wurde ihre äußere Form kaum verändert. Das kostbare auf den Felsen fallende Regenwasser leitete man mittels Rinnen in eine Zisterne, hochgelegene Fensterchen brachten das nötige Licht, in die Wände fügte man Nischen und Vorrichtungen, um allerlei aufhängen zu können, und wenn man den Boden in heute verlassenen Häusern untersucht, kann man selbst Lage und Zahl der Betten feststellen. Gelegentlich hat man aber auch auf solche Felsen ein Haus gebaut und nur Keller und Zisterne in sie gebohrt. Ein andermal ist uns ein Felsblock begegnet, bei dem man die Aushöhlung auf halbem Wege eingestellt hatte.

Einzigartig ist in dieser Hinsicht die ›Falanga‹, die wie ein Fremdkörper westlich vom Gipfel des Epomeo vor einer mächtigen Steilwand liegt. Heute ist sie bewaldet, aber früher war sie mit Reben und Obstbäumen bepflanzt. Daran erinnern noch die vielen Felsenhäuser und zwei ›Palimenti‹, das heißt Anlagen zum Treten und Quetschen der Trauben, für die man niedrigere Felsen verwandte. Vor einem solchen liegt noch der schwere, durchbohrte Stein, der einst den Apparat ersetzen mußte, mit dem man heute noch die letzten Tropfen auspreßt. Die hier auf Schritt und Tritt begegnenden Felsenhäuser sind zumeist kleiner und dienten sichtlich in erster Linie den hier oben Arbeitenden.

Über den Ursprung all dieser Felsblöcke kann heute überhaupt kein Zweifel mehr bestehen. Plinius der Ältere überlieferte uns, daß auf der Insel eines Tages Flammen ausgebrochen seien und gleichzeitig der Gipfel eben wie Ackerland geworden sei. Dieses Ackerland ist unsere Falanga. Daß bei dieser furchtbaren Katastrophe das nördliche und westliche Vorland mit Trümmern übersät wurde, ist begreiflich. Auf der Südseite begegnen solche hingegen nur selten. Hier fraßen die Regengüsse tiefe Furchen in das weichere Material und ließen jene mächtige Erosionsmulde entstehen, welche lange fälschlich für einen Krater gehalten wurde.

Der Name ›Falanga‹ spricht dafür, daß das Unglück erst zur Zeit der griechischen Siedlung eintrat, denn der beste Kenner der griechischen Sprachreste in Italien meinte, daß es von ›*φαϱγξ*‹, Einbruch, Waldschlucht, kommen müsse.

Auch das Rätsel, daß eine an die Falanga anschließende Erhöhung den Namen ›Monte Nuovo‹ trägt, wird nur so verständlich, denn sie stellt ein durch den Einbruch isoliertes Stück des alten Hanges dar.

Es wäre ein Unglück, wenn auch dieses Gebiet, das wie ein Märchenland anmutet, in dem überall zwischen den Bäumen verlassene Felsenhäuser, Zisternen, Palimenti und die einst so wichtigen Schneereservoire zum Vorschein kommen, durch den Tourismus verunstaltet würde. Wie kein anderes auf der Insel verdiente es staatlichen Schutz.

Wenn auf der Südseite solche isolierte Felsblöcke fehlten, wußte man sich auf andere Weise zu helfen. Man bohrte sich vielfach in das lockere Material der Steilwände ein und ergänzte die so entstandenen Räume unter Umständen noch mit Mauerwerk. Heute sind vielfach Weinkellereien darin untergebracht, vor denen man im Sommer sitzen und den herrlich kühlen Wein trinken kann.

Die Pflanzenpresse Haeckels schwoll in diesen Tagen »bis zu der Dicke eines Fußes« an, aber auch die Skizzenbücher der beiden füllten sich. Im Haeckel-Museum in Jena haben sich drei Aquarelle erhalten, von denen eines die steilen Tuff-Felsen des Epomeogipfels mit dem Blick auf Procida und das Festland darstellt, ein zweites den Monte di Vico und im Vordergrund den bunten Capitellofelsen, die Straße und den Fungo wiedergibt, während ein drittes in etwas phantastischer Weise den Blick von der Mole auf die Häuser, Kirchen und Türme Forios festhält. Das Fremdartig-Maurische, das Haeckel hier empfand, erscheint auf diesem Blatt bewußt gesteigert.

Nach Neapel zurückgekehrt, empfing Haeckel die Nachricht von der preußischen Mobilmachung, die »wie ein Kaltwassersturz all das helle Feuer glücklichster Naturbegeisterung, das mich ganz durchglühte, auslöschte«. Die folgenden Tage wurden nicht ohne Bangen »mit dem Ordnen und Schreiben der Ischia-Erinnerungen und der massenhaften

Pflanzenschätze sowie Vollenden der Aquarellskizzen zugebracht«. Die Gefahr einer Einberufung verzog sich aber gottseidank, Ausflüge nach Pompeji und der Sorrentinischen Halbinsel, sowie eine erneute Vesuv-Besteigung festigten die junge Freundschaft immer mehr, bis endlich der auf Capri verbrachte August den Höhepunkt der ganzen Neapler Zeit brachte.

In den Briefen, welche Haeckel aus Ischia schreibt, findet sich kein Wort über den lebhaften Fremdenverkehr auf der Insel, obwohl ja auch er ihm nicht entgehen konnte. Wie peinlich er ihm gewesen sein muß, geht aber aus so manchen Stellen in seinen Capri-Briefen hervor. Sie müssen uns interessieren, weil sie verraten, daß die Schwesterinsel in dieser Zeit noch ganz wie in den Tagen eines Waiblinger und Kopisch die stille Oase der Maler und Dichter war. Unwillkürlich muß man bei seinen Worten auch an den Hymnus des Grafen Stolberg auf das »seelige Inselvölkchen« denken:

Man könnte Capri wirklich ein kleines Paradies nennen, so rein und unschuldig, so einfach und natürlich, so rein und wahr stellt sich hier das Menschenleben in der köstlichsten Natur überall dar ... Die einfache Menschenwelt Capris kommt mir fast wie ein unverdorbenes Naturvolk vor. Dank sei den steilen, rauhen Felsen, die wie eine unübersteigliche Mauer das Klippeneiland von allen Seiten abschließen. Dank den steilen, beschwerlichen, steinigen Treppenpfaden, die den kleinsten Weg nicht ohne mühevolle Anstrengungen zurücklegen lassen, Dank der ärmlichen, allen Komforts entbehrenden Lebensweise und der anspruchslosen Einrichtung der nur für Künstler berechneten beiden kleinen Gasthäuser! Der große, alles verderbende Schwarm der Touristen und Engländer geht hier noch spurlos vorüber. Nachdem sie pflichtgemäß in einer Stunde die Blaue Grotte besucht, kehren sie möglichst rasch wieder nach Neapel zurück und wissen dann von der eigentlichen wunderbaren Naturschönheit des Inselkleinods so viel wie vorher ... Neapolitaner kommen nun vollends gar nicht her ... So kommt es denn, besonders seit ein Dampfschiff die Fremden sehr bequem nach der Blauen Grotte und noch an dem selben Tage nach Neapel zurückbringt, daß fast ausschließlich Maler Capri zu ihrem Aufenthaltsort wählen.

Als Ernst Haeckel ankam, wohnten in dem Gasthause Michele Paganos nur zwei Maler, ein Engländer und ein Portugiese; nach zwei Tagen kam noch ein Norweger, nach einer Woche der liebe Allmers und zwei livländische Künstler. Die Locanda des Don Michele war ganz nach dem Geschmack des Kreises. »Vom modernen Hotelluxus keine Spur, ebensowenig von der widerwärtigen Kellnerwirtschaft; alle Dienste versah die Wirtsfamilie selbst.« Haeckel hatte sein Mikroskop und alles, was sonst zur Arbeit nötig war, mitgebracht, aber nach den ersten unbefriedigenden Versuchen gab es für ihn auch auf Capri keine Zoologie mehr – sie sollte erst im Winter in Messina, wo seine berühmten Radiolarienstudien einsetzten, zu ihrem Recht kommen –, er, der in Deutschland nichts von fröhlichem Studentenleben und Kneipen wissen wollte, träumte auf Capri vier Wochen lang den schönsten Künstlertraum. Wenn er sich später fragte, welchem Orte Italiens er den Vorzug vor allen anderen geben solle, so schwankte er wohl zwischen Ischia und Capri, aber schließlich gewann doch immer, bei aller Begeisterung für Ischia, Capri die Oberhand.

Welch ein Kontrast, wenn wir nun auf das wenige zu sprechen kommen, was Samuel Langhorne Clemens, der bekannte amerikanische Humorist, den man zumeist nur unter dem Namen *Mark Twain* kennt, über seinen Besuch auf den beiden Inseln berichtet! Er hatte im Juni 1867 New York mit einer größeren Gesellschaft verlassen und die Europareise angetreten, die er in seinem 1869 erschienenen Buch ›The Innocents Abroad‹ beschreibt. Das einzige Interessante, was er von dem Ausflug nach Capri berichtet, betrifft die peinliche Überwachung durch die Polizei, welche sie dabei über sich ergehen lassen mußten. Kaum hatte der kleine Dampfer, den man gemietet hatte, angelegt, so erschien diese und informierte sich eingehend über die Gesundheit der Fremden und über ihre politische Gesinnung. Dann erst gestattete man, daß sie an Land gingen, ließ jedoch einen Polizisten an Bord, der die Aufgabe hatte, die Gesellschaft im Auge zu behalten. Diese Wichtigtuerei des »little insect governement« mutete Mark Twain im höchsten Grade lächerlich an. Wahrscheinlich fürchteten sie, meint er, daß wir die blaue Grotte stehlen wollten, die es weiß Gott wert wäre. Dann folgt ihre übliche begeisterte Schilderung: »Keine Farbnuance könnte hinreißender, kein Glanz prächtiger sein.«

Von Ischias landschaftlichen Schönheiten und wohltuender Ruhe hatten ihm einige Mitglieder der Reisegesellschaft, die bereits zwei Tage auf der Insel gewesen waren, vorgeschwärmt, aber davon verspürte Mark Twain nichts, als er nun auch zwei Tage in der Grande Sentinella verbrachte. Er habe in diesen achtundvierzig Stunden kein Auge schließen können und nur Gelegenheit gehabt, menschliche Schurkerei zu studieren, für die der Wirt seines Gasthofes das beste Musterbeispiel geliefert habe.

Kurz nach dem amerikanischen Humoristen stattete eine hohe Dame aus Deutschland Ischia einen noch kürzeren Besuch ab, von dem es aber trotzdem allerlei Lustiges zu erzählen gibt. Es war dies die *Herzogin Feodora von Sachsen-Meiningen*, welche mit ihrem Sohn, dem Erbprinzen, und dessen Erzieher Rossmann den Winter 1867-68 in Neapel verbrachte. Rossmann hat dann schon im nächsten Jahr unter dem Titel ›Vom Gestade der Cyklopen und Sirenen‹ fingierte Briefe veröffentlicht, welche freilich, insbesondere soweit sie Sizilien betreffen, das er ohne die Herzogin mit seinem Zögling bereiste, oft allzusehr den dozierenden Instruktor verraten. Im Februar gingen die drei zunächst nach Capri, aber unmittelbar darauf kamen sie auch auf unsere Insel. Während man für Ischia nur einen Tag opferte und lediglich den ja nach wie vor vom Fremdenverkehr kaum berührten Borgo zu Füßen des Kastells aufsuchte, verbrachte man auf Capri im Hotel Quisisana, das jetzt neben der immer noch von den Künstlern bevorzugten Gaststätte der Familie Pagano entstanden war, wenigstens zwei Nächte.

Bis Castellammare benützte die Gesellschaft die Eisenbahn, dann bestieg sie einige der damals dort üblichen Dreispänner, fuhr nach Sorrent und ließ sich von dort bis an die Mündung der Blauen Grotte rudern, wo sie auf die Ankunft des Bootes warten mußte, das die Einfahrt ermöglichte, aber von Rossmann als höchst unzweckmäßig bezeichnet wird. Dann ritt man hinauf zur Tiberiusvilla und mit Eintritt des Abends hinab zum Hotel. Bei dieser Gelegenheit erfahren wir zum ersten Mal, daß hübsche Mädchen den Dienst der Eseltreiber versahen! Nachdem sie die Tiere nach Hause gebracht hatten, erschienen sie wieder in der Gaststätte und brachten Matrosen und einheimische Freunde mit, um vor den Gästen zu ihrer größten Belustigung Tarantella zu tanzen. Stundenlang bewegten sich die Tänzer und Tänzerinnen nach dem gleichen Rhythmus, aber dieser gestattet ja soviele Varianten der Bewegungen und soviele Freiheiten, daß ein Bild das andere jagte und die Zuschauer sich nicht satt sehen konnten. Erst das Erscheinen einiger Schüsseln voll Makkaroni machte der Vorführung ein Ende. Sie wurden auf den Boden gestellt, die Tanzenden kauerten sich rund um sie und ließen sich das Mahl und den roten Capriwein gut schmekken. Es ging also auch hier zunächst noch nicht sehr mondän zu. In der Tat erfolgte ja erst im Jahre 1905 jene Vergrößerung, welche den Ruf des heutigen Hotels begründete, und in den zehn Jahren, welche seit Haeckels Besuch vergangen waren, hatte sich auf Capri kaum etwas geändert. Sonst hätte Rossmann nicht schreiben können, es sei hier so einsam, daß man die Empfindung hätte, man habe sich heimlich in die verbotene Insel des Tiberius eingeschlichen! Jene Vergrößerung des Hotels sollte für die Kenntnis der Vorgeschichte Capris bedeutungsvoll werden. Kamen doch bei dieser Gelegenheit nicht nur riesige Knochen von Mammut, Rhinozeros und Höhlenbären an das Tageslicht, sondern auch dem Paläolithikum angehörende Steinwerkzeuge. Doch kehren wir Capri nunmehr den Rücken.

An diesen Capri-Ausflug schloß sich bald der nach Ischia an – Procida hatten sie vorher schon einmal flüchtig gesehen. Diesmal stand der Herzogin ein kleiner Dampfer der königlichen Marine ›Calatafimi‹ zur Verfügung. Man wollte nur gemütlich im Borgo zu Mittag essen; die Bäder in Casamicciola zu besichtigen, lockte nicht, und für eine Tour auf den Epomeo fehlte die Zeit. Aber es sollte anders kommen, als es geplant war! Die Bekannten in Neapel hatten die Herzogin sichtlich schlecht beraten, wenn sie das einzige Gasthaus als eine »nobile locanda« empfohlen hatten, denn sie floh mit Grauen aus ihm. Seit Marcard und De Siano hier im Jahre 1786 ihren Hunger mit Äpfeln und Kastanien stillen mußten, hatte sich immer noch nicht sehr viel geändert. »Das Mittagessen«, lesen wir bei Rossmann, »war nicht so leicht zu beschaffen, wie man es sonst in der zivilisierten Welt gewohnt ist.«

Wie sie ratlos durch die Gassen streiften, sahen sie durchs Fenster einen Schullehrer vor leeren Bänken auf seinem Katheder mit bestem Appetit speisen. Man trat ein, um ihn um Rat zu fragen, und der freundliche Mann riet ihnen zu einer anderen benachbarten Trattoria, die sie übersehen hatten. Hier aber erklärte der Wirt, er habe nichts mehr und sei überhaupt außerstande, so feine Leute zu befriedigen. Was blieb anderes übrig, als selbst für das Mahl zu sorgen? Eine Magd wurde nach Käse ausgesandt, der Praeceptor ging zum Metzger und bekam da eine Leber, bei einer Gemüsehändlerin fand er Rettiche, sogar ein Weinhändler erschien, um seine besseren Sorten anzubieten. So dauerte es nicht allzulange und der Tisch, der zwischen Mehlsäcken, Ölfässern und einer Garnitur jener mit Fett gefüllten Blasen aufgeschlagen wurde, war am Ende ganz gut besetzt.

Nach dem Essen wollte die Herzogin den Lehrer nochmals begrüßen, doch hatte inzwischen der Unterricht wieder begonnen, und diesem Umstand verdanken wir den einzigen Bericht eines fremden Reisenden über eine ischitanische Schulstube. Als die Besucher unter der Türe erschienen, klatschte der Lehrer in die Hände und die Knaben fuhren, wie elektrisiert, in strammer Haltung in die Höhe. Sie sahen recht sauber und ordentlich aus und die Schrift in ihren Heften war vortrefflich. Alles machte den besten Eindruck. Die Wände waren mit gutem Unterrichtsmaterial bedeckt, von praktischen Rechenmaschinen bis zu anatomischen Abbildungen und einem Kasten mit stereometrischen Formen. Der offenbar über dem Durchschnitt stehende Lehrer versicherte, daß in seinem Ort alle Kinder die vorgeschriebenen vier Klassen, von denen immer zwei in einem Raum unterrichtet wurden, auch wirklich besuchten. In der Ecke lehnten drei Stöcke, nach Länge und Dicke verschieden. Als die Schüler gefragt wurden, ob es manchmal auch Schläge gäbe, grinsten sie nur geheimnisvoll, der sympathische Lehrer aber, der offenbar auch dieses Unterrichtsmittel in ein System gebracht hatte, antwortete an ihrer Stelle: »Alles mit Liebe.«

Wie in den dreißiger Jahren unter den nur ganz kurz auf Ischia weilenden Fremden in Karl August Mayer ein jahrelang in Neapel lebender vorzüglicher Kenner von Land und Leuten erschien, so lernen wir nun in *Woldemar Kaden* abermals einen Mann kennen, dem Neapel zur zweiten Heimat wurde und der Ischia liebte. Er ist der letzte, der vor der Katastrophe des Jahres 1883 ausführlich über seine mehrfachen, langdauernden Aufenthalte auf der Insel plaudert. Kaden wurde 1838 in Dresden geboren, hatte Theologie studiert, zog es aber dann vor, sich dem Schuldienst zu widmen. Mit neunundzwanzig Jahren wurde er bereits Direktor der Deutschen Schule in Neapel, wirkte aber in der Folge ebendort als Professor der deutschen Sprache und Literatur an einem Lyzeum. In den 70er und 80er Jahren entfaltete er eine rege literarische Tätigkeit, die sich vornehmlich mit Unteritalien und seiner Bevölkerung befaßte. Damals entstanden ›Eine Sommerfahrt durch südliche Landschaften‹, ›Volkstümliches aus Süd-Italien‹, ›Skizzen und Kulturbilder aus Italien‹, ›Pompejanische Novellen‹ und ›Wandertage in

Italien‹. Die letzteren beginnen mit einem achtundsechzig Seiten langen Kapitel ›Sommertage auf Ischia‹, in dem er in den Erinnerungen schwelgt, die sich an so manche um 1875 in Casamicciola verbrachten Sommermonate knüpften.

Wenn man zum Beispiel die Schilderung seiner Ankunft in einem bescheidenen, hoch am Berg gelegenen Haus liest, muß man an Marcard denken, der uns erzählt, wie seine Wirtin hundert Jahre früher in seiner Gegenwart in Lacco das Gepäck durchsuchte und dabei den ihr unbekannten Hutzucker beleckte!

Das Gepäck des einzigen kleinen Koffers lag in namenloser Verwirrung auf dem Tisch, Bett und Stuhl vor mir ausgebreitet. Das hatten meine Hände nicht getan, das that die versammelte Familie, die in liebenswürdiger Naivität Stück für Stück durch die ihren laufen ließ und garnichts ihrer Aufmerksamkeit für unwürdig erachtete.

Und all die Fragen, die man dabei an ihn richtete! »Wo ist Dein Vaterland?, was ist Dein Vater?, hast Du eine Frau oder wenigstens ein Liebchen?« Aber auch er wurde sogleich über die ganze Familie orientiert. Der Hausvater war ein fünfundsiebzigjähriger, verwitterter krummer Alter, der viel zu viel Wein trank, jede der drei Töchter vertraute Kaden an, welcher Art sie sich ihren künftigen Mann denke; die älteste wollte einen praktischen, tüchtigen, die mittlere einen reichen, hübschen und lustigen, aber die jüngste, Rosina, die bald Kadens Liebling wurde, wünschte sich einen ernsten, gelehrten Lebensgefährten. Natürlich konnte niemand in der Familie schreiben, Rosina aber hätte es gar zu gern gelernt. Der Alte wollte jedoch absolut nichts davon wissen. Das sei Sache der Notare und Pfarrer; es verdrehe nur den Kopf und verwickle womöglich in allerlei Liebeshändel, die nichts mit einer richtigen Ehe zu tun hätten. Keine von den drei Mädchen war je über Casamicciola hinausgekommen; sie kannten die anderen Ortschaften nur von dem wenigen, was die Eseltreiber erzählten.

Kaden hatte sich rasch eingelebt. Das älteste Mädchen, das

ihn stets mit ›Eccellenza‹ anredete, kochte ausgezeichnet, die jüngeren, die mit seinem Vornamen Woldemar nicht viel anzufangen wußten, nannten ihn ›Molt'amore‹. Die Alte, für die er in der Ortschaft ein hübsches Döschen und Schnupftabak gekauft hatte, versorgte ihn reichlich mit dem besten alten Wein – hinter dem Rücken ihres Mannes, der völlig unzugänglich war und weder grüßte noch für einen Gruß dankte. Vom Morgen bis zum Abend saß er auf seiner Bank an einer Gartenmauer, die Pfeife im Mund, einen zweihenkeligen Krug mit Wein neben sich, und zankte oft stundenlang vor sich hin. Essen hat ihn Kaden nie gesehen. Rosina aber dachte nur an eines. Dieser Professore aus Neapel schien wie vom Himmel gesandt, um ihr Lesen und Schreiben beizubringen. Daß der ja noch junge Mann dem hübschen Mädchen mit seinen langen schwarzen Zöpfen, die sich kaum bändigen ließen, weil sie der Sitte gemäß als die jüngste noch kein Kopftuch tragen durfte, ihre Bitte nicht abschlug, ist begreiflich. So ging er dann eines Tages hinunter auf den Marktplatz, an dem nicht nur die Schule war, in der er alsbald das erbetene Abc-Buch erhielt, sondern auch der ›Kursaal‹, aus dem von einem verstimmten Klavier ein Straußscher Walzer klang. Kaden aber konnte nicht schnell genug den vielen blonden Damen und den gelangweilt mit ihnen auf und ab spazierenden, bleichsüchtigen Ehemännern entfliehen, um wieder zu den einfachen, ihm viel sympathischeren Leuten zu kommen und Rosina das ersehnte Schulbuch zu bringen. Der grimmige Vater durfte natürlich nichts von dem Unterricht merken, aber die beiden richteten sich inmitten der Reben einen Winkel ein, in dem sie vom Haus aus nicht gesehen wurden. Das Mädchen machte bald erfreuliche Fortschritte, gewann auch seinen Lehrer immer lieber. Täglich standen frische Rosen und Trauben in seinem Zimmer, und einmal brachte sie ihm einen ganzen Büschel ihrer langen schwarzen Haare, die Kaden nicht genug bewundern konnte.

Eines Tages kam dann nach einer stürmischen nächtlichen

Fahrt völlig durchnäßt auch der Sohn des Hauses Silvestro an, ein junger Seemann voll Lebenslust und Appetit. Wie da die kleine Rosina alsbald ein Hühnchen einfing und ruhigen Blutes vor seinen Augen abschlachtete, wollte dies dem sentimentalen Kaden freilich wenig gefallen. Bald zog ihn auch Silvestro in sein Geheimnis. Er liebte die Tochter eines bescheidenen Weinbauern, von der seine Eltern nichts wissen wollten. Bei dieser Gelegenheit erfahren wir etwas von einem Nebenverdienst des damaligen Schullehrers in Casamicciola. Er pflegte solchen verliebten Burschen zu lehren, wie sie ein Herz mit einer Widmung malen könnten und ließ sich von ihnen mit heimlich auf die Seite gebrachten Hühnern und Wein bezahlen! Silvestro, der natürlich auch nicht schreiben konnte, zeigte Kaden ein solches Kunstwerk, welches er seiner Maddalena schicken wollte. Es glich mehr einer Leber als einem Herzen! Der gute Kaden nahm daraufhin einen schönen weißen Bogen, zeichnete ein richtiges Herz darauf, aus dem rote Flammen schlugen, und führte die Widmung mit blauen, verzierten Buchstaben aus. Selig sandte der Bursche das Blatt durch das kleine, schmutzige Hausmädchen hinauf zu seiner Maddalena, die offenbar am Monte Cito wohnte, denn als Kaden und Silvestro sie am anderen Tag besuchten, kamen sie an nach Schwefel riechenden Fumarolen vorbei, die es auf der ganzen Insel nur dort gibt.

Es gäbe noch so manches von diesem entrückten Leben zu erzählen, in dem Kaden immer mehr aufging. Schrieb er doch Anfang August in sein Tagebuch:

Ich bin nun ganz hier zu Hause und scheint es mir, daß ich schon ein Jahrhundert mit diesen Menschen lebe. Heute bekam ich Briefe, sie kommen mir aus einer fremden Welt und ich möchte wünschen, daß ich das Lesen verlernte. Ich hoffe das, denn mit dem Schreiben geht es schon ziemlich schlecht.

Er ließ sich lieber Lieder von den Mädchen vorsingen, in denen das Meer, die Fischer und die Liebe die erste Rolle spielten, und machte sogar gelegentlich eines Festes mit ihnen, die ja kaum aus dem Hause kamen, einen fröhlichen Ausflug nach dem Borgo d'Ischia, bis eines Tages der älteste Sohn des Hauses mit seiner Frau aus Konstantinopel kam, wo er ein kleines Gasthaus besaß, das eine Feuersbrunst zerstört hatte. Nun wollte er eine größere Barke kaufen und, wie früher, die Küstenschiffahrt betreiben. Ein Bruder der Frau, ein schlanker Jüngling mit feurigen Augen und griechischem Blut, begleitete ihn, und es dauerte nicht lange, so sah Kaden das Ende seines kleinen Romans voraus. Rosina fing an, ihre Stunden zu versäumen, die Rosen in seiner Stube wurden nicht mehr erneuert, und, wenn nicht die gute Raffaela gewesen wäre, hätte er sich auch seine Trauben selbst pflücken müssen. Nun begann er sich doch ernstlicher mit seinen literarischen Arbeiten zu befassen und machte einsame Ausflüge. Viermal stieg er allein auf den Epomeo und freundete sich mit dem Einsiedler an, der ihn jedesmal auf dem Rückweg den halben Berg herab begleitete und beim Abschied küßte. Kaden hatte ihm von Neapel ein Paket Heiligenlegenden, Volkslieder und kleine Romane kommen lassen, die ihm viel Freude machten. Zum Dank erhielt er eines Tages zwei Nachtigallen, die der Eremit, der übrigens, wie mancher seiner Vorgänger, auch am Wein seine Freude hatte, im Frühling fing. Wenn wir Kadens Worten glauben dürfen, ist selten jemand der Abschied von der Insel so schwer gefallen wie ihm.

In den Jahren, in welchen dieser gefühlvolle Schulmann so gerne auf Ischia weilte, begegnen wir auch mehrfach dem Autor eines Buches, das für lange Zeit die Gemüter bewegte und teils heftige Ablehnung, teils begeisterte Aufnahme auslöste. Es ist dies *Ernest Renan*, der Verfasser der ›Vie de Jesu‹, in der Jesus als ein die Menschen hinreißender Utopist und Revolutionär erscheint, welcher schließlich unter dem Übermaß des reinen Wollens zusammenbricht. Wir treffen ihn, der ja gleichzeitig ein hervorragender Kenner semitischer Sprachen und Kulturen war, in den Jahren 1875, 1877

und 1879 auf unserer Insel, das erste Mal nur in Begleitung seiner Gattin, das zweite und dritte Mal auch mit seiner Tochter Noémi und seinem Sohn Ary. Der erste Besuch erfolgte im Anschluß an eine sehr anstrengende, in Begleitung eines Freundes, des Senatore Amari, unternommene Sizilienreise, auf der er, wie er am 18. September aus Ischia an M. Berthelet schrieb, überall derart gefeiert wurde, daß er den Eindruck gewann, der römische Katholizismus habe dort sein Ende gefunden. In Selinunt seien zum Beispiel aus weitem Umkreis Boote voll Menschen gekommen, um ihn zu sehen, und hätten »Viva la scienza!« gerufen. Aber auch die Geistlichkeit sei sehr höflich gewesen. Seit dem Erscheinen des ›Leben Jesu‹ waren damals zwölf Jahre vergangen.

Renan kam nach Ischia in der Hoffnung, daß ihn die Thermen Casamicciolas von seinen ihn nun schon achtzehn Monate quälenden arthritischen Schmerzen befreien würden. Es war die Villa Zavotta, in der er endlich nach jener »verteu-

Casamicciola alto, das heutige Majo, vor dem Erdbeben 1883
Federzeichnung von Ary Renan

felten Reise«, nach der »erschöpfendsten Unternehmung, die ich jemals gemacht habe« Ruhe fand. In dem genannten Brief schreibt er:

Hier hausen wir in einem reizenden Ort inmitten von Weinbergen und Feigenbäumen auf halber Höhe des Epomeo. Wie gern hätte ich Sie hier! Entzückende Landschaft, herrliches Meer, am Horizont Terracina und Gaeta, köstliches Klima, nicht heiß, nicht kalt. Morgen beginne ich vorsichtig mit den Bädern, kräftig mit den Beinduschen.

Ein anderes Mal schreibt er an den gleichen Freund:

Verzeihen Sie, daß ich so wenig schreibe. Man zerrt mich hier nicht schlecht hin und her; man nützt mich aus und ich lasse es, meiner glücklichen Gewohnheit folgend, geschehen.

Daß der Erfolg nicht ausblieb, bezeugt ein Brief, in dem er einem Docteur Suquet fast ein Jahr später mitteilte, daß diese Kur ihm sehr gut getan habe und daß er später nur noch ganz leichte Attacken gespürt habe.

Aber im Frühjahr 1877 ging es ihm dann doch wieder recht schlecht. Die schon fast ganz behobenen Schmerzen im Knie quälten ihn aufs neue und behinderten ihn ernstlich, so daß eine zweite Reise nach Ischia beschlossen wurde, auf der diesmal auch die beiden Kinder dabei sein sollten. Renan hatte nun einmal Vertrauen zu den dortigen Bädern gefaßt und schon in einem Brief an die römische Prinzessin Julie vom 19. Juni 1876 taucht dieser Gedanke auf. Renan hoffte, daß vielleicht auch seinem Sorgenkind Ary eine Kur auf Ischia gut tun würde. Schreibt er doch:

Wir lieben Italien so sehr! Ich denke manchmal daran, meinen kleinen Ary dorthin mitzunehmen. Er ist noch reichlich jung für solch große Eindrücke, aber ich würde die Bäder von Ischia gern an ihm versuchen. Ich glaube, in seinem Alter wäre ein Peitschenschlag, wie ihn diese kräftigen Wässer geben, gut, um ihm zu helfen ein wenig zu wachsen. Unsere Gedanken sind voller Liebe, Sorge und Trauer bei dem armen lieben, hübschen, lebhaften und recht intelligenten Kind.

Im gleichen Jahr liest man dann in einem Brief an jenen Docteur Suquet:

Mein armer Ary, der jetzt Abiturient ist, hat wirklich viel Lust zur Malerei. Ich ermutige ihn dazu. So viele Berufe sind ihm ja infolge seiner Kränklichkeit sowieso verschlossen. Er ist sehr klein geblieben, aber er ist von größter Liebenswürdigkeit und Anmut.

Uns interessiert dieser junge Abiturient in besonderem Maße, denn wir werden noch hören, daß wir ihm eine Reihe auf Ischia gemachter Zeichnungen und einen nicht uninteressanten Artikel über die Insel verdanken.

Im Frühjahr 1877 wird dann die Reise endgültig beschlossen. Wie gern hätte Renan auch jene Prinzessin Julie dabei gehabt, mit der er viel korrespondierte! Schreibt er ihr doch am 20. April aus Paris:

Und wenn Sie nach Ischia kämen, dann wäre unsere Freude vollkommen! Der Ort ist charmant, das Leben leicht, und ich halte die Bäder wirklich für die wirksamsten, die es gegen rheumatische Schmerzen gibt. Ach, käme doch Ihren Ärzten in Rom diese Erleuchtung!

Sein Wunsch ging zwar nicht in Erfüllung, aber die Familie verbrachte trotzdem glückliche Wochen in der Villa Zavotta, die Renan »ein ländliches Hotel mit überreichlichem Raum« nennt. Ary tun die Thermalbäder sehr gut, er macht anstrengende Touren, reitet viel und fühlt sich denkbar wohl; Noémi schwimmt wie ein Fisch, ihr Vater nennt sie einmal ›Meergeborene‹ und hat seine Freude daran, wie sie sich in dieser neuen Welt entwickelt. Renan selbst aber ist zugleich literarisch tätig und schreibt eines seiner philosophischen Dramen, den ›Caliban‹, der ein Jahr darauf in Paris erscheint. In der Einleitung bezeichnet er das Stück als »ein ideologisches Zwischenspiel, aber keine Theorie; als einen phantastischen Einfall, aber keine politische These«. Dann fährt er fort:

Ich schrieb es auf Ischia am Morgen, wenn die Weinberge sich mit Tau bedecken und das Meer wie blasser Moiré erglänzt. Die Philosophie, die zu solch stillen Stunden paßt, ist die der Zikaden und der Lerchen, die meiner Meinung nach sich ohne Frage dem Gefühl hingeben, daß das Licht der Sonne sehr sanft, das Leben ein herrliches Geschenk und die Erde für alles, was da kreucht und fleucht, der rechte Ort ist.

Wie nach der ersten Kur, verspürte Renan große Erleichterung, aber allmählich machten sich die alten Beschwerden doch wieder recht unangenehm bemerkbar. So treffen wir August und September 1879 die ganze Familie wieder in der gleichen Villa. Der treffliche Zavotta hatte ihr die gleichen Zimmer und die gleiche Terrasse wie 1877 reserviert, so daß sie all die liebgewordenen Herrlichkeiten, die Blicke auf Meer und Festland, auf die untergehende Sonne, wie damals genossen. Die Blumen waren die gleichen, die Zikaden schrien wieder wie damals, aber noch mehr – auch die kleinen Tierchen, die Renan seinerzeit nicht schlafen ließen, waren wieder da. Er war zwar nicht sicher, ob es dieselben waren, aber sie benahmen sich jedenfalls genau so. Das verrät uns Renan in der Vorrede zu einem ›Drame philosophique‹ das eine Fortsetzung des ›Caliban‹ darstellt und den

Titel ›L'eau de Jouvence‹ trägt. Aber auch in anderer Hinsicht war ihm, wie wenn er gar nicht fortgewesen wäre. Fährt er doch unmittelbar darauf fort:

Eine solche Übereinstimmung aller Verhältnisse rief mir die gleichen Gedanken wie vor zwei Jahren zurück. Wieder fühlte ich mich in Shakespeares Gegenwart, wieder lebte ich mit Caliban, Prospero und Ariel. Diese teuren Gestalten redeten wieder miteinander in meinem Geiste, im Dialog mit ihnen verbrachte ich einen höchst angenehmen Monat. Die Dämpfe des Epomeo und die reinen Lüfte von Ischia befreiten mich fast von den Schmerzen, die mich jeden Winter heftig zu packen pflegen.

Wie wohl sich Renan in dieser Entrücktheit fühlte, geht auch aus einem Brief an jene Prinzessin hervor, den er Ende September schrieb:

Wir haben zwei Monate in totaler Abgeschlossenheit von der Welt gelebt. Kein Lärm, keine Nachricht, keine Zeitung, nichts gelangte zu uns in unsere Einsamkeit auf Ischia. Fast empfinden wir ein Bedauern, diese freundliche Zurückgezogenheit zu verlassen und das Getümmel der Leidenschaften und die Kämpfe dieser Welt wiederzufinden.

Zu seinem Leidwesen hatten allerdings die Neapler Zeitungen über seinen Aufenthalt auf Ischia berichtet und seine Adresse angegeben, was zur Folge hatte, daß jeden Tag Stöße von Briefen kamen, die er aber ungelesen in den Papierkorb warf. Auch dem »armen Ary« ging es in diesen Wochen vortrefflich; daß er vor allem viel malte, freute den Vater besonders. Nur seine Gattin litt ein wenig unter der großen Hitze. War doch, als man die Insel verließ, noch kein Tropfen Regen gefallen. Dies war wohl auch der Grund, warum die Familie anschließend noch für eine Weile nach Sorrent ging. Auch dort gefiel es ihr recht gut, aber doch nicht so wie auf Ischia – »welches immer unser Lieblingsaufenthalt bleiben wird«. Trotzdem sollten sie die Insel nicht wiedersehen.

Wie schon erwähnt, besitzen wir etliche Proben von Zeichnungen, welche Ary bei diesem letzten Aufenthalt machte. Sie sind in einem Aufsatz enthalten, den der junge Mann anläßlich des Erdbebens 1883 in der Gazette des Beaux Arts veröffentlichte. Aus ihnen und aus dem Text geht hervor, daß Ary Renan auf Ischia in erster Linie die Architektur interessierte. Wir geben als Probe zwei wertvolle Blicke auf das damalige hochgelegene, eigentliche Casamicciola wieder, von dem im Jahre 1883 kaum ein Stein auf dem anderen geblieben ist, aber außer ihnen schmücken den Artikel noch eine Reihe Zeichnungen, welche einzelne Bauernhäuser und Kirchen darstellen. Der Verfasser hatte sichtlich Verständnis für diese natürliche Bauweise, ohne Symmetrie, ohne jede gewollte Schönheit, mit all ihren Unregelmäßigkeiten, den freien Treppen und flachen Dächern, den jeweils aus dem Bedürfnis entsprungenen kubischen Anbauten. Wenn er aber in diesem Zusammenhang auf die auffallende Ähnlichkeit mit Formen hinweist, wie sie sich im nahen Osten fänden, und meint, in Isfahan und Teheran begegneten zum Beispiel ganz ähnlich umfangreiche »Agglomerate«, so muß das den Kenner der modernen, die Probleme dieser Bauweise behandelnden Literatur nicht wenig überraschen. Für viele Ischia-Besucher hat sie etwas ›Orientalisches‹ an sich; eine Hypothese geht dahin, daß sie im frühen Mittelalter von den Mauren eingeführt wurde, für andere handelt es sich um etwas Bodenständiges, aus dem Mangel an Bauholz und dem Vorhandensein der für die Herstellung der Gewölbe früher unentbehrlichen Lapilli Erwachsenes.

Merkwürdigerweise begegnet in den Berichten an keiner Stelle eine Schilderung der seltsamen, noch bis vor wenigen Jahrzehnten allgemein üblichen Herstellung der Gewölbe. Sie bestehen aus einem Mauerwerk, das auf einer höchst primitiven, mit Stangen, Brettern und Erde errichteten Form aufgetragen wurde. Nach monatelangem Trocknen kam auf dieses eine aus Lapilli und Kalk bestehende Lage, und diese wurde viele Stunden von einer rhythmisch sich im Kreise bewegenden Gruppe von Arbeitern festgestampft, während ein auf der Mitte der Kuppel stehender Musikant den weit über das Land klingenden Takt angab. Dieses

›batter l'astrico‹, zu dem Freunde und Nachbarn Backwerk und Wein brachten, entsprach dem Richtfest anderer Gegenden, in denen hölzerne Dachstühle errichtet werden.

In der Folge kam auch ein deutscher Fachmann, E. Heinrich, der sich in den letzten Jahren ernstlich mit der Herkunft dieser ja nicht auf Ischia und Capri beschränkten, sondern auch in küstennahen Gegenden des Festlandes, in Griechenland, Kleinasien und auf den ägäischen Inseln begegnenden Bauformen befaßte, ebenfalls zu der Überzeugung, daß große Ähnlichkeiten zu den vor- und frühgeschichtlichen Bauten im Iran und Irak bestehen und prägte für diesen Typ, ganz ähnlich wie Ary Renan, die Bezeichnung ›Agglutinate‹, ohne natürlich von seinem Aufsatz Kenntnis zu haben. Wir gehen sicher nicht fehl, wenn wir annehmen, daß es sein Vater, der gründliche Kenner Vorderasiens, war, dem diese Parallelen auffielen und der mit seinem Sohn auf ihren Ausflügen darüber gesprochen hat. Ob es sich bei diesen Ähnlichkeiten lediglich um Konvergenzerscheinungen handelt oder ob historische Zusammenhänge bestehen, bleibt freilich zunächst noch unentschieden.

Nicht ohne Interesse ist auch, was Ary Renan über die Südseite der Insel am Ende der siebziger Jahre schreibt. Man besuche sie nur selten und in Kürze, wie wenn hier Gespenster hausen würden. Die Hitze, die kümmerliche Vegetation, die armseligen Ortschaften, alles scheine hier Fieber zu haben.

An dieser Stelle soll auch ein englischer Schriftsteller namens *William Stamer* nicht vergessen werden. In seinem amüsant geschriebenen ›Dolce Napoli‹, das 1878 erschienen ist, gibt es ein Capri betiteltes Kapitel, in dem fast fünfzig Seiten lang über die Insel geplaudert wird, in dem aber doch am Ende noch acht knappe Seiten Ischia gewidmet werden. Wir können ihm aber trotzdem nicht böse sein, denn das Kapitel schließt mit folgenden Worten:

Ich kam für drei Tage und blieb drei Wochen, und hätte ich nicht bereits andere Verpflichtungen gehabt, wäre ich drei Monate geblieben. Nun ich Ischia gesehen habe, lockt mich Capri nicht mehr. Capri ist entzückend für zwei oder drei Tage, auch für eine Woche. Aber für einen längeren Aufenthalt ist die Insel nicht geschaffen. Nach einem Tag hast du alles gesehen, was es zu sehen gibt, die Ruinen, die Grotten, die Klippen und Felsen, dann tut man gut, zu gehen. Auf Ischia gibt es schönere Spaziergänge, mehr Schatten, mehr Bequemlichkeiten, tägliche Post und, nicht zuletzt, auch bessere Gesellschaft. Ischia ist wohl ein wenig teurer als Capri, aber doch nur sehr wenig.

Dann macht sich der Verfasser etwas lustig über die widerspruchsvolle Bezeichnung ›Grand Hotel Piccola Sentinella‹ und über dessen Bauweise und schließt mit den Worten »Lebe wohl, Ischia! Nein, nicht lebe wohl, sondern auf baldiges Wiedersehen!«

Wer in *Ferdinand Gregorovius'* umfangreichen ›Wanderjahre in Italien‹ das berühmte Kapitel über Capri gelesen hat, muß sich wundern, daß in ihnen von Ischia mit keinem Wort die Rede ist. In seinen Briefen wird wohl hie und da auch unsere Insel erwähnt werden, denn er war des öfteren auf ihr. Mir ist jedoch nur eine Stelle bekannt, an der er im Anschluß an das Erdbeben des Jahres 1883 an seine Freundin, die Gräfin Caetani Lovatelli, schreibt, daß er 1876 zum letzten Mal auf Ischia in der großen Sentinella geweilt und eine angenehme Woche verbracht habe.

In den Jahren 1872 und 1873 wurde *Anton Dohrns* kühner Plan, in Neapel inmitten der Villa Nazionale ein Institut zu errichten, das den Zoologen aller Länder die besten Arbeitsmöglichkeiten bieten sollte, allen erdenklichen Schwierigkeiten zum Trotz Wirklichkeit. Schon lange bevor 1907 die nicht mehr wegzudenkende malerische Filiale der Zoologischen Station an der Einfahrt in den Ischia-Hafen dominierte, lernten dank dieser Gründung zahllose Biologen und sonst dem Hause Dohrn nahestehende Persönlichkeiten bereits Ischia kennen und lieben. Für uns, die wir uns ja auf die Zeit vor dem Erdbeben des Jahres 1883 beschränken, kommt freilich nur das erste Jahrzehnt der bald hundertjährigen Schöpfung in Betracht, aber gerade dieses, an das sich Namen wie Hans von Marées, Adolf Hildebrand, Conrad Fiedler, Arnold Böcklin, Anton Dohrn, Nikolaus Kleinenberg, Charles Grant knüpfen, hat seinen besonderen Reiz. Marées und Hildebrand sollten ja 1873 den anfangs nur für geselliges Zusammensein gedachten Saal der Station mit Fresken und Plastiken schmücken, eine Aufgabe, die sie in bestem Einvernehmen wie in einem Rausch innerhalb fünf Monaten bewältigten. »Wir sind eigentlich nur eine Person«, schrieb damals Marées nach Wien. Wer hätte gedacht, daß er, der niemals Fresken gemalt und dessen Arbeitsweise sich so gar nicht mit dieser Technik vertrug, in dieser kurzen Zeit ein Werk schaffen würde, das man einmal als den einsamen Gipfel der modernen Freskomalerei bezeichnet hat. Hildebrand aber betätigte sich andererseits nicht nur als Bildhauer – ihm sind die Büsten von Darwin und Karl Ernst von Baer zu danken –, sondern griff zum ersten Mal auch zum Pinsel, schuf die architektonischen Umrahmungen und war auch an manchen der Skizzen zu den Hauptbildern beteiligt. Zu längeren Ausflügen in die Umgebung kam es in diesen Monaten begreiflicherweise nicht; Ischia erscheint jedenfalls nicht in den Briefen jener Zeit, wohl aber ein kurzer, beglückender Aufenthalt in Sorrent.

In den nächsten Jahren treffen wir jedoch *Hans von Marées* nicht nur wiederholt in Neapel – 1874 diente ihm der Freskensaal eine Zeitlang als Atelier und besuchte er zweimal *Kleinenberg*, den baltischen Zoologen und Dohrns ersten Mitarbeiter, der damals zur Erholung in der Nähe von Cava dei Tirreni weilte –, sondern 1876, 1877 und 1879 auch für längere Zeit in Ischia. 1876 »kampierte« er, wie er sich ausdrückt, bei Kleinenberg, mit dem sich zwar Dohrn nur schlecht vertrug, den Marées aber als einen angenehmen Gesellschafter von großer geistiger Beweglichkeit schätzte. »Er hat eine reizende Wohnung in reizender Lage; sein Dasein könnte fast Neid erregen«, schrieb Marées damals an seinen Gönner Fiedler, der ja auch seinerzeit die Kosten des Freskensaales bezahlt hatte. Das Haus, in dem sie wohnten, lag an dem ›La Mandria‹ genannten Strand zwischen dem heutigen Ischia-Porto und Ischia-Ponte. Unweit davon weilte gleichzeitig der Bildhauer Peter Bruckmann mit seiner Frau Clara, einer Tochter Böcklins; die beiden hatten sich nach ihrer Hochzeit hier für längere Zeit niedergelassen. Marées blieb damals zehn Tage auf Ischia. Die Rückreise war insofern etwas ungemütlich, als sich Marées und Kleinenberg nächtlicherweise von einer Fischerbarke nach Gaeta bringen ließen. Dank einem kräftigen Scirocco benötigten sie für die sechzig Meilen nur wenig mehr als zehn Stunden. In dem Brief, mit dem Marées dann von Rom aus für die freundliche Aufnahme und die Bewirtung dankte, heißt es:

Mir hat der Aufenthalt auf Ischia einen höchst befriedigenden Eindruck hinterlassen, auch scheint mir, konnte der Schluß nicht passender sein.

Im Juni des darauffolgenden Jahres war er bereits entschlossen, abermals nach Ischia zu gehen. Ja, er träumte sogar davon, vielleicht dort eines Tages für sich und seine Wiener Freundin Melanie Tauber, deren Züge dem Kenner auf einer der Neapler Fresken begegnen, eine Villa zu bauen. In einem im Juni vor der Reise geschriebenen Brief liest man:

Ich gedachte nach Deutschland zu gehen, doch nach reiflicher Überlegung habe ich das aufgegeben, ich darf mich nicht zu sehr zerstreuen, ich werde darum Ischia als Badeort und Villeggiatura benutzen. Und vielleicht finde ich an jenen homerischen Küsten auch eine Bucht, an der wir unsere zukünftige Villa erbauen können. Das Geplätscher der Meereswogen ist unbedingt nöthig zu einem erquickenden Landaufenthalt. Dieser Gedanke erregt in mir doppelt Schmachtenden einen solchen Durst, daß ich hier abbrechen muß.

Die Briefe aus Ischia sind dann wieder aus der Mandria datiert, ob er aber auch diesmal bei Kleinenberg wohnte, geht aus ihnen nicht hervor. Wie er die Zeit auf der Insel in vollen Zügen genoß, spiegelt sich in einem anderen Brief, den er damals wieder an seine geliebte »Pallas« – so nannte er, der »ewig getreue Ritter Hans« in seinen immer zärtlicher werdenden Schreiben die Freundin – richtete:

Um auf mich selbst zurückzukommen, so kann ich sagen, daß ich mich hier durchaus heimatlich fühle. Und wie könnte es anders sein. Lachender Himmel und Meer, lachende Landschaft und fröhliche Menschen; da müßte man allerdings versteinert sein, wenn man nicht auch eine etwas heiterere Physiognomie wie gewöhnlich annähme. Ich führe hier allerdings ein reines Schlaraffenleben. Baden, segeln, reiten, auch auf den Bergen herumklettern und sich dann gelegentlich erfrischen und stärken ist jetzt meine ganze Thätigkeit. Und nebenbei fehlt es nicht an der trefflichsten Unterhaltung, da ein Freund von mir hier lebt, den man schon zu den ungewöhnlich intelligenten Menschen rechnen darf ... In diesem verdienstlosen Hinschlendern habe ich doch auch ein kleines Verdienst: daß ich nämlich den Lockungen von Sirenen, Nymphen und Najaden standhaft widerstehe. Doch wozu schreibe ich das, da ich doch weiß, daß dasselbe, weil es nicht berührt, auch nicht anerkannt wird.

In diesem etwas bitteren Schlußsatz ist der Wandel zu verspüren, den das Verhältnis der beiden in der letzten Zeit erlitten hatte. Er mußte notwendig seinen Schatten auf die so rosig geschilderten Wochen geworfen haben. In der Tat ging in der gleichen Zeit von der Mandria ein Brief an Marées' Bruder, in dem es heißt: »Mancherlei Erlebnisse zwingen mich, die nächste Zukunft etwas ernstlicher in Erwägung zu ziehen als dies bisher der Fall war und ein endliches Si o No endgültig entscheiden zu lassen.« Aber der Schreiber war nicht der Mann, der allzusehr unter dem bald darauf erfolgenden Bruch zu leiden hatte. Schrieb er doch schon am 10. November des gleichen Jahres abermals an seinen Bruder: »Mich hat diese Angelegenheit, wie Du wohl bemerkt haben wirst, über die Gebühr beschäftigt; jedoch bei meinem Mangel an Sentimentalität komme ich auch schnell darüber hinweg.«

Im nächsten Jahr treffen wir Marées abermals auf Ischia, aber diesmal nicht mit Kleinenberg, sondern mit *Arnold Böcklin*. Am 8. August 1879 schrieb er von dort an Fiedler:

Schon wieder hat das Schicksal mich auf dieses Eiland verschlagen. Ein an und für sich unbedeutendes Übel wurde durch das andauernde Stehen erheblich gesteigert, so daß ich nolens volens eine Pause eintreten lassen mußte; in demselben Moment erscheint Böcklin mit der Bitte, ihn hierher zu begleiten und ich entschloß mich denn auch ohne weiteres.

Marées hatte das Gefühl, daß man Böcklin nicht im Stich lassen konnte, und in der Tat erwies sich dann seine Anwesenheit als sehr nützlich. Seit Monaten war der rechte Arm durch Überanstrengung gelähmt und Böcklin hoffte nun auf die Thermalbäder. Und in der Tat, sie waren »von der besten Wirkung und Böcklin ist völlig geheilt«, berichtete später Marées. Wenn man bedenkt, wie grundverschieden Wesen und Kunst der beiden war, muß man sich wundern, daß sie miteinander harmonierten. Schrieb doch Marées an Fiedler im Anschluß an dieses Zusammensein, über das keine weiteren Einzelheiten vorliegen, Böcklin sei wirklich ein vortrefflicher Mensch und es scheine ihm, als wenn es ihm auch immer leichter würde, mit und neben ihm zu leben. Marées blieb damals noch eine Woche allein auf der Insel und traf sich anschließend auch noch in Sorrent mit Kleinenberg, der inzwischen eine Professur an der Universität Messina erhalten hatte.

Die Genesung Böcklins war jedoch leider nicht von Dauer. Die Gelenkentzündung hatte allmählich auch die rechte Schulter ergriffen, und nur unter Schmerzen vermochte er noch den Pinsel zu führen. So wollte er es nochmals mit den Bädern Ischias versuchen. Als Begleiter bot sich diesmal ohne weiteres der Landschaftsmaler *Albert Schmidt*, der vor zwei Jahren schon als reiferer Mann nach Florenz gekommen war und sich eng an Böcklin angeschlossen hatte. Durch die Vermittlung von Richard Voß, von dessen engen Beziehungen zu Ischia auch noch die Rede sein wird, wurde er später vom

Großherzog von Sachsen-Weimar nach Weimar berufen. Bevor die beiden nach Ischia gingen, hielten sie sich einige Tage in Neapel auf. Es war die Zeit, in der Richard Wagner mit seiner Familie auf dem Posillip lebte und arbeitete. Da Böcklin bereits vor zwei Jahren einmal –, wenn auch vergeblich, von Frau Cosima um Skizzen für die ›Parsifal‹-Bühnendekorationen gebeten worden war, fühlte er sich verpflichtet, seine Karte abzugeben. So pilgerten die beiden in glühender Sommerhitze hinaus nach der in einem herrlichen Park gelegenen Villa. Wie üblich, erklärte der Diener, ohne vorher zu fragen, der Meister sei nicht zu sprechen und nahm die Visitenkarte in Empfang. »Nun schnell fort«, rief Böcklin und ergriff Schmidts Arm, »denn wenn Cosima meinen Namen liest, läßt sie uns sicher rufen«, und er hatte doch gar keine Lust, erneute Anträge ablehnen zu müssen. Aber sie waren noch nicht auf der Straße, da rief ihnen doch bereits Wagners älteste Tochter nach, sie möchten zum Vater kommen. Die Folge war, daß sie gegen Abend nochmals zum Tee herauskommen mußten. In der Tat versuchte Cosima immer wieder, Böcklin für ihren Plan zu gewinnen, aber dieser schlug alle Angriffe höflich, aber bestimmt ab, bis Cosima etwas unwillig das Gefecht aufgab. Den Beschluß des Abends machte dann eine musikalische Unterhaltung. Rubinstein spielte aus der ›Götterdämmerung‹, auch der kleine Siegfried und die Töchter, sowie ein russischer Maler, der Cosima porträtierte, waren dabei. Die feierliche Art der Lebensführung nötigte dem kühlen, ironischen Schweizer wohl ein Lächeln ab, aber die Musik erschütterte ihn doch. Einen Augenblick gerieten die beiden Größen sogar recht heftig aneinander. Als Wagner meinte: »Von Musik verstehen Sie wohl nicht viel?«, erwiderte Böcklin, der sich über die Unmöglichkeit eines die Bühnendekoration betreffenden Wunsches geärgert hatte: »Hoffentlich mehr als Sie von der Malerei.« Wir wollten diesen amüsanten Besuch, den uns Böcklins Sohn Carlo eingehend schildert, nicht übergehen, weil im gleichen Jahr noch ein anderer Ischia-Gast bei Wagner anklopfte, der auch erst abgewiesen und dann zurückgerufen wurde, für den aber der Besuch tiefgreifende Folgen hatte.

Über diesen zweiten Aufenthalt Böcklins auf unserer Insel sind wir durch Briefe, die er an seine Frau schrieb, und auf Grund einer von Carlo Böcklin und Ferdinand Runkel herausgegebenen Veröffentlichung erfreulicherweise recht gut unterrichtet. Die beiden Herren wohnten, wenigstens zunächst für zwei Wochen, in der Villa Drago, also in jener einsamen Gaststätte, die uns seit 1828 schon mehrmals begegnet ist. Sie lag auch jetzt noch fern von der Ortschaft, in öder Umgebung. Carlo spricht von einer außerhalb der engen Gassen des Städtchens gelegenen kleinen Wirtschaft. Für die Zeit des ›ferragosto‹ sollten sie sich dann freilich eine andere Wohnung suchen. Böcklin begann sofort mit den Bädern. Wir lassen ihn selbst erzählen, wie, wenigstens zunächst, seine Tage verliefen.

Kaum könnte ich Dir sagen, was ich den ganzen Tag treibe, die Zeit tot zu schlagen. Um 5 Uhr stehe ich mit der Sonne auf und gehe in die Badeanstalt. Dort warten schon zwanzig Leute, fast alle alt, mit Krücken und reden eine Sprache, die ich nicht verstehe. Ich nehme einen schwarzen Kaffee und warte ungefähr eine Stunde, bis ich mein Bad nehmen kann. In der Wanne, die für mich viel zu klein ist, langweile ich mich ganz verdammt und schaue ständig auf die Uhr, die an der Wand hängt, ob die halbe Stunde immer noch nicht vorbei ist – fünf Minuten in der Wanne kommen mir so lange vor, wie eine Stunde im Freien. Um sieben Uhr oder auch später hat diese Langeweile endlich ein Ende und ich gehe zum Frühstück in ein nahes Caffé, schwarzer Kaffee ohne Milch, eine solche gibt es nicht, mit einem uralten Brötchen, und dann wandere ich an den Strand, setze mich in den Schatten eines Felsen, schaue auf das Meer und die Schiffe, die vorbeigehen, und denke an tausend Dinge. Gegen 11 Uhr fängt es an, zu heiß zu werden, dann gehe ich nach Hause, um wiederum auf das Meer zu schauen oder einen Brief zu schreiben, wie in diesem Augenblick. Um 12 Uhr kommt Herr Schmidt, und bald darauf erscheint auch Gaetano mit dem Mittagessen – ein Stückchen kaltes Fleisch, Obst, Brot und Wein, der zum Glück in diesem Jahr ausgezeichnet ist.

Elf Tage später meldete er dann seiner Frau, daß es ihm jeden Tag besser gehe, nur wenn Scirocco wehe, fühle er noch ein wenig Schmerzen, so daß er hoffe, wirklich geheilt zu werden, wenn er die Kur fortsetze und nicht über die Schnur haue. Er mache auch bereits lange Spaziergänge über die Insel. Und nach weiteren neun Tagen schrieb er nach Hause, es gehe ihm jetzt ausgezeichnet, er habe die Thermalbäder eingestellt und wolle jetzt sehen, wie ihm Meerbäder bekommen. Im gleichen Brief heißt es aber dann auch:

Noch habe ich keine Lust etwas zu beginnen, es kommt mir nicht der geringste Einfall für ein Bild. Ich tue weiter nichts, als am Meer auf Felsen zu sitzen und selten meinen Ariost vorzunehmen, den ich stets bei mir habe.

So ganz entspricht dieser Satz freilich nicht den Tatsachen. In Wirklichkeit regten die Insel und die Erlebnisse auf ihr Böcklin zu einer Reihe von Bildern an, und gar so eintönig verliefen seine Tage, nachdem er die Kur beendet hatte, auch nicht. Das war nicht zuletzt dem glücklichen Umstand zu danken, daß in diesem Sommer auch die Familie Dohrn auf Ischia weilte. Böcklin hatte ja Dohrn schon früher kennengelernt und hatte auch 1879 bereits die Fresken Marées bewundert. Wenn Böcklin, wie er seiner Frau schrieb, vormittags untätig am Strand saß, hatte er Gelegenheit, den Scherzen der Familie Dohrn zuzusehen, die jeden Vormittag dort badete. Dohrn selbst erzählte später Carlo davon, wie er oft sich den Spaß leistete, nach langem Tauchen plötzlich vor den Damen aufzutauchen, die dann kreischend davonliefen. Damals entstand in Böcklin die berühmte ›Tritonenfamilie‹. Er skizzierte ja in seinen reiferen Jahren niemals in der freien Natur. Alle seine Bilder wurden vielmehr aus Phantasie und Erinnerung in seinem Atelier geboren. So stellt dieses bekannte Bild einen der Felsen des sich ja bis ins Meer wälzenden Arsostroms dar, auf dem der bärtige Anton Dohrn den fünfjährigen Sohn Boguslav hoch in die Luft hebt und neben ihm – als Nereide – eine hübsche Kusine seiner Frau träumerisch hingegossen liegt.

Auch das nicht minder bekannte Bild der ›Toteninsel‹, von dem es eine Reihe von Varianten gibt, dankt Ischia seine Entstehung. Man hat zwar vielfach eine Ähnlichkeit mit einer kleinen, bei Korfu gelegenen Insel Pontikonissi feststellen wollen, aber Böcklin hat diese nie zu sehen bekommen, und sein damaliger Begleiter hat Carlo versichert, der Vater habe ihm selbst erzählt, daß ihm das Kastell von Ischia die Anregung gegeben habe. Keiner der Kunsthistoriker, welche sich mit dieser Frage befaßt haben, hat sich jedoch darüber Gedanken gemacht, wieso Böcklin auf die seltsame Idee kam, auf dem Bild einen Kahn darzustellen, der einen Sarg auf das steile Riff bringt. Sie wußten alle nicht, daß heute noch auf der größeren Insel gegenüber dem Kastell ein in Terrassen vom felsigen Ufer aufsteigender Friedhof liegt, welcher im Jahre 1836 gelegentlich einer Choleraepidemie errichtet wurde und zu dem man die Toten zu Wasser bringen konnte. Es kann kein Zweifel darüber bestehen, daß Böcklin diesen Friedhof, auf dem heute kein einziges Kreuz mehr vorhanden ist, auf seinen Spaziergängen kennengelernt hat und daß seine Phantasie ihn mitten in die steilen Felsen des Kastells verpflanzt hat.

Anton Dohrn berichtet in einem Brief von einem Ausflug nach der nahegelegenen, bis heute noch unberührt gebliebenen Insel Vivara. Alle hatten natürlich auch dort wieder gebadet und als man dann auf dem Schiff beim Tee saß, habe Böcklin gesagt, daß er nun leider bald an die Abreise denken müsse, daß er aber vorher Dohrn, seine Frau und die Kinder zur Erinnerung an diese schöne Zeit noch zeichnen wolle. Bei der Ankunft in Ischia aber schwenkte ein Postbeamter ein Telegramm in der Luft, das die schwere Erkrankung von Böcklins Vater meldete. Böcklin packte sofort ein und reiste ab, ohne daß zum Leidwesen Dohrns die Zeichnungen gemacht wurden. Schmidt ging damals nach Amalfi. Wenige Wochen später stand in Florenz die Toteninsel auf der Staffelei.

Drei von den Gestalten, die Hans von Marées so wunder-

Casamicciola alto auf Ischia
Federzeichnung von Ary Renan

voll im Bibliothekssaal des Aquariums dargestellt hat, wie sie des Abends in jener Osteria im Palazzo Donn'Anna sitzen, zu der sie im Jahre 1873 so oft nach der Arbeit und den Sorgen des Tages pilgerten, sind uns auch auf Ischia begegnet, aber für einen Besuch *Adolf von Hildebrands* und *Charles Grants* fanden wir keinen Beleg. Trotzdem kann natürlich kein Zweifel darüber bestehen, daß auch sie, wie Marées, Kleinenberg und Dohrn, zu den Gästen der Insel zählen. In den vielen veröffentlichten Briefen Hildebrands scheint das Wort Ischia nicht vorzukommen, aber die Beziehungen zwischen der Familie Dohrn und der Familie Hildebrand blieben ja stets sehr innige, und so manche Glieder der letzteren begegnen uns in späteren Jahren auf der Insel. Der schottische Dichter Charles Grant freundete sich mit Hildebrand sogar schon an, als er in einem Privatinstitut in Jena englischen Unterricht gab und dieser zu seinen Schülern zählte. Auch Dohrn hatte Grant bereits schätzen gelernt, bevor der Plan der Zoologischen Station wach wurde, und lud ihn 1872 ein, zu ihm nach Neapel zu kommen, wo er

dann jahrelang bei ihm wohnte. Als Dohrn 1874 Maria von Baranowski heiratete, verliebte sich Grant hoffnungslos in die jüngere Schwester und brach seelisch zusammen, als sie erst neunzehnjährig starb. Auch ohne Belege dafür zu haben, dürfen wir uns vorstellen, daß er auf Ischia von ihr träumte und daß manche seiner vom Golf und seiner Liebe erfüllten Dichtungen hier entstanden.

Im Jahre 1880 kam auch ein junger Musiker nach Ischia, der später in aller Welt bekannt werden sollte, *Engelbert Humperdinck*, dessen Tage auf Ischia von einem Erlebnis umrahmt werden, das ein gut Teil seines Lebens bestimmte und das er später reizend geschildert hat. Erst fünfundzwanzigjährig war er dank drei Kompositionen, die er für die Prüfungskonzerte der Lachnerschen Musikschule in München geschrieben hatte, mit dem Felix-Mendelssohn-Stipendium ausgezeichnet worden, welches ihm ein Jahr in Italien ermöglichte. Den Winter 1879-80 verbrachte er in Rom, wo er sich einer Gruppe junger Archäologen und Kunststudierender anschloß, die sich die ›Coradetti-Tafelrunde‹ nannte, und mit einigen von ihnen brach er dann im Frühjahr 1880 nach Neapel und Sizilien auf. Wie wir schon hörten, weilte damals in der Villa Angri auf dem Posillip Richard Wagner mit seiner Familie und legte in stiller Abgeschiedenheit die letzte Hand an den ›Parsifal‹. Humperdinck aber zählte zu der noch kleinen Gemeinde, welche für den neuen Geist Verständnis hatte, und gehörte einem gleichgesinnten Kreis junger Künstler an, die sich die ›Ritter des Ordens vom Gral‹ nannten.

Es war natürlich ein kühner Entschluß des jungen Mannes, ohne jede Empfehlung bei dem Meister anzuklopfen. Er hatte zwar auf seine Karte geschrieben ›Mitglied des Ordens vom Gral‹, aber das hinderte nicht, daß er, wie bald darauf Böcklin, den Bescheid erhielt, daß der gnädige Herr für niemand zu sprechen sei. Fast erleichtert öffnete er wieder das Gartentor, da eilte auch ihm ein Diener nach, der gnädige Herr lasse bitten! Wagner mußte dann einen guten Eindruck von dem jungen Komponisten gewonnen haben, denn er wurde am Schluß gebeten, sich nach seiner Sizilienreise wieder sehen zu lassen. Vielleicht könne er dann etwas ganz Neues hier oben kennenlernen, meinte Wagner geheimnisvoll beim Abschied.

Wieder in Neapel, ließ Humperdinck sich nicht sogleich bei ihm sehen, sondern ging erst für einige Tage nach Ischia. Viele Einzelheiten darüber finden sich weder in seinem nur aus Stichworten bestehenden Tagebuch noch in einem Brief an seine Schwester Adelheit Wette. Er wohnte in der Villa Sauvé und ritt sogleich am nächsten Tag – es war der 25. April – mit zwei Begleitern auf den Epomeo. Zum ersten Male in seinem Leben auf einem Pferd, fühlte er sich wohl anfangs etwas unsicher, aber in Bälde war er durchaus sattelfest. Es war herrliches Wetter, dazu die märchenhafte Aussicht und der gute Wein des Eremiten. »Bin ganz berauscht«, schrieb er am gleichen Abend, an dem obendrein im Gasthaus noch Tarantella getanzt wurde, an seinen Vater. Wie nachhaltend die Eindrücke dieser Reise und nicht zuletzt auch dieses Ausfluges waren, spricht aus einem Brief, den Humperdinck wenige Tage später an seinen Schwager schrieb:

Wenn man wie ich täglich so paradiesische Landschaften, so schöne Menschen und herrliche Kunstwerke aus dem Altertum vor Augen hat, so bekommt man Sinn für edle, schöne Form, ohne welche es kein Kunstwerk gibt. Ich kann Dir sagen, daß hier in meinem jetzigen Zustande alle formlosen Hirnprodukte, welcher Art sie auch sein mögen, mir ein wahrer Greuel sind.

Alles auf der Insel gefiel Humperdinck so gut, daß er gerne etwas länger in Forio geblieben wäre, wo er sich, als sie am nächsten Tag in einer Carrozella dorthin fuhren, sogar schon nach einer Wohnung umsah. Wie Haeckel, so mutete auch ihn wieder die Stadt ganz orientalisch an. Aber er mußte wohl oder übel am vierten Tag seines Ischia-Aufenthaltes zurück nach Neapel fahren, da seine Mittel so knapp geworden waren, daß er selbst am Essen sparen mußte. Am Abend konnte er es dann dort doch nicht lassen, in das Teatro Bellini zu gehen, wo der Freischütz gegeben wurde. »Entsetzliche Aufführung«, notierte er im Tagebuch. Der nächste Tag brachte Gott sei Dank die ausstehende Rate seines Stipendiums, und nun konnte er sich getrost bei Wagner sehen lassen, von dem bereits eine neue Einladung gekommen war.

Wie ein guter Bekannter wurde er aufgenommen und lernte nun die ganze Familie und Wagners Umgebung, unter der sich auch wieder Josef Rubinstein befand, kennen. Der 67. Geburtstag Wagners stand vor der Türe und man plante nichts Geringeres, als eine erste Aufführung der Liebesmahlszene aus dem ›Parsifal‹ im engsten Kreis. Rubinstein saß am Flügel, neben diesem »waren die vier festlich geschmückten Töchter, deren jugendliche Gesichter vor Erwartung und Aufregung leuchteten, wie eine Perlenschnur aufgereiht«. Gegenüber standen Humperdinck und der früh verstorbene Martin Plüddemann, jeder mit einer Gralsritterpartie in der Hand, Cosima und ihr junger Sohn, sowie der Schöpfer der Parsifal-Dekorationen und ein junger Münchner Bildhauer blieben im Hintergrund, in der Mitte des Kreises aber stand Wagner, der sang und dirigierte. Nachdem die letzten Töne leise verklungen waren, schwieg alles in lautloser Entrücktheit, bis sich der Bann in nicht endende Begeisterung löste. Als man nach einer Erfrischung im Garten spätabends auseinanderging und Humperdinck sich verabschieden wollte, bedachte sich Wagner einen Augenblick und fragte ihn dann, ob er Lust hätte nach Bayreuth zu kommen und bei den Vorbereitungen zur Aufführung zu helfen. Niemand war glücklicher als Humperdinck, der von da an bis zu dem freilich schon 1883 in Venedig erfolgten Tod Wagners an seiner Seite blieb. Dieser Verlust sollte aber zugleich Humperdinck seine schöpferische Freiheit schenken und den Weg öffnen, der ihn auf seinen Höhepunkt führte. Erlebte doch das berühmte Märchenspiel ›Hänsel und Gretel‹ schon im ersten Jahr über fünfzig Bühnenabschlüsse und wurde in siebzehn fremde Sprachen übersetzt!

An dieser Stelle sei auch in Kürze noch auf zwei weitere Musiker hingewiesen, welche zu den Ischia-Gästen zählen. Der eine ist *Giacomo Meyerbeer*, der Schöpfer der ›Großen Oper‹, der, in vorgerücktem Alter, 1856 in Casamicciola weilte, wie aus dem Fremdenbuch der Villa Pisani hervorgeht. Die Form, in welcher er sich eintrug, ist etwas ungewöhnlich, denn er schrieb nicht nur »In riconoscenza Meyerbeer, 31. August 1856«, sondern setzte noch einige Noten hinzu und hängte nicht nur an seinen Namen einen doppelt so langen Schwung, sondern umrahmte auch das Datum mit tollen, aber wohlausgewogenen Schnörkeln. Was die Noten besagen sollen, hat uns bisher kein Kenner verraten können, und über seine Erlebnisse auf Ischia vermögen wir leider auch keine Einzelheiten zu bringen.

Der zweite ist *August Bungert*, dessen Italienfahrt, wie die Humperdincks, durch einen Preis ausgelöst wurde. Es war im Jahre 1882, also in dem Jahr, das zwischen den beiden Erdbeben lag, denen wir uns nun nähern, daß er zum ersten

Mal nach Capri und Ischia kam. Das Erlebnis der beiden Inseln ließ in ihm den Plan eines Gegenstückes zum Nibelungenring entstehen, eines umfassenden Zyklus von Opern, welche der homerischen Welt gewidmet sein sollten. Auf Capri wohnte er natürlich bei Pagano, auf Ischia beherbergte ihn für längere Zeit die Piccola Sentinella. Er berichtet:

Von Insel zu Insel ziehend über die gefahrvolle Seeenge zwischen beiden, in der ich auch böse Stürme erlebte, begann ich in großen Umrissen die ›Odyssee‹ zu entwerfen. Sie ist damals nicht nur in der Dichtung entstanden, so manches wurde auch schon musikalisch in Skizzen niedergelegt.

Von den vielen Fremden, die in den 70er Jahren des 19. Jahrhunderts die Insel in immer größerem Ausmaß aufsuchten, dachte wohl kaum einer daran, daß sie in diesem Jahrhundert bereits dreimal mehr oder weniger ernstlich gebebt hatte und daß dergleichen jederzeit wieder und womöglich in viel heftigerer Form auftreten könnte. Wir aber erinnern uns der Schilderungen des Bebens im Jahre 1804, welche wir Elisa von der Recke und Barbara Bansi danken, des Besuches jenes Engländers Ramage, der 1828 ahnungslos nach Ischia kam, nachdem dort unmittelbar vorher Häuser eingestürzt waren und Menschen unter ihren Trümmern den Tod gefunden hatten, und schließlich Bergsöes, der erlebte, wie 1867 Casamicciola abermals bebte und viele Fremde, darunter auch Ibsen, das Weite suchten. Wesentlich heftiger aber war die Erschütterung, die nun am 4. März 1881 erneut in erster Linie Casamicciola heimsuchte und nicht nur zahllose harmlose Schäden verursachte, sondern vor allem in dem hochgelegenen Zentrum viele Häuser völlig zertrümmerte und hundertvierundzwanzig Opfer forderte.

Vor uns liegt ein lebendiger Bericht, den ein Pfarrer aus Forio, Giuseppe Milone, veröffentlichte. In ihm treten die trostlosen Zustände zutage, welche einen Monat nach dem Unglück in Casamicciola herrschten. Nach der ersten Statistik waren 449 Häuser unbewohnbar und damit 2200 Menschen obdachlos geworden. Etwa achtzig bis neunzig hatten die Insel verlassen, einige hundert hatten in den unversehrten Häusern Aufnahme gefunden, ungefähr hundertfünfzig hatte der Monte della Misericordia zu sich genommen, dessen großes Gebäude zum Glück wenig gelitten hatte. Alle Tage kamen jetzt schon wieder Dampfer von Neapel und brachten neugierige Reisende, welche die Ruinen sehen wollten. Sie spazierten dann auf den inzwischen freigelegten Straßen um die Trümmerstätten und fuhren wieder ab.

Aber wo und wie rund 1800 Menschen hausten, die ohne Dach geblieben waren, bekamen sie nicht zu sehen! An dreihundert hatten »wie das Vieh im Wald« unter vier großen Dächern der an der Marina gelegenen Ziegeleien in durch Zäune geschiedenen Gehegen ein ›Obdach‹ gefunden, durch das der Seewind blies. In achtzehn hölzerne Baracken, in denen etwa hundertfünfzig Personen hausten, regnete es überall hinein, so daß Betten und Kleider naß wurden. Auch das elende Theater an der Piazza Bagni hatte sechzig bis achtzig Menschen aufgenommen. Aber alle diese hatten es immer noch besser, meinte der Geistliche, der mit Recht diese Zustände anprangerte, als die restlichen 1300 Menschen, die in den Kellern der Schluchten, in irgendeiner Grotte, unter einer Treppe, wo sonst der Hund schlief, hausten. Eine kleine, ehrenwerte Familie besuchte Don Milone in einem Kaninchenstall; andere hatten sich auf und aus Trümmern, welche die Ihren erschlugen, eine Schlafstätte gebaut. Etwa zwanzig solche Unterkünfte hielt der Geistliche in einem Skizzenbuch fest und dachte, seine Zeichnungen einmal zu veröffentlichen, doch ließen sie sich bisher nicht auftreiben.

Die Kunde von dem Unglück erregte überall Teilnahme, und in Italien erschienen in vielen Städten sogenannte ›numeri unici‹, Hefte mit den verschiedensten Aufsätzen, Gedichten, Zeichnungen, deren Erlös für die Geschädigten bestimmt war: Napoli-Casamicciola, Perugia-Casamicciola, Ancona-Casamicciola, Milano-Casamicciola, Venezia-Casamicciola und so weiter. Allgemein erwartete man, daß das Erdbeben eine schwere Schädigung des Fremdenverkehrs auslösen würde, obwohl man sich in Casamicciola natürlich nach Kräften bemühte, die erlittenen Schäden auszubessern. Die Thermen wurden wieder instand gesetzt, an den Gasthäusern verschwanden die peinlichen Risse in den Mauern, aber die eigentlichen Ruinen ließen sich nicht so schnell beseitigen. Gab es sogar immer noch solche, die aus dem Jahre 1828 stammten! 1882 konnte man bereits wieder von einer Saison reden und 1883 war unbegreiflicherweise der Fremdenstrom der altgewohnte, ja die Gasthäuser waren sogar voller denn je, wobei auch die Angst einer drohenden Cholera-Epidemie eine Rolle gespielt haben mag. Eine solche herrschte nämlich in Ägypten, und alle von dort kommenden Schiffe mußten bei Nisida eine Quarantäne über sich ergehen lassen. Da brach am 28. Juli abends 9 Uhr 30 die größte Katastrophe über die Insel herein, von der wir Kunde haben. Schon am 24. Juli hatte man in Casamicciola einen leichten Stoß und ein unterirdisches Rollen verspürt, aber solche mikroseismische Phänomene begegnen auf Ischia des öfteren, und die Gastgeber, die eine Flucht ihrer Gäste fürchteten, beruhigten diese damit, daß es sich keineswegs um ein echtes Beben gehandelt habe, sondern es sei eine Sprengung vorgenommen worden.

Etwa sechzehn Sekunden genügten, um ungefähr 1200 Häuser zum Einsturz zu bringen, 2313 Menschen zu töten und rund 800 schwer zu verwunden. Allerorts fielen die Weinbergmauern ein, zahlreiche Spalten taten sich, auch in den Straßen, auf, und westlich von Montecito kam es an den Steilhängen des Epomeo zu beträchtlichen Erdrutschen. Das Zentrum des Bebens lag wieder bei Casamenella, also in der Gegend des heutigen Majo, wo ein vertikaler Stoß die Opfer blitzartig begrub. Manche sagten aus, man habe dort das Gefühl gehabt, Casamicciola fliege wie ein Champagnerpfropfen in die Höhe. An anderen Stellen begann die Erschütterung mit Schwingungen und dann erst stürzten Wände und Decken zusammen. In Lacco warf zum Beispiel das

COROT

Blick auf den Monte Tabor
östlich von Casamicciola mit
dem Vesuv im Hintergrund
Gemälde von Camille Corot, 1828
Paris, Louvre

schwankende Bett einen Knaben heraus und kehrte dann an seine Stelle zurück, in Forio schleuderte der Stoß ein Ehepaar mitsamt dem Bett zehn Meter weit auf ein nahes Feld. Auch die Heftigkeit des Bebens war örtlich sehr verschieden. Schon im Bereich von Casamicciola blieb die Gegend in Nähe der Marina weitgehend verschont, auch in Lacco litt der alte, hochgelegene Teil sehr schwer und waren die Schäden uferwärts geringer. In Forio wurde die Monterone genannte Siedlung ebenfalls zerstört, während die eigentliche Ortschaft ihren baulichen Charakter bewahrte. In Panza und Ciglio stürzten auch sehr viele Häuser ein, aber die Zahl der Toten blieb beschränkt, da eben einem Sterbenden das Sakrament gebracht wurde und ein Gutteil der Bevölkerung den Geistlichen begleitete. Fontana- und Baranowärts nahm die Heftigkeit schon beträchtlich ab, auf dem Kastell spürte man kaum etwas und der Borgo zu seinen Füßen sowie das Gebiet um den Hafen blieben nahezu unversehrt. Die auch hier sehr wohl zu spürende Erschütterung verursachte nur leichte bauliche Schäden. Dabei spielte nicht nur die Entfernung vom Epizentrum eine Rolle, sondern auch die Beschaffenheit des dämpfenden Untergrundes und nicht zuletzt die Solidität der Bauweise. Selbst in Casamicciola hatten die neueren besseren Gebäude zumeist größeren Widerstand geleistet als die ärmlichen.

Nachdem in diesem Buch so viele Erinnerungen an die alten Gaststätten und ihre Bewohner lebendig geworden sind, wollen wir sie nach dieser furchtbaren Nacht noch einmal aufsuchen. Von der Grande Sentinella, in der einst Angelika Kauffmann, die Herzogin Anna Amalia von Weimar, Friederike Brun, Lamartine und so viele andere bedeutende Personen weilten, stürzte die Südostseite völlig ein, und die Gaststätte, deren herrliche Lage von ihren Gästen immer wieder gepriesen wurde, fand damit für immer ihr Ende. Armselige Häuser mit Wellblechdächern erinnern dort oben, wie auch an vielen anderen Stellen der Insel, heute noch allzusehr an die Katastrophe. Die langgestreckte zweistöckige

Piccola Sentinella blieb großenteils stehen; nur das eine Ende, das zu ebener Erde von einem Aufenthaltsraum eingenommen war, stürzte zusammen und begrub fünfunddreißig Personen. Hätte sich das Unglück etwas früher ereignet, so wären sie nicht umgekommen, denn der Speisesaal blieb unversehrt. So aber hatte sich eine größere Gesellschaft nach Tisch in jenen Raum begeben, auch Bekannte aus anderen Pensionen waren gekommen, um zu plaudern und etwas Musik zu hören. Die erhalten gebliebene Liste der damaligen Gäste zählt neunundvierzig zumeist italienische Namen, aber es waren auch etliche Engländer, einige Griechen, Österreicher und ein Professor Just aus Leipzig darunter. Ausnahmsweise war auch ein englischer Pianist, der als Misanthrop geschildert wird und sich gewöhnlich abends nicht sehen ließ, nicht auf sein Zimmer gegangen, ja er war sogar bereit, zu spielen, wenn Elisa Tuputti, die Tochter eines angesehenen neapolitanischen Marchese und Generals, singen würde. Zur allgemeinen Freude sang sie einige Schumann-Lieder, und dann spielte der Engländer Chopins Trauermarsch. Wer im Rauchsalon saß und Karten spielte, blieb unversehrt, aber von der heiteren Gesellschaft im Aufenthaltsraum kamen nur Wenige mit dem Leben davon. Auch die junge Sängerin und der Pianist waren unter den Opfern. Ein Glück war noch, daß hier und anderweitig der Tod oft so schlagartig eintrat, daß die Betroffenen nicht Zeit hatten, auch nur eine kleine Bewegung zu machen. Der tote Engländer saß noch in der gleichen Stellung, mit übereinandergeschlagenen Beinen, einen Spazierstock zwischen ihnen haltend, vor dem Klavier, wie während des Spielens. So manche Leiche wurde dann in den nächsten Tagen vorläufig in dem Garten des Hotels begraben.

In der nahen Villa Verde saß man hingegen noch beim Essen, alle, bis auf einen Schwerverletzten, fanden den Tod. Aber damit nicht genug, oben weilte in ihren Zimmern die Familie Croce aus Foggia. Herr und Frau Croce und eine Tochter kamen ebenfalls um, aber der Sohn Benedetto, Italiens künftiger Stolz, der spätere bedeutende Geisteswissenschaftler, blieb am Leben. Die Villa Pisani, in der Ibsen an seinem Peer Gynt schrieb und Fredrika Bremer mit ihrem »Sommerkind« weilte, blieb zwar zum Teil stehen, wurde aber ebenfalls arg zertrümmert. Die Besitzerin, Clementina Pisani, verlor eine Tochter, vermochte aber sich und ihr achtjähriges Kind zu retten und eine andere Tochter samt deren Gatten aus den Trümmern zu befreien. In der Gegend der Chiesa del Purgatorio, wo einst der einsame Wolf Goethe litt, ist kein Haus stehengeblieben. Auch die nicht weit entfernte Casa Zavotta wurde nicht verschont. Renan erzählt in einem Beitrag, den er für ›Paris-Ischia‹, einer von der französischen Presse zugunsten der Betroffenen herausgegebenen Publikation, schrieb, daß er dort die glücklichsten Tage seines Lebens verbracht habe und daß ihm Palizzi, der bekannte Maler, mit dem er dort so schöne Stunden erlebt, geschrieben habe, daß die Casa Zavotta nun auch ein Trümmerhaufen sei; doch ist das wohl etwas übertrieben gewesen, denn noch vor einigen Jahrzehnten konnte man dort das Zimmer sehen, in dem Garibaldi 1864 geschlafen hatte.

Von dem traurigen Schicksal der hochgelegenen Pannella kann man sich heute noch ein Bild machen, denn ihre Reste haben sich, vom Bauschutt befreit, bis auf den heutigen Tag erhalten, so daß wir sie im Geiste wieder aufbauen und mit den Gestalten beleben können, die uns hier begegneten. Hier hatte einst Elisa von der Recke den Feigenkaktus gepflanzt, der jahrzehntelang von den nordischen Gästen angestaunt wurde, auf diesen Stufen standen beiderseits Blumentöpfe, dort oben saß Felix Mendelssohn und zeichnete mit seinen Freunden den lieben langen Regentag, auf jener Treppe gelangten Fahrmbacher und Dr. Wenzl in ihren ›Sarazenensalon‹, der heute völlig abgetragen ist. In einem dieser Zimmer, die heute alle ohne Dach sind, muß Mariannina König Ludwig ihre Untreue gebeichtet haben. Heute werden nur noch die Weinkeller benützt, in denen schon damals der Wein, der allen gemundet hat, verwahrt wurde. Bis Ende des Monats waren in dieser kleinen Häusergruppe neunundfünfzig Tote geborgen worden. Der Sindaco von Lacco, der seine Familie hier oben wußte, aber in dieser furchtbaren Verwirrung seine Gemeinde nicht verlassen konnte, sandte einen Boten hinauf, der mit der Nachricht zurückkam, seine Frau und sein Sohn seien unter den Toten.

Das Haus, in dem Ottilie von Goethe seinerzeit mit ihrem Sohn in Lacco di sopra wohnte, hat offenbar, obwohl die gegenüberliegende Pfarrkirche zusammengestürzt ist, weniger gelitten, denn es erscheint heute noch im wesentlichen wie auf jenem Bild von Dillis aus dem Jahre 1830. Ganz unwesentlich waren die Schäden an der Villa dell'Arbusto, in welcher Caroline von Humboldt ihre schönen Briefe geschrieben hat. Allgemein bewundert wurde damals ein Engländer, Luigi Nesbitt, dessen Eltern eines Tages aus Indien nach Ischia gekommen waren. Die junge Mutter war an einer schweren Arthritis erkrankt und fand hier Heilung. Begeistert von der Schönheit der Insel und dankbar für ihre Genesung ließen sie sich in Lacco nieder. Als Luigi Nesbitt, der gerade mit seiner Mutter in Rom weilte, von dem Unglück hörte, eilte er herbei und tat unterstützt von einem Deutschen namens Kaiser das Menschenmögliche, um Verunglückte zu bergen und den Überlebenden zu helfen. Die Bevölkerung und die Soldaten, alle bewunderten ihn, und als Re Umberto nach Lacco kam, sprach auch er ihm seine Anerkennung aus.

Die durch das Erdbeben ausgelöste Literatur ist zwar ungewöhnlich umfangreich, aber wenn man von den Publikationen ernster Fachleute wie Johnston-Lavis, Mercalli, De Rossi oder Rittmann absieht, mit zahllosen, mehr oder weniger wertlosen Gelegenheitsschriften und Zeitungsartikeln belastet. Dazu kommen noch die vielen allerorts in Italien erschienenen ›numeri unici‹, welche die Not auf Ischia mildern sollten und in denen ein buntes Durcheinander von nicht nur die Insel und ihr Unglück betreffenden Aufsätzen, Gedichten, Noten und Zeichnungen von keineswegs immer berufenen Autoren veröffentlicht wurde. Das Echo im Ausland war begreiflicherweise diesmal ungleich stärker als im Jahre 1881. Auch hier wurde gesammelt, erschienen einmalige, reich illustrierte Hefte in großem Format und wurden das Publikum anlockende Veranstaltungen organisiert. Den Höhepunkt hat wohl ein in Paris von der Presse veranstaltetes Fest erreicht, das am 26. August den Park der Tuilerien bei Tag und bei Nacht belebte. In den Alleen war ein viele Buden umfassender neapolitanischer Markt entstanden. Dazu gab es Clowns, Seiltänzer, Schießbuden, Tänze im Freien; eine große Pantomine stellte eine Revue im Jahre 1799 dar, bei der über sechshundert Personen – Militär, Tänzerinnen und auch viele Pferde – mitwirkten. Der Abend brachte dann noch eine märchenhafte Illumination und Feuerwerk. Einige Tage später wurde auch eine Tombola veranstaltet.

Aus Berlin berichtet ein Artikel des Giornale Roma am 31.8., daß dort eine Hygiene-Ausstellung zugunsten Ischias veranstaltet wurde und daß sie – als etwas damals ganz Besonderes – mit elektrischem Licht von Siemens und Edison taghell beleuchtet war. Sämtliche Militärmusiker der Stadt spielten italienische und deutsche Stücke, vierhundert Sänger traten auf, ein Fackelzug beschloß die Veranstaltung, zu der die königliche Familie erschienen war. 200000 Lire hatte man schon vorher gesammelt, zu ihnen kamen nun noch die zwei Mark betragenden Eintrittsgebühren. Auch in München wurde ein Komitee ins Leben gerufen, das Geld sammelte.

Man sollte denken, daß sich unter all diesem so mannigfaltigen Schrifttum auch Berichte von fremden Reisenden finden sollten, die in jener Schreckensnacht auf Ischia waren, aber mir ist nur ein einziger zu Gesicht gekommen, der in einer Schrift enthalten ist, die sich ›Souvenirs d'Ischia. Les derniers jours de Casamicciola‹ nennt. Der Verfasser ist ein elsässischer *Abbé Kannengießer*, welcher als Erzieher zweier Söhne eines in Rom lebenden Comm. Bernardo Blumenstihl, Direktor der dortigen Wasserleitung Acqua Marcia, mit Frau Blumenstihl und zwei weiteren Kindern in Casamicciola weilte. Die Familie wohnte in der Villa Giuochi. In der besten Laune hatte man plaudernd zu Abend gegessen, um $^3/_4$ 9 Uhr trennte man sich, der Abbé und die beiden Knaben gingen in einem Zimmer zu Bett, in einem Nebenraum blieb die Mutter mit der kleinen Marie, die bei Tisch noch so viel zu erzählen hatte, und einem dritten, jüngeren Sohn. Dreiviertel Stunden später ließ die entsetzliche Detonation den Geistlichen aus dem Bett springen, die meisten Möbel waren umgefallen, die Fensterscheiben zerbrochen. Er eilte zu den Betten seiner Zöglinge, sie waren unversehrt geblieben, dann öffnete er mit Aufbietung aller Kräfte die Türe zum Nebenzimmer - welch ein Schrecken, er stand vor einem Nichts, zu seinen Füßen war ein Trümmerfeld, unter dem die Mutter mit den beiden anderen Kindern und dem Zimmermädchen begraben lag. Ohne seinen Knaben etwas davon zu sagen, dachte er nur daran, wenigstens diese zu retten. Ein nächster Stoß konnte ja auch sie begraben, nachdem die eine Wand ihres Zimmers sich schon geneigt hatte und nebenan die Decke bereits eingestürzt war. Ein entsetzlicher dichter Staub hatte sie inzwischen umhüllt und drohte sie zu ersticken. Kannengießer schloß, so gut es ging, die Fensterläden und Türen; inzwischen hatte einer der Knaben Zündhölzer gefunden, aber die einzige Kerze war in eine Spalte gefallen, die sich am Kopfende seines Bettes aufgetan hatte. Schließlich wollte es der Zufall, daß auf einer Kommode, von der die Blumenvasen, eine Statuette der Madonna und alles andere auf den Boden gefallen war, einzig eine römische Lampe zurückblieb. Inzwischen hatte aber der Staub die beiden Knaben schon halb erstickt und der Abbé selbst fühlte den Augenblick nahen, an dem seine Lungen verstopft sein würden. Schnell verband er sich und den Knaben Nase und Mund mit nassen Taschentüchern, so daß sie unbesorgt atmen konnten. Von außen tönten die herzzerreißenden Schreie der Verwundeten und Sterbenden herein, er aber erteilte den nur dürftig bekleidet vor ihm knienden Knaben, die noch keine Ahnung von dem Schicksal ihrer Mutter hatten, in articulo mortis die Absolution und öffnete die Fenster, um nach Hilfe zu rufen, aber ein jeder dachte in diesem Augenblick nur an sich und an die Seinen. Der Staub, der sich damals über die ganze Gegend erhob, war so dicht, daß er kaum das Feuer erkannte, welches man auf dem Platze angezündet hatte. Da ergriff er die Vorhänge der Betten, band sie zusammen und befestigte sie am Balkon, gab den Knaben noch etwas zu trinken, und dann glitten sie, einer nach dem anderen, in das nicht zu schildernde Chaos hinunter. Inmitten einer Menge von Verletzten und Wehklagenden erwarteten sie in einem nahen Weinberg den Tag. Nach Mitternacht schwand allmählich der Staub, und der schönste Sternenhimmel wölbte sich über der unglücklichen Ortschaft. Um 5 Uhr morgens trug sie bereits ein Dampfer nach Neapel. In Rom angekommen, kehrte dann der Abbé sogleich mit Herrn Blumenstihl wieder nach Casamicciola zurück, um die toten Familienmitglieder zu bergen. Frau Blumenstihl war nur an ihrem Kleid und ihrem Schmuck zu erkennen.

Ein zweiter Augenzeuge, der freilich erst unmittelbar nach dem Unglück nach Ischia eilte, ist *Richard Voss*, der vom Großherzog Carl Alexander von Sachsen-Weimar protegierte, einst so geschätzte Romanschriftsteller. Er zählte zu den Ischia-Gästen, welche die Insel vor dem Unglück kennen und lieben gelernt hatten. In einem Aufsatz in ›Über Land und Meer‹ erzählt er mit überschwenglichen Worten vom Epomeo, von Forio, das auch ihm »ein winziges Stück Arabiens unter italienischem Himmel« dünkte, wie er das Lavafeld des Arso durchirrte und auf dem Kastell den Kerker sehen wollte, in dem angeblich Cesare Borgia, der Sohn Alexanders VI., gefangen gehalten worden war.

Die traurige Botschaft erreichte ihn in Frascati, wo es ihm die Villa Falconieri angetan hatte, in der er jahrelang gelebt und über die er so viel geschrieben hat. Der Gedanke an die geliebte Insel und die guten Freunde, die er dort hatte, ließ ihn sogleich aufbrechen. In der Bahn und in Neapel gab es nur ein Gesprächsthema – Ischia. Von weitem erschien die Insel schön, wie immer, aber die vielen Särge, welche das Schiff nach Ischia brachte und die aus Neapel kommenden Ischitaner, die sich, als die Insel näher kam, auf den Boden warfen, die Arme nach ihr ausstreckten und dabei die Namen ihrer Angehörigen ausriefen, ließen keine Täuschung aufkommen.

Nur Militär und Beamte durften die Insel betreten. Daß mit Voss und seinen Begleitern eine Ausnahme gemacht wurde, dankte man nur der dringlichen Empfehlung des deutschen Konsuls. Nun wurden die Särge den Weg hinauf zum Trümmerfeld der ehemaligen Ortschaft getragen, vorbei an den Gärten, in denen die Rosen, die Geranien, die Oleanderbüsche blühten, wie wenn nichts geschehen wäre, während die Toten und Verwundeten heruntergeschafft wurden und mancher unversehrt Ausgegrabene vorbeikam, der noch nicht fassen konnte, daß er gerettet war, und bald vor sich hinstierte, bald wilde Schreie ausstieß und den Kopf mit den Händen bedeckte, wie wenn er ihn vor den schwankenden Wänden schützen wollte.

Auf diesen ersten Besuch waren bereits zwei weitere gefolgt, da meldete der Sindaco von Serrara-Fontana neue Stöße und Risse nach Neapel. Diesmal schloß sich Voss einer mit den nötigen Apparaten, einem Zelt und Lebensmitteln ausgerüsteten Gruppe italienischer und englischer Gelehrter an, unter denen wohl auch Johnston-Lavis, der jahrelang in Neapel weilende Vulkanologe, war, und wollte, obwohl es ein glühend heißer Tag war, bis zum Epomeogipfel vordringen. Zunächst wurde der Strand aufgesucht, an dem sich damals ja noch eine Töpferei an die andere reihte und steile Treppen zum Meer führten, welche der Verfrachtung der Fertigware und des Rohmaterials dienten. Der Betrieb war bereits wieder aufgenommen, und landeinwärts war man dabei, hölzerne Baracken für die Obdachlosen aufzustellen, aus denen sich die Perrone genannte Siedlung entwickelte. Man wollte prüfen, ob sich in dieser Gegend irgendwelche Beweise für die Hypothese Palmieris finden ließen, derzufolge der Einsturz der zahlreichen, die Gegend um Casamicciola durchsetzenden Tongruben einen wesentlichen Anteil an den Zerstörungen haben sollte. Schon die Tatsache, daß gerade hier, wo solche Gruben besonders zahlreich waren, höchstens ein paar wie Kartenhäuser gebaute Hütten eingestürzt waren und daß man ja deshalb diese Gegend für die neue Siedlung gewählt hatte, sprach von vornherein gegen eine solche Annahme, und als dann die Herren mehrfach durch ein Labyrinth von Gängen und Kammern tief in diese unterirdische Welt eindrangen, stellte sie sich als völlig unversehrt heraus. Da auch sonst nirgends in den betroffenen Gebieten ein Einsinken des Bodens oder der Häuser begegnete, fehlt jeglicher Hinweis für eine solche Annahme. In diesem Zusammenhang sei gesagt, daß auch eine andere, naheliegende Vorstellung, es handle sich bei den ischitanischen Beben um ›steckengebliebene Ausbrüche‹, sich ebensowenig aufrechterhalten läßt. Erst die Rittmann zu dankenden Einblicke in die Entstehungsgeschichte Ischias machen vielmehr die Beben der Insel verständlich. Sie erscheinen seitdem nicht vulkanischer, sondern tektonischer Art und durch Spannungen bedingt, welche im Zusammenhang mit der allmählichen Erstarrung eines unter der Insel liegenden Glutbeckens auftreten.

Voss durchstreifte mit seiner Gruppe anschließend die höchstgelegenen Teile Casamicciolas und stieß auch hier noch auf vereinzelte in eine einzige Schuttmasse verwandelte Bauernhäuser. Nichts wies darauf hin, daß sich jemand erbarmt hätte, hier zu graben und womöglich noch zu retten, was zu retten war, und der Leichengeruch war stellenweise unerträglich. Über Majo und die Gegend um die Chiesa del Purgatorio, wo Voss die Schuttmassen mit dem Bette eines breiten, ausgetrockneten Stromes verglich, der sich durch lachende Rebengefilde ziehe, ging es dann nach Lacco Ameno.

Auch hier »Ruine an Ruine, Schutthaufen an Schutthaufen, Grab an Grab«. Ein Teil der Einwohner grub an den eingestürzten Häusern. Die Leute taten es stumpf und gleichgültig. Am Strande führten einige Kompagnien Soldaten ein lustiges Lagerleben; doch mitunter taten sie auch etwas und schlugen Baracken auf.

Bei Panza richtete man dann gegen Abend das Zelt auf. Rundum lagen Haufen von Trümmern. Ein Schwarm von Obdachlosen sammelte sich um die fremden Besucher; die Ortschaft war so entblößt von Nahrungsmitteln, daß nicht einmal Brot aufzutreiben war. Voss berichtet:

Uns zu Füßen lag in schwärzlichem Purpur regungslos das Meer mit rötlichem Horizont unter einem fahlen Himmel. Über dem Gipfel des Epomeo glänzte die blasse Mondsichel, in dem hohen Röhricht rauschte der Nachtwind. Als es dunkler ward, lohten überall Feuer auf, um die sich die einzelnen Familien zur Nachtruhe versammelten. Da ertönte von allen Seiten ein seltsamer, eintöniger, feierlicher Gesang. Bald leise, bald laut, jetzt wie verhallend, jetzt mit gellendem Aufschrei schwebte es über die Trümmer, über die Gräber dahin. Dazwischen wilde Rufe: Grazia, Maria! Grazia! Grazia! Vom Feuer beleuchtet, sahen wir Männer und Weiber auf die Kniee gesunken. In leidenschaftlichem Flehen, die Hände erhoben, schrieen sie den Himmel um Erbarmen an. Einer betete singend vor, der Chor fiel ein, jetzt die Männer, dann die Weiber, darauf Alle zusammen, mit altertümlicher, strenger, weihevoller Weise. Nach Beendigung jeder Strophe brachen Alle von Neuem in jenen fürchterlichen, erschütternden Schrei aus: Erbarmen, Maria! Erbarmen! Wohl eine Stunde dauerte dieser Gottesdienst.

Am anderen Morgen trennte sich Voss von den Übrigen, die hier geologische Messungen planten, während er die hochgelegenen Fumarolen und den Gipfel besuchen wollte. Der Lehrer der Ortschaft und eine Schar seiner Schüler sollten ihn zu den ersteren begleiten, wobei es sich ja nur um die Fumarolenfelder in der Gegend Bell'uomo und am Monte Nuovo handeln konnte. Was Voss, den die munter vorankletternden Knaben ›Professore‹ nannten, davon zu sehen bekam, enttäuschte ihn, aber umsomehr Eindruck machten die öden Felshalden des Rione Frassitiello auf ihn, die zerklüfteten Tuffwände, die jähen Abhänge mit ihren Ginsterbüschen, den gelbblühenden Disteln und braunen Farnkräutern, Gegenden, in die ja kaum je ein Fremder kommt. Schließlich stieg er dann noch allein hinauf auf den Epomeo. Was war nicht alles von Veränderungen gefabelt worden, welche das Beben dort oben ausgelöst haben sollte! Nirgends war eine Spur von solchen zu sehen. Die Mönche seien mit ihren Eseln und Hühnern geflohen, meinte ein junger Bauer, der mit einer Botschaft aus Casamicciola heraufgesandt worden war. Als sie auch am Abend nicht zurückkamen, stiegen die beiden im Mondschein den steilen, durch Erdrutsche noch schlimmer gewordenen Weg hinab nach Casamicciola. Schon das Bild, das die Ortschaft aus der Höhe bot, war unvergeßlich. Der Begleiter, von dem Voss »nur so nebenher« erfahren hatte, daß er bei der Katastrophe Vater, Mutter, zwei Brüder und eine Schwester verloren hatte, brach bei dem Anblick solcher Zerstörung in eine Lamentation aus, deren leidenschaftlicher Ton ihn tief ergriff:

»Seht, Herr«, rief er mir zu, »seht mein schönes, gemordetes Land!« Und nun redete er dieses selbst so lange, mit dem Pathos eines antiken Römers sprechend an, bis Schluchzen seine Stimme erstickte.

Schließlich allein gelassen, sollte Voss in Casamicciola noch einmal zutiefst von dem tragischen Ereignis ergriffen werden.

Ich kletterte einen steilen Hang hinunter, den es wie mit den Trümmern eines Bergsturzes bedeckte, der aber nur eine zerstörte Straße war, befand mich darauf in dunklen Nebengängen, durch die ich mich nach einem Schimmer hintastete, und sah es nun beim Mondenschein vor mir liegen: unabsehbar, eine einzige wilde Masse, die ich mit Grauen betrat. Oft strauchelte, oft stürzte ich. Ein fahler Glanz lag über Allem ausgebreitet, die Ruhe eines Kirchhofes, dessen Boden Verwesung ausathmete. Und ich in diesem schauervollen Schweigen der einzige Mensch! Ich lief – ich floh. Aber wie ich auch eilte – die Trümmer nahmen kein Ende. Ich kam an Grabkreuzen vorbei; sie schienen mir zahllos zu sein.

An einigen hingen Immortellenkränze. Ich sah in geöffnete Häuser, in aufgerissene Gewölbe hinein; geborstene Mauern stiegen dicht neben mir auf, den Einsturz drohende Dächer hingen über mir. Gasse folgte auf Gasse. Plötzlich hörte ich Stimmen, geisterhafte Töne, immer dieselben Laute und Worte, feierlich und schauervoll zugleich wie aus Gräbern aufsteigend: Ora pro nobis! Ora pro nobis! Ora pro nobis! Wohl an zwanzig Mal, immer dumpfer, in immer längeren Zwischenpausen: Ora pro nobis! Ora pro nobis! Endlich verhallte es und endlich begriff ich. In Casamicciola beteten die Überlebenden für ihre Toten: für mehr als zweitausend.

Daß dieses Erdbeben von 1883 sich ganz anders auswirken würde als das von 1881, war zu erwarten. »Ischia hat für immer aufgehört zu sein«, liest man in einer im gleichen Jahr in Wien erschienenen Broschüre. In der nächsten Ausgabe eines englischen Führers durch die Bäder Europas steht, daß nach dieser Katastrophe natürlich Ischia für alle Zeiten aus der Reihe der Thermalbäder ausscheiden müsse. Würde die Insel nun wieder die stille, ursprüngliche, schlichte werden, die sie einst war, und damit für so manche Menschen das Erdbeben doch auch eine erfreuliche Folge haben, frägt sich Ary Renan am Ende seines Artikels. Für eine Weile sah es fast so aus. Im Fremdenbuch der Piccola Sentinella, des heutigen Hotel Suisse, datiert die erste Eintragung nach dem Erdbeben vom 5. April 1894. Sie stammt von einem deutschen Regierungsrat, der Herrn Dombré, den Besitzer, besonders rühmt. Im gleichen Monat fand hier auch ein Essen für die Mitglieder eines Ärztekongresses statt. Einer Engländerin, welche 1899 in der Sentinella weilte, erzählte Frau Dombré, daß nach der Unglücksnacht für ein Jahrzehnt kaum Fremde kamen und daß sie jetzt erst allmählich wieder auftauchen, »jedes Jahr ein paar mehr«.

Nachwort

Wer erlebt hat, wie der Tourismus der letzten Jahrzehnte die Insel verändert hat, wird ohne weiteres verstehen, warum unsere Darstellung mit dem Jahre 1883 abbricht. Heute überfluten die Gäste die Insel, die Statistik überschreitet schon längst eine Million Übernachtungen pro Jahr. Aber die große Masse kommt nicht mehr, um sich wenigstens für eine Weile vom Gewirre des Lebens zu befreien, sondern um sich zu amüsieren, die Tage auf den nun überfüllten Stränden zu verbringen oder die vielen Boutiques zu durchmustern und abends in den Nachtlokalen am Hafen zu sitzen, deren Musik die Umgebung bis tief in die Nacht hinein stört.

Die Entwicklung des Autoverkehrs hat eine Form angenommen, welche die Straßen lebensgefährlich macht und die stille ursprüngliche Natur weitgehend verdrängt. Wer geht heute noch zu Fuß nach Sant'Angelo, an den Marontistrand oder nach Citara? Will man den Gipfel des Epomeo besuchen, der einst das Ziel einer Wallfahrt war, so braucht man heute nur noch das letzte Stück zu Fuß gehen. Und dabei fehlt es nicht an beängstigenden Plänen für neue Straßen!

Ein tiefer schürfendes Interesse an der Insel begegnet in dieser Menge begreiflicherweise nur sehr selten. Die Zeiten, in denen ein Graf Stolberg, eine von der Recke, eine Anna Amalia von Weimar und so viele andere ihre Memoiren geschrieben haben, sind vorbei. Natürlich wären auch für unser Jahrhundert Gäste von allgemeiner Bedeutung anzuführen, aber die für die Schilderung ihres Ischia-Erlebnisses nötigen Unterlagen sind allzu spärlich. So bleibt dem Autor dieses Buches nur noch die Aufgabe, von sich und seinen Beziehungen zur Insel in Kürze zu berichten und all derer in Dankbarkeit zu gedenken, die ihm halfen, das mannigfache Material zu dem vorliegenden Buch zu sammeln.

Es war im Juni 1909, als ich im Anschluß an meine Promotion von der Bayerischen Akademie ein Stipendium erhielt, um an der Zoologischen Station in Neapel gewisse Probleme zu untersuchen. Wie oft bin ich in dem Jahr meines Aufenthaltes am Golf hinüber auf die noch stille Insel gefahren und habe sie nach allen Richtungen durchwandert! 1912 habilitierte ich mich in München und heiratete eine italienische Malerin, die ich kennengelernt hatte, als ich vor der Reise nach Neapel eine Bekanntschaft suchte, durch die ich die Sprache lernen konnte. Als ich später Professor in Breslau geworden und der einzige Sohn Gymnasiast war, ging es dann wieder öfter an die Zoologische Station und natürlich auch auf die Insel, in die wir uns alle drei immer mehr verliebten, bis ich mich 1927 entschloß, auf ihr einen besonders schön gelegenen Weinberg zu kaufen und ein Haus zu bauen.

Mit der Liebe zur Insel wuchs natürlich auch das Interesse an allem, was sie betraf, an ihrer Tier- und Pflanzenwelt, an ihrer vulkanologischen Entwicklung, an ihrer Vor- und Frühgeschichte, und die Ausflüge galten immer mehr der Bereicherung unserer Sammlungen. Hatten wir uns doch zum Beispiel ernstlich der Erforschung der in der Erde und unter den Steinen lebenden Tierwelt der Asseln und Tausendfüßler gewidmet, und ein hervorragender Spezialist hatte an Hand unseres Materials nicht weniger als neunzehn Studien veröffentlicht, so daß es im Bereich des Mittelmeeres kaum eine andere Gegend gibt, welche in dieser Hinsicht so gut durchforscht ist. Aus dem vergleichenden Studium der Lagenen (Foraminiferen) des heutigen Meeresbodens und den Vertretern, welche sich in den verschiedenen, durch die allmähliche Hebung der Insel trockengelegten marinen Ablagerungen fanden, entstand eine Abhandlung mit 642 Abbildungen.

Immer mehr erwachte auf diesen Ausflügen bei meinem Sohn das Interesse für Archäologie und Vorgeschichte, so daß er, als das Absolutorium näherrückte, erklärte, er wolle doch nicht, wie ich dachte, Biologie studieren, sondern Archäologe werden. Wenn heute die vordem in archäologischer Hinsicht völlig unbekannte Insel Ischia wieder die ihr gebührende, bedeutende geschichtliche Rolle am Anfang der griechischen Kolonisation Italiens einnimmt, so ist das seinen Forschungen zu verdanken. Aber auch, daß er eine Lebensgefährtin gefunden hat, die nicht nur eine Dissertation über Procida, sondern auch eine umfassende geographische Studie über Ischia verfaßte, zählt zu den Freuden meines Alters.

Für meine späteren Jahre wurde dann das Jahr 1943 von entscheidender Bedeutung. Ich war inzwischen Professor in Leipzig geworden und verbrachte, wie alljährlich, die Ferien bei den Meinen auf der Insel; aber diesmal machte die Besetzung von Ischia durch die Amerikaner die Rückkehr unmöglich. Als man wieder an eine solche denken konnte, lockte sie mich nicht mehr; ja, selbst als ich 1946 einen Ruf nach München - einst mein Traum - erhielt, vermochte ich mich nicht mehr von meiner zweiten Heimat zu trennen.

Da ich in ihr nicht über die nötigen Instrumente verfügte, um mein spezielles Arbeitsgebiet weiter ausbauen zu können, befaßte ich mich in diesen Jahren vor allem mit der Geschichte des Thermalismus der Insel, doch ist von dem reichen Material, das ich dafür sammelte, nur wenig veröffentlicht worden. Daran war nicht zuletzt schuld, daß mir die Deutsche Forschungsgemeinschaft im Jahre 1953 in meinem Haus ein Laboratorium einrichtete, das mir ermöglichte, mich erneut dem Gebiet zu widmen, das ich mit meinen Schülern im wesentlichen geschaffen hatte. Dabei handelt es sich um das harmonische, innigste Zusammenleben zahlloser Tiere mit Mikroorganismen, welches in erster Linie den Wirten ihr sonst verschlossenes Nahrungsgebiet ermöglicht (Endosymbiose).

Soviel vom Autor des Gästebuches. Daß es nicht leicht war, auf der Insel die für dieses nötigen Unterlagen zu sammeln, wird jeder begreifen. Es verlangte eine umfangreiche, sich durch Jahre hinziehende Korrespondenz und viele freundliche Hilfe. All denen, die mir dabei beistanden, sei an dieser Stelle gedankt. In rührendster Weise hat sich Professor Donald Brinkmann von der Züricher Universität meiner angenommen, denn ihm verdanke ich nicht nur zahllose umgehende Auskünfte, sondern auch die leihweise Vermittlung so mancher sonst für mich auf Ischia unerreichbarer Bücher. Daß er das Erscheinen des Buches nicht mehr erleben sollte, bedaure ich unendlich.

Nicht minder bin ich aber auch den Archiven zu Dank verpflichtet, welche mir Photokopien bisher unveröffentlichter Briefe und Memoiren zur Verfügung stellten, und den öffentlichen und privaten Sammlungen, von denen ich Reproduktionen von Gemälden, Zeichnungen und Stichen erhielt. Auch der Verlag sei in diesem Zusammenhang nicht vergessen, dem die Ausstattung des Buches so sehr am Herzen lag.

Bibliographie

ADDISON, Joseph: Remarks on several parts of Italy ... in the years 1701, 1702, 1703. London 1705. *33, 34*

ANDERSEN, Hans Christian: Mit Livs Eventyr; deutsche Übersetzung: Das Märchen meines Lebens, Briefe und Tagebücher, herausgeg. von Erling Nielsen. München 1961.

– Dagbøger, Kgl. Bibliothek Kopenhagen. (Enthalten Angaben über die erste und zweite Reise nach Ischia.)

– Breve fra H. C. Andersen I, II. Kopenhagen 1878. (I, 211 Brief an Henriette Wulff.) *191, 324, 330-333, 336-339, 343*

ANNA AMALIA, Herzogin von Sachsen-Weimar: Briefe über Ischia und Apulien mit einem Nachwort von Hans Wahl, in: Goethe, Viermonatsschrift der Goethe-Gesellschaft, Bd. 4, 1939.

– Unveröffentlichtes Tagebuch der italienischen Reise im Thüringischen Staatsarchiv, Weimar. *74-81*

ANONYM: Eines ungenannten Engländers kurze Beschreibung der Insel Ischia 1777 (aus dem Englischen), in: Johann Bernoullis Sammlung kurzer Reisebeschreibungen. 1. Band, Berlin und Altenburg 1781. *50-53*

ANONYM: Bref från ön Ischia, om sommaren 1824, in: Athenaeum. Arg. 1, Stockholm 1825. *339-342*

ATTI della settima Adunanza degli Scienziati Italiani tenuta in Napoli dal 20 di settembre à 5 di ottobre 1845. 2 parti, Napoli 1846. *270*

BALZO, Carlo Del: Cronaca del terremoto di Casamicciola. Napoli 1883.

BANSI, Barbara: Mein Besuch auf der Insel Ischia im Jahre 1805 (von einem Frauenzimmer), in: Miszellen für die Neueste Weltkunde 1811, Nr. 23, 24, 25. *77, 129, 135-145, 150, 151*

BAUMANN, Johann: Fußreise durch Italien und Sizilien. 2 Bde., Luzern 1839. *294-299*

BEHNE, Hermann: Wilhelm Waiblinger. Eine neue Würdigung seines Lebens und Schaffens. Berlin und Leipzig 1939. *209-216*

BENKOWITZ, Carl Friedrich: Helios der Titan oder Rom und Neapel. Eine Zeitschrift aus Italien von dem Verfasser der Natalis. 2 Teile, Leipzig 1802 und 1803. (Im 2. Teil, S. 91-118 ›Eine Fahrt nach Ischia‹.) *113-116*

Bergsöe, Wilhelm: Henrik Ibsen paa Ischia og ›Fra piazza del popolo‹. Kopenhagen und Christiania 1907.
– Poetiske Skrifter. Folkendgave. 7 Bde. 1905-07.
– Italienische Novellen. Leipzig, Reclam 1876.
– Gespenstergeschichten. Ebda. 1876. *350-373*

Berkeley, George: The Works of George Berkeley, D. D. formerly Bishop of Cloyne, edit. A. C. Fraser, vol. 4. Life and Letters, Oxford 1871, 2. Aufl. 1901. *36-40*

Blessington, Marguerite Farmer Gardiner, Countess of: A journal of Conversations with Lord Byron. 1843. Boston 1859.
– The Idler in Italy. 3 Bde., London 1839; 2 Bde., Philadelphia 1839; Paris 1839. *191-197*

Böcklin, Arnold: Memoiren. Tagebuchblätter von Böcklins Gattin Angela. Mit dem gesamten schriftlichen Nachlaß herausgeg. von Ferdinand Runkel. Berlin 1910. *403-407*

Bölsche, Wilhelm: E. Haeckel, ein Lebensbild. Berlin und Leipzig 1900. Viele Auflagen, auch englisch. London 1906. *375-383*

Bournonville, A.: Min Theaterliv I. København 1848 (S. 247, 245), III, 1878 (S. 50-52). *333, 334*

Breislak, Scipion: Topografia fisica della Campania. Firenze 1798. 2. verbesserte Auflage: Voyages physiques et lithologiques dans la Campanie. 2 Bde., Paris 1801. Deutsche Ausgabe Leipzig 1802. *104, 107, 108*

Breitenbach, Georg August von: Schilderungen berühmter Gegenden des Altertums und neuerer Zeit. Altenburg 1765. (S. 113-117: ›Die Insul Inarime‹.) *10, 41*

Bremer, Fredrika: Lifvet i Gamla verlden. Dagboksanteckningar under resor i söder – och österland. 2 Bde., Stockholm und Upsala; englische Ausgabe: Two years in Switzerland and Italy. London 1861. (Bd. 2, S. 290-319 Ischia.) *342-349*

Brühl, Clemens (Carl von Braunmühl): Die Sagan. Das Leben der Herzogin Wilhelmine von Sagan, Prinzessin von Kurland. Berlin 1941 und weitere Auflagen. *201*

Brun, Friederike: Sitten- und Landschaftsstudien von Neapel und seinen Umgebungen in Briefen und Zuschriften, entworfen in den Jahren 1809-1810 (Episoden aus Reisen durch das untere Italien in den Jahren 1809-1810, Bd. 4). Leipzig 1818.
– Römisches Leben. 2 Bde., 1833.
– Prosaische Schriften. 4 Bändchen, Zürich 1799, 1800, 1801. *98-107, 148, 162*

Buch, Leopold von: Ischia. Neues Jahrbuch der Berg- und Hüttenkunde, Bd. 1, 1809; auch in: Gesammelte Werke, Berlin 1870, 2 Bde. *125, 126*

Buchner, Giorgio: Lo scavo della necropoli di Pitecusa. Atti del

III convegno di studi sulla Magna Grecia. Taranto 1963.
– Pithekoussai, oldest Greek Colony in the West. Expedition, Vol. 8, 1966.
– e C. F. RUSSO: La coppa di Nestore e un iscrizione metrica da Pitecusa dell' VIII sec. av. Cr. Rend. Accad. Naz. Lincei, Ser. VIII, vol. 10, 1955.
– and John BOARDMAN: Seals from Ischia and the Lyre-Player Group. Jahrb. Deutsch. Arch. Inst. 81, 1966.
BUCHNER, Paolo: Storia degli Stabilimenti termali di Porto d'Ischia. Ischia 1959.
– Jasolino, medico calabrese del cinquecento che dette nuova vita ai bagni dell' Isola d'Ischia. Milano 1958. *7-21, 431-433*
BUCHNER-NIOLA, Dora: L'isola d'Ischia. Studio geografico. Mem. Geogr. Economica, N. Serie, vol. III, Napoli 1965.
BUONOCORE, Onofrio: Le terme di Porto d'Ischia. Napoli o. J.

CAPACCIO, Giulio Cesare: Historiae Neapolitanae libri duo. Napoli 1967.
– Il Forestiero. Napoli 1607, 1620, 1630, 1634.
CARUS, Carl Gustav: Reise durch Deutschland, Italien und die Schweiz, im Jahre 1828. Leipzig 1835.
– Analekten zur Naturwissenschaft und Heilkunde, gesammelt auf einer Reise durch Italien, im Jahre 1828. Dresden 1829. (Betrifft auch den Vulkanismus und die heißen Quellen Ischias.)
– Lebenserinnerungen und Denkwürdigkeiten, herausgeg. von Rudolph Zaunick. Dresden 1931. *226-231*
CHEVALLEY de Rivaz, Jacques Etienne: Description des eaux minéro-thermales et des étuves de l'île d'Ischia. 3. Auflage Neapel 1837, 6. und letzte Auflage Neapel 1859. *251, 317, 318, 368*
CLÉMENT, Charles: Léopold Robert d'après sa correspondance inédite. Paris 1875. *190*
CLOUZET, Gabriel et FEYDAL, Charles: Lamartine. Paris, o. J. *149, 170-184*
COLLETTA, Pietro: Storia del Reame di Napoli dal 1734 sino al 1825. Capolago 1834. *151*
COOPER, James Fenimore: Excursions in Italy. 2 Bde., London 1838. *304-307*
CORTI, Egon Caesar, Conte: Ludwig I. von Bayern, Ein Ringen um Freiheit, Schönheit und Liebe. München 1937. *232-260*
CROCE, Benedetto: Federico Münter e la massoneria di Napoli nel 1785-86. Anedotti di varia letteratura, vol. II. Napoli 1942. *419*

D'ALOISIO, Gian-Andrea: L'infermo istruito nel vero salutevole uso de'remedi minerali dell'Isola d'Ischia. Napoli 1757. *42, 368*

DANTONE, E.: Casamicciola. Roma 1883.

D'ASCIA, Giuseppe: Storia del Isola d'Ischia. Neapel 1867. *42, 321*

D'AYALA, Mariano: Vite degl'Italiani benemeriti della libertà e della patria. Roma 1883.

DE LA RIVE, Pierre Louis: Die hier erstmalig veröffentlichten Briefe befinden sich bei Luc Boissonnas, Zürich. *61-66*

DE ROSSI, M. St.: Raccolta di fatti ecc. sul terremoto di Casamicciola del 28 luglio 1883. Bull. Vulcan. Ital. 11, 1884. *421*

DE SIANO, Francesco: Brevi e succinte notizie di storia naturale e civile dell'Isola d'Ischia. Per servire di guida, e comodo ai viaggiatori ed a quei, che debbono fare uso delle acque, e fumarole di detta isola.

Der Druck begann 1798, wurde aber infolge der Revolution erst 1801 beendet.

Das Manuskript befindet sich in der Bibliothek Mennella bei Duca Camerini, Porto d'Ischia. *71, 128, 368*

DIEBITSCH, von: Lebensbeschreibung der Gräfin Marie zu Dohna, geb. von Steinach. Ein im 2. Weltkrieg verloren gegangenes Manuskript, ehemals im Besitz der Familie von Diebitsch, Kunzendorf bei Sagan. *203*

DRYDEN, John: A voyage to Sicily and Malta, written by John Dryden junior, when he accompagnied Mr. Cecill in that expedition, in the years 1700 and 1701. London 1776. *31-33*

EHRENBERG, Christian Gottfried: Über eine auf der Insel Ischia jüngst beobachtete, zur Erläuterung einer ungarischen aus Kieselorganismen bestehenden Felsart dienende Wirkung heißer Quellen, in: Monatsber. Preuß. Akad. d. Wiss. 1858 (1859). *374, 375*

ELISIO, Joannes: Succinta instauratio de Balneis totius campanie cum libello contra malos medicos. Neapolis 1519. *24, 25*

EUSTACE, Rev. John Chetwode: Tour through Italy, exhibiting a view of its scenery, its antiquities and its monuments, particularly as they are objects of Classical interest and elucidation. 2 Bde., London 1813. Viele Auflagen ohne Änderungen im Text; von der 3. Aufl., London 1815, an in 4 Bänden und Landkarte als 5. Bändchen unter dem Titel ›A classical tour through Italy an. 1802‹. *81, 116, 117*

FAHRMBACHER, Heinrich: Erinnerungen an Italien, Sizilien und Griechenland aus den Jahren 1826-1844. München 1851. *236, 237, 249-251, 253-258*

FLECK, F. F.: Wissenschaftliche Reise durch das südliche Deutschland, Italien, Sizilien und Frankreich. Leipzig 1838. *285, 286*

FURCHHEIM, Friedrich: Bibliographie der Insel Capri und der Sorrentiner Halbinsel sowie von Amalfi, Salerno und Paestum. 2. Auflage, Leipzig 1916.

GÄSTEBÜCHER: Die Gästebücher des Sanatoriums von Chevalley De Rivaz und der Casa Zavotta befinden sich in der Biblioteca Mennella bei Duca Camerini in Porto d'Ischia. *317, 318, 319*

GARGALLO, Tommaso: Di Sua Maestà Lodovico Re di Baviera Elegie di Siciliano argomento recate di tedesco in italiano da Tommaso Gargallo. Napoli, Stamperia Reale 1831. *238*

GLADSTONE, William Ewart: Two letters to the Earl of Aberdeen on the State Prosecution of the Neapolitan Governement. London 1851. *319*

GOETHE, Johann Wolfgang von: Philipp Hackert. Tübingen 1811. *43, 44, 59, 60*

GOETHE, Wolfgang von: Der Mensch und die elementarische Natur. Stuttgart und Tübingen 1845. *266*
Den bisher nicht veröffentlichten Brief Wolfs (Casamicciola 8. Juni 1845) verwahrt das Goethe-Schiller-Archiv zu Weimar. *265*

– Ottilie von: Tagebücher und Briefe von und an Ottilie von Goethe, herausgeg. von H. Bluhm. Bd. II, Wien 1963. (Hier finden sich die Briefe Frau von Pogwischs, welche Äußerungen zur Kur auf Ischia enthalten.) *265-271*

– Der Brief Ottiliens an ihre Mutter vom 5. Juli 1846 sowie der Wolfs an Schelling vom 30. Juni befinden sich im Goethe-Schiller-Archiv in Weimar. *272-275*

– Erlebnisse und Geständnisse 1832-1857, herausgeg. von H. M. Houben. Leipzig 1923. (Hier der Brief Ottiliens an Sibylle Mertens vom 30. Juli 1846.) *275*

GRAEFE, Carl Ferdinand von: Die Gasquellen Süditaliens und Deutschlands. Berlin 1842. *263*

GUSSONE, Giovanni: Enumeratio plantarum vascularium in insula Inarime sponte provenientium vel oeconomico usu passim cultarum ... Neapel 1854. *143*

HADRAVA, Norbert: Ragguagli di varii scavi, e scoverte di antichità fatte nell'isola di Capri ... Napoli 1793. Im darauffolgenden Jahr erschien in Dresden eine deutsche Übersetzung. *65, 66*

HAECKEL, Ernst: Italienfahrt. Briefe an die Braut, 1859-1860. Herausgeg. von H. Schmidt. Leipzig 1921.

– Ernst Haeckel, Forscher, Künstler, Mensch. Briefe, ausgewählt von Georg Uschmann. 3. Auflage, Leipzig, Jena, Berlin 1961.

– Haeckel und Allmers. Die Geschichte einer Freundschaft in Briefen der Freunde. Herausgeg. von Rudolph Koop. Bremen 1941.
– Hermann Allmers und Ernst Haeckel in noch unbekannten Briefen, dargeboten von W. Franz. Jena und Leipzig 1944. *375-383*
HAMILTON, William: Observations on Mount Vesuvius, Mount Etna and other Volcanos in a series of letters, addressed to the Royal Society. A new edition London 1774 (letter II 1768, V 1770). *84, 85, 87, 88, 110*
HAUCH, Carsten: Minder fra min første Udenlandsreise. København 1871 und in: Samlede Romaner of Fortaelingen. 2.Udg., 7 Bde., 1903. *324-330*
HEHN, Victor: Reisebilder aus Italien und Frankreich. Herausgeg. von Theodor Schiemann. Stuttgart 1894.
– Italien. Ansichten und Streiflichter. 2. Auflage, Berlin 1879, 12.–14. Auflage 1917. *300-303*
HEINRICH, Ernst: Die ›Inselarchitektur‹ des Mittelmeergebietes und ihre Beziehungen zur Antike, in: Archäologischer Anzeiger, Beiblatt zum Jahrbuch des Deutschen Archäologischen Instituts. Bd. 73, 1958. *398*
HERDER, Johann Gottfried von: Briefwechsel mit seiner Gattin vom August 1788 bis Juni 1789. Herausgeg. von Heinrich Düntzer und Gottfried von Herder. Gießen 1859. *74*
HESS, David: Johann Caspar Schweizer und seine Gattin Magdalena Hess, eine biographische Skizze in fünfzig freien Umrissen, 1822, eingeleitet und herausgeg. von Jakob Baechtold unter dem Titel ›Johann Caspar Schweizer, ein Charakterbild aus dem Zeitalter der französischen Revolution von David Hess‹. Berlin 1884. *144, 150, 151*
HETTLER, Hermann: Karoline von Humboldt, das Lebensbild einer deutschen Frau. Aus ihren Briefen gestaltet. Leipzig 1933. *161-170*
HEUSS, Theodor: Anton Dohrn in Neapel. Berlin und Zürich 1940. *399, 400, 406, 408, 409*
HILDEBRAND, Adolf von: Briefwechsel mit Conrad Fiedler. Herausgeg. von G. Jachmann. Dresden o. J. (1927).
– Adolf von Hildebrand und seine Welt, besorgt von B. Sattler. München 1962. *408*
HOARE, Richard Colt: A classical Tour through Italy and Sicily; tending to illustrate some districts, which have not been described by Mr. Eustace in his classical Tour. London 1819. *81, 82*
HOLST, Hans Peter: Ude og Hjemme. Reise-Erindringer. København 1843. (S. 199-291 Ischia betreffend.) *333-336*
HOWE, Maud: Roma beata. Letters from the eternal city. Boston 1905.

HUMBOLDT, Wilhelm und Karoline von: In ihren Briefen. Hrsg. v. A. von Sydow. Berlin 1906 ff. (Bd. 5, 1912 die Briefe aus Ischia.)

HUMPERDINCK, Engelbert: Parsival-Skizzen. Persönliche Erinnerungen an Richard Wagner und die erste Aufführung des Bühnenweihfestspieles. Als Manuskript gedruckt in: Zeitschr. Wien, 1907.

– Unveröffentlichte Tagebuch-Notizen, mitgeteilt von seinem Sohn Wolfram Humperdinck. *409-412*

HUMPERDINCK, Wolfram: Engelbert Humperdinck. Leben meines Vaters. Frankfurt am Main 1965.

JACONO, Enrico: L'Epomeo nella legenda, nella storia, nel diritto, nella poesia, nell'avenire. Firenze 1952.

JASOLINO, Giulio: De Rimedi Naturali che sono nell'isola di Pithecusa, hoggi detta Ischia. Napoli 1588. Weitere Auflagen 1689, 1751, 1763.

– Giulio Jazolini borratori del libro ›De bagni d'Ischia‹. Im Besitz der Familie der Marchesi Taccone in Neapel. *25, 26, 30, 44, 52, 70, 368, 373*

JERVIS, Guglielmo: Guida alle acque minerali d'Italia coll'indicazione delle proprietà fisiche, chimiche e mediche delle singole sorgenti ... 2 vol., Roma, Torino, Firenze 1868 und 1876. *368*

JOHNSTON-LAVIS, H. J.: Monograph of the earthquakes of Ischia. London-Naples 1885. *421, 425*

KADEN, Woldemar: Wandertage in Italien. Stuttgart o. J.

– Die Insel Ischia in Natur-, Sitten- und Geschichtsbildern. Luzern o. J. (1883). *387-391*

KANNENGIESSER, Alphonse: Souvenirs d'Ischia, Les derniers jours de Casamicciola. Bixheim 1886. *422-424*

KEYSSLER, Johann Georg: Neueste Reisen durch Teutschland, Böhmen, Ungarn, die Schweitz, Italien, und Lothringen, worin der Zustand und das Merkwürdigste dieser Länder beschrieben und ... erläutert wird. 2 Bde., Hannover 1740/41, 2. Aufl. ebda. 1751. *44, 45*

KIRCHER, Athanasius S.J.: Mundus subterraneus, in libris XII digestus. Amsterdam 1665. *29, 30*

KOPISCH, August: Gesammelte Werke, geordnet und herausgeg. von Freundeshand (C. Bötticher). 5 Bde., Berlin 1856.

– Entdeckung der blauen Grotte, in: Italia, herausgeg. von A. Reumont. 1. Jahrg., Berlin 1838.

– Ein Karnevalsfest auf Ischia. Archiv des Künstlervereins Breslau 1832; auch in: Der Deutsche Pilger durch die Welt, Almanach für das Jahr 1845. Stuttgart 1845.

– August Kopisch in Italien. Ungedruckte Briefe des Dichters an seine Mutter und an Platen, mitgeteilt von O. Jessen in: Der Bär, Berlin 1894. *216-219*

Labat, J. B.: Voyages du P. Labat de l'ordre des F. F. Prêcheurs, en Espagne et en Italie. Tome 1-8. Paris 1730 (auch Amsterdam 1731 und Frankfurt-Leipzig 1758). *35, 36*

Lalande, Joseph-Jérôme: Voyage d'un Français en Italie fait dans les années 1765 et 1766 ... Tome 1-8, mit Atlas. Paris 1769. Nouvelle édition corrigée et considérablement augmentée, Yverdon 1769/70; weitere Auflagen: Tome 1-9, Paris 1786 und Tome 1-7, Genève 1790. *46, 47*

Lamartine, Alphonse de: Oeuvres complètes, publiées et inédites. 41 Bde., Paris 1860-1866.

– La Correspondance de Lamartine, publiée par Valentine de Lamartine. 6 Bde., Paris 1873-1875.

– Entretiens du C. F., in: Oeuvres complètes. Vol. 21 Fior d'Aliza, S. 188-213.

– Sämtliche Werke, übersetzt von G. Herwegh. Stuttgart 1839-40. *149, 170-184*

Lüdemann, Wilhelm von: Neapel, wie es ist. Dresden 1827. *286-288*

Ludwig I., König von Bayern: Gedichte. 4 Bde. München 1829-47; Bd. 1-3 1839 in 3. Auflage.

– Briefwechsel zwischen Ludwig I. von Bayern und Eduard von Schenk 1823-1841. Herausgeg. von Max Spindler. München 1930. *7, 232-260*

Maiuri, Amedeo: Pithecusa, in: La Parola del Passato. Napoli 1946. *73*

Marcard, Heinrich Matthias: Reise nach der Insel Ischia, ohnweit Neapel, im Februar 1786, in: Berliner Monatsschrift 1787. *66-73*

Marone, Venanzio: Memoria contenente un breve ragguaglio dell' Isola d'Ischia e delle acque minerali, arene termali e stufe vaporose. Napoli 1847. *244*

Martino, Enrico Di: Chi sono?, chi fui?, chi sarò mai? Napoli 1910. *347, 348*

Mattlé, Robert, S. M.: Lamartine Voyageur. Paris 1936. *177*

Mayer, Karl August: Neapel und die Neapolitaner oder Briefe aus Neapel in die Heimat. Oldenburg 1840. Teilweise Übersetzung in das Italienische von Lidia Croce: Vita popolare e Napoli nell' età romantica. Bari 1948. *90, 129, 288-293, 331, 332*

Mazzella, Scipione: Sito et Antichità di Pozzuolo. Napoli 1581, 1593, 1596. *30*

MAZOCCHI, Alexius S.: Opuscula. Napoli 1771, Tom 1. *42*

MEIER-GRAEFE, Julius: Hans von Marées. 3 Bde., München 1910. *400-403, 407*

MENDELSSOHN-BARTHOLDY, Felix: Briefe einer Reise durch Deutschland, Italien und die Schweiz und Lebensbild von Peter Putermeister. Zürich 1958. *220-224*

MENGE, Theodor: Der Graf Friedrich Leopold Stolberg und seine Zeitgenossen. 2 Bde., Gotha 1862. *60, 90-97*

MERCALLI, G.: L'Isola d'Ischia ed il terremoto del 28 luglio 1883. Atti R. Ist Lombardo, Milano 1884. *421*

MEYER, Otto: Wolf Goethe. Weimar 1885. *270*

MILONE, Giuseppe: Le parole d'un sacerdote dai confini di Casamicciola e Lacco Ameno, 4 aprile 1881, in: Casamicciola. Emanazione. Genova 1881. *413, 414*

MOHL, Robert von: Lebenserinnerungen. 2 Bde., Stuttgart und Leipzig 1902. *307-312*

MORALDI, Antonio: Ferdinando IV a Ischia (1783-84). Per cura del Notaio G. D'Aveta. Napoli 1922. *53-56, 321*

MORGERA, Vincenzo: Le terme dell'Isola d'Ischia prima e dopo gli ultimi terremoti distruttivi. Studi ed osservazioni. Napoli 1890. *368*

MÜNTER, Friedrich: Nachrichten von Neapel und Sizilien, auf einer Reise in den Jahren 1785 und 1786 gesammelt, aus dem Dänischen übersetzt. Kopenhagen 1790. *100*

MÜNZ, Sigmund: Ferdinand Gregorovius und seine Briefe an Gräfin Ersilia Caetani Lovatelli. Berlin 1896. *399*

NAEF, Hans: Die Malerin Barbara Bansi, in: Neue Zürcher Zeitung 1960.

– Schweizer Künstler in Bildnissen von Ingres. Dissertation, Teildruck. Zürich 1962. (S. 7-24: Die Malerin Barbara Bansi [1777-1863].) *77, 129, 135-145, 150, 151*

NELSON: The despatches and letters. London 1844.

NICOLOVIUS, Georg Heinrich Ludwig: Die Ischiesen, in: Taschenbuch von J. G. Jacobi und seinen Freunden für 1796. Königsberg und Leipzig. Übersetzung in: Archives littéraires de l'Europe 1804.

– Alfred: Denkschrift auf Georg Heinrich Ludwig Nicolovius. Bonn 1841. *90-97*

ORLICH, Leopold von: Die Insel Ischia, in: Zeitschrift für Allgem. Erdk. Bd. 2. Berlin 1854. *269, 315, 316, 318-321*

PARIS-ISCHIA. Journal publié au profit des victimes d'Ischia sous la direction du comité de la presse. Paris 1883. *422*

PARTHEY, Gustav: Jugenderinnerungen. Handschrift für Freunde. Neu herausgegeben (getreu nach dem Original) ... von Ernst Friedel. Berlin 1907. *135, 204*

– Lili: Tagebücher aus der Berliner Biedermeierzeit. Herausgeg. von Bernhard Lepsius. Leipzig 1928. *204-208*

PECHT, Friedrich: Südfrüchte. Skizzenbuch eines Malers. 2 Bde., Leipzig 1853. *314, 315*

PLATEN, August von: Die Tagebücher. Herausgegeben von G. von Laubmann und L. von Scheffler. Stuttgart. 1. Bd. 1896, 2. Bd. 1900 (hier mehrfach Ischia).

– Der Briefwechsel. Herausgeg. von L. von Scheffler und P. Bornstein. 4 Bde., München 1911-1931. *219*

PLÜMICKE, Carl Martin: Auszug aus dem Tagebuch der Reisen Sr. Hochfürstlichen Durchlaucht des regierenden Herzogs von Curland durch Italien in den Jahren 1784 und 1785. 1786 (ohne Ort und Name des Autors). *57, 58*

– Fragmente, Skizzen und Situationen auf einer Reise durch Italien. I. (einziger) Teil, Görlitz 1795. *58*

PÖLLNITZ, Winfried, Freiherr von: Ludwig I. von Bayern und Johann Martin Wagner. München 1929. (S. 177 Die Ägineten im Sturm bei Ischia.) *233*

PONTANO, Giovanni Gioviano (Pontanus, Joannes Jovianus): De bello Neapolitano, libri sex. 1530. *51*

PROELSS, Johannes: Deutsch Capri in Kunst, Dichtung, Leben. Oldenburg und Leipzig o. J.

RAMAGE, Crauford Tait: The nooks and By-ways of Italy. Wanderings in search of its ancient remains and modern superstitions. Liverpool 1868.

– Extrait d'une lettre sur le tremblement de terre, qui a eu lieu dans l'île d'Ischia le 2 Février 1828, in: Bibliothèque universelle des Sciences, Belles-Lettres et Arts. XIIIme année. Tome 37, Genève-Paris 1828, Melanges, p. 236-241. *224-226*

RAND, Benjamin: Berkeley and Percival. The Correspondence. Cambridge 1911. *36*

RAUMER, Friedrich von: Italien. Beiträge zur Kenntnis dieses Landes. 2. Teil, Leipzig 1840. (92. Brief über Ischia.) *291*

RECKE, Elisa von der: Tagebuch einer Reise durch einen Theil Deutschlands und durch Italien, in den Jahren 1804 bis 1806. Herausgeg. von Hofrath Böttiger. 4 Bde., Berlin 1815-17. Eine französische Ausgabe erschien Paris 1818.

– Geistliche Lieder in Musik gesetzt. Leipzig 1783. *117-133*

RENAN, Ernest: Correspondance. 2 Bde., Paris 1928.

– et M. BERTHELOT: Correspondance 1847-1892. Paris 1929.

RENAN, Ernest: Mélange d'histoire et de voyage. Paris 1878. (S. 115 Brief von und über Ischia.)
– Caliban. Drame philosophique. Paris 1878.
– L'eau de Jouvence. Suite de Caliban. Paris 1881. *391-396*
RENAN, Ary: Ischia. Souvenirs et Impressions, in: Gazette des Beaux-Arts, vol. 28, Paris 1883. *394-398*
RICHARD, Jérôme, Abbé: Description historique et critique de l'Italie . . ., Tome 1-6. Dijon-Paris 1766, 1769, 1770. *46*
RITTMANN, Alfred: Geologie der Insel Ischia, in: Zeitschr. f. Vulkanologie, Ergänzungsband 6. Berlin 1930. *421, 426*
ROLLER, Christian August Robert: Das Tagebuch einer Italienischen Reise. Herausgeg. von Dr. Alfred G. Roth, in: Burgdorfer Jahrb. 1962-1964. *279-286*
ROSSMANN, Wilhelm: Vom Gestade der Cyklopen und Sirenen. Briefe. Leipzig 1869. *384-387*
RUNKEL, Ferdinand und BÖCKLIN, Carlo: Neben meiner Kunst. Flugstudien, Briefe und Persönliches von und über Arnold Böcklin. Berlin 1909. *403-407*

SAGAN, Wilhelmine von: Tagebuch einer Reise in Sizilien, Manuskript im Besitz von Dr. C. Braunmühl, Tübingen *197-204*
SALIS-MARCHLINS, Carl Ulisses von: Beiträge zur natürlichen und ökonom. Kenntnis des Königreiches beider Sizilien. Zürich 1790.
– Reisen in verschiedenen Provinzen des Königreiches Neapel. Zürich 1793.
SANDYS, George: A relation of a Journey begun A. Dom. 1610. Foure Books. Containing a description of the Turkish Empire of Aegypt, of the Holy Land, of the Remote parts of Italy and Islands adioyning. London 1615. *28, 29*
SCHLEGEL, Philipp Christian Benedikt: Italiens reizendste Gefilde empfindsam durchwandert. 2 Teile. Nördlingen o. J. Nach dem Verlag des Buches ist es erst 1824 erschienen. *151-157*
SCHMID, Heinrich Alfred: Arnold Böcklin. München 1919. *403-407*
SCHUDT, Ludwig: Italienreisen im 17. und 18. Jahrhundert. Wien-München 1959.
SCHULTZ, August Wilhelm Ferdinand: Die Heilquellen bei Neapel, Castellamare, Torre del Annunziata, Ischia etc. Berlin 1837. *261, 264*
SERRA, Pietro: Bibliografia Isclana. Repertorio bibliografico generale dell'Isola d'Ischia. Ente Ant. Valorizzazione Ischia o. J. (1966)
SEUME, Johann Gottfried: Spaziergang nach Syrakus im Jahre 1802. Berlin 1803. *294*
SOLENANDER, Reiner, Budericensis medici: De caloris fontium

medicatorum causa, eorumque temperatione, libri duo, et Philosophis et Medicis perutiles. Lugduni 1558. *23-25*

STAMER, William: Dolce Napoli. London 1878. *398, 399*

STARKE, Mariana: Travels in Europe for the use of travellers on the Continent and likewise in the island of Sicily . . . London 1833. *195*

STEGMANN, Karl Joseph: Fragmente über Italien. 2 Bde. Tübingen 1798-99. (Anonym erschienen.)

STENDHAL, Henri Beyle, gen.: Rome, Naples et Florence en 1817, ou esquisses sur l'état actuel de la société, des mœurs, des arts, de la littérature etc. de ces villes célèbres. Paris 1817.

– Journal d'Italie. Ed. Paul Arbelet, Paris 1911. *148, 149*

STOCKHAUSEN, Johann Christoph: Sammlung vermischter Briefe. Helmstadt 1758, 2. verbesserte Auflage 1762. (Im 2. Teil als 74. Brief der an Pope gerichtete.) *37-40*

STOLBERG, Leopold, Graf zu: Reisen in Deutschland, der Schweiz, Italien und Sizilien. 4 Bde. und Atlas. Königsberg 1794. 2. Aufl. *60, 90-97*

SYDOW, Anna von: Gabriele von Bülow, Tochter Wilhelm von Humboldts (1791-1887). Ein Lebensbild aus den Familienpapieren Wilhelm von Humboldts und seiner Kinder. Zahlreiche Auflagen, 13. Auflage, Berlin 1909. *161-170*

THIES, Hans Arthur: König Ludwig I. und die Schönheiten seiner Galerie. München 1954. *232-260*

THOMPSON, William: Breve notizie di un viaggiatore sulle incrostazioni silicee termali d'Italia e specialmente di quelle dei Campi Flegrei. Giorn. lett. 41, Napoli 1795. *104*

TIEDGE, Christoph August: Leben und poetischer Nachlaß. Herausgeg. von K. Falkenstein. Leipzig 1841.

– Briefe aus Italien und aus der Schweiz. Halle 1817. (Vier Briefe aus Neapel und Rom als Anhang in Band 3 von Elisa v. d. Reckes Reisebuch.)

– Anna Charlotte Dorothea, letzte Herzogin von Kurland, Leipzig 1825. *56, 57, 119, 126, 133-135*

TREPP, Johann Martin: Heinrich Bansi. Chur 1908. *144*

TRÜB, Kay Yvonne: Ischia und Procida. Einleitung von Paul Buchner, Zürich o. J. (1956) 7

TÜRHEIM, Lulu, Gräfin: Mein Leben. Erinnerungen aus Österreichs großer Zeit. 3 Bde., München 1913/14. *200*

TURPIN DE CRISSÉ, Comte Lancelot-Théodore: Souvenirs du golfe de Naples. Paris 1826. *184, 188-190*

TUZET, Hélène: La Sicile aux XVIIIe siècle vue par les voyageurs étrangers. Strasbourg 1955.

Twain, Mark: The Innocents Abroad and Jumping Frog. London und Toronto 1914. *383, 384*

Ultramontain (C. Haller): Tableau topographique et historique des îles d'Ischia, de Ponza, de Vandotena, de Procida et de Nisida; du Cap de Misène et du Mont Pausilip par un Ultramontain. Naples 1822. *93, 184-188*
– Deutsche Übertragung von Joseph Kikinger. Wien 1825. *18*

Vigée-Lebrun, Elisabeth Louise. Souvenirs. 2 Tomes, Paris 1869. *83-89*
Voss, Richard: Wanderungen durch Ischia, in: Die Gegenwart, Wochenschrift f. Literatur, Bd. 23, Berlin 1883. *321, 424-429*

Wackerbauer, Anton: Dr. Reiner Solenander (Reinhard Gathmann), ein niederrheinischer Arzt, Leibarzt am Düsseldorfer Hofe (1524-1601), in: Jahrb. Düsseldorfer Geschichtsverein, Bd. 37, 1933. *23-25*
Wagenbichler, H.: Zahnschmelzschäden auf der Insel Ischia, in: Odontologisk Revy 8, 1957. *80*
Waiblinger, Wilhelm: Gesammelte Werke, mit des Dichters Leben. Von H. von Canitz. 9 Bde., Hamburg 1839, 1840.
– Gedichte aus Italien 1, 2. Reclam 1893, 1894.
– Briefe aus Italien an seine Eltern. Herausgeg. und eingeleitet von Dr. Erwin Breitmeyer. Ludwigsburg 1930. *209-216*
Wenzl, Johann Baptist: Notizen über die Heilquellen der Insel Ischia bey Neapel, in: Medizinisch-chirurgische Zeitung, Bd. 3, Innsbruck 1830. *236, 237, 249, 261-264*
Weyers, Helmut: Untersuchungen zur Dentalfluorose, Kristallographie und Fluorphysiologie. 1. Mitt. in: Deutsche Stomatologie, 8. Jahrg. 1958; 2. Mitt.: Die Schmelzfleckenkrankheit der Inselbewohner von Ischia, ebda., 9. Jahrg. 1959. *80*
Wickenberg, Adolf: Eine Malerin der Goethezeit, in: Die Weltkunst, 26. Jahrg., München 1956.
– Barbara Bansi. Eine Bündner Malerin der Goethezeit, in: Neue Zürcher Zeitung 1957. *77, 129, 135-145, 150, 151*
Willkomm, Ernst: Italienische Nächte. Reiseskizzen und Studien. 2 Bde., Leipzig 1847. *312, 313*
Winckelmann, Johann: Sämtliche Werke. Herausgeg. von Joseph Eiselein. Donaueschingen 1825. (Bd. 11, S. 67 Brief an Franke, Rom 7. April 1764.) *46*

Yellineck, Oskar: Die Geistes- und Lebenstragödie der Enkel Goethes. Zürich 1938. *265-278*

ZAUNICK, Rudolph: Carl Gustav Carus, eine historisch-kritische Literaturschau. Dresden 1930. *226-231*

ZUCCONI, Angela: Lodovico innamorato. Viaggi in Italia di Lodovico I di Baviera. Milano 1944. *233*

Register

Beilage zu:
Paul Buchner, Gast auf Ischia
Prestel-Verlag, München
Gezeichnet von
Alfred Beron, München